# Epos Zeitgeschichte

Romane des 20. Jahrhunderts in zeithistorischer Sicht
10 Essays für den 100. Band

Herausgegeben von

Johannes Hürter und Jürgen Zarusky

R. Oldenbourg Verlag München 2010

*Bibliografische Information der Deutschen Nationalbibliothek*

Die Deutsche Nationalbibliothek verzeichnet diese Publikation in der Deutschen Nationalbibliografie; detaillierte bibliografische Daten sind im Internet über <http://dnb.d-nb.de> abrufbar.

© 2010 Oldenbourg Wissenschaftsverlag GmbH, München
Rosenheimer Straße 145, D-81671 München
Internet: oldenbourg.de

Umschlagentwurf: Thomas Rein, München und Daniel Johnson, Hamburg
Umschlagabbildung: Manuskript des Romans „Der Vorleser" von Bernhard Schlink, im Deutschen Literaturarchiv Marbach (Foto: ddp)

Gedruckt auf säurefreiem, alterungsbeständigem Papier (chlorfrei gebleicht).

Satz: Typodata GmbH, München
Druck: Grafik+Druck GmbH, München
Bindung: Thomas Buchbinderei, Augsburg

ISBN 978-3-486-59235-1
ISSN 0506-9408

# Inhalt

# Vorwort

Zum Jubiläum haben wir uns etwas erlaubt. Wir, das sind die vier Herausgeber und sechs Redakteure der Vierteljahreshefte für Zeitgeschichte, und der Anlass ist der 100. Band der Schriftenreihe. Zehn Autoren und zehn Essays, um hundert Bände in fünfzig Jahren zu feiern. Das war die Grundidee. Ein Thema zu finden, war schwieriger, denn es sollte „passen" und zugleich Freiräume lassen. Mit gestalterischen Freiheiten tut man sich schwer in der gegenwärtigen Geschichtsschreibung. Seit einiger Zeit stoßen die „großen Erzählungen" von Historikern auf Skepsis, besonders auf die ihrer Fachkollegen. Sie werden manchmal sogar in die Nähe fiktionaler Literatur gerückt. Das hemmt die alte Lust, Geschichte nicht nur zu analysieren, sondern zu erzählen. Mit stillem Neid und Respekt mag da mancher Historiker auf den Dichter schauen, der geschichtliche Sujets frei von faktologischen Unsicherheiten und erkenntnistheoretischen Überlegungen gestalten kann.

In diesem Band soll der Spieß einmal umgedreht und nicht nach der Fiktionalität geschichtswissenschaftlicher Narrative, sondern nach dem historischen Kern fiktionaler Erzählungen gefragt werden. Wie „wahr", relevant und aufschlussreich sind Dichtungen des 20. Jahrhunderts für den Zeithistoriker? Was erzählen sie uns über ihren geschichtlichen Gegenstand, über das politische, soziale und kulturelle Umfeld ihrer Entstehung, über den Standort des Schriftstellers in seiner Zeit, über den universellen Gehalt von Geschichte und ihrer Imagination? In welchem Verhältnis zueinander stehen die Erkenntnisse und Deutungen der Historiker auf der einen, die Erfindungen und Entwürfe der Dichter auf der anderen Seite? Welche Einflüsse und Anregungen in beide Richtungen gibt es, welche Aspekte einer gemeinsamen Arbeit am großen „Epos Zeitgeschichte"?

Diesen und anderen Fragen zur Beziehung von Belletristik und Zeitgeschichte stellen sich die zehn Autoren der folgenden Essays. Jeder von ihnen konnte sich „seinen" Roman frei wählen. Ungelenkt, aber nicht zufällig entstand eine Sammlung, die den zeitlichen Umfang der Zeitgeschichte zeigt und ihre thematische Vielfalt zumindest andeutet. Die ausgesuchten Romane spannen gemeinsam einen großen Bogen von der Vorgeschichte des Ersten Weltkriegs bis zum frühen 21. Jahrhundert. Sie handeln von den Gefährdungen der Gegenwart und den Lasten der Vergangenheit, von Monarchien, Demokratien, Diktaturen und Utopien, von Verfolgung, Flucht, Vertreibung und Völkermord. Neben Deutschland sind die Orte des Geschehens Russland, Jugoslawien, Italien und Israel, alles Staaten, die Brennpunkte der Zeitgeschichte waren. Es versteht sich, dass diese Auswahl nicht repräsentativ sein kann – und dies wurde auch nicht angestrebt. Die Autoren sollten bei der Wahl ihres Gegenstands nach dem „Lustprinzip" verfahren. Vielleicht merkt man den Essays das intellektuelle Vergnügen an, das ihre Entstehung begleitet hat.

Herausgeber, Redakteure und vor allem auch die Autoren der Schriftenreihe haben sich fünfzig Jahre lang bemüht, lesenswerte Beiträge zum „Epos Zeitgeschichte" zu liefern – analytisch, deskriptiv, dokumentarisch. Wir hoffen, dass auch dieser etwas ungewöhnliche, essayistische und bis zu einem gewissen Grad „spielerische" Jubiläumsband auf das Interesse der Leser stößt und sie den Büchern unserer Reihe auch in

Zukunft Aufmerksamkeit schenken werden – denn ein Schlusspunkt ist der Band 100 auf keinen Fall!

München, im Februar 2010

Johannes Hürter          Jürgen Zarusky

*Andreas Wirsching*
# Kronzeuge des deutschen „Sonderwegs"?

## Heinrich Manns Roman „Der Untertan" (1914)

Am 13. August 1914 musste der Vorabdruck von Heinrich Manns Roman „Der Untertan" in der Zeitschrift „Zeit im Bild" abgebrochen werden. Erst als nach dem Ersten Weltkrieg die Zensur in Deutschland aufgehoben wurde, konnte der Roman im November 1918 vollständig erscheinen. Schon bis Ende des Jahres avancierte das Buch zum Verkaufsschlager, was auch der jüngere Bruder Thomas aufmerksam notierte[1]. Binnen kurzem wurden mehr als 100 000 Exemplare verkauft. Die literarische Kritik dagegen urteilte mehr als zwiespältig. Von Beginn an schieden sich die Geister an dem kulturellen und literarischen Wert des Romans, und wie kaum ein anderes Werk erfuhr „Der Untertan" Bewunderung und Verachtung zugleich. Eindeutig war allein der Eindruck, den der Protagonist Diederich Heßling beim Publikum hinterließ: ein „weiches Kind", das früh gelernt hat, nach oben zu buckeln und nach unten zu treten; ein Mann, der, skrupellos und feige zugleich, nur das Ziel verfolgt, an eben jener kaiserstaatlichen Macht teilzuhaben, die er doch selbst fürchtet wie nichts anderes auf der Welt; ein opportunistischer Gewaltmensch, der, wenn der eigene Vorteil es gebietet, keinen Augenblick zögert, die Existenz seines Nächsten zu vernichten; ein korrupter Schauspieler schließlich, der um seiner prestigeträchtigen Rolle willen jede authentische Gefühlsregung unterdrückt und damit auch jegliche zwischenmenschliche Beziehung zunichtemacht. Skurrilität, Gewalt und Bigotterie kennzeichnen den Weg dieses abstoßenden Romancharakters.

Schon mehrfach ist Diederich Heßling auch zum Gegenstand der Geschichtswissenschaft geworden, freilich meist en passant und ohne dass sie Klarheit in das widersprüchliche Bild der Rezeption gebracht hätte. Vielmehr reproduzierte die historiographische Debatte die konträren literarischen Einschätzungen. Je nach Standort fungierte „Der Untertan" auf unterschiedliche Weise als Kronzeuge in der kontroversen Diskussion um das Kaiserreich. „Kein Historiker", so meinte Hans-Ulrich Wehler 1973, könne den deutschen militanten Vorkriegsnationalismus „so eindringlich beschreiben, wie das Heinrich Mann im ‚Untertan' getan hat"[2]. Dagegen kritisierte Thomas Nipperdey eben diese Tendenz Wehlers, das Kaiserreich „in den dunkelsten Farben" zu zeichnen. Man könne das ganze Werk „als einen großen, gelehrten, den Autor rechtfertigenden Kommentar zu Heinrich Manns ‚Untertan' lesen, so freilich, daß die von Mann gewählte literarische Form der Satire dem Kommentar unversehens zur Wirklichkeit gerät"[3]. Für Nipperdey blieb Manns Werk eine große „bitter karikierende Anklage gegen das obrigkeitsgefügige Deutschland"[4],

---

[1] Thomas Mann, Tagebücher 1918–1921, hrsg. von Peter de Mendelssohn, Frankfurt a. M. 1979, S. 114 (23. 12. 1918).
[2] Hans-Ulrich Wehler, Das Deutsche Kaiserreich 1871–1918, Göttingen ⁴1980, S. 93.
[3] Thomas Nipperdey, Wehlers „Kaiserreich". Eine kritische Auseinandersetzung (1975), in: Ders., Gesellschaft, Kultur, Theorie. Gesammelte Aufsätze zur neueren Geschichte, Göttingen 1976, S. 360–389, hier S. 364.
[4] Thomas Nipperdey, Deutsche Geschichte 1866–1918, Bd. I: Arbeitswelt und Bürgergeist, München 1990, S. 787. Siehe auch Ders., War die Wilhelminische Gesellschaft eine Untertanen-Gesellschaft? (1985), in: Ders., Nachdenken über die deutsche Geschichte, München 1986, S. 172–185, hier v. a. S. 172f.

nicht aber ein auch nur halbwegs verlässliches Abbild der Wirklichkeit. Andere Historiker wie Dieter Düding hielten dagegen nicht die „Authentizität der Fakten" für das wichtigste Kriterium. Entscheidend sei vielmehr, „ob der Autor dem Geist der Wilhelminischen Ära nahegekommen ist". Und eben dieses sei Heinrich Mann zumindest bei der Darstellung des hurrapatriotischen und militaristischen Geistes der Kriegervereine überzeugend gelungen[5]. Klaus Hildebrand schließlich hielt es für eine „unstrittige Tatsache, daß das wilhelminische Deutschland keineswegs mit der Karikatur identisch gewesen ist, die Heinrich Mann in seinem Roman ‚Der Untertan' von ihm gezeichnet hat"[6].

Nun rührt die Frage, inwieweit „Der Untertan" als bloße Satire bzw. Karikatur zu begreifen sei, an eine alte literaturwissenschaftliche Diskussion, die sogleich nach der Erstveröffentlichung kontrovers geführt und auch niemals schlüssig beendet wurde. Zu viele Schichten offenbart Heinrich Manns Roman, als dass er auf eine bestimmte Gattung – sei es Satire, Entwicklungs- oder politischer Epochenroman – festzulegen wäre. Und offenkundig hängt das Urteil in nicht geringem Maße vom Standpunkt des Beobachters ab; mehr noch, die Debatte zeigt, wie tief der Autor in den innersten Kern des deutschen historisch-kulturellen Selbstverständnisses vorstieß. Man konnte den „Untertan" bewundern oder hassen – gleichgültig ließ und lässt er keinen seiner Leser.

Im Folgenden ist nicht beabsichtigt, die literaturwissenschaftliche Diskussion um eine weitere Deutungsvariante zu bereichern. Vielmehr ist es das Ziel, Heinrich Manns „Untertan" systematischer, als dies bislang geschehen ist, auf das Paradigma des deutschen „Sonderwegs" hin zu befragen. Nach einer Inhaltsanalyse (I.) wird in einem zweiten Schritt die Rezeption des Werkes in den Kontext der deutschen politischen Kultur des späten 19. und frühen 20. Jahrhunderts gestellt (II.). Darüber noch einen Schritt hinausgehend, wird abschließend die These vertreten, dass der „Untertan" ein spezifisches Merkmal unterstreicht, das den Weg der Deutschen in die Moderne säumte und sich als theatralische Ligatur von Skurrilität und Gewalt bezeichnen lässt (III.).

## I.

Sechs Motive der „Sonderwegs"-Debatte, wie sie in den 1970er und 1980er Jahren geführt wurde[7], lassen sich für unsere Zwecke resümieren:
1. die These von der sogenannten „Feudalisierung" des wilhelminischen Bürgertums;
2. damit korrespondierend die Überwältigung des klassischen Liberalismus und der Erinnerung an die Revolution von 1848;

---

[5] Dieter Düding, Die Kriegervereine im wilhelminischen Reich und ihr Beitrag zur Militarisierung der deutschen Gesellschaft, in: Jost Dülffer/Karl Holl (Hrsg.), Bereit zum Krieg. Kriegsmentalität im wilhelminischen Deutschland 1890–1914, Göttingen 1986, S. 99–121, hier S. 115.

[6] Klaus Hildebrand, Das vergangene Reich. Deutsche Außenpolitik von Bismarck bis Hitler, Stuttgart 1995, S. 251. Die ausführlichste Interpretation, in der literaturwissenschaftliche und historische Fragestellungen integriert werden, bei Reinhard Alter, Die bereinigte Moderne. Heinrich Manns „Untertan" und politische Publizistik in der Kontinuität der deutschen Geschichte zwischen Kaiserreich und Drittem Reich, Tübingen 1995.

[7] Vgl. hierzu u. a.: Deutscher Sonderweg – Mythos oder Realität? Kolloquien des Instituts für Zeitgeschichte München, München/Wien 1982; Geoff Eley, Deutscher Sonderweg und englisches Vorbild, in: David Blackbourn/Geoff Eley, Mythen deutscher Geschichtsschreibung. Die gescheiterte bürgerliche Revolution von 1848, Frankfurt a. M. u. a. 1980, S. 7–70; Helga Grebing, Der „deutsche Sonderweg" in Europa 1806–1945. Eine Kritik, Stuttgart 1986.

3. die Ungleichzeitigkeit zwischen dem Machterhalt „vormoderner" aristokratisch-militärischer Eliten und der stürmischen Industrialisierung und Modernisierung der deutschen Gesellschaft zwischen 1890 und 1914;

4. die autoritäre, am preußischen Obrigkeitsstaat ausgerichtete Verfassungsstruktur des Kaiserreiches, die antipluralistisch wirkte und das Kaisertum übermäßig stark in den Mittelpunkt symbolischer Politik rückte;

5. das Streben nach sozialer und politischer Integration durch ideologische Disziplinierung und militante Ausgrenzung der „Reichsfeinde";

6. schließlich, gleichsam als Quintessenz des Vorigen, die Betonung des reinen Machtstaatsgedankens gegenüber der zivilen Fortentwicklung von Staat und Gesellschaft – mit fatalen Folgen für die innere Verfasstheit wie für die äußere Stellung des Reiches in Europa.

Gemessen am Modellkonstrukt eines westlichen „Normalwegs", ergäben diese Entwicklungsmomente zusammengenommen eine signifikante Abweichung des deutschen Weges in die industrielle Moderne, die auch maßgebliche Verantwortung für den verhängnisvollen Marsch der Deutschen in den Nationalsozialismus trüge. Am Beispiel des Lebenslaufs des Diederich Heßling seien sie im Folgenden diskutiert.

1. Dass es in der Geschichte des Kaiserreiches zu einer sozialgeschichtlich fassbaren „Feudalisierung" des Bürgertums gekommen wäre, ist eine ältere These, die inzwischen als widerlegt gelten darf[8]. Für die wilhelminische Bourgeoisie lassen sich weder Tendenzen zu einem strategischen Konnubium mit der Aristokratie noch eine direkte Übernahme adliger Lebensformen nachweisen. Auch für Diederich Heßling gilt dies. Stets reproduziert er in seinem Verhalten die bestehende Hierarchie. Und auch jeder Gedanke an eine Einheirat in die lokale Aristokratie liegt außerhalb des Spektrums seiner Möglichkeiten. Allein seine jüngere Schwester Emmi „schafft" es zur flüchtigen – und sitzen gelassenen – Geliebten eines adligen Leutnants. Und an eine aristokratisch-grundherrliche Lebensweise ist für Diederich, dessen wirtschaftliche Existenz als kleiner Fabrikbesitzer anfangs ja keineswegs langfristig gesichert erscheint, ohnehin nicht zu denken. Typisch sind für ihn vielmehr die rein strategische, fiskalisch begründete Gattenwahl und der soziale Aufstieg durch den intrigant eingefädelten Einkauf in eine größere Fabrik. Als „Generaldirektor Doktor Heßling" erklimmt er gegen Ende des Romans den Status eines modernen Eigentümer-Managers, der ihn einerseits gegenüber der väterlichen Aufstiegskarriere, andererseits aber auch nach wie vor gegenüber der sozialen Elite des Reiches abgrenzt.

Im Mikrokosmos der Kleinstadt Netzig repräsentiert Diederich damit beispielhaft die soziale Ausdifferenzierung des modernen Bürgertums im Kaiserreich. Tatsächlich fällt auch der genuin bürgerliche Charakter des Milieus ins Auge, in dem Diederich gesellschaftlich verkehrt. Pfarrer und (pensionierter) Gymnasialprofessor, Arzt und Apotheker, ein bürgerlicher Major im Ruhestand und ein jüdischer Assessor sind die wichtigsten Personen, mit denen der Protagonist zu tun hat. In seinem sozialen Habitus aber bleibt Diederich auf Adel und Militär fixiert, und zwar im exakt umgekehrten Sinne zu seinen Möglichkeiten. So bringt er für seinen „Einjährigen" und damit für die Voraussetzung für den Königlich Preußischen Reserveoffizier nicht das nötige Durchhaltevermögen auf: Allzu gerne würde Diederich dabei bleiben, besitzt er doch den „soldatischen Geist freudiger

---

[8] Siehe jetzt z.B. Gunilla Budde, Blütezeit des Bürgertums. Bürgerlichkeit im 19. Jahrhundert, Darmstadt 2009, S. 125–128.

Unterwerfung"[9]; allein, für den Übergewichtigen ist der militärische Dienst zu mühsam. Nur ein zwar vorgetäuschter, aber umso segensreicherer Schmerz im Fuß, der durch persönliche Beziehungen dem Oberstabsarzt kommuniziert werden kann, bewahrt Diederich vor Schlimmerem.

Als Ersatz für das Militär dient die studentische Korporation, die Neuteutonia. Sie stellt das Exerzierfeld zur Verfügung, das die Militäraristokratie im realen Leben dem Bürgerlichen voraus hat. Diederich liebt „das Privileg, bei festlichen Anlässen in hohen Stiefeln, mit Band und Mütze aufzutreten, den Genuß der Uniform!" (39). Begegnet er aber unverhofft einem wirklichen adligen Offizier, so beginnt Diederich sogleich, „kleine eifrige Verbeugungen zu vollführen" (42). Der tatsächliche Kontakt mit Leutnant Albrecht Graf Tauern-Bärenheim und seinem Freund wird zum Höhepunkt für die ganze Korporation. Begeistert reichen die Neuteutonen die Karten der beiden Edelleute unter sich herum und befestigen sie schließlich am Bild Wilhelms II. Die Funktion der beiden als Objekt bürgerlicher Ehrfurcht wie Sehnsucht zugleich wird hier mehr als deutlich. Sie entspringt der freiwilligen Selbstidentifikation des Bürgers mit der Kaste des Militäradels, die sich durch hybride Selbstsicherheit und einen schroffen, latent aggressiven Habitus auszeichnet.

Dieser Mechanismus der bürgerlichen Selbstidentifikation gelangt freilich niemals ans Ziel. Die Identifikation kann nicht gelingen, weil die angestrebte Rolle nicht die authentische ist. Am Ende des Romans bringt dies Heinrich Mann noch einmal in zugespitzter Weise zum Ausdruck. Bei der feierlichen Einweihung des Kaiserdenkmals kommt Diederich zwar die Ehre zu, die Festrede halten zu dürfen. Gleichwohl läuft er Gefahr, trotz des Tragens seiner vollen Montur im Gerangel um die Ehrenplätze zu kurz zu kommen. Rüde wird er vom Polizisten zurückgewiesen. „Sein Kronenorden vierter Klasse, seine schwarzweiß-rote Schärpe und die Rede, die er vorzeigte, retteten ihn gerade noch, konnten aber keineswegs, weder vor der Welt noch vor ihm selbst, als vollwertiger Ersatz gelten für die Uniform. Sie, die einzige wirkliche Ehre, gebrach ihm nun einmal, und Diederich mußte auch hier wieder bemerken, daß man ohne Uniform, trotz sonstiger Erstklassigkeit, doch mit schlechtem Gewissen durchs Leben ging." (462) Die unüberwindliche Distanz, die zwischen dem bürgerlichen Generaldirektor und den gleichfalls anwesenden, schnittig uniformierten Flügeladjutanten und Divisionsgeneralen bestehen bleibt, tritt hier noch einmal nachhaltig ins Bewusstsein. Wie zuvor auch überbrückt sie der Protagonist durch schrankenlose Bewunderung: „Diederich lachte wollüstig. ‚Da ist überhaupt keiner dabei, der nicht ein echter Aristokrat ist, darauf kannst du Gift nehmen. Wenn ich dir sage, ein Flügeladjutant seiner Majestät ist hier! […] Persönlich hier!'" (463)

Wenngleich sich also keine Feudalisierung Heßlings im sozialen Sinne vollzieht, so doch im Sinne einer soziokulturellen Fixierung auf den Militäradel. Den „ideologischen Ausgleich zwischen Bürgertum und Militärmonarchie" bildete für Eckart Kehr das Institut des Königlich Preußischen Reserveoffiziers[10]. Diederich, für den der Reserveoffizier unerreichbar bleibt, vollzieht diesen Ausgleich in Form einer ebenso skurrilen wie devoten

---

[9] Heinrich Mann, Der Untertan. Mit einem Nachwort und Materialienanhang von Peter-Paul Schneider (Heinrich Mann: Studienausgabe in Einzelbänden), Frankfurt a.M. 1991, S.50f. (Seitenzahlen dieser Ausgabe künftig im Text).

[10] Eckart Kehr, Zur Genesis des Königlich Preußischen Reserveoffiziers (1928), in: Ders., Der Primat der Innenpolitik. Gesammelte Aufsätze zur preußisch-deutschen Sozialgeschichte im 19. und 20. Jahrhundert, hrsg. und eingeleitet von Hans-Ulrich Wehler, Frankfurt a.M./Berlin [2]1970, S.53–63, hier S.62.

Mimikry: Neben den neuteutonischen Uniformersatz tritt die Anverwandlung an den Kaiser durch das Wort und durch den Schnurrbart[11].

2. Freilich, solange es ihm opportun erscheint, vergisst Diederich Heßling niemals zu betonen, „daß ich natürlich auch liberal bin" (129; auch 124 u. 145). Tatsächlich erscheint dies zunächst geboten in der Kleinstadt Netzig, in der zu Beginn der 1890er Jahre noch die Freisinnigen dominieren. Hier ist die Tradition der 48er-Revolution noch lebendig; sie verkörpert sich im „alten Buck", dem hochangesehenen, liberal-demokratischen Veteranen der Revolution, dem Freunde Herweghs. Über den ganzen Roman hinweg avancieren Buck und das von ihm vertretene liberal-humanistische Prinzip zum eigentlichen Gegenspieler Diederichs. Zwar waren der alte Buck und Heßlings Vater befreundet. Aber der generationelle Bruch in der politischen Kultur des Kaiserreiches, der Bruch zwischen der Welt der Väter und der Welt der Wilhelminer, wird sinnfällig in Charakter und Aktivität der Söhne. Während sich Diederich daran macht, die Liberalen zu verdrängen und Netzig für die „nationale Sache" zu erobern, bringt Bucks Sohn Wolfgang für den politischen Kampf keine Kraft mehr auf. Er flieht nach Berlin und wird zum Schauspieler. Diederich unterdessen überzieht den Vater mit seinem politischen Expansionismus, wobei sich heimliche Verehrung und hasserfüllte Gegnerschaft noch eine Weile die Waage halten. „„In der Verehrung des alten Buck sind wir aufgezogen worden. Der große Mann von Netzig! Im Jahre achtundvierzig zum Tode verurteilt.' ,Das ist aber auch ein historisches Verdienst, sagte dein Vater immer'", so erinnert ihn die Mutter. „Verdienst?', schrie Diederich. ,Wenn ich nur weiß, einer ist gegen die Regierung, ist er für mich schon erledigt. Und Hochverrat soll ein Verdienst sein?' Und er stürzte sich, vor den erstaunten Frauen, in die Politik. Diese alten Demokraten, die noch immer das Regiment führten, waren nachgerade die Schmach von Netzig! Schlapp, unpatriotisch, mit der Regierung zerfallen! Ein Hohn für den Zeitgeist!" (108f.)

Als Diederich am nächsten Tag beim alten Buck seinen Antrittsbesuch abstattet, beteuert er allerdings zunächst unter ehrerbietigen Verbeugungen und „beglückt lächelnd": „Ich bin selbstverständlich durchaus liberal." (115) Das anschließende längere Gespräch gerät gleichwohl zum Abgesang auf den klassischen Liberalismus und das freiheitliche Deutschland. „Gott sei Dank", so lässt Diederich vernehmen, sei das deutsche Volk heute eben „nicht mehr das Volk der Denker und Dichter, es strebt modernen und praktischen Zielen zu" (119). Damit ist der Grundtenor der künftigen politischen Verhältnisse in Netzig angestimmt. Stück für Stück, Zug um Zug und mit allen Mitteln politischer Intrige wird Diederich den „alten Buck" in die Defensive drängen und am Ende bezwingen. Noch auf dem Sterbebett erkennt Buck den Widersacher und erschrickt buchstäblich zu Tode – man meint, er habe den „Teufel" gesehen (478).

Das Verhältnis zwischen Diederich und dem alten Buck bildet den zunächst schleichenden, am Ende rapiden Wandel des deutschen Liberalismus im 19. Jahrhundert ab. Obwohl Diederich einem liberalen Milieu entstammt, zu dem er sich bei Bedarf anfangs auch bekennt, ist er im Kern längst kein Liberaler mehr. Er steht damit stellvertretend für die allmähliche Hinwendung des größeren Teils der deutschen Liberalen zunächst zur „Realpolitik", später auch zu einer Form nationaler Ideologie, die dazu tendierte, die Macht vor

---

[11] Siehe insgesamt zur Parallelität zwischen Wilhelm II. und Diederich Heßling Hartmut Eggert, Das persönliche Regiment. Zur Quellen- und Entstehungsgeschichte von Heinrich Manns „Untertan", in: Neophilologus 55 (1971), S. 298–316.

das Recht zu setzen[12]. Im Kaiserreich war dann – so sah es auch Friedrich Naumann – etwas „ganz Neues" in die Welt gesetzt worden: „das militärische Kaisertum, in dem der Machttrieb des Hohenzollernstaates sich mit dem Machttrieb des Nationalgedankens einte, eine Neubildung, die einen ganz neuen Zeitabschnitt einleitete"[13]. Indem Naumanns „Zeitgenosse" Diederich Heßling mit jeder Faser seines Wesens an diesem „Machttrieb" teilhat, entfernt er sich von den Prinzipien des klassischen Liberalismus.

3. Naumann freilich wies darauf hin, dass die Nation stets auch demokratische Tendenzen in sich trage – und hing damit einem älteren, „fortschrittlichen" Nationalismus an. Aber der Nationalgedanke litt im Kaiserreich an der Ungleichzeitigkeit zwischen dem übermäßigen Machterhalt traditioneller aristokratisch-militärischer Eliten einerseits und der stürmisch-dynamischen Entwicklung der Nation andererseits: in Wirtschaft und Industrie, Wissenschaft und Kultur. Von jeher wurde eben diese Ungleichzeitigkeit als ein Spezifikum des deutschen „Sonderwegs" betrachtet. Auch Heinrich Mann hat sie in seinem historisch-politischen Kommentar zum „Untertan" hervorgehoben: „Die absolutistischen Klassen waren nicht, wie anderswo, als politische Macht beseitigt, bevor neue Mächte sich durchsetzten. Der Adel und das Heer erwiesen sich als lebendig genug, um alles, was vordrängte, umzubiegen und sich nutzbar zu machen."[14] Tatsächlich begegnet auch in der exemplarischen Welt von Netzig eine entsprechende Struktur. Der wichtigste Repräsentant der staatlichen Macht ist kein Bürger. Es ist nicht etwa der seiner selbst unsichere, zwischen Ehefrau und Schwiegermutter eingeklemmte, ewig lavierende Bürgermeister Doktor Scheffelweis als das Haupt der städtischen Selbstverwaltung. Der wichtigste Amtsträger in der Stadt ist vielmehr der Königliche Regierungspräsident von Wulckow. Eigentlich wirkt Wulckow mit seinen junkerlichen Markenzeichen – großer Bart, „furchtbare Baßstimme" (240) und „der Geruch gewalttätiger Männlichkeit" (233) – sozial deplatziert in der aufstrebenden bürgerlich-liberalen Gesellschaft Netzigs: dort, wo die Fortschrittlichen die Fabrikarbeiter am Gewinn beteiligen, die Errichtung eines Säuglingsheims vorbereiten und zugleich gegen behördliche Machtwillkür protestieren. Gelegentlich sogar „verstiegen sich die Herren dazu, für das Bürgertum, das tatsächlich alle Leistungen liefere, auch die Führung im Staat zu verlangen" (146). Dementsprechend ist Wulckow für den liberal-demokratischen Buck der „Feind, der uns hier in die Stadt gesetzt worden ist" (120).

Für Heßling freilich wird der Vertreter preußisch-königlicher Macht zum wichtigsten Referenzpunkt seines Handelns. Allein von Wulckow kann er die ersehnten Auszeichnungen erhalten, allein über Wulckow führt der Weg zur Gnade des Kaisers. Um Anerkennung durch die Staatsmacht zu gewinnen, ist Diederich auch bereit, sich von eben dieser Macht demütigen zu lassen. Als Schlüsselszene fungiert die verunglückte Audienz Diederichs bei Wulckow in dessen privatem Arbeitszimmer. Nachdem er minutenlang ignoriert worden ist und sich lediglich der aufdringlich-gefährlichen Dogge des am Schreibtisch sitzenden und Zigarre rauchenden Hausherrn zu erwehren hat, regt sich in Diederich ein

---

[12] Zur Genese dieser Entwicklung vgl. Harald Biermann, Ideologie statt Realpolitik. Kleindeutsche Liberale und auswärtige Politik vor der Reichsgründung, Düsseldorf 2006.

[13] Friedrich Naumann, Demokratie und Kaisertum (1900), in: Ders., Werke, Bd. II: Schriften zur Verfassungspolitik, S. 1–351, hier S. 255.

[14] Heinrich Mann, Kaiserreich und Republik (1919), in: Ders., Essays, Hamburg 1960, S. 392–433, hier S. 399.

kurzes Gefühl authentischen Selbstbewusstseins und Widerstands: „„Gemeines Vieh!' dachte Diederich – und plötzlich wallte es auf in ihm. Empörung und der dicke Qualm ver-
schlugen ihm den Atem, er dachte, mit unterdrücktem Keuchen: ,Wer bin ich, daß ich mir
das muß bieten lassen? Mein letzter Maschinenschmierer läßt sich das von mir nicht bieten. Ich bin Doktor. Ich bin Stadtverordneter! Dieser ungebildete Flegel hat mich nötiger
als ich ihn! [...] Und wer bezahlt die frechen Hungerleider? Wir!' Gesinnung und Gefühle, alles stürzte in Diederichs Brust auf einmal zusammen, und aus den Trümmern schlug
wild die Lohe des Hasses. ,Menschenskinder! Säbelraßler! Hochnäsiges Pack! ... Wenn wir
mal Schluß machen mit der ganzen Bande –!' Die Fäuste ballten sich ihm von selbst, in
einem Anfall stummer Raserei sah er alles niedergeworfen, zerstoben: die Herren des
Staates, Heer, Beamtentum, alle Machtverbände und sie selbst, die Macht!"
Aber die Sekunde der Auflehnung verfliegt rasch. Denn „da knurrte der Wulckowsche
Hund, unter dem Präsidenten hervor aber kam ein donnerndes Geräusch, ein lang hin-
rollendes Geknatter – und Diederich erschrak tief. Er verstand nicht, was dies für ein Anfall gewesen war. Das Gebäude der Ordnung, wieder aufgerichtet in seiner Brust, zitterte
nur noch leise. Der Herr Regierungspräsident hatte wichtige Staatsgeschäfte. Man wartete
eben, bis er einen bemerkte; dann bekundete man gute Gesinnung und sorgte für gute
Geschäfte ... ,Na Doktorchen?' sagte Herr von Wulckow und drehte seinen Sessel herum
[...]" (330f.). Solche Form herablassender Zuwendung genügt Diederich, um die erfah-
rende Demütigung geradezu masochistisch in einen Lustgewinn umzuwandeln und die
bestehende Hierarchie erneut zu reproduzieren. Stellvertretend für das wilhelminische
Bürgertum, das ja eigentlich die modernen Instrumente des gesellschaftlichen Fortschritts
in den Händen hält, repetiert Heßling immer wieder diese habituelle Kapitulation vor der
skurrilen Karikatur der königlich-preußischen Staatsmacht. Sie ist das wichtigste Grundmotiv des Romans. Diederichs „schönster Lohn" ist es, wenn seine kaisertreue Haltung in
der Berliner Presse erscheint und der „Lokal-Anzeiger" seinen „schlicht bürgerlichen Namen vor die Allerhöchsten Augen selbst gebracht hat" (332).

4. Dieser regelmäßig evozierten, autoritären, am preußischen Obrigkeitsstaat ausgerichte-
ten Verfassungsstruktur entspricht die antipluralistische Tendenz des Kaiserreiches. Sie ist
im „Untertan" regelmäßig zu fassen und repräsentiert eine Tendenz, die gemeinhin als
eine der historischen „Vorbelastungen des deutschen Parlamentarismus" (Ernst Fraenkel)
betrachtet wird. Diese Tendenz lässt sich als ein tiefes Misstrauen begreifen, das große Teile der deutschen Eliten ganz grundsätzlich gegen den Interessenpluralismus der modernen industriellen Massengesellschaft hegten. Gegen die Angst vor dem politischen Zerbre-
chen von Volk und Staat durch innere Konflikte, seien sie sozialer oder weltanschaulicher,
landsmannschaftlicher oder konfessioneller Art, half dann allein die Vorstellung eines
starken Staates: Repräsentiert in der Monarchie, fungierte er als der „überparteiliche"
Sachwalter des Allgemeinwohls, das er gegen jede Form des gesellschaftlichen Partikularis-
mus zu schützen hatte.
Diederich Heßling repräsentiert diese Tendenz in vollem Umfang. Sein Denken und
Handeln ist von extremer Komplexitätsreduktion gekennzeichnet, so wenn er sich selbst
und seine Umwelt in radikal binären Strukturen interpretiert: Kaiser und Untertan, Mann
und Weib, Feinde und Freunde etc. In der Gegenüberstellung des „demokratischen Misch-
masch, an den die absterbende Generation noch glaube" und des Kaisers, jene „persön-
lichste Persönlichkeit" (126), wird dieses Denken zur autoritär-nationalistischen Ideologie.
„Die politischen Parteien waren alter Trödel, wie seine Majestät selbst gesagt hatte. ,Ich

kenne nur zwei Parteien, die für mich und die wider mich', hatte er gesagt, und so war es."
(130) Dementsprechend rückte das Kaisertum Wilhelms II. übermäßig stark in den Mittelpunkt symbolischer Politik. Der binären Reduktion der Wirklichkeit entspricht die Sehnsucht nach Zugehörigkeit. Das Einswerden mit seinem Monarchen gerät für Diederich
daher nicht nur zur Erfüllung seiner persönlichen Ambitionen, sondern eben auch zur
Auslöschung des Individuell-Partikularen zugunsten einer höheren Einheit.

5. Diese Aufhebung des Einzelnen im höheren Kollektiv der Staatsmacht korrespondierte
mit der ideologischen Disziplinierung und militanten Ausgrenzung der „Reichsfeinde".
Konkret richtete sie sich gegen Sozialdemokraten und in steigendem Maße auch gegen
Juden. Diederichs Verhältnis zu den Sozialdemokraten ist ambivalent. So oft es angemessen erscheint, tituliert er die Sozialdemokraten als „Feinde". „Die Sozialdemokratie be-
trachte ich übrigens als meinen Feind, denn sie ist der Feind des Kaisers", so deklamiert
Diederich schon als Student (80). Und als Fabrikbesitzer warnt er die Belegschaft vor jedem Verkehr mit sozialdemokratischen Kreisen. „Denn für mich ist jeder Sozialdemokrat
gleichbedeutend mit dem Feind meines Betriebes und Vaterlandfeind." (106f.) All das
hält ihn freilich nicht davon ab, mit seinem Maschinenmeister Napoleon Fischer, einem
führenden Vertreter der lokalen Sozialdemokratie, konkrete Abmachungen zu treffen.
Zwar hasst er ihn, aber zugleich braucht er ihn. Dies geht bis zum geheimen taktischen
Einvernehmen, sei es im Geschäftlichen, sei es im Politischen. Am Ende wird Napoleon
Fischer mit Diederichs geheimer Hilfe Reichstagsabgeordneter. Die Angst des wilhelminischen Bürgertums vor der Organisationsmacht der Arbeiterschaft, die sich letztlich auch
aus seinem Angewiesensein auf die Arbeiter speist, tritt bei Diederich mithin mehr als einmal hervor.

Neben die Feindschaft gegen die Sozialdemokratie tritt der Antisemitismus. Es ist bekannt, dass der Antisemitismus während der wilhelminischen Zeit lauter, aggressiver und
vor allem auch salonfähiger wurde als zuvor. Und in Netzig ist der vorläufige Gipfel der
politischen Polarisierung erreicht, als der liberale Fabrikbesitzer Lauer, Bucks Schwieger-
sohn, davon spricht, die „herrschende Kaste" habe den anderen Leuten nichts voraus. Sie
seien ja ebenfalls „verjudet", die deutschen Fürstenhäuser einbegriffen (146f.). Lauer wird
diese Bemerkung bitter büßen müssen. Er wird wegen Majestätsbeleidigung angezeigt. Für
Heßling markiert der Prozess, in dem er als Hauptbelastungszeuge auftritt, den Beginn
seines politisch-sozialen Aufstiegs in Netzig, für Lauer dagegen, der zu einer Haftstrafe
verurteilt wird, die Vernichtung seiner bürgerlichen Existenz.

Die treibende Kraft hinter dem Prozess ist im Übrigen Assessor Jadassohn, der jüdische
Mitarbeiter der Staatsanwaltschaft. Jadassohn ist eine der witzigsten und zugleich gelun-
gensten Figuren des Romans. In zugespitzt-paradoxer Weise ist er im Grunde ein Vertreter
des jüdischen Selbsthasses. Jedem Ansatz in seiner Umgebung, der ihm selbst sein Jüdischsein zuschreiben möchte, begegnet er durch massive Überkompensation. Je schneidig-na-
tionaler sein Auftreten, desto geringer die Gefahr, als jüdisch wahrgenommen zu werden:
„Ich bin der Königliche Assessor Doktor Jadassohn und stehe auf Wunsch zur Verfügung."
(171) Die ambivalente Position des deutschen assimilierten Judentums wird hier von Heinrich Mann besonders feinsinnig gezeichnet: Denn all seine Schneidigkeit nützt Jadassohn
zunächst nichts. Im Urteil seiner Umwelt kann er seinem Jüdischsein nicht entfliehen;
sein allzu schneidiges Auftreten bewirkt vielmehr das Gegenteil und gilt als Übereifer. „Sehen Sie'", so erklärt der seriöse, liberale Landgerichtsrat Doktor Fritzsche, „das ist eben
der Grund, weshalb wir mit den jüdischen Herren nicht gern zusammen arbeiten. […]

Sachliche Bedenken verschmäht sein Radikalismus.' ‚Sein jüdischer Radikalismus', ergänzte Diederich." (180f.)

Jadassohns strukturelle Inferiorität wird symbolhaft verkörpert in seinen überdimensionierten Ohren, die im Eifer des Gefechts bisweilen auch rot glühen. Dies unterstreicht und karikiert zugleich die Bedeutung körperlich codierter Symbole im Kaiserreich. Der – möglichst schneidige – männliche Körper muss dem kulturell hegemonialen nationalen Anspruch entsprechen. „Wirklich national empfinden", so denkt sich Diederich, kann man „mit solchen Ohren" nicht (171f.). Erst als Jadassohn diskret nach Paris zu einer kosmetischen Operation reist – um „meine äußere Erscheinung in Einklang zu bringen mit meinen nationalen Überzeugungen" (423) – ist seine gesellschaftlich-politische Rolle in Netzig gesichert. Nach seiner Rückkehr wird er, nunmehr mit kleineren Ohren, zum Staatsanwalt befördert. „Der Erfolg und das Bewußtsein, einwandfrei dazustehen, hatten ihn sogar Mäßigung gelehrt." (441) Mit Diederich versteht er sich fortan prächtig.

6. Alle genannten Strukturmerkmale können mit Fug und Recht als Elemente der Sonderwegthese gelten. Sie kulminieren überdies in Heßlings sich allmählich radikalisierender Sprache, die den vielfach beobachteten wilhelminischen Trend zum Radikalnationalismus widerspiegelt. Anfangs noch umfangen von dem eher naiv-komischen Wunsch, es dem Kaiser gleichzutun, eignet er sich je länger desto mehr aggressive sozialdarwinistische, rassistische und sozialeugenische Versatzstücke an. Ewigen Frieden, das wollte Diederich nicht, das war nicht sein Traum. „Dagegen wollte er eine spartanische Zucht der Rasse. Blödsinnige und Sittlichkeitsverbrecher waren durch einen chirurgischen Eingriff an der Fortpflanzung zu verhindern." (385) Die Familie des alten Buck denunziert er als „erblich belastet, denn die Familie weist Anzeichen einer schon ziemlich weit vorgeschrittenen Degeneration auf" (452). Dem entsprechen die äußeren Feindbilder: England muss „unbedingt zerschmettert" werden (443), Frankreich als der Hort des zersetzenden Demokratismus ist ohnehin der „Erbfeind".

Seinen dramatischen Höhepunkt erfährt all dies in der Rede, die Diederich Heßling – inzwischen zum Stadtverordneten gewählt – zur Einweihung des von ihm betriebenen Kaiser-Wilhelm-Denkmals hält. Sie gerät zur Ode an die Macht, voll hohler Rhetorik und zugleich gefährlich aggressiver Feindkonstruktionen. Hier ist nun die Rede von dem „Platz an der Sonne", der Rolle des Ozeans, „denn das Weltgeschäft ist heute das Hauptgeschäft" (466). Unter der Führung des Kaisers, dessen „unvergleichliche Persönlichkeit" stark genug ist, „daß wir allesamt uns efeuartig an ihr emporranken dürfen", sind die deutschen Bürger aus ihrem Schlummer erwacht. „In staunender Weise ertüchtigt, voll hoher sittlicher Kraft zu positiver Betätigung, und in unserer furchtbaren Wehr, der Schrecken aller Feinde, die uns neidisch umdrohen, so sind wir die Elite unter den Nationen und bezeichnen eine zum ersten Male erreichte Höhe germanischer Herrenkultur, die bestimmt niemals und von niemandem, er sei wer er sei, wird überboten werden können." (466f.) Und dem äußeren Feind entsprach der innere: „Aus dem Lande des Erbfeindes", schrie Diederich, „wälzt sich immer wieder die Schlammflut der Demokratie her, und nur deutsche Mannhaftigkeit und deutscher Idealismus sind der Damm, der sich ihr entgegenstellt. Die vaterlandslosen Feinde der göttlichen Weltordnung aber, die unsere staatliche Ordnung untergraben wollen, die sind auszurotten bis auf den letzten Stumpf." (470)

Vordergründig könnte es so scheinen, als gelinge Diederich hier – unter dem wohlgefälligen Nicken des eigens angereisten Oberpräsidenten – sein gesellschaftliches Meisterstück. Aber die Szenerie symbolisiert zugleich die unübersteigbaren Grenzen, unter denen sich Diederichs Aufstieg vollzieht. Selbst im Triumph bleibt er abhängig vom letzten Glied in der Kette königlich-preußischer Machtentfaltung: dem örtlichen Schutzpolizisten. Es ist der Schutzmann, der Diederich gönnerhaft auf den richtigen Zeitpunkt seines Einsatzes hinweist („Na, nu kommse man ran", S. 465). Und es ist der Schutzmann, der ihm am Ende, im Chaos des anhebenden Unwetters, den Orden im Vorbeilaufen geradezu hinwirft („Da hamse 'n Willemsorden", S. 472). Zu diesem Zeitpunkt hat Diederich längst unter dem Rednerpult Zuflucht vor dem Platzregen gesucht. Er, der sich das mit den Augen „Blitzen" des Kaisers systematisch angeeignet hat und als Waffe im kontroversen Gespräch regelmäßig einsetzt, ist nun mit den realen Blitzen des Sturmgewitters konfrontiert. Durch die Gewalt der Naturkräfte wird Diederichs imitatives Verhalten endgültig seiner Nichtigkeit und Haltlosigkeit überführt.

## II.

Niemanden wird es überraschen, dass zahlreiche Deutsche diesen Spiegel, der ihnen von Heinrich Mann vorgehalten wurde, als bösartigen Zerrspiegel von sich wiesen. Sie mochten es mit dem völkischen Stichwortgeber Adolf Bartels halten, der den „Untertan" als eine „freche Karikatur deutschen Lebens" bezeichnete und damit zustimmend im „Völkischen Beobachter" zitiert wurde. „Ein Deutschland, wie es hier mit Böswilligkeit und Rohheit, ohne Ernst und Würde geschildert wird, hat es nicht gegeben", lautete das selbstgewisse Urteil der „Illustrierten Geschichte der deutschen Literatur" im Jahre 1931[15]. Den Gegnern galt das Buch daher als ein Zeugnis des bloßen Ressentiments, entstanden aus blankem, unproduktivem Hass. Aus ihrer Sicht untermauerte der Roman den zweifelhaften Ruf Heinrich Manns als flacher „Zivilisationsliterat", als der er schon aufgrund seiner früheren Werke „Im Schlaraffenland" und „Professor Unrat" denunziert worden war.

Anderen freilich enthüllten Protagonist und Handlung des Romans eine „prophetische" Gabe[16]. „Es spricht für den genialen Weitblick des Künstlers", so urteilte Kurt Tucholsky, „daß nichts, aber auch nichts, was in diesem Buche steht, so übertrieben ist, wie seine Feinde es gern wahrhaben möchten. Man hat mir von rechts her immer wieder, wenn ich das Buch als Anatomie-Atlas des Reichs rühmte, entgegengehalten: ,Das gibt es nicht – das kann es nicht geben! Karikatur! Parodie! Satire! Pamphlet!' Und ich sage: bescheidene Photographie. Es ist in Wahrheit schlimmer, es ist viel schlimmer."[17]

Tatsächlich lässt sich nicht bestreiten, dass zahlreiche Phänomene des „Untertan" durch andere Quellen sowie durch die moderne Forschung bestätigt werden. Dies gilt insbesondere für die neuere Erkenntnis, dass der völkisch durchsetzte Radikalnationalismus der wilhelminischen Zeit nicht etwa das Resultat einer Manipulation „von oben" zum Zwecke der Herrschaftsstabilisierung war – wie es Wehler noch 1973 suggerierte[18]. Vielmehr erfolgte in der wilhelminischen Ära eine zunehmende Polarisierung zwischen traditionell-

---

[15] Beide Zitate nach Renate Werner (Hrsg.), Heinrich Mann. Texte zu seiner Wirkungsgeschichte in Deutschland, Tübingen 1977, S. 91.

[16] Paul Block, Buch des Propheten. Heinrich Manns Roman „Der Untertan", in: Berliner Tagblatt, 14. 12. 1918, hier zit. nach ebenda, S. 96–100.

[17] Kurt Tucholsky, Mit Rute und Peitsche durch Preußen-Deutschland (1927), in: Ders., Gesamtausgabe. Texte und Briefe, hrsg. von Antje Bonitz u. a., Bd. 9: Texte 1927, Reinbek bei Hamburg 1998, S. 462–469, hier S. 465.

[18] Wehler, Kaiserreich, S. 109f.

konservativer Honoratiorenpolitik und den bürgerlich-mittelständischen Anhängern der „neuen Rechten", die auf Partizipation und Veränderung drängten. Diederich Heßling ist gerade in seinem ambivalenten Verhältnis zum Regierungspräsidenten von Wulckow ein sprechendes Beispiel dieser Tendenz. Dem traditionellen konservativen Politikmodell stellte sich die „Selbstmobilisierung" der „neuen" Rechten entgegen[19]. Im Ergebnis entstand ein explosives Gemisch, eine spezifische Form „faschistischer Potentiale". Innerhalb eines dichter werdenden Kommunikationsnetzes agierten zum einen konservative Anhänger einer auf die Massen rekurrierenden „Sammlungspolitik", bei denen auch die „manipulative" Absicht wirksam blieb. Ihnen zur Seite standen zum anderen jene „politischen Makler", die wie die Alldeutschen um Heinrich Claß und Alfred Hugenberg die politisch-ideologische Mobilisierung der Massen zu ihrem Beruf gemacht hatten. Als dritte Gruppe sind schließlich diejenigen überwiegend kleinbürgerlichen Intellektuellen zu nennen, deren politische Sozialisation sich unabhängig von der traditionellen Rechten vollzogen hatte. Ihren Anhang fanden sie in den miteinander „verzahnten" Milieus des politischen Antisemitismus und der Vielzahl mittelständischer Organisationen[20]. Diederich Heßling verkörpert diesen Trend zur „Selbstmobilisierung" geradezu paradigmatisch. Indem er sich beständig selbst antreibt, hat er aktiv teil an dem Spektrum unterschiedlicher nationalistischer Wirkkräfte, in dem sich mehrere Einflusslinien überschneiden.

Überdies lassen sich in der von Diederich exemplarisch vorgeführten „Selbstmobilisierung" des radikalnationalen Bürgertums zentrale Kontinuitäten der deutschen Geschichte vermuten. Diederichs entscheidende Antriebskraft ist das Streben nach Teilhabe an der Macht vermittels kaiserlicher Gnade. Dieses Streben greift funktional ineinander mit der symbolischen Repräsentation des mythisch überhöhten Wilhelm II., des Kaisers und Königs „von Gottes Gnaden". Mit Blick auf die politischen Eliten des Kaiserreiches hat John C. G. Röhl dieses Ineinandergreifen im Anschluss an Norbert Elias als „Königsmechanismus" bezeichnet: Sie alle waren dazu „verdammt, um die Gunst der ‚Allerhöchsten Person' zu werben"[21]. Der „Untertan" beschreibt eindringlich, wie dieser Mechanismus sich in breiteren sozialen Segmenten und lokalen Eliten reproduzierte und damit zu einer kollektiven Antriebskraft der wilhelminischen Gesellschaft insgesamt wurde. Die Funktion aber, die der Wilhelm-Mythos für Diederichs Antrieb hat, füllte für die nachfolgende Generation der Hitler-Mythos aus. „Dem Führer entgegenarbeiten" – diese Mentalität, die Ian Kershaw mit guten Gründen zu einem wichtigen Interpretament des NS-Regimes gemacht hat, besaß Wurzeln, die tief in die Zeit vor 1933 zurückreichten.

Nun wird man sich vor allzu raschen Kurzschlüssen der Kontinuität hüten müssen; das Argument, man möge den Untiefen des „Untertans" nicht noch das Jahr 1933 hinzufügen, wiegt schwer. Es gleicht im Übrigen dem generellen Vorbehalt gegenüber der Sonderweg-these, diese tendiere in ihrer Fixierung auf 1933 zu einem deterministischen Geschichtsbild, ja zur negativen Teleologie. Dessen ungeachtet sagt die wütende Ablehnung, auf die

---

[19] Siehe Geoff Eley, Reshaping the German Right. Radical Nationalism and Political Change after Bismarck, New Haven/Conn. 1980, passim; sowie die Diskussion von Wolfgang Mock, „Manipulation von oben" oder Selbstorganisation an der Basis? Einige neuere Ansätze in der englischen Historiographie zur Geschichte des deutschen Kaiserreichs, in: Historische Zeitschrift 232 (1981), S. 358–375.
[20] Vgl. Geoff Eley, Konservative und radikale Nationalisten in Deutschland: Die Schaffung faschistischer Potentiale 1912–1928, in: Ders., Wilhelminismus, Nationalismus, Faschismus. Zur historischen Kontinuität in Deutschland, Münster 1991, S. 209–248.
[21] John C. G. Röhl, Kaiser Wilhelm, Großherzog Friedrich I. und der „Königsmechanismus" im Kaiserreich, in: Historische Zeitschrift 236 (1983), S. 539–577, hier S. 556.

Heinrich Manns Roman stieß, einiges aus über die Kontinuitäten der politischen Kultur der Deutschen zwischen 1919 und 1933. Dazu gehörte insbesondere die Auffassung, wer so „aus dem Rinnstein" schimpfe, richte sich selbst. Und wenn derselbe Rezensent 1919 den „Untertan" mit den „beizenden Absonderungen einer Gartenkröte" verglich, so verriet dies bekannte Methoden. All die hasserfüllte Kritik, die Heinrich Mann – dem auch die „*Perspektive* jenes nützlichen Gartentierchens" unterstellt wurde[22] – für seinen Roman einsteckte, war tief im nationalkulturellen Deutungskrieg der deutschen Bildungsbürger verwurzelt.

Und keineswegs stand Mann allein in dieser Frontstellung. Man denke etwa an Georg Gottfried Gervinus und seine schneidende Kritik an der Bismarckschen Reichsgründung. „Wir werden in Bahnen gerissen", so schrieb er im Mai 1867, „die uns nicht, die der ganzen Zeit nicht anstehen. Was sollen wir in diesem Jahrhundert mit einer höchst überspannten Erneuerung der Militärstaaten des 17.-18. Jh.? Das war nicht die Mission dieses Jahrhunderts, u. am wenigsten dieses Deutschlands."[23] Für die fernere Zukunft befürchtete Gervinus eine große europäische Katastrophe, in deren Verlauf „der Boden der Geschichte [...] zu einer neuen Bestellung" aufgefurcht werde[24]. Mit der Gründung des neuen Deutschen Reiches schließlich sah er die föderalen und demokratischen Prinzipien seiner Geschichtsauffassung zerstört, dem Militarismus ein fatales Übergewicht zugestanden und zugleich große Gefahren auf Deutschland zukommen[25].

Den kulturellen Hegemonieträgern allerdings erschien Gervinus mit dieser Einstellung bloß noch als doktrinärer Alt-Liberaler, und als er am 18. März 1871, kurz nach der Reichsgründung, starb, bestimmte dieser Eindruck auch den Ton seiner Nachrufe. Für Heinrich Rückert war es zum Beispiel schwer begreiflich, wie ein so bedeutendes Gelehrtenleben mit einer „so schrillen Dissonanz" schließen konnte. In jedem Fall sei die „schwerste Anklage", die Gervinus seit Mitte der 1860er Jahre gegen sein Volk gerichet habe, „auf das Haupt des Anklägers selbst zurückgefallen". Ein „großartiges Leben" sei am Ende „durch einen mindestens unzureichenden Schluß", wenn nicht verdorben, so doch geschädigt worden[26]. Am schärfsten freilich urteilte niemand anders als Heinrich von Treitschke: Gervinus, so Treitschke im Jahre 1894, habe sich „immer tiefer [...] in sein erhabenes sittliches Ich [gesponnen] und gelangte zu einer doktrinären Unfehlbarkeit, die in einer Zeit weltverwandelnder Geschicke zuletzt notwendig durch eine tragische Demütigung gezüchtigt werden mußte"[27]. Diederich Heßling hätte – wenn er denn historisch interessiert gewesen wäre – diesem Urteil aus vollem Herzen zugestimmt.

Ein anderes Beispiel ist Ludwig Quidde. Materiell unabhängig, hatte er im Kaiserreich aufgrund seiner prononciert linksliberalen Haltung und der Kritik, mit der er die borussische Historiographie überzog, eine zunehmend exponierte Stellung eingenommen. Und 1894, als er seine satirische, auf Wilhelm II. gemünzte Schrift „Caligula. Eine Studie über römischen Caesarenwahnsinn" veröffentlichte, verfiel er unmittelbar der akademischen

[22] Karl Strecker, Thomas und Heinrich Mann. Ein Vergleich nach ihren beiden letzten Werken, in: Tägliche Rundschau, 15./16. April 1919, in: Werner (Hrsg.), Heinrich Mann, S. 105.
[23] Gervinus an J. F. Minnsen, 6.5.1867, in: Jonathan F. Wagner, Gervinus über die Einigung Deutschlands. Briefe aus den Jahren 1866-70, in: Zeitschrift für die Geschichte des Oberrheins 121 (1973), S. 371-392, hier S. 382.
[24] Gervinus an Ewald, 28.4.1867, in: Ebenda, S. 380.
[25] Siehe v.a. Georg Gottfried Gervinus, Denkschrift zum Frieden. An das Preußische Königshaus, in: Hinterlassene Schriften, hrsg. von Victorie Gervinus, Wien 1872, S. 3-32.
[26] Heinrich Rückert, G. G. Gervinus, in: Deutsche Revue der Gegenwart, N. F., 2 (1871), S. 1-25, hier S. 1-3.
[27] Heinrich von Treitschke, Deutsche Geschichte im 19. Jahrhundert, Bd. 5 (1894), Leipzig 1927, S. 409.

Ächtung und büßte jegliche Chancen auf eine akademische Karriere ein. Mehr noch: Kurz darauf, im Jahre 1896, als Diederich Heßling das Kaiserdenkmal vorbereitet, bezeichnete Quidde die Bestrebungen, eine Gedenkmedaille für „Wilhelm den Großen" zu prägen, als „Lächerlichkeit und politische Unverschämtheit". Dies trug ihm eine Anklage wegen Majestätsbeleidigung und eine dreimonatige Haftstrafe ein[28].

Eckart Kehr schließlich, der Historiograph des Preußischen Reserveoffiziers, erfuhr in der Weimarer Republik die mehr oder minder geballte Zurückweisung des universitären Establishments. Seine in Königsberg geplante Habilitation scheiterte. Hans Rothfels, der sie ablehnte, erhielt dabei die unzweideutige Unterstützung von Gerhard Ritter. Ritter schrieb: „Dieser Herr sollte sich, scheint mir, lieber gleich in Rußland als in Königsberg habilitieren. Denn da gehört er natürlich hin: einer der für unsere Historie ganz gefährlichen ,Edelbolschewisten'."[29]

Diese Beispiele, denen viele weitere hinzuzufügen wären, offenbaren eine Kontinuität der Diffamierung. Jene, die sich dem zwischen 1880 und 1933 etablierten nationalistisch-hegemonialen Konsens verweigerten, bezahlten dafür allzu häufig mit ihrer Reputation. Der tiefere Grund hierfür lag in der Konstruktion eines kritikresistenten Bildes vom Kaiserreich, in dem die Synthese von Macht, Nation und Geist zur Vollkommenheit gebracht worden zu sein schien. Dem aufmerksamen Beobachter blieb freilich nicht verborgen, dass sich die Gewichte zunehmend von der Kultur auf den Machtgedanken verlagerten. Auch Diederich Heßling brüstet sich damit: „Noch gestern habe ich meinen Schiller verkauft." (86) Friedrich Meinecke hat rückblickend geradezu von der „Entartung" des deutschen Bürgertums gesprochen, das seine eigene sittliche und geistige Herkunft verleugnet habe. Und gewiss bildeten ein übersteigerter Machtstaatsgedanke und ein aggressiver Nationalismus feste Bestandteile der politischen Kultur des Wilhelminismus. Daraus erklärt sich auch das Leiden an ihr. Ein Mann wie Theodor Mommsen ist daran fast zerbrochen: „Animal politicum" in seinem Innersten, blieb er den bürgerlich-liberalen Idealen seiner Jugend treu und litt folglich bis zur Depression unter der politischen Wirklichkeit. In seinem politischen Testament von 1899 bekannte Mommsen: „Ich […] wünschte ein Bürger zu sein. Das ist nicht möglich in unserer Nation, bei der der Einzelne, auch der Beste, über den Dienst im Gliede und den politischen Fetischismus nicht hinauskommt." Mit dem Volk, dem er angehörte, fühlte sich Mommsen innerlich entzweit. Er verfügte die Verschließung seines Nachlasses, damit seine Persönlichkeit nicht vor ein Publikum trete, „vor dem mir die Achtung fehlt"[30].

In dieser Kontinuität der rigorosen Diffamierung des abweichenden bürgerlichen Geistes, der sich außerhalb des nationalistischen Konsenses stellt und sich damit „selbst richtet", liegt ein wichtiges, häufig übersehenes Element des deutschen kulturellen Sonderwegs.

## III.

Aber die Frage, inwieweit der „Untertan" als literarisches Zeugnis eines deutschen Sonderwegs gelten kann, muss noch einen Schritt weitergetrieben werden. Es genügt nämlich

---

[28] Karl Holl, Ludwig Quidde (1858–1941). Eine Biografie, Düsseldorf 2007, S. 98f.
[29] Gerhard Ritter an Hermann Oncken, 24.9.1931, zit. nach Wehler in: Kehr, Primat der Innenpolitik, S. 29.
[30] Theodor Mommsens politisches Testament, in: Die Wandlung 3 (1948), S. 69f.

nicht, die genannten realen Elemente der wilhelminischen politischen Kultur zu konsta-
tieren; und es genügt auch nicht, auf ihre Abbildung in der Person des Diederich Heßling
hinzuweisen. Die Bedeutung solcher Parallelen findet dort ihre Grenze, wo die historische
Forschung auf die Vielschichtigkeit und Mehrdeutigkeit des kaiserlichen Deutschland hinweist. Je überzeugender dies getan wird, desto mehr erscheint der „Untertan" als nur eine
von vielen Möglichkeiten, aber keineswegs als das zwingend dominante Charakteristikum
in der politischen Kultur des Kaiserreiches[31].

Demgegenüber richtet der Roman die Aufmerksamkeit noch auf ein anderes Element
in dieser politischen Kultur. Zumindest die historische Forschung hat es bislang zu wenig
beachtet, obwohl sich mit ihm ein folgenreiches Spezifikum der deutschen Geschichte
verbindet: Es handelt sich um eine Eigenart des wilhelminischen Deutschland, die man als
Tendenz zur Selbstpersiflage begreifen kann. Sie ergibt sich aus dem überspitzt theatralischen Zug in der Darstellung und symbolischen Repräsentation des Politischen, die ein
Charakteristikum der deutschen Geschichte zwischen 1890 und 1933/45 bildet. Die performativen Mittel, mit denen das wilhelminische Deutschland und sein Oberhaupt wort-
wörtlich in Szene gesetzt wurden – Pose und Gestus, Bild und Wort –, stammten regelmäßig aus der Requisitenkammer des politischen Theaters und folgten konkreten Regie-
anweisungen. Schon bei der Eröffnung des Reichstages am 25. Juni 1888, kurz nach dem
Tode Kaiser Friedrichs und der Thronbesteigung des jungen Wilhelm II., wurde dieser
theatralisch-inszenatorische Charakter der Politik überdeutlich. „Wenn das Deutsche
Reich", so notierte die noch trauernde Kaiserin-Mutter Victoria in ihr Tagebuch, „solche
gezwungene mis en scene u. Hocus Pocus bedarf, um der Welt zu beweisen, daß es nicht
aus den Fugen geht, thut es mir *leid*."[32]

„Majestät brauchen Sonne" – dieser geflügelte Satz, den Peter Schamoni zum Titel seines Dokumentarfilms erhob, macht es deutlich: Stets galt es, das kaiserliche Deutschland
ins rechte Licht zu rücken. Das Posenhaft-Theatralische geriet damit insgesamt zu einem
gezielt eingesetzten Mittel der Politik, ob nach innen wirkend, wie bei den zahllosen, auf-
wendig inszenierten Kaiserparaden, oder nach außen berechnet wie bei der melodramati-
schen Fahrt Wilhelms II. nach Tanger im März 1905 im Zusammenhang mit der ersten
Marokko-Krise.

Dreierlei langfristig wirksame Folgen verbanden sich hiermit. Erstens gewann das Schau-
spielerische, das Rollenspiel, ein insgesamt übermäßiges Gewicht in der politischen Kultur. Es begründete den performativen Charakter des Kaiserreiches. Damit zusammenhän-
gend drang zweitens ein politisch-kultureller Code immer weiter hervor, der wichtige Inhalte des zugrunde liegenden Drehbuchs abbildete, nämlich Männlichkeit, Härte,
Entschlusskraft, kurz: das Soldatische. Drittens trug das Rollenspiel in dem Maße die Tendenz zum Skurrilen in sich, in dem es aufgrund schlechter Schauspielerei oder szenischer
Störungen stets zu entgleisen drohte. Beides zusammen, die szenische Betonung des Soldatischen und die beständige Gefahr des Entgleisens, begründete eine explosive Verbindung von Gewalt und Skurrilität. Zwischen 1890 und 1933/45 bildete sie ein Kontinuum

---

[31] Siehe insbesondere Thomas Nipperdey, War die Wilhelminische Gesellschaft eine Untertanen-Gesellschaft?; und Ders., Deutsche Geschichte 1866–1918.
[32] Zit. nach John C. G. Röhl, Wilhelm II. Der Ausbau der Persönlichen Monarchie 1888–1900, München 2001, S. 30. Vgl. hierzu auch Andreas Biefang, Die andere Seite der Macht. Reichstag und Öffentlichkeit im „System Bismarck" 1871–1890, Düsseldorf 2009, S. 287–290; sowie allgemein die Beiträge in: Andreas Biefang/Michael Epkenhans/Klaus Tenfelde (Hrsg.), Das politische Zeremoniell im
Deutschen Kaiserreich 1871–1918, Düsseldorf 2008.

der deutschen Geschichte, das zum Beispiel in Chaplins Film „Der große Diktator" konge-
nial eingefangen wurde, dessen Signifikanz freilich noch näher zu erforschen wäre.

Um eine Anschauung von der damit gegebenen, stets lauernden Gefahr der Realsatire
zu gewinnen, stellt Heinrich Manns „Untertan" eine grandiose Quelle dar. Die literaturwissenschaftliche Forschung hat schon früh darauf hingewiesen, wie intensiv, ja fasziniert sich
Heinrich Mann mit dem Schauspielerischen als Möglichkeit der Machtentfaltung beschäftigt hat[33]. In Bezug auf das Kaiserreich hob er vor allem die zerstörerische Kraft dieser
Möglichkeit hervor. Wilhelm II., „ein Überallundnirgends im Adlerhelm", war für ihn vor
allem eine „Bühnenlarve". Das Kaiserreich insgesamt galt ihm rückblickend wenig mehr
als eine schlechte Kopie des Second Empire: Wiederholt wurde in ihm „das Kaisertum
Napoleons des Dritten mit seiner blendenden Fassade, inneren Mürbheit, seiner Theater-
regie, Prestigepolitik, seinem falschen Anstrich von Sozialismus auf der frechsten Kapitals-
orgie, seinem Militärabsolutismus in konstitutioneller Verkleidung – nur massiger hier alles und dümmer". Der Untertan ist das Wesen, das aus diesem „Zusammenhang der Zeit
und der Geschichte" und nicht etwa aus spezifisch deutschen Eigenschaften heraus geboren wird[34].

Auf individualpsychologischer Ebene zeigt der „Untertan" höchst eindrücklich, wie ein
solcher geschichtlicher Zeit- und Regimezusammenhang die problematischsten Eigenschaften des Menschen nicht nur hervorlockt, sondern vor allem auch prämiert. Je länger,
desto sicherer legt sich Diederich eine Rolle zu, die sein Leben und sein praktisches Handeln bis ins Detail hinein determiniert. Als „weiches Kind" seiner selbst unsicher und ohne
gewachsenes Selbstvertrauen, ist Diederich der wahren Komplexität des Lebens nicht gewachsen. Entsprechend nachhaltig, ja verzweifelt sucht er nach einer Rolle im Leben, die
ihn jener Komplexität und der Möglichkeit authentischer und damit komplizierter
Menschlichkeit entfliehen lässt. Die soziale und politische Machthierarchie des kaiserlichen Deutschlands und der kulturelle Code, den sie hervorbringt und der sie umgekehrt
stabilisiert, offerieren Diederich eine solche Rolle. Die Entscheidung fällt in der großen
Krise seines Lebens, nämlich im Liebeserlebnis mit Agnes Göppel. Hier prallt sein unver-
stelltes inneres Ich mit der gesuchten Fluchtrolle ebenso schmerzhaft wie unheilvoll zusammen. Denn die menschliche Komplexität dieses Liebeserlebnisses erträgt er nicht. Die
Atmosphäre der authentischen Menschlichkeit im Hause Göppel meidet er zugunsten der
einfachen, komplexitätsreduzierten Rolle, die er in der Neuteutonia spielen kann: Hier
sieht er sich „in einen großen Kreis von Menschen versetzt, deren keiner ihm etwas tat
oder etwas anderes von ihm verlangte, als daß er trinke". Und: „Das Bier war nicht wie
kokette Weiber, sondern treu und gemütlich. Beim Bier brauchte man nicht zu handeln,
nichts zu wollen und zu erreichen, wie bei den Weibern." (31, 34)

Dementsprechend beendet Diederich die Beziehung zu Agnes, für die ihm die Selbstsicherheit fehlt. Zwar ist die Trennung auch für ihn schmerzhaft, aber bereits hier borgt
ihm der Code der Machthierarchie die erforderliche Stärke und lockt ihn mit der neuen,
einfacher zu spielenden Rolle. „Das wäre erledigt", „Nun aber Schluß!", „Mehr Haltung,
mein Lieber", „edel männliche Gesinnung", „Pflicht", „harte Zeit" und „stark sein" – das
sind die Codeworte der Zeit, mit denen er sich dem Ansturm der verzweifelten Agnes und
ihres Vaters erwehrt (93–99). Und am Ende empfindet er „stolze Freude, wie gut er nun

---

[33] Friedrich Carl Scheibe, Rolle und Wahrheit in Heinrich Manns Roman „Der Untertan", in: Litera-
turwissenschaftliches Jahrbuch, N. F., 7 (1966), S. 209–227.
[34] Heinrich Mann, Kaiserreich und Republik, S. 406 und S. 397f.

schon erzogen war. Die Korporation, der Waffendienst und die Luft des Imperialismus hatten ihn erzogen und tauglich gemacht." (100) Symbolisiert wird das ganze durch den Gang zum Hoffriseur, der ihm einen Wilhelmschen Schnurrbart macht. Auch wenn Diederich zunächst vor seinem neuen Spiegelbild erschrickt, wird er den Bart doch bis zum Ende tragen.

Nach Netzig zurückgekehrt, setzt Diederich mit steigender Virtuosität die komplexitäts-reduzierende Kraft seiner Rolle fort, indem er die Welt in Freunde und Feinde einteilt. Im Innersten weiß er, dass er eine Rolle spielt. Sie verbiegt die Wahrheit, die er nicht ertragen kann. Lügen und Intrigen gehören daher von vornherein zu diesem schlechten Schauspiel. In ihm gilt es, auf der Bühne der Netziger Kleinstadtgesellschaft die bedeutendste Rolle zu spielen, wobei stets die Gefahr besteht, dass das Schauspiel entgleist und skurril wird. Die groteske Klimax des Romans, als Diederich die lang ersehnte und lang vorbereitete Rede zur Enthüllung des Kaiserdenkmals halten darf, die ganze Festversammlung am Ende aber durch das Unwetter zerstreut wird, macht dies noch einmal deutlich. Angesichts der vielen adligen und sonstigen Ehrengäste stellt Diederich begeistert fest: „Das ist das einzige, erstklassige Theater, es ist das Höchste." (463) Tatsächlich enthüllt Heinrich Mann eine Wirklichkeit als künstlich und dilettantisch, in der letztlich alles im Grunde nur Theater ist[35].

Der „repräsentative Typus dieser Zeit" ist daher für Wolfgang Buck, den Sohn des altliberalen Buck, niemand anderes als der Schauspieler (206). Für Diederich ist es zwar der Kaiser; aber im Kern meinen beide das Gleiche. Denn zum einen ist der Kaiser selbst der erste Schauspieler seiner Macht, wie es unter anderem die zeitgenössische und inhaltsleere Floskel von der „persönlichsten Persönlichkeit" anzeigt; zum anderen degradiert Diederich sein eigenes Leben zur Rolle, deren Worte und Taten durch die Textur des Kaisers vorgegeben ist.

Hält man sich diesen theatralischen Zug der deutschen politischen Kultur und die ihm inhärente Tendenz zur lächerlichen Entgleisung vor Augen, stellt sich auch die alte Frage nach dem satirischen Charakter des „Untertans" in neuem Licht dar. Tatsächlich ist der Roman keine großzügige Satire, die ein befreiendes Lachen provoziert. Vielmehr beschreibt „Der Untertan" die Skurrilität seines Gegenstandes in einer Weise, bei der einem das Lachen buchstäblich im Halse steckenbleibt. Der Grund hierfür liegt darin, dass die beschriebene Wirklichkeit eben nicht nur satirisch überzeichnet und verfremdet wird. Vielmehr trifft die Erzählung einen realsatirischen Kern der deutschen Verhältnisse. Anders gesagt: Der „Untertan" spitzt die ohnehin vorhandenen realsatirischen Züge der wilhelminischen Gesellschaft noch einmal mit satirischen Mitteln zu. Damit aber bleiben Roman und Autor letztlich Gefangene ihres Gegenstandes – jener spezifisch deutschen Ligatur von Skurrilität und Gewalt. Nur „harmlose Gemüter" konnten daher, wie ein Rezensent treffend feststellte, das Buch belachen. „Ernste Menschen werden das Buch beweinen, weil ein Deutscher mit Talent es schrieb, weil es in Deutschland geschrieben werden konnte, weil es nötig war, es zu schreiben, und weil es so ganz deutsch trotz allem ist."[36]

---

[35] Vgl. Ulrich Weisstein, Satire und Parodie in Heinrich Manns *Der Untertan* (1973), in: Ders., Links und links gesellt sich nicht. Gesammelte Aufsätze zum Werk Heinrich Manns und Bertolt Brechts, New York u. a. 1986, S. 105–134, hier S. 112 und S. 115.

[36] Werner Mahrholz, Heinrich Manns „Untertan". Bemerkungen über Talent und Menschlichkeit, in: Das literarische Echo 1918/19, zit. nach Werner (Hrsg.), Heinrich Mann, S. 101–103, hier S. 103.

Dem entsprach die Reaktion in Heinrich Manns engstem Umfeld: „Mama schrieb gequält über den ‚Unterthan'", notierte Thomas Mann in sein Tagebuch[37].

Tatsächlich birgt die Realsatire nichts eigentlich Lustiges; im Gegenteil, sie kann geradezu „bierernst" und ihre Folgen können bitterernst sein. Insofern spiegelt „Der Untertan" auch einen Aspekt jenes „deutschen Humors" wider, dessen ausgrenzende, nationalistische und gewaltträchtige Züge kürzlich am Beispiel des Soldatenwitzes im Kriege demonstriert worden sind[38]. Diese Art des Humors begegnete auch auf der politischen Bühne des Kaiserreiches. Und in dem Maße, in dem er in der theaterhaften Selbstkarikierung und -persiflage wurzelte, war diese Art des Humors grundsätzlich nicht satirefähig. Wer sie dennoch zum Gespött machte wie Heinrich Mann oder Ludwig Quidde, drohte der kulturellen Ächtung zu verfallen.

Die Revolution von 1918/19 und die Weimarer Republik nahmen den im politischen Theater des Kaiserreiches geübten Schauspielern und ihrem Publikum die Bühne weg. Die Folge war unter anderem, dass Laienschauspieler wie Adolf Hitler auftraten und sich neue Bühnen schufen. Aus ihnen ging in den dreißiger Jahren das Nürnberger Reichsparteitagsgelände als zentrale politische Bühne des Deutschen Reiches hervor. Aber auch die alten kaiserlichen Eliten schufen sich in der Weimarer Republik neue Bühnen. Deren wichtigste war seit 1925 das Reichspräsidialamt mit dem preußischen Generalfeldmarschall Paul von Hindenburg an der Spitze. Wie jüngst noch einmal eindrücklich nachgewiesen worden ist, ging von dieser Bühne und ihrem aus dem Kaiserreich stammenden Hauptdarsteller eine eminente politische, geradezu „charismatische" Wirkung aus[39]. Den realsatirischen, skurrilen und zugleich gewaltträchtigen Kern dieses Charismas traf indes niemand besser als Kurt Tucholsky, der Hindenburg vor dem Untersuchungsausschuss des Reichstages im November 1919 beschrieb: „Der Alte im Gehrock, der viereckige Kopf hat etwas Mongolenhaftes, aber Figur, Schnurrbart und Backenknochen –: ein Nationalheld, wie man sie auf Weißbiergläser malt."[40]

---

[37] Thomas Mann, Tagebücher 1918–1921, S. 100 (2. 12. 1918).
[38] Martina Kessel, Gelächter, Männlichkeit und soziale Ordnung. „Deutscher Humor" und Krieg (1870–1918), in: Christina Lutter (Hrsg.), Kulturgeschichte. Fragestellungen, Konzepte, Annäherungen, Innsbruck/München 2004, S. 229–258; Dies., Gewalt schreiben. „Deutscher Humor" in den Weltkriegen, in: Wolfgang Hardtwig (Hrsg.), Ordnungen in der Krise. Zur politischen Kulturgeschichte Deutschlands 1900–1933, München 2007, S. 229–258.
[39] Wolfram Pyta, Hindenburg. Herrschaft zwischen Hohenzollern und Hitler, Berlin 2007.
[40] Kurt Tucholsky, Zwei Mann in Zivil (1919), in: Ders., Gesamtausgabe. Texte und Briefe, hrsg. von Antje Bonitz u. a., Bd. 3: Texte 1919, Reinbek bei Hamburg 1999, S. 415–421, hier S. 416.

Helmut Altrichter

# Eine gläserne Welt unter dem Joch der Vernunft

## Jewgeni Samjatins utopischer Roman „Wir" (1920)

1920 entstand in Sowjetrussland ein Roman, der das Bild eines völlig neuen, hochmodernen Staates entwarf, in dem der Alltag, zum allgemeinen Wohl streng normiert, einem strikten Stundenplan, die Ordnung der Dinge geradezu mathematischen Gesetzen folgte, Tradition als „unzivilisierte" Gegenwelt figurierte und marginalisiert worden war; seine Handlung erzählte vom Leben in dieser neuen Welt und vom Funktionieren der neuen Ordnung: Die Rede ist von Jewgeni Samjatins „Wir". Eine nähere Betrachtung der einzelnen Punkte mag verdeutlichen, was Samjatins Anti-Utopie zu einem Schlüsselroman des 20. Jahrhunderts machte[1].

## 1. Der neue Staat

Nach der großen Katastrophe, dem zweihundertjährigen Krieg zwischen „Stadt" und „Land", den nur 0,2 Prozent der Erdbevölkerung überlebten, war eine neue Ordnung entstanden, die ihre Lehren aus der Vergangenheit zog. Seither gab es nur noch den „Einheitsstaat"; in ihm stand die Sicherheit ganz obenan, war alles, woraus Streit und Unruhe entstehen konnte, „vernünftig" geregelt, ordnete sich der Einzelne bedingungslos dem Gesamtinteresse unter. Dies galt auch für den Mann an der Spitze, der allgemein nur „der Wohltäter" hieß und kultische Verehrung genoss. Die „Staatszeitung" sorgte dafür, dass das Gemeinwesen mit einer Stimme sprach. Und um zu verhindern, dass die neue Ordnung gefährdet wurde, gab es das „Schutzamt" mit seinen allgegenwärtigen Mitarbeitern, den „Schützern"[2].

An einem festen Tag im Jahr feierte der „Einheitsstaat" sich selbst, seine Entstehung, die „Revolution", die die „allerletzte" sein sollte, in einer feierlichen Liturgie, auf dem „Platz des Kubus", wo die Tribünen sechsundsechzig „machtvolle konzentrische Kreise" bildeten. Der Festakt erinnerte in „tiefer, strenger, gotischer Stille" an die „Tauftage", die Jahre des „Zweihundertjährigen Krieges", als „alle über [den] einen", die „Summe über die Einzahl", die Kollektivität über die Individualität siegte. Dichter besangen, wie Prometheus das Feuer zähmte, das Feuer vor „die Maschine" und „den Stahl" spannte; wie mit dem „Gesetz" das „Chaos" gebannt, eine „stählerne Sonne, stählerne Bäume, stählerne Menschen" geschaffen wurden; nicht ohne davor zu warnen, dass einer das Feuer wieder von der Kette lassen und damit alle Errungenschaften zugrunde richten könnte[3].

An diesem Tage, beim „Fest des gerechten Urteils", demonstrierte der Staat, wie er mit Verbrechern, die gegen das „Gesetz" verstießen, umzugehen pflegte. An den Stufen des Kubus stand einer von ihnen, „ein weißes, ein farbloses, gläsernes Gesicht", die Augen – „schwarze, saugende, schlingende Löcher"; die goldene Plakette mit der Nummer, die ihn

---

[1] Jewgeni Samjatin, Wir. Roman, Leipzig/Weimar 1991; Seitenzahlen beziehen sich auf diese Ausgabe. Da der Roman aus 40 fiktiven Tagebuchaufzeichnungen seines Helden besteht, wird zugleich auf die Nummer der Eintragungen verwiesen, was das Auffinden der Zitate auch in anderen Ausgaben erleichtert.

[2] Ebenda, S. 5, 25 (Eintragung 1, 5).

[3] Ebenda, S. 49ff. (Eintragung 9).

zu einem aus der Gemeinschaft machte, war ihm bereits abgenommen. Er schritt die Treppen des Kubus hinauf, wo „oben der Wohltäter" saß, wie eine „aus Metall gegossene Gestalt", deren „Gesicht von unten nicht deutlich zu erkennen" war, nur die „strengen, majestätischen quadratischen Konturen". Neben ihm stand die Maschine, zu der der Verbrecher emporschritt, bis dann der „Wohltäter" seine riesige Hand auf den Hebel der Maschine legte, hunderttausend Volt entfachte, vom Delinquenten nur „eine Lache chemisch reinen Wassers" übrig blieb, als „Zeichen der übermenschlichen Macht des Wohltäters", der „Dissoziation der Materie", der „Spaltung der Atome des menschlichen Körpers" – worauf ein millionenfacher Beifallssturm losbrach, der etwas „Reinigendes" an sich hatte, wie der Regen nach dem Gewitter[4].

An einem anderen Tage, dem „Tag der Einstimmigkeit", wurde der „Wohltäter" gewählt, um ihm Jahr für Jahr „aufs neue die Schlüssel zur unerschütterlichen Feste" der Glückseligkeit auszuhändigen. Doch auch hierbei überließ man nichts dem Zufall, denn „auf unvorhersehbaren Zufälligkeiten" sei vernünftigerweise kein Staat zu gründen. Die öffentlichen Wahlen waren eher von „symbolische[r] Bedeutung": Sie sollten daran erinnern, dass die Versammelten alle Teile eines „mächtige[n] millionenzellige[n] Organismus" waren oder („mit den Worten des Evangeliums der Alten gesprochen") die „allgemeine Kirche". An diesem Tage kam der „Wohltäter", in „weiße Gewänder gehüllt", unter dem „kupfernen Dröhnen der Hymne" vom Himmel herab: „der neue Jehova in einem Aero [einem Fluggerät], ebenso weise und liebevoll-unbarmherzig wie der Jehova der Alten"[5].

Dass frühere Zeiten es mit „Wahlen" anders hielten, sogar „verstohlene", „feigherzige" Stimmabgabe erlaubten, war in dieser Logik der „Zweckmäßigkeit" schwer zu begreifen. So wie man selbst für den „Wohltäter" stimmte, taten es die anderen auch und demonstrierten damit, dass alle zu dem einen „Wir" gehörten. Für den unwahrscheinlichen Fall aber, dass „in der gewohnten Monophonie eine Dissonanz" eintrat, gab es im Kreise der Versammelten immer noch die unsichtbaren „Schützer": Sie konnten „die auf den Irrweg geratenen Nummern" sofort feststellen und sie vor weiteren Fehltritten in Sicherheit bringen, zugleich aber auch den Einheitsstaat – vor ihnen sichern". Um ihrer „wichtigen" und „verantwortungsvollen" Aufgabe nachzukommen, waren sie im Alltag omnipräsent, überwachten ihn auch aus der Luft (in ihren Aeros mit den nach unten gerichteten Rüsseln). Sie bewahrten „wie Schutzengel liebevoll vor dem kleinsten Fehltritt, vor dem leisesten Irrtum". Wenn es nottat, standen ihnen „mannigfaltige Vorrichtungen" zur Verfügung, unter anderen „die berühmte Glasglocke", ein ausgereifter Apparat, der „mit dem Einsatz verschiedener Gase" arbeitete und aus den Delinquenten herausbrachte, was man wissen wollte; schließlich ging es um ein legitimes, ja „erhabenes Ziel", „die Sorge um die Sicherheit des Einheitsstaates", anders gesagt: „um das Glück von Millionen"[6].

## 2. Der normierte Alltag

Auf den Straßen gab es das einstige, „ohrenbetäubend buntscheckige, wirre Getümmel von Menschen, Rädern, Tieren, Plakaten, Bäumen, Farben, Vögeln" nicht mehr; ebenso wenig das geschäftige Treiben von Handel und Kommerz; die Welt war nun geordnet und

---

[4] Ebenda.
[5] Ebenda, S. 141 ff. (Eintragung 24).
[6] Ebenda, S. 84 f., 127, 143 f. (Eintragung 15, 21, 24).

aus „hartem", „ewigem" Glas. Aus Glas waren das Pflaster der „unabänderlich geraden Straßen", die Wände der „sonnendurchfluteten" Häuser, denn der Himmel stets „tiefblau, wol-
kenlos, steril"; und aus Glas waren selbst die Decken und Böden der Zimmer. Ihre Bewohner hatten nichts voreinander zu verbergen, und außerdem erleichterte man damit den
„Schützern" ihre „mühsame und grandiose Arbeit". Wer links oder rechts schaute, sah im
Nachbarzimmer gleichsam nur wieder sich selbst. Jeder und jede trug die gleiche hell-
blaue Kleidung (hier „Unifa" genannt), hatte kurz geschnittene Haare und statt eines Namens ein goldenes Nummerschild, das ihn oder sie als Mitglied der Gemeinschaft auswies.
Zimmernummer und Personalnummer waren identisch; wer straffällig wurde, verlor mit
der Nummer zugleich die Mitgliedschaft in der Gemeinschaft[7].

Der Tagesablauf war nach einer Stundentafel einheitlich geregelt. Um 7 Uhr mahnte ein
„munteres, kristallklares Glöckchen" am Kopfende des Bettes zum Aufstehen. Nachdem
man das Frühstück mit den „fünfzig gesetzlich befohlenen Kaubewegungen für jeden Bis-
sen" hinter sich gebracht hatte und die Hymne des Einheitsstaates verklungen war, begab
man sich in Viererreihen über den Korridor zu den Fahrstühlen, gelangte nach unten ins
Vestibül, wo eine Kontrollbeamtin saß, vermerkte wie alle anderen den Namen im Aus-
gangsbuch, begab sich zur Arbeitstelle, nahm in ein und derselben Minute mit Millionen
anderer die Arbeit auf, führte in ein und derselben, von der Stundentafel festgesetzten Zeit
zu Mittag den Löffel an den Mund, beendete „einmillionenmütig" die Arbeit am Abend
und ging zur stets gleichen Zeit schlafen. Schließlich war das Schlafen ebenso unerbittliche
Pflicht wie die Arbeit am Tage. Ab 23 Uhr herrschte eine öffentliche Ausgangssperre[8].

Zweimal am Tag, von 16 bis 17 und von 21 bis 22 Uhr, sah die Tafel „persönliche Stunden" vor. Sie gaben Gelegenheit, in Viererreihen und Kolonnen spazieren zu gehen, im
Gleichschritt, zu Marschmusik, mit Hunderten, Tausenden anderer, oder sich ins Audito-
rium zu begeben und nach dem Absingen der Hymne Fortbildungsvorträge anzuhören.
Oder die Zeit wurde für intime Stunden genutzt. Seit 300 Jahren gab es die „lex sexualis",
die jeder Nummer „das Recht auf jede andere Nummer als Teil des sexuellen Gesamtpro-
duktes" garantierte. Abgesehen davon, dass in den Laboratorien des Sexualamtes für jede
Nummer exakt die Menge der Geschlechtshormone im Blut bestimmt und eine genaue
Tabelle der Sex-Tage ausgearbeitet wurde, konnte sich jede Nummer auf jede andere
Nummer einschreiben und sie zum vereinbarten Zeitpunkt aufsuchen; dann musste nur
der „rosarote Talon" bei der Diensthabenden im Vestibül abgegeben und die Erlaubnis
zum Herunterlassen der Rollos im Zimmer eingeholt werden. Mithin gab es für Neid
„nicht den geringsten Grund mehr", nach dem Hunger hatte man auch die Sexualität in
den Griff bekommen, einmal mehr waren „Elementarkräfte" in eine bestimmte, vernünfti-
ge Richtung gelenkt, zu Bestandteilen einer „neuen, wissenschaftlichen Ethik" geworden,
die gleichsam auf den vier Grundrechenarten beruhte[9].


## 3. Die mathematische Ordnung der Dinge

Der „Einheitsstaat" suchte nach Einfachheit, Klarheit, Rationalität und Funktionalität. Für
Einfachheit und Klarheit lieferte die Mathematik ein Vorbild. Die „Linie des Einheitsstaa-

---

[7] Ebenda, S. 7, 9f., 20, 37, 49f., 131f. (Eintragung 2, 4, 7, 9, 22).
[8] Ebenda, S. 15f., 37, 62, 107 (Eintragung 3, 7, 10, 18).
[9] Ebenda, S. 17f., 26f., 80f. (Eintragung 3, 5, 14).

tes" erschien wie eine „Gerade. Eine große, göttliche, genaue, weise Gerade – die weiseste aller Linien", und irgendwie schien alles darauf anzukommen, „die ungezähmte Kurve geradezubiegen, sie der Berührenden – der Asymptote –, der Geraden anzugleichen". Vernunft, deren Aufgabe auf die Reduktion von Komplexität, „auf die unablässige Eingrenzung des Unendlichen", „auf die Zerkleinerung der Unendlichkeit in passable, annehmbare Portionen" hinauslief, konnte sich an der Mathematik, an der Welt der Zahlen ein Beispiel nehmen: Schließlich gebe es nirgends „ein weiseres, wolkenloseres Glück", „nichts Glücklicheres als die Zahlen, die nach den harmonischen, unabänderlichen Gesetzen des Einmaleins leben […] Die Wahrheit ist einzig, und der wahre Weg ist einzig; und diese Wahrheit heißt zweimal-zwei, und dieser wahre Weg heißt vier. Wäre es nicht absurd, wenn diese so glücklich und ideal multiplizierten Zweien – an irgendeine Freiheit dächten, das heißt, ganz offensichtlich an einen – Irrtum"?[10]

So wie die Zahlen hatten auch die Individuen auf Freiheit zu verzichten, als sie im „Einheitsstaat" Sicherheit und Glück gewannen; dem Urzustand der Freiheit nachzutrauern, in dem es keine Sicherheit und damit auch kein Glück gegeben hatte, sei töricht. Die Individuen hatten sich einzubringen in das „Wir", als Teil eines „Organismus", eines „riesigen, machtvollen Ganzen". In ihm sei Demut eine Tugend, Stolz ein Laster, Anormalität krankhaft; nur das kranke Glied sei sich seiner Individualität bewusst, nur das kranke Auge, der kranke Finger „fühle sich", nicht aber der gesunde. Schon das Christentum habe erkannt, dass das „Wir" von Gott, das „Ich" des Teufels sei[11].

Als Teil eines Ganzen hatten die „Nummern" zu funktionieren, wie die Maschinen es ihnen vormachten. Diesen in ihrer Rationalität und Perfektion nachzueifern, war das Ziel. Fingerzeige hierfür konnte der amerikanische Ingenieur und Betriebswirtschaftler Frederick Winslow Taylor geben, dessen Forschungen (Anfang des 20. Jahrhunderts) auf die Vervollkommnung der Arbeitsabläufe und Produktionsverfahren zielten und der die Entlohnung daran festmachen wollte. Neben der Mathematik und dem Organismusmodell schien der Taylorismus der dritte Bezugspunkt für das Gesellschafts- und Wirtschaftssystem des „Einheitsstaates" zu sein[12].

## 4. Die Gegenwelt

Völlig verschwunden war das Alte noch nicht. Reste lebten hinter einer geheimnisvollen hohen gläsernen „Grünen Mauer" weiter, die den „Einheitsstaat" seit den Tagen des „Zweihundertjährigen Krieges" hermetisch von der wilden Außenwelt abschirmte, seine „mechanisierte, vollkommene Welt von der vernunftlosen, ungestalten Welt der Bäume, Tiere, Vögel isolierte". Vergeblich versuchten Vögel immer wieder, die „feste Umzäumung aus elektrischen Wellen" zu überwinden; sie prallten daran ab und versuchten es erneut. Nur der gelbe Blütenstaub war nicht aufzuhalten, der von drüben immer wieder herüberwehte, sich auf die Lippen legte, süß schmeckte und das logische Denken beeinträchtigte[13].

Auch das „Alte Haus", das an der „Grünen Mauer" lag, schien manches aus früheren Tagen bewahrt zu haben: mit den „unordentlich, düsteren Räumen", die man früher

---

[10] Ebenda, S. 5, 71 (Eintragung 1, 12).
[11] Ebenda, S. 66, 134, 143f. (Eintragung 11, 22, 24).
[12] Ebenda, S. 17f., 22, 37, 46, 87 (Eintragung 3, 4, 7, 8, 15).
[13] Ebenda, S. 7, 15, 125 (Eintragung 2, 3, 21).

„Wohnung" nannte; mit dem „wilde[n], unorganisierte[n], irrsinnige[n] Kunterbunt von Farben und Formen"; mit den Zimmerdecken in weißer Farbe und den dunkelblau gestrichenen Wänden; mit dem Konzertflügel und dem Kandelaber; mit den altertümlichen Büchern und ihren roten, grünen, orangefarbenen Einbänden; mit den Spiegeln, bunten Sofas, Schränken und dem großen Bett aus Mahagoniholz; mit den knarrenden Türen, endlosen Korridoren, verwirrend vielen Türen, von denen manche wohl auch in den Bereich jenseits der „Grünen Mauer" führten[14].

Selbst bei den „zivilisierten" Bewohnern des „Einheitsstaates" gab es manches Relikt, manchen körperlichen Mangel, manche „unvernünftige" Verhaltensweise, manches „unangemessene" Gefühl, die an die „wilde Natur" erinnerten und eigentlich überwunden sein sollten: ein behaarter Handrücken; die Neigung, sich anders, in abweichendem Stil und abweichender Farbe zu kleiden; der Genuss von Nikotin und Alkohol, im „Einheitsstaat" streng verboten; im Schlaf zu träumen, was als Symptom einer psychischen Erkrankung, einer alarmierenden Unausgeglichenheit gelten musste; schließlich Anwandlungen unkontrollierter Emotionalität, von Liebe und Eifersucht[15].

## 5. Die Handlung

Was wir von dieser Welt und vom Geschehen wissen, entnehmen wir den Tagebucheintragungen der Nummer D-503. Er ist Mathematiker im „Einheitsstaat" und Chefingenieur des Raumschiffes INTEGRAL, dessen Bau vor der Vollendung steht. Die INTEGRAL soll zu einer Mission in den Weltraum aufbrechen und „unbekannte Wesen, die andere Planeten – vielleicht noch im Urzustand der Freiheit – bewohnen, unter das wohltuende Joch der Vernunft […] beugen". Falls sie nicht begreifen, „daß wir ihnen das mathematisch unfehlbare Glück bringen", so erläutert D-503 in der ersten Eintragung seines Tagebuchs, „wird es unsere Pflicht sein, sie zu ihrem Glück zu zwingen"[16].

Auf einem der Massenspaziergänge lernt D-503 die weibliche Nummer I-330 kennen, die einen abweichenden Lebensstil pflegt und unkonventionelle Meinungen vertritt, sich individuell kleidet, auf einem Flügel „alte" Musik spielt, die raucht und Alkohol trinkt – und offensichtlich Beziehungen zu jener „wilden" Welt jenseits der „Grünen Mauer" hat, von der niemand spricht, die niemand kennt. D-503 verliebt sich in I-330, trifft sich mit ihr im „Alten Haus" und gerät damit in einen seine Existenz gefährdenden Loyalitätskonflikt. Statt sie bei den „Schützern" anzuzeigen, wie es seine Pflicht gewesen wäre, lässt er sich mehr und mehr in ihren Bann ziehen; sie bringt ihn dazu, sich über das strenge Regime der Stundentafel hinwegzusetzen, sich während der Arbeitszeit mit ihr zu treffen, was so viel heißt wie „den Staat um seine Arbeitskraft zu betrügen", sich dafür noch ein falsches Attest des Gesundheitsamtes zu besorgen; sie weckt Zweifel, „Phantasien", die ihn bis in die „Träume" verfolgen – für jeden Bürger des „Einheitsstaates" sicheres Symptom einer schweren Erkrankung, die unverzügliche Gegenmaßnahmen erforderlich macht. Ja er macht sich ernsthaft Sorgen, dass sich bereits eine „Seele" gebildet haben könnte – ein kaum mehr bekanntes Wort für eine als weitgehend ausgerottet geltende „unheilbare" Krankheit[17].

---

[14]  Ebenda, S. 30f. (Eintragung 6).
[15]  Ebenda, S. 12, 36, 55f., 58f. (Eintragung 2, 7, 10).
[16]  Ebenda, S. 5 (Eintragung 1).
[17]  Ebenda, S. 11ff., 21f., 28ff., 55ff., 74ff., 90ff., 105ff. (Eintragung 2, 4, 6, 10, 13, 16, 18).

Dass es sich nicht um eine Einzelerscheinung handelt, zeigt der „Tag der Einstimmigkeit", als es erstmals zu Tausenden von Gegenstimmen kommt und chaotische Zustände ausbrechen. Zwar berichtet die „Staatszeitung" tags darauf von der erneuten „einstimmigen Wiederwahl" des „Wohltäters" und einer nur „geringfügigen Störung der Ordnung" durch „Feinde des Glücks", man werde sich von ihnen nicht beirren lassen; ihre „Stimmen" in Betracht zu ziehen, wäre ebenso „widersinnig", „wie wenn man das Husten einer Handvoll Kranker, die zufällig im Konzertsaal sitzen, für einen Bestandteil der grandiosen heroischen Symphonie hielte". Doch wie aus dem Nichts auftauchende Plakatanschläge zeigen, dass die Situation keineswegs bereinigt ist, ja sich zuspitzt; schon die gemeinsame Tagung des Schutz-, des Verwaltungs- und des Gesundheitsamtes deutet darauf hin, dass der „Einheitsstaat" zum Gegenschlag ausholt: Er richtet sich auf Massenoperationen ein, bei denen der Sitz der Phantasie chirurgisch aus dem Gehirn der Nummern entfernt werden soll, mit dem Versprechen „hundertprozentigen Glücks", bei dem keine Wünsche mehr offenbleiben, ein kleiner chirurgischer Eingriff, der die Nummern „noch vollkommener" machen, sie den reibungslos funktionierenden Maschinen angleichen soll[18].

Die Lage eskaliert: Die ersten Operierten, Maschinenmenschen gleich, versuchen, die Nummern in die Operationssäle zu treiben, die in den Auditorien provisorisch eingerichtet wurden. Die „Staatszeitung" droht, wer nicht erscheine, falle der „Maschine" des „Wohltäters" anheim. Der „Wohltäter" bestellt D-503 ein, um ihm zu erklären, dass die „wahre algebraische Liebe zur Menschheit" immer „unmenschlich", das „ewige Kennzeichen der Wahrheit" ihre „Grausamkeit" sei, der „Einheitsstaat" nur tue, wonach sich Menschen seit jeher sehnten, nämlich ihnen ein für allemal zu sagen, worin das „Glück" bestehe und sie „mit einer Kette an dieses Glück zu schmieden". Der Versuch oppositioneller Kräfte, einen Probeflug der INTEGRAL zum Putsch zu nutzen, scheitert, die „Schützer" haben davon Wind bekommen und den Putschversuch vereitelt. Und irgendjemand sprengt die „Grüne Mauer". Überall bedecken nun Zweige und bunte Blätter die gläsernen Straßen. Schwärme von Vögeln lassen sich auf Kuppeln, Dächern und Balkonen nieder. Auch „wilde" Menschen weißer, brauner und gelber Hautfarbe kommen herüber, nackt und behaart. Die Ordnung des „Einheitsstaates" ist in völliger Auflösung begriffen. Züge fahren nicht mehr. Die Menschen marschieren nicht länger im Gleichschritt, sie „irren", laufen frei auf den Straßen umher. Es kommt zu Demonstrationen, die sich gegen die „Maschine" und gegen die „Operationen" richten. Männliche und weibliche „Nummern" paaren sich schamlos in den Zimmern, ohne die rosaroten Talons vorzuweisen und die Rollos herunterzulassen[19].

Der Staat schlägt zurück, und das Blatt wendet sich zu seinen Gunsten. Unter denen, die aufgegriffen, in den nächsten Hörsaal geschleppt, auf dem Tisch festgeschnallt und der Operation unterzogen werden, ist auch D-503. Er fühlt sich danach „leicht und leer". Tags darauf meldet er sich beim „Wohltäter", um ihm alles zu erzählen, was er über die „Feinde des Glücks" weiß. Er ist auch dabei, wenn I-330 dreimal unter die „Glasglocke" gesetzt wird, aber schweigt. Andere erweisen sich als „anständiger" und reden. Auf sie alle wartet die „Maschine" des „Wohltäters". Damit dürfe man nicht zögern, vertraut D-503 seinem Tagebuch an, „denn in den westlichen Vierteln gibt es immer noch Chaos, Geheul, Leichen und Tiere und – bedauerlicherweise – auch eine bemerkenswerte Anzahl von Nummern, die die Vernunft verraten haben. Aber es ist uns gelungen, auf dem quer verlaufen-

---

[18] Ebenda, S. 150ff., 155ff., 169ff., 185ff. (Eintragung 25, 26, 28, 31).
[19] Ebenda, S. 196f., 201, 211ff., 215f., 223, 228ff. (Eintragung 32, 33, 34, 35, 36, 37).

den 40. Prospekt eine provisorische Mauer aus Hochspannungswellen zu errichten. Und ich hoffe – wir werden siegen. Mehr noch: Ich bin sicher, daß wir siegen. Weil die Vernunft siegen muß". Mit diesen sarkastischen Worten endet der Roman[20].

## 6. Der Verfasser und seine Botschaft

D-503, der Held des Romans und fiktive Verfasser der 40 Tagebucheintragungen, trägt zweifellos autobiographische Züge. Der Romanautor, Jewgeni Iwanowitsch Samjatin, 1884 im Provinzstädtchen Lebedjan (im Gouvernement Tambow) geboren, war, als der Roman entstand, etwa gleichaltrig wie sein Held, von dem es an einer Stelle heißt, er sei 32. War D-503 Chefingenieur des Raumschiffs INTEGRAL, so hatte auch Samjatin ein Ingenieursstudium, im Bereich des Schiffbauwesens, hinter sich und war in diesem Beruf an verantwortungsvoller Stelle tätig gewesen, seit März 1916 nach England abkommandiert, um den Bau von Eisbrechern für die russische Flotte zu beaufsichtigen. Wie D-503 faszinierte auch Samjatin die Idee einer radikalen, „vernünftigen" und „gerechten" Neuordnung der inneren Verhältnisse: Als Praktikant hatte er in Odessa 1905, während der ersten russischen Revolution, die Meuterei auf dem Panzerkreuzer Potjomkin miterlebt und sich danach der bolschewistischen Fraktion der Russischen Sozialdemokratischen Arbeiterpartei angeschlossen[21].

Doch als der Roman 1920 in Petrograd entstand, waren bereits Skepsis und Ernüchterung an die Stelle des alten Glaubens getreten. Im Herbst 1917 hatten die Bolschewiki in einem bewaffneten Aufstand die amtierende russische Regierung gestürzt und die „Sozialistische Sowjetrepublik" ausgerufen. Sie hatten Grund und Boden nationalisiert, Banken und Großindustrie enteignet, die Unternehmen in Zwangsverbänden zusammengeschlossen, ihren Geschäftsverkehr „der Kontrolle der Arbeiter" unterstellt und die allgemeine Arbeitspflicht eingeführt; ein Oberster Volkswirtschaftsrat sollte die Gesamtorganisation der Produktion und der Verteilung, die Leitung der Staatsfinanzen und die Verwaltung der Betriebe übernehmen, die Bevölkerung in Konsumkommunen organisiert und mit ihrer Hilfe die planmäßige Verteilung aller Güter durchgeführt werden; innerhalb der nächsten ein, zwei Jahre entstand hieraus eine gigantische bürokratische Wirtschaftsadministration, welche die nationalisierten Betriebe allmählich erfasste, vertikal in Industriezweige zusammenschloss und jeweils einer Zentralverwaltung unterstellte.

Die Bauern hatten alle „Überschüsse" den staatlichen Beschaffungsorganen abzuliefern; seit Anfang 1919 definierte der Staat von oben, auf Grund des staatlichen Bedarfs, wie viel Brot- und Futtergetreide von den zentralen und regionalen Versorgungsorganen aufgebracht, d.h. bei den Bauern beschlagnahmt werden sollte. Da infolge der galoppierenden

[20] Ebenda, S. 241ff. (Eintragung 40).
[21] Ebenda, S. 224 (Eintragung 36). Autobiographische Daten nach: V. A. Tunimanov, Zamjatin, in: Russkie Pisateli XX vek. Biobibliografičeskij slovar' v dvuch častjach, Moskau 1998, Bd. 2, S. 517ff.; Karlheinz Kasper, Nachwort, in: Jewgeni Samjatin, Aufsätze. Autobiographie. Brief an Stalin, Leipzig/Weimar 1991, S. 154ff.; ferner: Horst-Jürgen Gerigk, Staat und Revolution im russischen Roman des 20. Jahrhunderts, 1900–1925. Eine historische und poetologische Studie, Heidelberg 2005; Gabriele Leech-Anspach, Evgenij Zamjatin. Häretiker im Namen des Menschen, Wiesbaden 1976; Leonore Scheffler, Evgenij Zamjatin. Sein Weltbild und seine literarische Thematik, Köln/Wien 1984; Wolf Schmid, Ornamentales Erzählen in der russischen Moderne. Čechov, Babel, Zamjatin, Frankfurt a. M. 1992.

Inflation Geld seinen Wert verlor, musste immer mehr zur Naturalentlohnung der Arbeiter und Soldaten übergegangen werden. Alle konkurrierenden Parteien waren mittlerweile in die Illegalität gedrängt, Wahlen fanden keine mehr statt, wo nötig wurden zur Exekution der Beschlüsse die neugegründete Geheimpolizei (die berüchtigte „Tscheka"), bewaffnete Arbeiterbrigaden oder Abteilungen der Roten Armee eingesetzt. Obwohl manches nur als „Notbehelf" in den Zeiten des Bürgerkriegs entstanden war, die Not nicht gebannt war, nur umverteilt wurde, die Wirtschaft daniederlag und es immer weniger zu verteilen gab, trotz riesiger Bürokratie mitunter das blanke Chaos herrschte und trotz der staatlichen Beschaffungsorgane der Schwarzmarkt blühte, glaubte die Führung bereits auf dem „richtigen Weg" zu sein, „Kapitalismus" und „Markt" überwunden zu haben und diesen Kurs auch nach Ende der Bürgerkriegskämpfe fortsetzen zu müssen. Den großen Sprung nach vorn sollte die Elektrifizierung des Landes bringen, deren Planung bereits abgeschlossen war. Lenin pries sie als „Wendepunkt", Proletkult-Dichter feierten in stählerner Sprache die Errungenschaften, „Hofdichter" des Regimes besangen die große sozialistische Zukunft[22].

Zu ihnen, den „Wendigen", wollte Samjatin nicht gehören, noch schweigen wie die „Nicht-Wendigen"[23]. Dass er mit den Zuständen im „Einheitsstaat" (mit der kultischen Verehrung eines obersten „Wohltäters"; mit den „Wahlen", die keine mehr waren; mit der geldlosen, markt- und kommerzfreien Welt; mit der Gleichschaltung der Medien; mit der Indienstnahme der Poesie; mit dem „Schutzamt" und den allgegenwärtigen „Schützern"; mit der blutigen Auseinandersetzung zwischen „Stadt" und „Land", der „Grünen Mauer", der Ausgrenzung des Dorfes; mit dem Kampf gegen die „bürgerliche" Familie; mit der Verehrung des Taylorismus; mit der Fortschrittsgläubigkeit; mit der Gleichmacherei; mit den Versuchen, einen „neuen Menschen" zu schaffen; mit der Neigung, auch andere von den Vorzügen des eigenen „vernünftigen" Systems zu überzeugen, andere „Welten" missionieren zu müssen usf.) sein eigenes Land meinte, war unübersehbar. Deshalb konnte der Roman in Sowjetrussland auch nicht publiziert werden. Er erschien erstmals in englischer Übersetzung 1924, 1927 auf Tschechisch und 1929 in französischer Sprache; die in Prag erscheinende Emigrantenzeitschrift „Narodnaja Wolja" druckte 1927 auch eine gekürzte russische Fassung ab.

Doch der Roman war mehr als nur eine Auseinandersetzung mit den Anfängen Sowjetrusslands, mit dem „kriegskommunistischen" Kurs der Bolschewiki. Hellsichtig nahm er vieles von der späteren Entwicklung des Landes vorweg, indem er beschrieb, wozu es führen würde, wenn die Bolschewiki ihre Ansprüche und Absichten realisierten[24]; und er

[22] Vgl. dazu Helmut Altrichter, Staat und Revolution in Sowjetrußland 1917–1922/23, Darmstadt ²1996; dokumentiert auch in: Helmut Altrichter/Heiko Haumann (Hrsg.), Die Sowjetunion. Von der Oktoberrevolution bis zu Stalins Tod. Dokumente, 2 Bde., München 1986/1987.
[23] Samjatin, Ich fürchte (Erstveröffentlichung in: Dom iskusstv, 1921), hier nach Samjatin, Aufsätze, S. 5 ff.
[24] Wie Vorstellungen einer Stundentafel, einer funktionalistischen Architektur, die den Bildern Samjatins nahekam, eines hochtechnisierten Zukunftsstaates, Gedankenspiele des Taylorismus durch die frühsowjetischen, intellektuellen Diskurse geisterten, vgl. bei: Helmut Altrichter, Kunst als „verläßlichster Indikator für den menschlichen Zustand in der Zeit"? Kliment Nikolajewitsch Redko: „Das Werk" (1922), in: Ders. (Hrsg.), Bilder erzählen Geschichte, Freiburg im Breisgau 1995, S. 249–271; ders., „Living the Revolution". Stadt und Stadtplanung in Stalins Rußland, in: Wolfgang Hardtwig (Hrsg.), Utopie und politische Herrschaft im Europa der Zwischenkriegszeit, München 2003, S. 57–75; ders., Totalitarismus als europäische Idee, in: Simon Donig/Tobias Meyer/Christiane Winkler (Hrsg.), Europäische Identitäten – Eine europäische Identität?, Baden-Baden 2005, S. 152–166 (jeweils mit Hinweisen auf weitere Literatur).

zeigte zugleich, wie moderne, totalitäre Diktaturen des 20. Jahrhunderts funktionierten: Dazu gehörte eine Ideologie, die sich auf Vernunft und Zweckmäßigkeit, das Glück und die Sicherheit „aller" berief; die ihren Zusammenhalt als Gemeinschaft beschwor, den es zu sichern und zu verteidigen gelte, und mit diesem höheren Gut und Zweck die konsequente Unterordnung des Einzelnen unter das propagierte „Gemeinwohl", die repressiven Maßnahmen gegen Andersdenkende als „notwendige Grausamkeiten", zur Erhaltung des organischen Ganzen (als „Klasse", „Nation" oder „Rasse") rechtfertigte; schließlich die historische Meistererzählung, die alles erklärte und legitimierte, deren Mythen kollektiv gefeiert und beschworen wurden, womit sie Form und Funktion einer „säkularen, politischen Religion" annahmen; und Samjatin zeigte am Beispiel seines Helden D-503, dass die Verinnerlichung ihrer Werte und Normen, die intelligente Menschen zu überzeugten Mitläufern, Individuen zu bloßen „Nummern" machte, für das Funktionieren des Systems mindestens ebenso wichtig war wie der staatliche Terror.

Insofern erscheint „Wir" von Jewgeni Samjatin wie ein Schlüsselroman des 20. Jahrhunderts, der viel von dem vorwegnahm, was Aldous Huxley in „Brave New World" (1932) und George Orwell in „Animal Farm" und „1984" (1945 bzw. 1949) beschrieben, womit beide Autoren weltberühmt wurden. Unwillkürlich fühlt man sich auch an Motive und Sequenzen des utopischen Films, von Fritz Langs „Metropolis" (1927) bis Franklin J. Schaffners „Planet der Affen" (1968), erinnert, ohne dass gesagt werden kann, ob sie Samjatin kannten. Samjatin hatte 1931 auf Vermittlung Maxim Gorkis die Erlaubnis zur Ausreise nach Paris bekommen, wo er 1937 starb. In der Sowjetunion durfte „Wir" erst 50 Jahre nach seinem Tod erscheinen, 1988 in der Zeitschrift „Das Banner" (Znamja)[25], Ausdruck jener neuen „Offenheit" (glasnost'), die der sowjetische Staat nicht lange überlebte; im Dezember 1991 löste er sich auf.

---

[25] Znamja 1988, Nr. 4–5.

*Horst Möller*
# „Wolfszeit"

## Die Weimarer Republik im Spiegel von Hans Falladas Roman „Bauern, Bonzen und Bomben" (1931)

### I.

Wirklichkeit und Kunstcharakter – wie verhalten sie sich im Roman von Hans Fallada? Diese Frage drängt sich bei einem Autor auf, der wie nur wenige auf schnörkellose Erzählung des alltäglichen Lebens setzte und dazu als Stilmittel den aus der eigenen Erfahrungswelt gewonnenen natürlichen Dialog nutzte. Für seinen 1931 veröffentlichten Provinzroman „Bauern, Bonzen und Bomben" beantwortete er die Frage in seiner Vorbemerkung selbst: Ein Roman sei ein Werk der Phantasie. „Wohl hat der Verfasser Ereignisse, die sich in einer bestimmten Gegend Deutschlands abspielten, benutzt, aber er hat sie, wie es der Gang der Handlung zu fordern schien, willkürlich verändert. Wie man aus den Steinen eines abgebrochenen Hauses ein neues bauen kann, das dem alten in nichts gleicht, außer dem Material, so ist beim Bau dieses Werkes verfahren. Die Gestalten des Romans sind keine Photographien, sie sind Versuche, Menschengesichter unter Verzicht auf billige Ähnlichkeit sichtbar zu machen. Bei der Wiedergabe der Atmosphäre, des Parteihaders, des Kampfes aller gegen alle ist höchste Naturtreue erstrebt. Meine kleine Stadt steht für tausend andere und für jede große auch."

Dies ist ein hoher Anspruch, erstrebt der Autor doch nichts Geringeres als Repräsentativität. Und darin sah einer seiner ersten Rezensenten, Kurt Tucholsky, den eigentlichen Wert des Buches: Dieses „politisch hochinteressante" Werk habe er „in zwei Nächten gefressen, weil es uns politisch angeht, nur deswegen, beinah nur deswegen"[1].

Hans Fallada hat immer wieder seinen Romanen vergleichbare Bemerkungen vorausgeschickt, die die Paradoxie von Phantasie und Wirklichkeit in seinen Werken kennzeichnen sollten. So hieß es in dem postum 1955 veröffentlichten „Ein Mann will hinauf": „In diesem Buch ist alles erfunden; es ist ein Roman, also ein Werk der Phantasie. […] Trotzdem hofft der Verfasser, ein getreues Bild verschiedener Zeitepochen seit 1910 in der Hauptstadt Berlin gegeben zu haben." Sein 1946 veröffentlichtes Buch „Jeder stirbt für sich allein" stützte er, anders als bei ihm üblich, auf schriftliche Dokumente: „Die Geschehnisse dieses Buches folgen in großen Zügen Akten der Gestapo über die illegale Tätigkeit eines Berliner Arbeiterehepaares während der Jahre 1940 bis 1942. Nur in großen Zügen – ein Roman hat eigene Gesetze und kann nicht in allem der Wirklichkeit folgen. Darum hat es der Verfasser auch vermieden, Authentisches über das Privatleben dieser beiden Menschen zu erfahren: er mußte sie so schildern, wie sie ihm vor Augen standen. Sie sind also zwei Gestalten der Phantasie, wie auch alle anderen Figuren dieses Romans frei erfunden sind. Trotzdem glaubt der Verfasser an die innere Wahrheit des Erzählten, wenn auch manche Einzelheit den Verhältnissen nicht ganz entspricht." (Vorwort)

Wenngleich Erschließung der Fakten und Erzählweise in diesem Buch anders sind als in „Bauern, Bonzen und Bomben", in dem stärker die eigene Anschauung als die Phan-

---

[1] „Bauern, Bonzen und Bomben" von Ignaz Wrobel (Pseud. v. Kurt Tucholsky), in: Die Weltbühne 27 (1931), S. 497f.

tasie waltet, so zieht sich doch durch das ganze umfangreiche Werk Falladas der Wille „zur inneren Wahrheit des Erzählten", auf die sich der Historiker nicht berufen kann, gehört es doch zu seinen schon von Goethe genannten Pflichten, „das Wahre vom Falschen, das Gewisse vom Ungewissen, das Zweifelhafte vom Verwerflichen zu unterscheiden"[2]. Doch kann der Historiker denn wirklich auf die „innere Wahrheit des Erzählten" verzichten, selbst wenn er die Freiheit des Romanciers nicht hat? Wie aber ist sie verifizierbar?

In seiner unnachahmlich beiläufig präsentierten Treffsicherheit wird Fallada noch konkreter, wenn er das als historische Quelle unverzichtbare, aber auch problematische Genre der Autobiographie unter der gleichen Frage betrachtet: In der Vorbemerkung zu seinen Jugenderinnerungen „Damals bei uns daheim" (1941) nimmt er Erkenntnisproblematik des Autors und Perzeptionsspezifik des Lesers gleichermaßen in den Blick: „Meinen andern Lesern in der weiten Welt macht es nicht viel aus, ob auf den folgenden Blättern die vollkommene Genauigkeit vom Verfasser gewahrt ist. Ihnen ist Tante Gustchen Hekuba. Wie aber bestehe ich vor dir, sehr liebe Verwandtschaft?! [...] wenn ich im Kleinen sündigte, so bin ich doch im Großen getreu gewesen. Wenn ich bei den Taten erfand, so habe ich doch den Geist, so gut ich es vermochte, geschildert. Ja, ich glaube sogar, daß meine Freiheiten im Kleinen mir erst die Treue im Großen möglich gemacht haben. So habe ich die Eltern gesehen, so die Geschwister, so die gesamte Verwandt- und Bekanntschaft! Ihr seht sie anders? Geschwind, schreibet euer Buch! Meines bleibt mir darum doch lieb."

Ohne Zweifel darf ein Schriftsteller so argumentieren, aber darf es der Historiker nicht auch? *Muss* nicht „der Herren eigener Geist" dazukommen, um die Quellen, die vergangene Gegenwart zum Sprechen zu bringen? Was also sind die Quellen Falladas, was können seine Romane, was geschichtswissenschaftliche Werke nicht leisten – oder jedenfalls für die meisten Themen nicht?

Die erste Frage ist leicht zu beantworten und ist für die Mehrzahl seiner Romane – mit der genannten Ausnahme – gleich: Hans Falladas Darstellungskunst speist sich aus den persönlichen Erfahrungen eines Autors, dessen Leben so abenteuerlich verlief, dass es selbst ein phantasievoller Romancier nicht besser hätte erfinden können. Diese Quelle steht dem Historiker nicht oder höchstens indirekt zur Verfügung, stellt er doch in der Regel nicht Themen seiner eigenen Zeit, sondern früherer Epochen dar. Die oft und zu Recht gerühmte Authentizität von Falladas Romanfiguren gewinnt ihre pralle Lebensfülle aus eigener Anschauung. Tatsächlich ist sie aber, davon wird noch zu reden sein, wie beim Historiker Auswahl: Das Panorama einer kleinen pommerschen Stadt, im Roman „Bauern, Bonzen und Bomben" Altholm genannt, bietet ebenso ein Gesellschaftsbild, wie es in seinen Großstadtromanen der Fall ist, in denen Berlin den Wurzelgrund bildet.

Fallada verdichtet wie jeder Erzähler die Handlung, indem er seine Charakterisierung auf eine – wenn auch große – Zahl von Personen konzentriert. In ihren Dialogen fasst er Aktion und Reaktion. Durch solche oft hastigen, oft impressionistisch mit wenigen Strichen hingeworfenen Diskussionen, im Stakkato von Rede und Gegenrede, charakterisiert Fallada nicht nur die *dramatis personae*, sondern erklärt zugleich ebenso lakonisch wie anschaulich Ursache und Wirkung.

---

[2] Goethe, Maximen und Reflexionen 189, in: Goethes Werke. Hamburger Ausgabe, Bd. 12, Hamburg ⁶1967, S. 390.

Reduziert auf die „anthropologische Dimension" der Geschichte[3], bedarf er keiner quellengestützten Rekonstruktion und abwägenden Analyse und hat dieser die suggestive Anschaulichkeit voraus. Insofern bilden Romane dieses Typs für den Historiker selbst zeitgenössische Quellen, keineswegs aber Ersatz wissenschaftlicher Arbeit. Sie vermitteln die Aura des Zeitzeugen. Romane müssen nicht im Detail stimmen, aber im Ganzen stimmig sein. Die „willkürliche" Zusammensetzung der aus der Realität gewonnenen Bausteine ist dem Historiker nicht erlaubt, er muss Fragestellung und Perspektive offenlegen, muss seine Auswahl argumentativ aus ihnen begründen, während der Romancier seine Überzeugungskraft aus der Stringenz der Handlung und der Wirklichkeitsnähe seiner Figuren gewinnt. Dies gelingt Hans Fallada nicht nur in „Bauern, Bonzen und Bomben" hervorragend, auch seine anderen großen Gesellschaftsromane, sein Welterfolg „Kleiner Mann – was nun?" (1932), „Wer einmal aus dem Blechnapf frißt" (1934), „Wolf unter Wölfen" (1937) oder „Jeder stirbt für sich allein" (1947) zeigen bereits in ihren suggestiven Titeln (deren Machart später Johann Mario Simmel übernahm), wie zupackend es in ihnen zugeht.

All seine Romane bilden Zeugnisse einer Alltagsgeschichte der Weimarer Republik, des Elends des kleinen Mannes während der Inflationsjahre. Immer aber ist es das Berliner oder nord- bzw. ostdeutsche Milieu. Das Bayern dieser Jahre zum Beispiel findet man bei Fallada nicht, dafür müsste man zu einem literarisch anspruchsvolleren, allerdings ebenfalls autobiographisch schreibenden Autor wie Oskar Maria Graf greifen. Und ebenso wenig bietet Fallada über Fragmentarisches hinausgehende Schilderungen des Großbürgertums, etwa des wohlhabenden jüdischen Berliner Bildungsbürgertums, wie es Lion Feuchtwanger in seinem Roman „Die Geschwister Oppermann" (1933) darstellt. Auch ein Gesellschaftsroman nach Art von Lion Feuchtwangers „Erfolg" (1930), in dem das Münchner Bürgertum der 1920er Jahre im Mittelpunkt steht, war Falladas Sache nicht, obwohl er mit Feuchtwanger den Spannung erzeugenden, zuweilen kriminalpsychologischen Zugriff und die ätzende Gesellschaftskritik gemein hatte. Dass Hans Fallada das gehobene Bildungsbürgertum nur am Rande thematisierte, ist insofern überraschend, als er selbst aus diesem stammte und sein eigenes, im Sinne bürgerlicher Wertmaßstäbe verpfuschtes Leben sich auch als trotzige Opposition gegen dieses verstehen ließe, obwohl er in einer glücklichen Familie aufwuchs.

Auch diese Beispiele zeigen jedenfalls: So wenig wie der Historiker liefert der Romancier eine „Totalgeschichte", die von der Perspektive des Autors unabhängig wäre; stets handelt es sich um einen Ausschnitt aus der Wirklichkeit und insofern immer auch um „Kunstcharakter". Gemeinsam ist den genannten Autoren der durchgehende rote Faden, nämlich die Krisenhaftigkeit der 1920er und frühen 1930er Jahre. Damit thematisieren sie eine wesentliche Ursache für den Erfolg des politischen Extremismus, insbesondere den Aufstieg des Nationalsozialismus. Unterschiedlich ist die sprachliche und stilistische Gestaltung der genannten Schriftsteller, die sich bei Fallada denkbar weit von historischen aber auch poetisierend-metaphorischen Darstellungsformen entfernt.

## II.

Wer war Hans Fallada? Diese Frage ist für ihn schwieriger zu beantworten als für die meisten Schriftsteller, ist doch sein Lebenslauf schillernder, unsteter, kaum auf einen Nenner

---

[3] Vgl. Thomas Nipperdey, Die anthropologische Dimension der Geschichtswissenschaft, in: Ders., Gesellschaft, Kultur, Theorie. Gesammelte Aufsätze zur neueren Geschichte, Göttingen 1976, S. 33–58.

zu bringen. Viele Identitätsstränge verbinden sich in ihm, zeitlebens war er ein „Pechvogel", wie er sich selbst in seinen Jugenderinnerungen charakterisierte. Von Jugend an war er kränkelnd, lange bevor die eigene Lebensweise nahezu zwangsläufig zu schweren Erkrankungen führte. Er blieb ein „Zerrissener". Kein Zufall, dass er kaum politisch zuzuordnen ist, obwohl er ein dezidiert politischer Autor war. Während der Weimarer Republik konnte man ihn keiner politischen Richtung, schon gar keiner Partei zuordnen, obwohl er 1928 in die SPD eintrat. Über etwaige parteipolitische Aktivitäten ist nichts bekannt.

Während des NS-Regimes zählte Fallada zeitweise zu denjenigen, die der offiziellen Kulturpolitik verdächtig waren; zweimal wurde er zum „unerwünschten Autor" erklärt, einmal sogar festgenommen[4]. Joseph Goebbels beurteilte Fallada positiv und kam später sogar auf die Idee, ihn zu instrumentalisieren. Am 14. Januar 1938 notierte Goebbels in sein Tagebuch: „Gelesen Fallada ‚Wolf unter Wölfen', ein tolles spannendes Buch."[5] Wenig später fügt er hinzu: „der Junge kann was"[6]. Doch deckte sich diese Einschätzung des Reichspropagandaministers nicht mit derjenigen seiner Literaturideologen, wie die Eintragung vom 3. Februar 1938 zeigt: „Unsere Schrifttumsabteilung spricht sich in einem Gutachten scharf gegen Fallada aus. Ich hatte von der Seite auch nichts anderes erwartet."[7] Während er später ein von Fallada auf der Basis seines Romans „Der eiserne Gustav" (1937) verfasstes Drehbuch für einen Film von Emil Jannings als „ganz großartig" bezeichnete, fand er bald darauf den „Janningsfilm […] zu niederziehend und demoralisierend. […] Hier haben Fallada und Jannings gemeinsam ihrer Neigung entsprechend zu schwarz gesehen. Ich werde das noch mit Jannings zusammen ausbügeln."[8] Der Film wurde dann zwar doch nicht realisiert, doch machte Fallada auf Druck sowie aus finanziellen Gründen durch Ergänzung des Manuskripts über das Jahr 1928 hinaus so weitreichende Konzessionen an das NS-Regime, dass er sich vor sich selbst ekelte[9].

1943 wollte Goebbels die „Buchproduktion aktivieren" und eine Reihe antisemitischer Romane schreiben lassen, „und zwar von maßgebenden Schriftstellern, wenn sie auch nicht so vorbehaltlos zum Nationalsozialismus stehen, wie etwa unsere Feld-, Wald- und Wiesendichter, die zwar in ihrer Gesinnung sehr tüchtig sind, aber nicht viel können. Ich denke hier an Fallada […] und andere Schriftsteller, die in der Systemzeit eine große Rolle gespielt haben."[10] Nach 1945 förderte auf Vorschlag des Schriftstellers und späteren Kultusministers der DDR, Johannes R. Becher, die Sowjetische Militäradministration Hans Fallada. In seinem Bericht für den amerikanischen Geheimdienst über deutsche Schriftsteller urteilte Carl Zuckmayer im Exil über Fallada: „Er versuchte ehrlich in seiner Art weiterzuschreiben, ohne sich in irgendwelche Nazipropaganda einzulassen oder ‚mitzumachen'. Bis 1939 hat er es auch nie getan, was seitdem geworden ist, weiß ich nicht, neh-

---

[4] Vgl. Jenny Williams, Mehr Leben als eins. Hans Fallada, Berlin [2]2004, S. 185ff. (zuerst engl. 1998), sowie Hans Fallada, In meinem fremden Land. Gefängnistagebuch 1944, hrsg. von Jenny Williams und Sabine Lange, Berlin 2009, S. 273ff. (Nachwort).

[5] Die Tagebücher von Joseph Goebbels, hrsg. im Auftrag des Instituts für Zeitgeschichte von Elke Fröhlich, Teil I, Bd. 5, München 2000, S. 98.

[6] Ebenda, S. 126.

[7] Ebenda, S. 132.

[8] Ebenda, S. 378 (13. 7. 1938) und S. 381 (15. 7. 1938).

[9] Vgl. Günter Caspar, Fallada-Studien, Berlin/Weimar 1988, sowie den Briefwechsel mit Ernst Rowohlt: Hans Fallada, Ewig auf der Rutschbahn. Briefwechsel mit dem Rowohlt Verlag, hrsg. von Michael Töteberg und Sabine Buck, Reinbek bei Hamburg 2008, S. 256ff.

[10] Die Tagebücher von Joseph Goebbels, Teil II, Bd. 8, München 1993, S. 386 (29. 5. 1943).

me aber auch hier keine entscheidende Standortänderung an."[11] Zuckmayer lobte sogar ausgesprochen mutige Passagen im Werk Falladas. Es bleibt schwierig, die in diesen Einschätzungen deutlich werdenden Widersprüche aufzulösen, ein unpolitischer Autor – wie manche seiner Biographen meinen – war er dennoch nicht, wie nicht zuletzt „Bauern, Bonzen und Bomben" demonstrieren.

Einige Hinweise auf den Lebensweg eines Autors, dessen Werk ohne seine Biographie völlig unfassbar wäre, sind notwendig, tragen sie doch entscheidend zur Interpretation bei. Hans Fallada ist ein Pseudonym für Rudolf Ditzen, der 1893 in Greifswald als Sohn des Landgerichtsrats Wilhelm Ditzen und seiner Frau Elisabeth, einer Pfarrerstochter, geboren wurde. Seit der Versetzung des Vaters lebte er von 1899 bis 1909 in Berlin, wo er in bürgerlichen Wohnvierteln wie Schöneberg und Wilmersdorf Gymnasien besuchte, bevor der Vater, zum Reichsgerichtsrat befördert, nach Leipzig zog. 1910 machte der siebzehnjährige Rudolf mit dem „Wandervogel" zum ersten Mal eine weite Reise, die ihn vom wohlbehüteten bürgerlichen Elternhaus entfernte.

Eine Typhuserkrankung brachte eine erste schwere Krise, und seit 1911 verlief im Leben Rudolf Ditzens nichts mehr „normal". Er hegte Selbstmordabsichten, wurde zunächst bei Verwandten in der Nähe Hannovers untergebracht, dann nacheinander in verschiedenen Sanatorien in Bad Berka und Jena, bevor er im thüringischen Rudolfstadt den Besuch des Gymnasiums wieder aufnahm. In einem Duell erschoss er im Oktober 1911 seinen Freund von Necker aufgrund einer Wette, die sich auf die literarischen Versuche der beiden Jungen bezog. Er wurde wegen Mordes angeklagt, doch wegen mangelnder Zurechnungsfähigkeit (§ 52 Strafgesetzbuch) im Januar 1912 in eine geschlossene Anstalt in der Nähe von Jena eingewiesen. Im Oktober wurde er entlassen und nahm eine Lehre als Gutseleve in der Nähe des sächsischen Nöbdenitz auf. Im August 1914 meldete er sich freiwillig zum Kriegsdienst, wurde aber aufgrund verminderter Zurechnungsfähigkeit bereits nach 11 Tagen entlassen und kehrte in das Gut Posterstein bei Nöbdenitz zurück. Es folgte eine weitere Anstellung auf einem hinterpommerschen Gut, bevor er 1916 Assistent bei der Landwirtschaftskammer in Stettin wurde. Die hier gewonnenen Anschauungen der ländlichen Bevölkerung und der pommerschen Landschaft gingen später in „Bauern, Bonzen und Bomben" ein. Noch 1916 wechselte er als wissenschaftlicher Hilfsarbeiter zur Kartoffelanbaugesellschaft nach Berlin.

Charakterisierte häufiger Orts- und Stellenwechsel schon diese Jahre, so steigerte sich der unstete Berufsweg noch, wenngleich sich zwei Konstanten erhielten: Schon 1912 begann Fallada zu schreiben, und seit 1917 musste der immer wieder rauschgift-, alkohol- und nikotinabhängige Agrarökonom und Autor in Behandlung, zunächst in einer Heilanstalt für Suchtgefährdete in Carolsfeld bei Halle. 1918 stellte er seinen ersten, heute vergessenen, im expressionistischen Stil verfassten Roman „Der junge Goedeschal" fertig, musste aber 1919 erneut in eine Heilanstalt. Nach der Entlassung wurde er Gutsrendant erst auf Rügen, dann in Pommern, schließlich unterbrochen von weiteren Aufenthalten in Kliniken in Mecklenburg, Westpreußen und Schlesien.

Für den Autor Hans Fallada schicksalhaft wurde 1920 die Begegnung mit dem Verleger Ernst Rowohlt[12], der ihn immer wieder ermunterte, materiell sicherte, ihm ein Freund war

---

[11] Carl Zuckmayer, Geheimreport, hrsg. von Gunther Nickel und Johanna Schön, München ²2004, S. 106.
[12] Vgl. dazu Walther Kiaulehn, Mein Freund der Verleger. Ernst Rowohlt und seine Zeit, Reinbek bei Hamburg 1967, S. 124ff. u. ö.

und medizinisch-psychiatrische Betreuung verschaffte, allerdings durch ähnliche Neigungen zu Alkohol und Nikotin seinem Autor und Freund nicht gerade ein Vorbild zur Abstinenz war. Jedenfalls verband Fallada mit seinem Verleger eine tiefe, angesichts seiner drastisch-negativen Weltsicht und Personenbeurteilung, die für „Bauern, Bonzen und Bomben" so charakteristisch ist, besonders bemerkenswerte Zuneigung. Doch bedurfte diese persönliche Nähe einer zweiten Begegnung.

Zunächst folgten weitere Anstellungen Falladas, doch wechselte er sie immer wieder bzw. brach sie aus unterschiedlichen Gründen ab. So wurde er im Juli 1923 wegen Unterschlagung zu drei Monaten Gefängnis verurteilt. Ging es mit dieser Haft noch halbwegs glimpflich ab, fand er sogar wieder Stellen als Rendant oder Buchhalter – was angesichts seiner Verurteilung überraschend genug war –, so brachte erneutes kriminelles Verhalten 1925 wieder einen Rückschlag, dieses Mal aufgrund einer zweiten Unterschlagung bei einem Arbeitgeber in Holstein. Immer wieder brauchte Fallada, der stets in Geldnöten war, Mittel für Rauschgift.

Er stellte sich in Berlin selbst, wurde nun aber zu einer empfindlicheren, weil zweieinhalbjährigen Gefängnisstrafe verurteilt, die er in Neumünster verbüßen musste. „Wer einmal aus dem Blechnapf frißt" schöpfte aus dieser Erfahrung, die um eine weitere ergänzt wurde: Fallada erlebte nun, wie schwer ein ehemaliger Strafgefangener in die Gesellschaft integrierbar war. So schrieb er am 8. August 1928 an Ernst Rowohlt: „Seit 4 Monaten bin ich aus der Haft entlassen. Ich habe in dieser Zeit auf jede erdenkliche Weise versucht, mir Arbeit zu verschaffen: so gut wie erfolglos. Zur Tagesschriftstellerei tauge ich nichts, meine Manuskripte kommen mit einer ermüdenden Regelmäßigkeit an mich zurück. [...] Ich bin so ziemlich am Ende und weiß nicht mehr aus noch ein."[13]

Der ehemalige Gymnasiast, Gutsrendant, Buchhalter, Autor aus gutbürgerlicher Familie eines hochrangigen Juristen fristete sein Dasein nach der Haftentlassung in Hamburg schließlich durch Adressenschreiben. Mit 70 bis 80 Mark im Monat konnte er leben, doch nicht in Hamburg, wo allein die Heizkosten schon hoch waren. Deshalb kehrte er nach Neumünster zurück – mit seiner großen Liebe, Anna Margarete Issel, seiner „Suse", die er noch in Hamburg kennen gelernt hatte und im Juni 1929 heiratete.

Und auch das kennzeichnet Falladas Leben: Ohne Zweifel durch seine ständigen Verfehlungen und seine Morphiumabhängigkeit ein Außenseiter und Bohemien, überkam ihn immer wieder die Sehnsucht nach einem bürgerlich geordneten Dasein. Man spürt das in seinen oft anrührenden autobiographischen Schriften „Damals bei uns daheim" (1941) und „Heute bei uns zu Haus" (1943), die er als „Gruß an die versunkenen Gärten der Kinderzeit" ansah. Selbst in seinen oft versöhnlichen, zuweilen kitschigen Romanschlüssen, die schockierend naturalistischen Schilderungen der Gesellschaft folgen, spürt man diese Sehnsucht nach der heilen Welt.

Seine durch alle Wirrnisse doch wieder durchbrechende Neigung zur bürgerlichen Existenz konnte er verwirklichen, als sich seine wirtschaftliche Lage verbesserte. Nachdem er erst als Annoncenwerber mehr schlecht als recht über die Runden kam, wurde er Lokal-Reporter beim „General-Anzeiger für Neumünster". Tatsächlich fiel Fallada aus seinen ständigen Krisen, Rauschgiftabhängigkeiten, Gefängnisaufenthalten immer wieder auf die Füße und traf auf der Ferieninsel Sylt ein zweites Mal Ernst Rowohlt, der ihn ab Januar 1930 in seinem Verlag anstellte. Dort schrieb er an „Bauern, Bonzen und Bomben". Für

---

[13] Hans Fallada, Ewig auf der Rutschbahn, S. 49f.

diesen Roman hatte er 1929 in Neumünster unmittelbaren Anschauungsunterricht gewonnen, stellt der Roman doch die Bauernunruhen und den anschließenden Landvolkprozess in Neumünster im Spätsommer und Herbst 1929 dar, auch wenn er den Schauplatz vom realen holsteinischen Neumünster ins fiktive pommersche Altholm verlegte.

„Fallada war tief gestürzt, und Rowohlt hatte ihn aus der Tiefe wieder ans Licht geholt und ihm Startmöglichkeiten für ein neues Leben gegeben und damit für den Aufstieg in den Weltruhm."[14] Dieser begann mit „Bauern, Bonzen und Bomben" – der Titel stammt von Rowohlt, der mit Recht Falladas eigenen Titel „Ein kleiner Zirkus namens Monte", der der Rahmenhandlung des Romans entlehnt war, nichtssagend fand.

Inzwischen durch sein einstweilen geregeltes Einkommen materiell gesichert und Vater eines Sohnes, kaufte Fallada nach Publikation des Romans, der sein erster großer Verkaufserfolg wurde, in Neuenhagen bei Berlin 1931 ein Haus und arbeitete an „Kleiner Mann – was nun?". Dieser Roman erschien schon ein Jahr später und wurde ein in zwanzig Sprachen übersetzter Welterfolg. Das Buch wurde mehrfach verfilmt, zuerst in Deutschland 1933, dann 1934 in den USA und 1970 in der DDR. Fallada schildert, angeregt durch eigene Erfahrungen, aber auch durch Siegfried Kracauers zuerst 1929 in der „Frankfurter Zeitung" veröffentlichte Reportagen „Die Angestellten", die Lebenswelt der kleinbürgerlichen Angestellten in den Wirtschaftskrisen nach dem Ersten Weltkrieg, die ständig von der Arbeitslosigkeit bedroht waren. Sie wurden nach Falladas eindringlichen Schilderungen sozial buchstäblich als „Untermenschen" betrachtet, wenn sie aus der Arbeitswelt und der Gesellschaft fielen. Jürgen Kuczynski beurteilte Falladas Buch „als die großartigste Darstellung dieser Seite des Lebens des Arbeitslosen, die die Weltliteratur kennt"[15].

Der Roman „Kleiner Mann – was nun?", von dem bis März 1933 ungefähr 42 000 Exemplare verkauft wurden und dessen Erfolg sich immer mehr steigerte – von der seit 1950 publizierten Taschenbuchauflage wurden in den ersten gut zwanzig Jahren 450 000 Exemplare abgesetzt –, bedeutete für Fallada einen erheblichen finanziellen Gewinn, so dass er sich nach anderen missglückten Kaufabsichten schließlich ein größeres Anwesen bei Carwitz in Mecklenburg kaufte, auf dem er von 1933 bis 1944 sesshaft blieb. Doch wurde er aufgrund der Insolvenz des Rowohlt Verlages wie die anderen Mitarbeiter als Leiter des Rezensionswesens zum 30. September 1931 gekündigt. Der äußere Anlass kam ihm indes entgegen, hegte er doch schon lange den Wunsch, als freier Schriftsteller zu arbeiten. Nach dem durch „Bauern, Bonzen und Bomben" (1931) sowie „Kleiner Mann – was nun?" (1932) erreichten Ansehen und materiellen Ressourcen bestanden dafür nun endlich die Voraussetzungen. Seine später fünfköpfige Familie konnte sich großzügig einrichten.

Trotzdem blieben neue Schwierigkeiten nicht aus: Seine durch Rowohlt väterlich gerügte Verschwendungssucht („Junge, halt die Piepen zusammen!"), Rückfälle in die Alkoholabhängigkeit, Nikotin- und Morphiumsucht, seine Herzprobleme, gehörten dazu. Überraschend war, dass Fallada trotz solcher Lebensweise ein disziplinierter Arbeiter blieb und ein Buch nach dem anderen, einen Artikel nach dem anderen schrieb. So veröffentlichte er 1936 einen fast tausendseitigen Roman über die Berliner Gesellschaft der Inflationsjahre – übrigens mit einer Hauptfigur, die ebenfalls aus der „Bürgerlichkeit" gefallen war –, doch handelte es sich nicht um den Sohn eines Richters, sondern eines Diplomaten: „Wolf unter Wölfen".

---

[14] Kiaulehn, Mein Freund der Verleger, S. 124.
[15] Jürgen Kuczynski, Geschichte des Alltags des deutschen Volkes, Bd. 5: 1918–1945, Köln 1982, S. 107.

1943 verbrachte Fallada als Sonderführer des Reichsarbeitsdienstes mehrere Monate in Frankreich; er sollte über dessen „Erfolge" gleichsam einen offiziösen Bericht veröffentlichen. Seine drei letzten Lebensjahre brachten eine Verwicklung nach der anderen: Im Sommer 1944 verfiel er einer sehr attraktiven Witwe, die wegen der Bombenangriffe auf Berlin in ihr ebenfalls in Carwitz gelegenes Landhaus kam: Ursula Losch. Die mondäne Berlinerin war ebenfalls Morphinistin und Alkoholikerin und schwächte durch eigene Haltlosigkeit Fallada eher, als ihn zu stützen, wie es in gewissen Grenzen immerhin seine Frau Suse vermocht hatte. Fallada ließ sich scheiden, obwohl er verschiedentlich Versuche zu einem Neuanfang mit Suse machte. Sie wohnten noch immer im gleichen Haus in Carwitz; während eines Streits gab er einen Schuss ab, um sie zu erschrecken, und wurde anschließend wegen Mordversuchs an seiner geschiedenen Frau angeklagt – obwohl beide diesen Verdacht bestritten. Wieder einmal landete er für dreieinhalb Monate in einer Heilanstalt – wo er in nur zwei Wochen das schonungslos-aufrichtige Buch „Der Trinker" schrieb – nicht wie Joseph Roth der „heilige" Trinker. „Alles in meinem Leben endet in einem Buch", schrieb er einmal. Als Roman eher misslungen, handelt es sich um ein erschütterndes Zeugnis des Anstaltslebens, vor allem aber der nüchtern sezierten Selbstzerstörung[16]. Weitere einschlägige Berichte über Anstalts- und Gefängnisaufenthalte sowie autobiographische Erzählungen wurden ebenfalls postum veröffentlicht, u. a. „Sachlicher Bericht über das Glück, ein Morphinist zu sein"[17] sowie „In meinem fremden Land. Gefängnistagebuch 1944"[18].

Kurz vor Kriegsende, am 1. Februar 1945, heiratete der Schriftsteller Ursula Losch und wurde nach der deutschen Kapitulation vom Juni bis zum Oktober 1945 in dem zur sowjetischen Besatzungszone gehörenden mecklenburgischen Feldberg als Bürgermeister eingesetzt, nachdem er zunächst einige Wochen als Kuhhirte hatte arbeiten müssen. Völlig überfordert, deprimiert über die Niedertracht auch seiner Umgebung, weiterhin drogenabhängig und von seiner zweiten Frau ständig mit Morphium versorgt, brach Fallada zusammen. Danach musste er erneut in eine Heilanstalt und übersiedelte anschließend nach Berlin. Im Osten der Stadt arbeitete er durch Vermittlung von Johannes R. Becher nun als Redakteur der sowjetischen Besatzungszeitung, der „Täglichen Rundschau". Becher hatte dafür gesorgt, dass Fallada finanziell gesichert wurde, weil er von ihm einen großen Gesellschaftsroman über das nationalsozialistische Deutschland erhoffte. Auch das Jahr 1946 erzwang aufgrund seiner Morphiumabhängigkeit und zunehmenden Herzschwäche eine Reihe von Klinikaufenthalten. Schließlich zog sich Fallada von seiner zweiten Frau noch eine Geschlechtskrankheit zu – der Preis für ihre Fähigkeit, bei den Besatzungssoldaten Morphium, Alkohol und Zigaretten zu beschaffen.

Während der letzten Monate im Krankenhaus verfiel Fallada geradezu einem Schreibrausch. Im Oktober 1946 vollendete er in nur dreieinhalb Wochen die Erstfassung seines letzten, etwa 550 Druckseiten umfassenden Romans „Jeder stirbt für sich allein": Danach begann er sogleich mit der redaktionellen Überarbeitung und starb am 5. Februar 1947 im Krankenhaus Berlin-Pankow.

Wenige Monate zuvor hatte er seinen Roman „Der Alpdruck" veröffentlicht. Der Held seines Romans mit Namen Doll trägt Züge Falladas; über ihn heißt es: „Doll nannte dies rasche Ausgelöschtwerden durch Medikamente seinen Kleinen Tod. Er liebte ihn. In der

---

[16] Aus dem schwer lesbaren Manuskript rekonstruiert, erschien der Roman zuerst postum 1950.
[17] Hrsg. von Günter Caspar, Berlin 2005, zuerst 1997.
[18] Hrsg. von Jenny Williams und Sabine Lange, Berlin 2009.

letzten Zeit hatte er so viel an seinen Bruder, den Großen Tod gedacht, er hatte in ihm gelebt, gewissermaßen Haut an Haut; er hatte sich daran gewöhnt, ihn als die einzige, ihm noch verbliebene Hoffnung anzusehen, die ihn gewiß nicht enttäuschen würde."[19]

## III.

Die Handlung von „Bauern, Bonzen und Bomben" ist schnell erzählt. Aufgrund der schwierigen materiellen Lage in der Landwirtschaft kam es seit 1928 in der damaligen preußischen Provinz Schleswig-Holstein immer wieder zu Bauernprotesten und anschließenden Prozessen[20]. Eine dieser Demonstrationen hatte Fallada in Neumünster als Anzeigenwerber im „General-Anzeiger" miterlebt; im anschließenden zwölftägigen Prozess im November 1929 war er Berichterstatter für das Lokalblatt. In seinem Roman übernimmt diese Rolle eine der Hauptfiguren, Tredup genannt, aber außer dieser faktischen Übereinstimmung kann man die Romanfigur nur sehr begrenzt als autobiographische Charakterisierung ansehen.

Die Bauern in den umliegenden Dörfern der kleinen Industriestadt Altholm empfinden die Steuern als weit überhöht und wollen sie nicht bezahlen. Bei der Pfändung einer Kuh kommt es zu Zwischenfällen protestierender Bauern und sogar zu einem Bombenanschlag (ohne Verletzte), der aber nicht auf das Konto der überwiegend friedlich agierenden Bauern geht, sondern eines Rechtsextremisten, der mit anderen Gleichgesinnten den Unmut der Bauern für eigene Ziele instrumentalisieren will. Die Entwicklung verschärft sich, als einer der Bauernführer, im Roman Reimers genannt, verhaftet wird. Etwa 3000 Bauern ziehen nach Altholm, um dort friedlich zu demonstrieren. Diese kleine Industriestadt mit etwa 40 000 Einwohnern ist eine Domäne der Arbeiter und hat folglich eine klare sozialdemokratische Mehrheit im Stadtrat.

Im Vorfeld wird klar, dass es unterschiedliche Auffassungen im Regierungspräsidium sowie beim Bürgermeister Gareis über das Vorgehen der Polizei gibt: Während er überzeugt ist, die Bauern würden sich friedlich verhalten, und er, um sich diese Einschätzung bestätigen zu lassen, Kontakt mit ihnen aufnimmt, verlangt der Abgesandte des Regierungspräsidenten Temborius den Einsatz der Schupo, um Staatsautorität zu demonstrieren. Die Schupo (200 Mann) wird an einem Ort vor den Toren der Stadt stationiert, um gegebenenfalls eingreifen zu können, zumal die städtische Polizei nur 20 Mann einsetzen kann: 20 Polizisten gegen 3000 demonstrierende Bauern! Welche Chance hätten die Polizisten gehabt, wenn die Bauern tatsächlich gewalttätig gewesen wären? Natürlich keine!

Diese realistische Einschätzung zieht sich durch den Roman und dient unter anderem als Beweis, dass die Bauern eben keine Gewalttätigkeit im Sinn hatten. Tatsächlich eskaliert die Situation aber, weil der zuständige (sozialdemokratische) Polizeioberinspektor Frerksen die Nerven verliert: Als die an der Spitze des Zuges getragene schwarz-weiß-rote Fahne nicht niedergelegt wird, fordert er dies mit Nachdruck, weil er die Farbkombination als provokativ empfindet, was ihr Träger, der rechtsextreme Henning, durchaus beabsichtigt hatte. Der schon zu Beginn der Weimarer Republik schwelende Flaggenstreit

---

[19] Zit. bei Jürgen Manthey, Hans Fallada, Reinbek bei Hamburg 1989, S. 160.
[20] Vgl. dazu Michelle Le Bars, Le mouvement paysan dans le Schleswig-Holstein 1928–1932, Bern/Frankfurt a. M./New York 1986; Nils Werner, Die Prozesse gegen die Landvolkbewegung in Schleswig-Holstein 1929/32. Ein Beitrag zur Justizkritik in der späten Weimarer Republik, Frankfurt a. M. 2001.

zwischen den demokratischen Anhängern von Schwarz-Rot-Gold und den deutschnationalen Republikgegnern, die für Schwarz-Weiß-Rot waren, bildet den Hintergrund, der aber
im Roman nicht eigens erläutert wird – ein von Fallada häufig verwendetes Verfahren: Er
nennt gravierende politische Faktoren oder symbolische Akte, deren Bedeutung sich für
die Zeitgenossen von selbst versteht, und verweist unter dieser Voraussetzung auf politische Kontexte.

Ohne Weisung des Bürgermeisters setzt Frerksen nach dem blamablen Verlust seines
eigenen Säbels städtische Polizei ein, die mit Säbeln auf den Fahnenträger und einige andere Demonstranten sowie einen offensichtlich völlig unbeteiligten und hilflosen Dentisten eindrischt. Mehrere Menschen werden zum Teil schwer verletzt und tragen bleibende
Schäden davon.

Es folgt eine unübersichtliche Diskussion der Ursachen und der Schuldigen, die zu einem Gegeneinander verschiedener entweder materiell oder politisch interessierter Pro-
vinz- und Stadtpolitiker führt, die Konkurrenten ausschalten oder ihnen zumindest schaden wollen. Die Bauern kommen zu einem geheimen, mittelalterlich anmutenden „Thing"
zusammen und beschließen einen Boykott der Stadt. Die kleine wirtschaftsbürgerliche,
zum Teil im Stadtrat vertretene Schicht fürchtet oder erleidet nun erhebliche Einbußen,
was auch die Arbeiter zu spüren bekommen. Doch sind sie vor allem aus politischen Gründen gegen die – soweit erkennbar – antirepublikanischen oder deutschnational orientierten Bauern und wünschen deren Bestrafung. Im Gegensatz zu den Arbeitern wollen die
Gewerbetreibenden zu einem schnellen Ausgleich mit den Bauern kommen, um den wirtschaftlich schädlichen Boykott der Stadt durch das umliegende Land zu beenden. Bürgermeister Gareis stützt indessen aus prinzipiellen Gründen seinen Polizeioberinspektor und
Parteifreund, den in der Stadt unbeliebten, durchs „rote" Parteibuch aufgestiegenen
Frerksen. Der Regierungspräsident verfügt aber ohne Rücksprache mit dem Bürgermeister, der dessen Dienstvorgesetzter ist, Frerksens Ablösung, um die Situation zu beruhigen,
aber auch um Gareis, der sich beim Preußischen Innenminister in Berlin rückversichert,
eins auszuwischen. Dabei erwähnt Fallada die in diesem Zusammenhang durchaus erhebliche Tatsache nicht, dass in der Realität der Regierungspräsident der DDP angehörte und
Bruder des Staatssekretärs im Innenministerium Wilhelm Abegg war.

Bis zum Prozess spinnen alle Beteiligten ständig Intrigen, arbeiten mit Invektiven und
Diffamierungen. Der Ausgang des Prozesses schließlich scheint einige Tage lang offen, bis
der Bürgermeister durch eine von ihm zwar gesehene, aber unterschätzte Intrige in die
Enge getrieben wird. Das Gericht fällt salomonische Urteile: einen Freispruch für den tatsächlich unbeteiligten, aber ebenfalls wegen Widerstands gegen die Staatsgewalt angeklagten Dentisten, der nun Anspruch auf Entschädigung durch die Stadt hat, sowie Gefängnisstrafen von zwei bis drei Wochen, die allesamt durch die Haft verbüßt sind, für die wenigen
übrigen Angeklagten. Das Vorgehen der Polizei wird als unangemessen, aber nachvollziehbar beurteilt. „Objektiv ist die Polizei im Unrecht, aber subjektiv ist sie im Recht. Was fang
ich mit so einem Urteil bei meinen Bauern an?", stöhnt der Redakteur Stuff, der für eine
Bauernzeitung über den Prozess berichtet[21].

Bürgermeister Gareis wird von seiner eigenen Partei, der SPD, fallengelassen – nicht,
weil er im Prozess als Zeuge in eine lange von den eigenen Leuten vorbereitete Falle ge-
tappt war und sich in Widersprüche verwickelt hatte, sondern weil er sich bei den Partei-
freunden unbeliebt gemacht hatte: Sie sehen ihn nicht mehr als Arbeitervertreter an und

---

[21] Hans Fallada, Bauern, Bonzen und Bomben, Reinbek bei Hamburg 1964, S. 415.

mäkeln an seiner dominanten Selbständigkeit herum. Mit dem Trostpflaster eines anderen Bürgermeisteramtes, allerdings einer halb so großen Stadt im Ruhrgebiet, will die Partei ihn abfinden, um einen lautlosen Abgang zu sichern. Gareis akzeptiert, nachdem er einsehen muss, dass selbst seine kampferprobte Kraftnatur gegen die Parteiintrige der Mittelmäßigen nicht mehr ankommt. Er macht die ihn nicht überraschende Erfahrung, dass fast alle, die vorher vor ihm katzbuckelten, ihn nun nicht einmal mehr grüßen – außer seinem getreuen Assessor Stein und seinem alten, eher rechtsgerichteten Gegner Stuff, der ebenfalls seine feste Stelle verloren hat und den „roten Bonzen" Gareis zwar nicht ausstehen kann, ihm insgeheim aber Respekt zollt. Der Redakteur vergleicht den gestürzten Bürgermeister mit seinem vermutlichen Nachfolger, dem zur DDP gehörigen Kaufmann Manzow: „Der Gareis war ein Schwein, aber er tat was. Der Manzow ist ein Schwein, aber er tut nichts. Schlechter Tausch für Altholm."[22] Der souveräne Gareis bietet Stuff sogar an, mit ihm in seine neue Wirkungsstätte Breda zu gehen, er beklagt, dass niemand um der Sache willen, sondern alle immer nur „aus irgendwelchen mickrigen Interessen" handeln. Und er selbst habe auch mitgemacht in diesem „Zirkus Monte", genau wie die anderen: „Nicht genauso, Bürgermeister, nicht genauso", kommentiert der Assessor Stein, doch Gareis beharrt. „Aber in Breda wird alles anders?" „*Ich* hoffe stark", schreit Gareis schon aus dem abfahrenden Zug.

Das alles wird flott, ausgesprochen spannend, in salopper, zuweilen drastischer Alltagssprache erzählt, und zwar überwiegend aus der Perspektive der Redaktionen mehrerer Lokalzeitungen bzw. ihrer Redakteure. Dies ist ein Blick von außen auf die Politik, auf die Gesellschaft der Stadt und die Bauern, aber auch ein Blick von innen, weil die Zeitungen, ihre Redakteure und Herausgeber genauso illusionslos kritisch geschildert werden wie ihre Umwelt, deren Reflex sie sind.

Welche Absicht verfolgte Fallada mit seinem Roman, den er zu dieser Zeit noch „Ein kleiner Zirkus namens Belli" (im Roman später „Monte") nannte? Nachdem er auf die Bauerndemonstration und den Boykott von Neumünster im Spätsommer 1929 eingegangen war, berichtete er am 14. August 1929 an Ernst Rowohlt über den Zusammenhang seiner eigenen beruflichen Situation mit dem Romanprojekt: „Meine Stellung ist dabei besonders verzwickt, denn auf der einen Seite bin ich für eine ganz rechts stehende Zeitung tätig, auf der anderen Seite bin ich aber auch Angestellter des Wirtschafts- und Verkehrsvereins, dessen Vorsitzender der Bürgermeister Lindemann, der Polizeichef von Neumünster ist. Ich sitze tatsächlich zwischen zwei Stühlen, bin vormittags gegen die Polizei und für Bürgertum und Bauern und nachmittags umgekehrt. Bisher habe ich noch ganz hübsch laviert, und das Interessanteste ist dabei, dass man auf diese Weise Einblicke in das Regiment so eines Nestes bekommt, Kämpfe um Macht, kleine Eifersüchteleien, Geldsackangst, Parteidisziplin, Geschrei, Drohungen, Lavieren, so viele bekehrte Saulusse, die umgehend wieder sich neu bekehren lassen – es ist schon wunderhübsch. Diesen Winter soll mein neuer Roman nun Tatsache werden. Meine Frau übt schon eifrig auf der Schreibmaschine, der Titel ist fertig, ,Ein kleiner Zirkus namens Belli' und die Geschichte einer verkrachenden Kleinstadtzeitung wird's."[23]

Offenbar war die ursprüngliche Intention des Romans viel enger, was auch den zuerst erwogenen Titel erklärt: In dem Roman verreißt der Redakteur eine Vorstellung des Zirkus Monte nur aus dem einen Grund, weil dieser sich geweigert hatte, in der „Chronik"

---

[22] Ebenda, S. 420.
[23] Hans Fallada, Ewig auf der Rutschbahn, S. 54f.

eine Anzeige aufzugeben. Das Anzeigengeschäft war existenznotwendig für die Zeitung, weswegen im Roman (und auch in der von Fallada in einem Brief an Rowohlt berichteten Realität) offiziell immer weit überhöhte Angaben über die Auflage der „Chronik" angegeben wurden. Nur so konnte sie hoffen, außer privaten Anzeigen auch noch solche der Stadt zu erhalten. Die Zeitung betrog, und der Bürgermeister, der sich über die tatsächliche Auflage Informationen beschaffte, versuchte die Redaktion damit unter Druck zu setzen.

Was hat Fallada am Geschehen geändert, kommt ein literarisches Werk nur mit der Mimesis aus? Wir sind in der glücklichen Lage, gleichsam zwei Versionen, genauer zwei Genres des gleichen Autors zur Landvolkbewegung und zum Prozess in Neumünster zu besitzen, bei denen es sich zwar nicht um Geschichtsschreibung und Literatur, doch aber um einen journalistischen Bericht und den Roman handelt. Hans Fallada veröffentlichte in der „Weltbühne" 1929 unmittelbar nach den Geschehnissen einen längeren Artikel unter dem Titel „Landvolkprozeß". Natürlich ist dort von den Originalschauplätzen Neumünster und Umgebung die Rede, nicht von Altholm. Namen nennt er dort nur vereinzelt. Im Roman ändert er sie: In der Realität hieß der sozialdemokratische Bürgermeister von Neumünster Hermann Lindemann, nicht wie der romanhafte in Altholm Gareis, der Regierungspräsident hieß Waldemar Abegg und nicht Temborius, er saß in Schleswig und nicht in Stettin, der echte Bauernführer hieß Hamkens und nicht Reimers.

Faktologisch sind solche Differenzen unwesentlich, entspringen sie doch der Ankündigung des Autors, er habe einen Roman geschrieben, also ein Werk der Phantasie und nicht eine Reportage. Trotzdem liegt hierin nicht ein bloß äußerlicher Unterschied zwischen spezifischer historischer Realität und Romanhandlung: Fallada wollte jeweils den Typus, nicht aber das spezifische Individuum schildern und durch das Zusammenführen der Typen die Eigenarten der gesamten Gesellschaft einer kleineren Stadt darstellen – deren Charakteristika dennoch für „jede große auch" gelten sollten. Tucholsky, der einen Großstadtroman von Fallada erhoffte und den Kleinstadtroman bewunderte, sah selbst deren Gesellschaft eher negativ. Diese Sicht war charakteristisch für die Zwischenkriegszeit, die in der Stadt alle Probleme der modernen Gesellschaft verdichtet sah, wie das auch in Falladas eigenen Großstadtromanen später der Fall war. Die „erzählte Stadt"[24] stellt Momentaufnahmen dar, zeitgenössische Entwürfe einer Gesellschaftsgeschichte. Große Werke der Weltliteratur gehören zu diesem Genre, „Ulysses" (1922) von James Joyce (die Hauptfigur Leopold Bloom ist ebenfalls ein Annoncenakquisiteur), „Manhattan Transfer" (1925) von John Dos Passos oder auch „Berlin Alexanderplatz" (1929) von Alfred Döblin. „Die Stadt und ihre Ruhelosen" ist der erste Teil in Falladas „Wolf unter Wölfen" überschrieben.

Die Stadtkritik, insbesondere der politischen Rechten, symbolisierte die Kritik der Modernität. Doch auch bei der Linken erregte das „Dickicht der Städte", wie im Roman von Bert Brecht (1921) oder in den Großstadtbildern beispielsweise von George Grosz, Verdacht[25]. Das Meisterwerk des frühen Films von Fritz Lang trägt den Titel „Metropolis" (1926). Doch verglichen mit solchen Werken ist „Bauern, Bonzen und Bomben" weniger artifiziell, weniger als ästhetisches Werk konzipiert, bedient sich keiner modernen Erzähl-

---

[24] Bei Volker Klotz, Die erzählte Stadt, München 1969, kommt Fallada überraschenderweise nicht vor, vermutlich weil er dessen Werke nicht für „große" Literatur hält.
[25] Vgl. Horst Möller, Die Weimarer Republik. Eine unvollendete Demokratie, München [9]2008, S. 230ff.

technik. Statt dessen aber handelt es sich bei Fallada um Dokumente genauer Beobachtung und tiefer – erschreckend tiefer – Menschenkenntnis. Und nicht zu vergessen: Fallada bezieht das Umland mit ein und idealisiert das Land nicht; von Agrarromantik ist er frei, obwohl es ihn die längste Zeit seines Lebens immer wieder aufs Land zog und er nirgendwo länger lebte als im mecklenburgischen Carwitz.

Mit der literarischen Individualisierung typologisiert Hans Fallada und bietet so ein gesellschaftliches Panorama der kleinen Stadt; repräsentativ ist dies insofern, als der Autor an einzelnen Personen und Aktionen die Skala menschlicher Verhaltensweisen demonstriert: Der anthropologisch sezierende Blick ist skeptisch, ja pessimistisch – seine Lebenserfahrung sind die menschlichen Abgründe, auch die eigenen, sie bestimmen das Gesamtbild. Andererseits finden sich bei einzelnen Personen, auch solchen, die meist unsympathisch daherkommen, rühmenswerte Eigenschaften. So begegnet auch bei Gareis positives Verhalten, auch die arme Frau des Annoncenakquisiteurs Tredup wird positiv geschildert, selbst der eher verkommene Stuff zeigt immer wieder menschliche Größe, vor allem in der Hilfe und dem Mitleid für Tredups Frau. Nach anfänglicher Verärgerung geht Stuff schließlich sogar über die Intrige Tredups hinweg, obwohl sie ihn – Stuff – die Stelle des Redakteurs gekostet hatte. Sein Gerechtigkeitsgefühl ist zwar zeitweilig eingeschläfert, erwacht aber mit schöner Regelmäßigkeit wieder. Der Mensch ist eben aus „krummem Holz", wie schon Kant wusste, und der „aufrechte Gang" fällt ihm schwer, wie Ernst Bloch meinte.

Die Mittel der Reportage verwendet Fallada regelmäßig, vor allem in der meisterlichen Darstellung des Prozesses – er kannte offensichtlich das Prozessrecht genau, ob aus dem familiären Hintergrund, der Erfahrung als Gerichtsreporter oder seiner eigenen Prozesse, mag dahinstehen. Typus darstellen bedeutet für Fallada, die gesellschaftliche Realität romanhaft zu personifizieren und als Mittel der Anschaulichkeit die eigene Erfahrung zu nutzen. Das wird am Beispiel des Bürgermeisters Gareis besonders deutlich. Überwiegend erscheint er im Roman als Typus eines zwar fähigen, aber rücksichtslosen Parteipolitikers, der das „System" von Weimar repräsentiert, als Meister der Intrige, des Parteiegoismus, selbst der Erpressung als Mittel zur Durchsetzung seiner Interessen.

Jedoch ist auch der Redakteur Stuff als eigentliches moralisches Gegengewicht trotz dieser positiven Polarisierung eine üble Type; er ist ebenso fett wie Gareis, intrigiert wie dieser, säuft und hurt. Letzteres gilt auch für die anderen Hauptfiguren außer den Bauern. Doch schon hier fängt wiederum die Relativierung an: Gareis hurt nicht, säuft nicht, er bereichert sich auch nicht, er verfolgt übergeordnete Interessen, er vertritt nicht nur die Arbeiter, sondern im weiteren Sinne zugleich das Bürgertum und die Bauern. Sind Gareis' Mittel oft zweifelhaft, bleiben seine Ziele doch hehr. Wird dieses Prinzip „Der Zweck heiligt die Mittel" auch kritisch dargestellt, bleibt im Roman doch die Tatsache: Der „rote Bonze" ist fast der Einzige, der die Interessen der gesamten Gesellschaft im Blick hat, der weitblickend und tatkräftig sozial- und wirtschaftspolitische Projekte von großer Bedeutung für Stadt und Umland auf den Weg bringt.

Das von Gareis gezeichnete Porträt ist durchaus zwiespältig, aber diese Ambivalenz hat Prinzip: Es ist die Perzeption, die das Bild des Bürgermeisters in der Geschichte schwanken lässt, es ist die Perzeption, die eine gerechte Beurteilung seiner Leistungen stört, ja verhindert. Er hat einfach eine schlechte Presse, weil das parteienstaatliche System von Weimar eine schlechte Presse hat. Wäre er nicht ein „Roter", würden die Bauern ihn eigentlich mögen, ist er doch ein ganzer Kerl, mit dem man reden kann, wie einem der Schnabel gewachsen ist, und auf den Verlass ist. So wechselt Fallada ständig das Bild des Bürgermeisters und des von ihm verkörperten parteienstaatlichen Systems – dessen Prototyp er dennoch nur in

Grenzen ist. Er steht tatsächlich gar nicht für Klasseninteressen und Parteiinteressen, sondern für Gemeinschaftsinteressen – und darüber stürzt er, ohne dass die Bürgerlichen, deren Trumpf in der roten Industriestadt er als Vertreter der gesamten Gesellschaft eigentlich ist, ihn stützen würden. Sie sind genauso intrigant, aber weniger fähig, tatsächlich Vertreter ausschließlich partikularer Interessen, die sie sonst immer anprangern.

Durch den verzerrenden Blick der Presse werden so immer wieder die Spannungen zwischen Realität und Perzeption deutlich. Fallada zeigt damit auch, welch fatale politische Wirkung diese überzogene Kritik am Weimarer Parteienstaat hat, sie delegitimiert in den Augen der Bevölkerung das gesamte System. Die ökonomisch durchaus begründete Unzufriedenheit der Bauern macht sich – ebenso wie die durch die Presse veröffentlichte Meinung – an persönlichen Erfahrungen fest. Dabei geht es in der Regel gar nicht um weitreichende ideologische oder parteipolitisch fundierte Abneigungen. Bilden letztere nur den Katalysator, so erstere buchstäblich eine Rückfallposition. Die wenigen tatsächlich oder potentiell als nationalsozialistisch erkennbaren Figuren nutzen die antiparteienstaatliche Stimmung für sich aus; die Gesellschaft beginnt abzugleiten, weil die Partei- und Polizeikritik einen antietatistischen Dreh bekommt.

Wie verhält sich also diese Ambivalenz in der Personendarstellung des Bürgermeisters zur Realität? Falladas Artikel in der „Weltbühne" berichtet, aber er wertet auch, und zwar ganz entschieden. Der Roman enthält eine Reihe von Charakterisierungen, die sich aber zumindest teilweise wechselseitig relativieren, die changieren. In der Regel bleibt es dem Leser überlassen, aus individuellen Handlungen, Wortwechseln und lakonischen Bemerkungen sich ein Urteil zu bilden. Und wie wird erzähltechnisch der auffällige Kontrast zwischen der Kritik am „roten Bonzen" – so nennt sich Gareis mit ironischem Unterton des Öfteren selbst – und seinem gewichtigsten Antipoden, dem die öffentliche Meinung machenden Redakteur Stuff, trotz dessen ständiger Angriffe wieder eingefangen? Durch einen literarischen Trick – der in der Wirklichkeit keinen Halt findet: Stuff rettet seinen Widersacher, als ein Bombenattentat auf Gareis verübt wird. Stuff warnt ihn und greift unter Lebensgefahr nach der Bombe, die er in eine Wiese wirft, wo sie Sekunden später explodiert. Die Aussage Stuffs, „ich hätte es für jeden getan, nicht nur für Sie roten Bonzen", nimmt Gareis gelassen. Zugleich stellt Fallada damit auch den guten Kern, das humanitäre Anliegen des rechtsgerichteten Redakteurs Stuff heraus und verbindet dieses mit den positiven Zügen des „linken" Bürgermeisters.

Tatsächlich zeichnet Fallada von diesem Bürgermeister, der in der Realität nicht gestürzt wurde, in seinem „Weltbühne"-Artikel ein sehr positives Bild, nicht so ambivalent wie im Roman, wo die täglichen Tricks, der Druck, den der gerissene Gareis ausübte, seine Intrigen und Erpressungen, breiten Raum einnehmen. Fallada braucht diese Szenen, gleich ob sie sich so ereignet haben, um den Parteiklüngel, das wirkliche „Bonzentum" darzustellen, über das sich der ebenso tatkräftige wie intelligente und souveräne Gareis erhebt – was ihm dann in der SPD schlecht bekommt. Er gilt als „Bauernfreund", als einer, der auch für die Gewerbetreibenden Verständnis hat, der mit seinem vernünftigen Prinzip Anstoß erregt, als er einem Parteifreund erklärt: „Selbst in deinem Parteischädel hat es wohl schon gedämmert, dass, wenn es den Bürgern dreckig geht, auch die Arbeiter nichts zu lachen haben."[26] Trotzdem reüssiert Gareis auch bei den Bürgern nicht wirklich, obwohl er auch unter ihnen Wähler hat.

---

[26] Fallada, Bauern, Bonzen und Bomben, S. 389.

In der „Weltbühne" stellt Fallada dem wirklichen Bürgermeister uneingeschränkt ein sehr gutes Zeugnis aus, was Sozialdemokraten normalerweise in Carl von Ossietzkys Zeitschrift auch nicht allzu oft passierte: „Bürgermeister Lindemann, Sozialdemokrat, zweiunddreißig Jahre alt, Sohn eines Barbiers und ein ganzer Kerl. Unter dem Heer von Zeugen war er der Mann, der stets wußte, was er wollte, und stets eintrat für das, was er gewollt. Ihm ging es nicht so gut wie seinem Offizier; seine vorgesetzte Behörde, der Regierungspräsident, ließ ihn schmählich im Stich. Er stand isoliert zwischen den Parteien, nicht nur in seinen Aussagen sondern mehr noch in seinem Wollen. Dieser Sozialdemokrat, den die Arbeiterschaft der Industriestadt so jung auf seinen Posten berufen, hat eine Liebe für die Bauernschaft. Ihm war es in den zwei Jahren seines Wirkens gelungen, wirkliche, innere Verbundenheit zwischen der Industriestadt und dem flachen Lande zu schaffen. Krönung seines Werkes war eine landwirtschaftliche Ausstellung, die er im Jahre 1928 veranstaltete und die ein großer Erfolg war. Er kannte viele Bauern, er verkehrte viel mit ihnen, er saß mit ihnen beim Teepunsch."[27]

Im Roman trinkt der Bürgermeister normalerweise mit den Bauern keinen Teepunsch, sondern Bier und Schnaps, wie überhaupt das ganze Buch von mehr oder weniger schweren Alkoholikern bevölkert wird, obwohl Gareis offensichtlich weniger trinkt als alle anderen, während Stuff zu den besonders starken Säufern zählt.

Die Differenz zwischen dem tatsächlichen Bürgermeister und dem fiktiven ist also von Fallada bewusst gewählt, um die politische Stimmung gegen die parteienstaatliche Weimarer Demokratie zu erklären. Aber gerade das im Roman ambivalente Bild verweist auf die falsche Perzeption der Realität in der kleinstädtischen und ländlichen Bevölkerung und damit auf das Potential an Demokratiegefährdung. Mit dieser dualistischen und changierenden Darstellungsweise wirft Fallada indirekt die Frage auf: Was ist die Realität? Das Geschehen, die Ereignisse, die historischen Personen oder aber nur die Auffassung, die die Umwelt von ihnen hat? Anders aber als in der verkrüppelten Argumentation mancher modischer Geschichtstheoretiker bleiben Darstellungsmethode und inhaltliche Kontur ganzheitlich durch beide Dimensionen geprägt. Warum? Weil Fallada ein Realist und ein Menschenkenner war.

Nicht zufällig verwies Tucholsky in seiner Rezension auf die im Kern differenzierende Darstellung Falladas: „Im Gegensatz zu diesen dummen Büchern gegen die ‚Bonzen', wo der Sozialdemokrat nichts als dick, dumm und gefräßig ist und die andern rein und herrlich; wo die Arbeiter abwechselnd als verhetzt und unschuldig oder als blöde Masse geschildert werden […] im Gegensatz dazu sind hier Menschen gezeichnet, wie sie wirklich sind: nicht besonders bösartig, aber doch ziemlich übel, mutig aus Feigheit, klein geduckt alle zusammen – und niemand ist in diesem Betrieb eigentlich recht glücklich." Tucholsky rühmte die meisterhafte Gestaltung, die „Echtheit" des Jargons. „Hier, in diese kleinen Städte, ist der demokratische, der republikanische Gedanke niemals eingezogen. […] Das Volk versteht das meiste falsch, aber es fühlt das meiste richtig. Daß nun dieses richtige Grundgefühl heute von den Schreihälsen der Nazis mißbraucht wird, ist eine andere Sache. Hier ist eine Blutschuld der nicht mehr bestehenden Republik. Aus keinem Buch wird das deutlicher als aus diesem."[28]

Einzelne Abweichungen von der Realität, ja von Falladas „Weltbühne"-Artikel sind offensichtlich, zahlreiche weitere sind hinzuzufügen. Er unterscheidet die „innere Wahrheit"

---

[27] Die Weltbühne 25 (1929), S. 834.
[28] Die Weltbühne 27 (1931), S. 498 und S. 500.

des Romans nicht allein von der Geschichtsschreibung, sondern auch vom Genre des Zeitungsartikels. Worin aber liegt die Absicht des Autors, wenn es nicht um erzähltechnische Gründe oder den bloßen Wechsel des Schauplatzes geht? Was will er zeigen, was er mit einer bloßen Reportage, mit einem objektiven Bericht nicht hätte zeigen können?

## IV.

Wie deutlich geworden ist, tragen fast alle Werke Falladas die Züge der eigenen Erlebniswelt, das Kainsmerkmal eigenen Scheiterns, die als anthropologische Konstante und als repräsentativ angesehene Einschätzung des Menschen durch Thomas Hobbes: *homo homini lupus*. Das Zitat aus „Wolf unter Wölfen" ist dessen Übersetzung in die eigene Sprache, obwohl er Hobbes nicht zitiert: „Es ist hungrige Zeit, Wolfszeit. Die Söhne haben sich gegen die eigenen Eltern gekehrt, das hungrige Wolfsrudel fletscht gegeneinander die Zähne – wer stark ist, lebe! Aber wer schwach ist, der sterbe! Und er sterbe unter meinem Biß!"[29] Dieses Prinzip könnte man auch als vulgärdarwinistische Komponente des Nationalsozialismus auffassen, der im Hintergrund von „Bauern, Bonzen und Bomben" gegenwärtig ist. Das Freund-Feind-Denken Carl Schmitts, das ebenfalls Konstituens dieser Ideologie ist, durchzieht den ganzen Roman – doch nicht im affirmativen Sinne, ganz im Gegenteil: Fallada schildert es, aber er billigt es nicht, man spürt immer wieder Mitleid mit den Schwachen, doch kein Mitleid mit sich selbst, dem Gescheiterten. In diesem wie in seinen anderen Werken fallen autobiographische Charakterzeichnungen nüchtern und illusionslos aus. Der Redakteur Stuff, der am ehesten Züge seines Autors Fallada trägt, sagt es kurz und knapp: Wer mit Schweinen umgeht, wird selbst zum Schwein. So bringt Stuff seine eigene von Fall zu Fall ebenfalls intrigante Rücksichtslosigkeit auf den Punkt: „Wolf unter Wölfen" – das ist für Fallada nicht nur das Charakteristikum der Inflationsjahre, es gilt ihm vielmehr als Kennzeichen der ganzen Epoche.

Der Zeitungsroman, der Kleinstadtroman, der Bauernroman sind mithin nur exemplarisch für die Gesellschaftsdiagnose seiner Zeit, die Zeit der umfassenden Krise, die den Aufstieg des Nationalsozialismus ermöglichte – jedoch nicht als politische Ideologie. Hier liegt ein wesentlicher Erkenntnisgewinn: Der Sieg der diffusen Protestbewegung basiert auf den von Fallada geschilderten gesellschaftlichen Ursachen, aus materiellem Elend, seelischer Ohnmacht, Ressentiments, Neid und Niedertracht – kurz, anthropologisch zu fassenden Charaktereigenschaften, die unter bestimmten gesellschaftlichen Bedingungen wirkungsmächtig werden. Sie setzen eine Struktur des Politischen voraus, die in weiten Teilen der Gesellschaft unverstanden ist, Abscheu erregt, die das Freund-Feind-Denken als Normalität von Gesellschaft und Politik erlebt, auch wenn dieses Erlebnis nicht der Realität entspricht.

Fallada hat eine Dimension erschlossen, die bei den historischen und soziologischen Analysen dieser Grundfrage nicht in den Blick kommt. Schon Rudolf Heberle versuchte 1932 bis 1934 in einer methodisch bahnbrechenden soziologischen Strukturanalyse die Frage zu klären, warum eine Provinz wie Schleswig- Holstein, die über Jahrzehnte und schon vor dem Ersten Weltkrieg durch eine Dominanz des Liberalismus geprägt war, früher als die meisten anderen durch den Nationalsozialismus erobert wurde. 1932 erzielte die NSDAP auf dem Lande in der nördlichsten Provinz Preußens über 60% der Stimmen,

---

[29] Hans Fallada, Wolf unter Wölfen, Frankfurt a. M./Wien 1994, S. 160f.

SPD und KPD zusammen knapp 25%, in den Städten zusammen etwa 45%. Das Buch Heberles konnte in Deutschland nicht mehr erscheinen, weil der Autor emigrieren musste. Das Institut für Zeitgeschichte hat es dann dreißig Jahre nach seiner Niederschrift als sechsten Band der Schriftenreihe der Vierteljahrshefte 1963 veröffentlicht – ein doppeltes Dokument der Wissenschaftsgeschichte. Eines seiner zahlreichen Ergebnisse lautet: „Die Wirkung der NSDAP beruhte vor allem darauf, daß sie nicht eine neue Partei neben die alte stellen wollte, sondern den ganz neuen Typus eines politischen Kampfverbandes darstellte, daß sie eine totalitäre Bewegung in zweifachem Sinne verkörperte, insofern sie allein und ausschließlich die Macht erstrebte, aber auch insofern, als sie sich nicht mit Beitragszahlung und Stimmabgabe begnügte, sondern ‚den ganzen Menschen' für sich in Anspruch nahm. Das bedeutete zwar auf dem Lande, namentlich im Sommer, eine ungeheure Belastung des einzelnen, aber zugleich vermittelte die ‚Bewegung' ein neues Gemeinschaftserlebnis und zwar sehr konkreter Art: sie bot einen handfesten Rückhalt gegenüber ökonomischen und politischen Fährnissen, sie verhinderte Zwangsversteigerungen, sie versuchte, einem Kleinhändler oder Handwerker, der sich anschloß, einen Kundenkreis zu sichern und denen zu helfen, die als politische Märtyrer Amt und Stellung verloren hatten. Vor allem aber war es keiner der um die Bauern werbenden Parteien gelungen, einen Mythos von ‚élan'-bildender Kraft zu schaffen. Die Hinwendung der breiten Massen des Landvolks zur NSDAP als rein ‚zweckrational' motiviert deuten zu wollen, hieße dies verkennen und vor allem die auf die Person des ‚Führers' gesetzten Hoffnungen unterschätzen."[30] Heberle wies auch auf eine weitere wesentliche Konsequenz hin, nämlich den Wandel der politischen und gesellschaftlichen Führungsschicht während der „nationalsozialistischen Revolution auf dem flachen Lande"[31].

Für alle von Heberle genannten Ursachen des Erfolgs der NSDAP bietet Falladas Roman „Bauern, Bonzen und Bomben" reiches Anschauungsmaterial – es ist die Erosion der Gesellschaft, der Zerfall der Werte und der bis zum Ersten Weltkrieg verbindlichen Ordnungsmodelle, es ist die tiefgreifende Orientierungslosigkeit, die er durch seine Figuren zum Sprechen bringt, es ist die Erfahrung, dass die Revolution von 1918/19 nicht zu einer neuen, als legitim empfundenen Ordnung geführt hat, mit anderen Worten, eine revolutionäre Gärung fortbestand. Fallada repräsentiere selbst und schildere in „Bauern, Bonzen und Bomben", so meinte Carl Zuckmayer, einen Typus, der einen „Kernstock des deutschen Volks" bilde, der in keine „Klassentheorie" ganz hineinpasse[32].

Später untersuchte Gerhard Stoltenberg Aspekte des gleichen Problems, die nicht Themen des Soziologen waren; er korrelierte Wahlentwicklung, Parteistruktur und Organisationsentwicklung der preußischen Provinz[33]. Die hier im Mittelpunkt stehenden Themen analysierte Stoltenberg unter den Kapitelüberschriften: „Die große Krise der Landwirtschaft und ihrer Organisationen, das Landvolk steht auf (1928/1929)" sowie „Höhepunkt und Niedergang der Landvolkbewegung; die NSDAP beginnt ihren Siegeszug (1929/30)". Auch er beleuchtete den Widerstand der ländlichen Bevölkerung Schleswig-Holsteins ge-

---

[30] Rudolf Heberle, Landbevölkerung und Nationalsozialismus. Eine soziologische Untersuchung der politischen Willensbildung in Schleswig-Holstein 1918–1932, Stuttgart 1963, S. 169f.
[31] Ebenda, S. 171; zur grundsätzlichen Analyse vgl. auch Horst Möller, Die nationalsozialistische Machtergreifung – Konterrevolution oder Revolution?, in: Vierteljahrshefte für Zeitgeschichte 31 (1983), S. 25–51.
[32] Zuckmayer, Geheimreport, S. 106.
[33] Zur Wahlsoziologie Preußens insgesamt vgl.: Horst Möller, Parlamentarismus in Preußen 1919–1932, Düsseldorf 1985, S. 226–323, zum Aufstieg der NSDAP insbesondere S. 297ff.

gen die Weimarer, genauer die „Berliner Republik", das Vakuum der parteipolitischen Mobilisierung, das dann die Nationalsozialisten ausnutzten, schließlich die Protestbewegung, deren Fluten sie auf ihre Mühlen lenkten. Auch Stoltenberg klärte viele Gründe für das Paradox: „Die politische Orientierung in Schleswig-Holstein erfolgte also in einem Kontrast zu dem Systemwechsel im Reich. Zugespitzt läßt es sich so ausdrücken: Als in Berlin monarchisch-konservativ regiert wurde, wählte die periphere Provinz demokratisch und sozialistisch. Nach der Revolution 1918 begann in einer sich steigernden Opposition zum neuen Regierungssystem die Wendung zur deutschnationalen Rechten und schließlich zum völkisch-nationalsozialistischen Radikalismus."[34]

Diese historische Tiefendimension langfristiger Entwicklungen fehlt bei Fallada, doch die sozialpsychologischen und anthropologischen Komponenten der Destabilisierung und Delegitimierung der Weimarer Demokratie während der 1920er Jahre, die Konflikte zwischen Zentrale und Peripherie, zwischen Stadt und Land, den gesellschaftlichen und individuellen Sinnverlust und die Sinnsuche in einem neuen Gemeinschaftsgefühl, das die zerklüftete und antagonistische Klassengesellschaft ablösen sollte, die handlungsleitenden Interessen der einzelnen Figuren – das alles findet sich anschaulich und kraftvoll bei Hans Fallada. In „Bauern, Bonzen und Bomben" fügt er die seiner Lebenserfahrung entnommenen Bausteine zu einer exemplarischen gesellschaftlichen Gesamtschau wieder zusammen.

„Die Frage, wer höher steht, der Historiker oder der Dichter, darf gar nicht aufgeworfen werden; sie konkurrieren nicht miteinander, so wenig als der Wettläufer und der Faustkämpfer. Jedem gebührt seine eigene Krone."[35]

---

[34] Gerhard Stoltenberg, Politische Strömungen im schleswig-holsteinischen Landvolk 1918–1933, Düsseldorf 1962, S. 198. Aufschlussreich für die Unterschätzung dieser Entwicklung durch die politische Führung ist die Tatsache, dass in den fraglichen Monaten das Preußische Staatsministerium in seinen Sitzungen die Landvolkbewegung und den folgenden Prozess überhaupt nicht erörterte. Vgl. Die Protokolle des Preußischen Staatsministeriums 1817–1934/38, hrsg. von der Berlin-Brandenburgischen Akademie der Wissenschaften, Bd. 12/I und 12/II, 4. April 1925 bis 10. Mai 1938, bearbeitet von Reinhard Zilch unter Mitarbeit von Bärbel Holtz, Hildesheim/Zürich/New York 2004.
[35] Goethe, Maximen und Reflexionen 190, in: Goethes Werke. Hamburger Ausgabe, Bd. 12, S. 390.

*Johannes Hürter*

# Einmal Bosnien, zweimal Jugoslawien und überall die Welt

## Ivo Andrić und sein Roman „Die Brücke über die Drina" (1945)

### Ein jugoslawischer Dichter, Historiker und Diplomat

Spätsommer 2009: Urlaub von München und von der Zeitgeschichte. Diesmal geht es an die kroatische Adriaküste, auf eine kleine Insel vor Dubrovnik. Im Gepäck ist, nahe liegend und doch weit entfernt, der bekannteste serbokroatische Roman, verfasst vom bekanntesten jugoslawischen Schriftsteller. Vor allem für „Na Drini ćuprija. Višegradska hronika", 1945 auf Serbisch und 1953 auf Deutsch unter dem wörtlich übersetzten Titel „Die Brücke über die Drina. Eine Wischegrader Chronik" erschienen[1], erhielt Ivo Andrić 1961 den Nobelpreis für Literatur. Das Buch ist ein historischer Roman, aber einer, der 1516 beginnt und schon 1914 endet, drei Jahre vor dem Epochenjahr 1917, mit dem deutsche Historiker seit Hans Rothfels die Zeitgeschichte einsetzen lassen. Und die Handlung spielt irgendwo in Bosnien, an einem Ort, so abseits und exotisch anmutend wie die Schluchten des Balkan und das Land der Skipetaren bei Karl May. Garantiert das die gewünschte Ablenkung von der zeithistorischen Profession, eine leichte Urlaubslektüre für Strand und Ferienwohnung?

Das Buch zieht in den Bann und wird überallhin mitgenommen. Einheimische lesen den Namen des Autors auf dem Umschlag. Ein großer Kroate, kommentiert der kroatische Strandwächter, ein großer Bosnier, meint die bosnische Kellnerin, ein großer Serbe, würden wohl die serbischen Hotelangestellten sagen, wären sie nicht längst von der Insel verschwunden oder zu vorsichtig, ihre nationale Identität ohne Weiteres preiszugeben.

Alle drei Meinungen sind richtig und falsch zugleich. Von Geburt, Herkunft und Religion war Ivo Andrić ein katholischer Bosnier oder bosnischer Kroate, vom dichterischen und politischen Selbstverständnis her lange Zeit eher „Serbe katholischen Glaubens aus Bosnien", wie einer seiner Vorgesetzten ihn nannte[2]. Andrić selbst wollte sich öffentlich nicht eindeutig äußern oder festlegen lassen, ob er sich mehr als Serbe, Kroate oder Bosnier fühlte. Wichtiger als seine persönlichen nationalen oder regionalen Selbstdeutungen wa-

---

[1] Im Folgenden zitiert nach der zurzeit einzigen, aber preiswerten Hardcover-Ausgabe in der „Bibliothek" der *Süddeutschen Zeitung* (Bd. 69, München 2007; Verkaufszahlen nach Auskunft des Verlags bis Ende 2009: 35 300 Exemplare). Ihr liegt die Ausgabe des Carl Hanser Verlags München (zuerst 1957) zugrunde. Nachfolgend werden die Eigennamen des Romans nach der Transkription in der deutschen Ausgabe wiedergegeben, alle anderen slawischen Namen nach der wissenschaftlichen Transliteration. – Ich danke Frederik Laub für seine Hilfe bei der Vorbereitung dieses Essays.

[2] Der jugoslawische Ministerpräsident und Außenminister aus den Jahren vor dem Zweiten Weltkrieg, Milan Stojadinović, zitiert nach: Michael Müller, Die Selbst- und Fremdwahrnehmung der bosnischen Völker in der historischen Prosa von Ivo Andrić und Isak Samokovlija, Frankfurt a. M. 2006, S. 24. Ebenda, S. 15–32, fasst die neueste Forschung zur Biografie von Andrić zusammen. Vgl. außerdem Vanita Singh Mukerji, Ivo Andrić. A Critical Biography, Jefferson, N. C./London 1990; Wayne S. Vucinich (Hrsg.), Ivo Andrić Revisited: The Bridge Still Stands, Berkeley, Cal. 1995; Peter Thiergen (Hrsg.), Ivo Andrić 1892–1992. Beiträge des Zentenarsymposions an der Otto-Friedrich-Universität Bamberg im Oktober 1992, München 1995; Jochen Trebesch, Diener zweier Herren. Diplomaten-Autoren des 20. Jahrhunderts: Ivo Andrić 1892–1975, Berlin 2004.

ren ihm die übergeordneten Interessen der (westlichen) Südslawen, hinter denen, so war seine Grundüberzeugung, die Gegensätze ihrer einzelnen „Stämme" – der Slowenen, Kroaten, Serben, bosnischen Muslime (Bosniaken) und Montenegriner[3] – zurückzutreten hatten. Als Person des öffentlichen Lebens dachte und handelte er vor allem jugoslawisch. Das fiel ihm umso leichter, als sich gerade in seiner Biografie die Vielfältigkeit und Gemengelage der südslawischen Kultur und Geschichte spiegelten.

Ivo Andrić wurde am 9. Oktober 1892 als Sohn kroatischer Eltern im ostbosnischen Travnik geboren. Nach dem frühen Tod des Vaters (1894), eines Handwerkers und Hausverwalters, verbrachte er seine Kindheit bei einer Tante, die mit einem polnischen k. u .k. Offizier verheiratet war, in der ostbosnischen Kleinstadt Višegrad an der Drina, wo seit Jahrhunderten eine muslimische Bevölkerungsmehrheit mit einer starken serbisch-orthodoxen Minderheit zusammenlebte. 1903 zog er zu seiner Mutter in die bosnische Metropole Sarajevo, um dort das Gymnasium zu besuchen. Andrić wuchs in doppelter Hinsicht in einer multikulturellen Welt auf: in der Vielvölkerregion eines Vielvölkerstaats.

Die beiden osmanischen Provinzen Bosnien und Herzegowina wurden nach ihrer militärischen Okkupation durch Österreich-Ungarn im Jahr 1878 politisch und wirtschaftlich der k. u. k. Monarchie eingegliedert, obgleich sie formal bis 1908 beim Osmanischen Reich blieben. Bosnien war seit der osmanischen Herrschaft, die bereits 1463 begonnen hatte, vom Nebeneinander, Gegeneinander und Miteinander der unterschiedlichen Ethnien und Religionen geprägt[4]. Christen („Rajas"), Muslime („Türken"), Juden und „Zigeuner" lebten dort, Moschee und Minarett standen neben der orthodoxen Kirche, dem katholischen Kloster und der jüdischen Synagoge, die Amts- und Bildungssprachen Arabisch, Türkisch und Persisch, später Deutsch und Ungarisch waren genauso zu hören wie die „Volkssprachen" der südslawischen Dialekte, wie Ladino, Jiddisch und Roma. Das Land war halb Orient, halb Okzident und Brückenkopf in beide Richtungen.

Diese begrenzte, aber vielschichtige Region ließ Ivo Andrić nicht mehr los. Er wurde zu ihrem größten Epiker. Nahezu sein gesamtes literarisches Werk kreist um die Geschichte, Kultur und Gesellschaft Bosniens von der frühen Neuzeit bis ins 20. Jahrhundert. Seine Romane und Erzählungen sind ein „Appell zur Toleranz" und zur Überwindung der alten Konflikte zwischen den verschiedenen bosnischen Bevölkerungsgruppen[5]. Über den engen regionalen Bezug hinaus sind sie ein universelles Gleichnis für die Bewahrung von Recht und Menschenwürde in einer Welt, die von Pluralität und der Gegensätzlichkeit von Religionen, Weltanschauungen und Lebensentwürfen bestimmt ist. Das höchst idealistische Plädoyer für eine „große Synthese"[6], in das sich bei Andrić immer wieder stark pessimistische Töne mischen, kam allerdings von einem Schriftsteller, dessen Denken und Handeln zunächst keineswegs frei war von zeittypischen nationalistischen Deutungsmustern.

Schon auf dem Gymnasium in Sarajevo begeisterte sich Andrić für den südslawischen Nationalismus und war maßgeblich daran beteiligt, dass sich der von ihm geleitete kroati-

---

[3] Sprachwissenschaftlich wird das Westsüdslawische vom Ostsüdslawischen unterschieden, dessen wichtigste Sprachen Bulgarisch und Mazedonisch sind.

[4] Beste deutschsprachige historische und politische Landeskunde: Agilolf Keßelring, Wegweiser zur Geschichte: Bosnien-Herzegowina. Im Auftrag des Militärgeschichtlichen Forschungsamts, Paderborn u. a. ²2007. Vgl. auch Noel Malcolm, Geschichte Bosniens, Frankfurt a. M. 1996. Anregend: Mark Mazower, Der Balkan, Berlin 2002.

[5] Vgl. Manfred Jähnichen, „O zakonu protivnosti" oder: Ivo Andrić' Appell zur Toleranz im Roman *Travnička hronika*, in: Thiergen (Hrsg.), Ivo Andrić, S. 41–52, hier S. 41f.

[6] Ebenda, S. 41, nach dem jugoslawischen Andrić-Forscher R. Vučković.

sche Schülerverein mit seiner serbischen Schwesterorganisation zur „Jugoslawischen Fortschrittlichen Jugend" zusammenschloss. Seit 1912 studierte er Geschichte, Philosophie und Slawistik, erst in Zagreb, dann in Wien und Krakau. In diesen Jahren trat er als Lyriker hervor und agitierte weiterhin in nationalistischen Jugendorganisationen, u. a. mit Versen, in denen er die „Befreiung" durch serbische Truppen beschwor. Bei Kriegsausbruch war Andrić Mitglied der revolutionären Organisation *Mlada Bosna* (Junges Bosnien), in der sich bosnische Kroaten, Serben und Muslime gemeinsam für einen jugoslawischen Staat engagierten. Im Juli 1914 wurde er von den österreichisch-ungarischen Sicherheitsbehörden festgenommen, inhaftiert, dann interniert und erst nach drei Jahren amnestiert. 1918/19 konnte Andrić sein Studium in Zagreb beenden, arbeitete im „Nationalrat der Südslawen" und trat im Februar 1920 in den auswärtigen Dienst des neuen „Königreichs der Serben, Kroaten und Slowenen".

Mit dem südslawischen Einheitsstaat, der seit 1929 Jugoslawien hieß, erfüllten sich die politischen Forderungen junger Nationalisten wie Ivo Andrić. Der neue Staat war zentralistisch organisiert und serbisch dominiert[7]. Das schien den jugoslawischen Patrioten gerechtfertigt, denn Serbien war seit seiner vollständigen Souveränität (1878) die Projektionsfläche ihrer nationalstaatlichen Hoffnungen und hatte sich als treibende politische Kraft erwiesen. Auch Andrić störte sich nicht an der serbischen Dominanz, sondern passte sich ihr an. Er verlegte sowohl sein berufliches wie sein privates Leben in die Hauptstadt Belgrad und wechselte als Schriftsteller Anfang der 1920er Jahre von der (kroatischen) ijekavischen in die (serbische) ekavische Schreibweise[8] des Serbokroatischen, allerdings unter Beibehaltung des lateinischen Alphabets. Die serbische Sprachvariante war die im Staatsdienst gebräuchliche, so dass diese Umstellung auch ganz pragmatische Gründe hatte. Die einseitige Vereinnahmung Andrićs für die serbische Literatur erfolgte erst lange nach seinem Tod, als mit dem Zerfall Jugoslawiens die Standardvarietäten des Serbokroatischen – Kroatisch, Serbisch, Bosnisch, Montenegrinisch – aus politischen Gründen zu eigenständigen Sprachen erklärt wurden[9]. Einer solch exklusiven Verortung und überhaupt der sprachlichen wie nationalen Zersplitterung hätte Andrić gewiss entschieden widersprochen. Der Schriftsteller unterzeichnete 1954 als erster das Abkommen von Novi Sad, in dem das Serbokroatische als einheitliche Sprache mit jeweils zwei verschiedenen Aussprachen, Schreibweisen und Alphabeten bestätigt wurde. Außerdem ist seine Prosa mit Begriffen aus ijekavischen Dialekten und türkischen Lehnwörtern (Turzismen) durchsetzt, wie sie für das Bosnische charakteristisch sind.

Ivo Andrić wurde zu einem der wichtigsten Diplomaten und Außenpolitiker des ersten jugoslawischen Staates, der sich zu einem autoritären Regime, einer Königsdiktatur entwickelte. Damit diente er einer nicht selten fragwürdigen Politik, zunächst seit 1920 in

---

[7] Vgl. Peter Bartl, Grundzüge der jugoslawischen Geschichte, Darmstadt 1985; Srećko M. Džaja, Die politische Realität des Jugoslawismus (1918–1991). Mit besonderer Berücksichtigung Bosnien-Herzegowinas, München 2002.

[8] Am Beispiel der bekannten Hafenstadt: Reka (serbisch) statt Rijeka (kroatisch).

[9] Der Begriff „Serbokroatisch" ist inzwischen in der Sprachwissenschaft so umstritten, dass er häufig durch das Kürzel BKS (Bosnisch/Kroatisch/Serbisch) ersetzt wird. Wohin sich die Nationalisierung der Varietäten entwickeln wird, ist offen – noch sind aber die Gemeinsamkeiten in Grammatik und Wortschatz so groß, dass etwa eine Verständigung zwischen verschiedenen Sprechern der verschiedenen kroatischen Dialekte schwieriger ist als zwischen dem Standardserbischen und Standardkroatischen. Eine gewisse Barriere bilden jedoch die unterschiedlichen Alphabete (lateinisch im Kroatischen und Bosnischen, überwiegend kyrillisch im Serbischen).

mehreren schnell wechselnden Auslandsverwendungen, dann seit 1934 im Belgrader Außenministerium, wo er bis zum stellvertretenden Außenminister aufstieg. Sein politischer Standort blieb zunächst stark vom serbisch geprägten jugoslawischen Nationalismus bestimmt. In seiner geschichtswissenschaftlichen Dissertation, die er 1924 in deutscher Sprache an der Universität Graz vorlegte, zeichnete Andrić ein völlig negatives Bild der „Türkenherrschaft" in seiner bosnischen Heimat, die sowohl den christlichen als auch den islamisierten Südslawen geschadet habe[10]. Auch sein politisches Wirken folgte teilweise nationalistischen Konzepten. Das zeigte sich besonders problematisch Anfang 1939, als Andrić, damals enger Mitarbeiter von Ministerpräsident Stojadinović, die Annexion Nordalbaniens in Erwägung zog[11]. Den Höhe- und Endpunkt seiner diplomatischen Laufbahn bildete seine Verwendung als Gesandter in Berlin von April 1939 bis zum deutschen Überfall auf Jugoslawien im April 1941. Nach dem katastrophalen Scheitern der jugoslawischen Deutschlandpolitik, der Andrić als Gegner eines Beitritts zur „Achse" zunehmend kritisch gegenübergestanden hatte, lebte er völlig zurückgezogen in Belgrad und widerstand allen Kollaborationsangeboten der deutschen Besatzer.

Während seiner Karriere als Diplomat hatte Andrić sein literarisches Schaffen nicht eingestellt, wohl aber den beruflichen Anforderungen anpassen müssen. Er war bereits Anfang der 1920er Jahre von der Lyrik zur kleinen epischen Form übergegangen und hatte viel beachtete Erzählungen vorgelegt, die in ihrer zeitlosen Meisterschaft kaum etwas von der teilweise engstirnigen Politik verraten, in die ihr Autor eingebunden war[12]. Jetzt, in den drei Jahren seiner Isolation während der deutschen Besatzung, schuf Andrić sein Hauptwerk, drei große Romane, die in den vier Hauptorten seines Lebens spielen: „Konsuln und Wesire"[13] in seiner Geburtsstadt Travnik zu Beginn des 19. Jahrhunderts, „Die Brücke über die Drina"[14] im Ort seiner Kindheit Višegrad von der frühen Neuzeit bis 1914, „Das Fräulein"[15] in den Städten seiner Jugend und Berufsjahre, Sarajevo und Belgrad, von der Jahrhundertwende bis 1935. Während die ersten beiden, „Chroniken" genannten Werke ein Panorama der bosnischen Geschichte und südslawischen Vielfalt bieten, variiert der dritte Roman das alte Thema des Geizes, ist aber zugleich ein Gleichnis der Kollaboration und des Opportunismus im besetzten Jugoslawien.

Alle drei Romane sind vor dem Entstehungshintergrund der deutschen Okkupation und der heftigen Konflikte zwischen Serben, Kroaten, Slowenen und Bosniaken zu lesen. Andrić zeigt sich in ihnen als nachdenklicher, pessimistischer und doch auf eine bessere Zukunft hoffender Autor, der aus seinen Erfahrungen als Diplomat und Politiker die Lehre gezogen hatte, dass der totale innen- und außenpolitische Misserfolg des Königreichs Jugoslawien auch auf den serbischen Hegemonialanspruch zurückzuführen sei. Seine „bosnische Trilogie" war ein Plädoyer gegen den inneren Zerfall und für die jugoslawische

---

[10] Vgl. Ivo Andrić, Die Entwicklung des geistigen Lebens in Bosnien unter der Einwirkung der türkischen Herrschaft, Diss. Graz 1924.
[11] Vgl. Elisabeth von Erdmann-Pandžić, Das Referat von Ivo Andrić vom 30. Januar 1939 und die Nordalbanienfrage im serbischen Nationalismus, in: Thiergen (Hrsg.), Andrić, S. 9–22. Dazu kritisch: Müller, Selbst- und Fremdwahrnehmung, S. 28–32.
[12] Drei Bände erschienen 1924, 1931 und 1936. Empfehlenswert ist die deutschsprachige Auswahl: Ivo Andrić, Die verschlossene Tür. Erzählungen, Wien 2003.
[13] „Travnička hronika. Konsulska vremena", serbisch 1945, deutsch 1961. Die wörtliche Übersetzung des Titels ist: „Travniker Chronik. Die Konsulszeiten".
[14] Andrić verfasste diesen Roman zwischen Juli 1942 und Dezember 1943. Vgl. Henry R. Cooper, The Structure of *The Bridge on the Drina*, in: The Slavic and East European Journal 27 (1983), S. 365–373.
[15] „Gospodica", serbisch 1945, deutsch 1958.

Idee. Die Romane erschienen 1945 im kommunistischen Jugoslawien und wurden in zahl-reiche Sprachen übersetzt. Zum Welterfolg wurde aber nur „Die Brücke über die Drina", die seit 1953 auch im deutschsprachigen Buchhandel dauernd präsent ist[16].

Im zweiten jugoslawischen Staat gelang der Ausgleich zwischen den ethnischen und re-ligiösen Bevölkerungsgruppen besser. Jugoslawien war nun eine föderative Volksrepublik, die serbische Dominanz trat zurück. Die neuen Machthaber respektierten den Anspruch auf Gleichberechtigung und gewisse Eigenständigkeit der jugoslawischen „Nationen", zu denen jetzt auch, zunächst informell, dann seit 1968 formal, die bosnischen Muslime ge-zählt wurden. Von Andrić sind nach dem Zweiten Weltkrieg keine öffentlichen Äußerun-gen überliefert, die einen serbisch-nationalistischen Standpunkt zeigen. Der 1961 durch den Nobelpreis zu Weltruhm gelangte Autor diente dem Staat Titos ohne erkennbare Vorbehalte, etwa als Präsident des jugoslawischen Schriftstellerverbands oder als Abgeord-neter des bosnischen Parlaments. Bis zu seinem Tod am 13. März 1975 in Belgrad war er ein besonders wichtiges Aushängeschild der Kulturpolitik Jugoslawiens. Die zahlreichen Verpflichtungen als Kulturrepräsentant im In- und Ausland zwangen den Schriftsteller wieder zu kleineren literarischen Formen zurück – erst in seinem Nachlass fand sich sein vierter, allerdings unvollendeter Roman[17]. Andrić trat 1954 der Kommunistischen Partei bei und gab einigen seiner Nachkriegserzählungen eine sozialistische Note. Doch im Grunde blieb er vor allem der einen politischen Leitidee seines Lebens verpflichtet: dem „Jugoslawismus", den er zunächst serbisch orientiert, dann im kommunistischen Gewand unterstützte.

## Die Brücke

Der Roman selbst ist eine Brücke. Die meisten Menschen im ehemaligen Jugoslawien scheinen verbunden durch die Wertschätzung für ihn und durch den Stolz auf seinen Ver-fasser, den Nobelpreisträger aus ihrer Mitte. Wie sie sich auch politisch oder ethnisch ver-orten, überall stößt man auf dieselbe Reaktion: Ah, „Die Brücke", Pflichtlektüre in der Schule und doch ein wunderbarer Roman. Auch dem deutschen Touristen an der dalma-tinischen Küste bietet er eine Brücke. Die Menschen sind ohnehin offen, tragen etwas auf dem Herzen, wollen reden, doch die Fragen und Bemerkungen zum Buch lenken die Gespräche sofort auf die Wunden der Vergangenheit und Gegenwart.

Kennen Sie Bosnien? „Oh ja, ich war im Krieg." – „Ich komme aus Sarajevo, bin geflo-hen." – „Wir fahren zum Einkaufen dorthin." – „Meine Schwägerin ist Muslima aus Mostar, eine fleißige und gute Frau." Und die Brücke, gibt es sie noch? „Sie ist kaputt, endgültig zerstört, die Serben haben Frauen und Kinder ermordet, die Montenegriner Dubrovnik zerbombt, die Bosniaken uns verraten; es ist vorbei, heute lebt jeder für sich, und das ist

---

[16] Die deutschsprachige Erstausgabe erschien zunächst in der Schweiz (Büchergilde Gutenberg, Zü-rich 1953). Nach der Verleihung des Nobelpreises im Dezember 1961 gab es in der Bundesrepublik neben der Hardcover-Ausgabe des Carl Hanser Verlags (seit 1957) eine lange sehr erfolgreiche Ta-schenbuchausgabe im S. Fischer Verlag (Fischer Bücherei), Frankfurt a. M., die bereits im Mai 1963 in 3. Auflage (43.–55. Tausend) herauskam und bis zur 7. Auflage von 1966 (68.–80. Tausend) im Verlags-programm blieb. Spätere Taschenbuchausgaben brachten Ullstein (1974), der Deutsche Taschenbuch Verlag (mehrere Auflagen 1987–1997) und Suhrkamp (seit 2003). In der DDR erschien die Erstaus-gabe 1957 im Aufbau-Verlag und erlebte weitere Auflagen 1965, 1970, 1974, 1976 und 1985.
[17] „Omerpaša Latas", serbisch posthum 1977; deutsch: „Omer-Pascha Latas", 1979.

gut so.‟ – „Sie ist noch da, stark beschädigt zwar, aber noch da, wir sprechen eine Sprache, haben so viele Gemeinsamkeiten und familiäre Bande; man macht schon wieder Geschäfte und wird irgendwann zueinander zurück finden.‟

Bei den Älteren verknüpft sich die Hoffnung oft mit einer Art Jugo-Nostalgie: „Uns ging es doch eigentlich ganz gut; es gab die größten Freiheiten unter allen kommunistischen Staaten; wir haben alle zusammen gearbeitet und gelebt, viele sind miteinander verwandt und verschwägert.‟ Kroaten mittleren Alters, besonders die Kriegsveteranen, schimpfen über solche Verklärung der Vergangenheit unter Tito. Die Jüngeren können aus eigener Anschauung nichts dazu beitragen, scheinen aber am ehesten zu neuen Brückenschlägen bereit zu sein.

Den ruhenden Pol des Romans bildet die alte steinerne Brücke von Višegrad, die der osmanische Großwesir Mehmed-paša Sokolović zwischen 1566 und 1571 als ersten und lange Zeit einzigen sicheren Übergang über den mittleren und oberen Lauf der Drina errichten ließ. Das „wertvolle Bauwerk einzigartiger Schönheit‟ war für viele Jahrhunderte „die unentbehrliche Spange auf dem Wege, der Bosnien mit Serbien und, über Serbien hinaus, auch mit den übrigen Teilen des Türkischen Reiches bis nach Stambul verbindet‟ (8). Die Brücke symbolisiert aber nicht nur die Verknüpfung zwischen Orient und Okzident, zwischen Christen, Muslimen und Juden, sondern auch das statische, zeitlose Prinzip in der Geschichte[18]. Zugleich ist sie Schauplatz des Lebens. In der Mitte der elf mächtigen Bögen weitet sich die Fahrbahn durch zwei gegenüberliegende Terrassen zu einem kleinen Platz, der *Kapija* (Tor), auf der die Bewohner der links und rechts um die Brücke gewachsenen Kleinstadt (*kasaba*) zusammenkommen und handeln, diskutieren und träumen, feiern und streiten, leben und sterben – eine grandiose kommunale Begegnungsstätte, eine Mitte, in der sich die multiethnische und multireligiöse Gesellschaft Višegrads treffen kann.

Ivo Andrić erzählt Geschichte und Geschichten. Er ist Chronist der Brücke, der Stadt und darüber hinaus der wechselvollen historischen Ereignisse in Bosnien und Südosteuropa, soweit sie sich am Ort der Handlung widerspiegeln. Und er ist Dichter des Lebens „auf der Brücke und ihrer Kapija, um sie und in Verbindung mit ihr‟ (10). Der Autor schöpft als Historiker und Poet aus den schriftlichen und mündlichen Überlieferungen seiner Heimat, zieht Chroniken und Geschichtswerke genauso heran wie Erzählungen, Anekdoten und Legenden, die er als Kind selbst gehört hat. Der Roman ist narrativ, linear und distanziert aus der auktorialen Erzählperspektive geschrieben. Er steht damit formal eher in der Tradition der bürgerlich-realistischen Literatur des 19. Jahrhunderts als im Kontext einer avantgardistischen Moderne. Der Bericht des allwissenden Erzählers wird nur selten durch längere Dialoge oder innere Monologe unterbrochen. Das unterstreicht den Charakter erzählter Geschichte.

Hohe ästhetische Qualität gewinnt der Roman zum einen durch die sowohl präzise und anschauliche als auch poetische und eindringliche Sprache, die an die Anfänge des Autors als Lyriker erinnert – und die Ernst E. Jonas in ein Deutsch übertragen hat, wie man es sich vermittelnder und schöner kaum vorstellen kann. Zum anderen gelingt es Andrić meisterhaft, geradezu im Stil eines orientalischen Märchenerzählers, den Leser in den Sog zahlreicher höchst origineller und gleichnishafter Geschichten zu ziehen, die, ob erfunden oder nicht, so authentisch und charakteristisch wirken, dass sie sich trotz ihrer ver-

---

[18] Neben der Brücke ließ der Großwesir als zweite Stiftung ein Karawan-Serail errichten, das jedoch mit dem Niedergang der türkischen Herrschaft zerfiel – ein Symbol der Vergänglichkeit.

meintlich losen, episodenhaften Abfolge doch zu einem größeren Ganzen verbinden, das durch das Leitmotiv der stets unveränderten und unveränderlichen Brücke zusammengehalten wird.

Der Roman spannt, selbst brückengleich, in 24 Kapiteln einen großen Bogen von der Vorgeschichte der Brücke im Jahr 1516 bis zu ihrer teilweisen (und nur vorübergehenden) Zerstörung zu Beginn des Ersten Weltkriegs im September 1914. Die ersten vier Kapitel beschreiben das Bauwerk sowie seine Planung und Entstehung im 16. Jahrhundert; dann gelangen die folgenden vier Kapitel sehr bald, ab Kapitel 6, in die erste Hälfte des 19. Jahrhunderts. Zwei Drittel des Romans (Kapitel 9–24) spielen zur Zeit der österreichisch-ungarischen Herrschaft über Bosnien-Herzegowina von der Okkupation 1878 über die Annexion 1908 bis zum Kriegsausbruch 1914. In den vier Jahrhunderten der erzählten Zeit erlebten Višegrad und seine Brücke den Aufstieg und Niedergang von zwei multinationalen Reichen sowie viele Generationen der beiden alteingesessenen und größten Bevölkerungsgruppen, der serbisch-orthodoxen Christen („Serben") und südslawischen Muslime („Türken"), außerdem der sephardischen Juden, der Roma und der Soldaten, Beamten, Handwerker, Händler aus allen Teilen des Osmanischen Reiches und dann der Doppelmonarchie.

Aus all diesen Zutaten gestaltet Andrić ein Kaleidoskop menschlicher Existenz in ihren politischen und sozialen Zusammenhängen, eingebunden in die spezifische Gemengelage der Vielvölkerregion Bosnien und doch in seinem humanen Gehalt genauso universell wie das Symbol der Brücke. Ein Reigen an prägnanten Geschichten und Charakteren zieht am Leser vorbei. Da ist etwa der „Gewaltmensch" Abidaga, der die Brücke im Auftrag des Großwesirs bauen soll, die Bevölkerung zur Fron zwingt, den serbischen Aufrührer Radisaw auf der Baustelle pfählen lässt, aber dennoch scheitert, da er anders als sein Nachfolger Arif Beg die Strenge nicht mit Gerechtigkeit und Ehrlichkeit zu verbinden vermag; da sind die Zwillinge Stoja und Ostoja (Halte und Bleibe), die nach einer Baupfersage in die Brückenpfeiler eingemauert wurden; da ist Fatima, die Schöne, die einer Zwangsehe den Tod vorzieht und sich auf ihrem Hochzeitszug von der Brücke stürzt; da ist der ukrainische Wachtposten Gregor Fedun, der sich von einem Mädchen täuschen lässt und dafür mit seinem Leben bezahlt; da ist der Zigeuner Tschorkan, der Einäugige, der arme Schlucker, der seine Würde durch einen trunkenen Balanceakt auf der Brüstung der Brücke bewahrt; da sind die Hauptpersonen der letzten Kapitel, auf die noch zurückzukommen sein wird: der Muslim Alihodscha, die Jüdin Lottika, die politisierenden bosnischen Schüler und Studenten.

Und neben, unter und über allem ist immer die Brücke, „als wäre Sinn und Wesen ihres Bestehens in ihrer Stetigkeit begründet. Ihre lichte Linie im Bild der Stadt änderte sich ebenso wenig wie die Konturen der umliegenden Berge am Himmel. In der wechselnden Reihe und im Verblühen der menschlichen Geschlechter blieb sie unverändert wie das Wasser, das unter ihr dahinfließt." (85) Immer wieder wird das wechselhafte menschliche Schicksal mit dem durch die Brücke symbolisierten Prinzip des Unveränderlichen kontrastiert. Das verweist in der Tradition pessimistischen Denkens auf die Vergeblichkeit des Seins und spendet zugleich Trost. Hinter dem Skeptizismus verbirgt sich die leise Hoffnung auf einen gelassenen, respektvollen Umgang miteinander, der aus der Einsicht in die stets gleich beschränkten Mühen und Bemühungen aller Menschen resultiert.

Eine der schönsten und sinnfälligsten Geschichten dieses an Schönheiten und Sinnfälligkeiten reichen Romans ist jene der Brückenstiftung. Wie so oft erweitert Andrić die historische Überlieferung um einen tiefgründigen poetischen Einfall. Im November 1516, so seine Erzählung, setzt der finstere Fährmann Jermak auf seiner schwarzen Fähre eine Abteilung Janitscharen über die Drina. Sie führen als reiche Beute den „Blutzoll" Ostbosniens mit sich: christliche Knaben, unter ihnen ein serbischer Bauernjunge aus dem Dorf Sokoloviči, der die Fahrt über diesen Styx, den Endpunkt seines bisherigen Lebens, nie vergisst. „Als ein körperliches Unbehagen irgendwo in sich trug der Junge – wie die Schärfe einer schwarzen Schneide, die ihm von Zeit zu Zeit schmerzvoll die Brust zerteilt – die Erinnerung an diesen Ort, wo der Weg abbricht, wo sich die Hoffnungslosigkeit und die Trübsal des Jammers auf den steinigen Ufern des Flusses ablagern, dessen Übergang schwer ist, teuer und voll Unsicherheit." (24) Der Junge wechselt „Leben und Glauben, Namen und Heimat" und steigt zu einem der bedeutendsten Großwesire der osmanischen Geschichte auf. Aber der Schmerz der schwarzen Schneide in seiner Brust verlässt ihn nicht. Eines Tages kommt ihm der Gedanke, „daß er sich von diesem Unbehagen befreien würde, wenn er jene Fähre an der fernen Drina beseitigte", indem er das „böse Wasser" überbrückte und „für immer und sicher Bosnien mit dem Osten, den Ort seiner Herkunft mit den Orten seines Lebens verband" (26). So wird die Brücke gebaut. Doch der Schmerz bleibt dem Großwesir Mehmed-paša Sokolović, bis zu dem Tag im Jahr 1579, als ihm in Istanbul ein gedungener Mörder ein Messer in die Brust stößt.

Die schwarze Schneide in der Brust des Wesirs ist der Schmerz des Heimatlosen, die Traumatisierung des Entwurzelten, Verschleppten, Vertriebenen – thematisiert von einem Autor des 20. Jahrhunderts, geschrieben im Zweiten Weltkrieg. Der Großwesir versucht durch sein zugleich sentimentales und pragmatisches Projekt sich mit seiner eigenen Gegensätzlichkeit zu versöhnen, das Eigene und Fremde in sich zu verbinden. Zugleich schafft er den unterschiedlichen Menschen an der Drina so etwas wie eine gemeinsame Heimat. Die Brücke, „vollendet und wunderbar in ihrer Schönheit, wie eine neue und fremde Landschaft" (75), wird in Višegrad nicht nur zum zentralen Ort der Kommunikation, sondern zum wichtigsten Bezugspunkt der Identifikation. Die Suche nach Integration, nach Tradition und Identität, nach Verständigung und Toleranz sowie ihre Gefährdung durch Entfremdung, Ausgrenzung und Gewalt – das sind die Themen des Romans, des modernen Menschen[19] und des Jahrhunderts, in dem er geschrieben wurde. Das sind Themen der Zeitgeschichte.

## Konflikt und Ordnung

Fahrt von der kroatischen Adriaküste nach Mostar, der neben Sarajevo und dem Schreckensort Srebrenica international bekanntesten Stadt in der Republik Bosnien und Herzegowina. Der Leser sucht eine Brückenstadt der Gegenwart, vergleichbar dem alten Višegrad von Ivo Andrić. Der Weg führt vom Grenzort Metković die Neretva entlang nach Norden in die Herzegowina hinein, zunächst durch hauptsächlich von Kroaten bewohnte Dörfer. Die Probleme des jungen Staates sind augenfällig. Überall weht die Flagge des Nachbarlands Kroatien, unterbrochen nur durch das einsame Grün auf einer vereinzelten, ganz neuen Moschee; bei allen zweisprachigen Ortsschildern und Wegweisern ist der serbisch-kyrillische Teil unkenntlich gemacht.

---

[19] Andrić erwähnte in seiner Nobelpreisrede am 10.12.1961 in Stockholm nicht von ungefähr seine Verehrung für den französischen Existentialisten Albert Camus. Vgl. Mukerji, Andrić, S. 61–64.

Das Bosnien-Herzegowina des Dayton-Vertrags von 1995 ist eine föderative Republik mit zwei weitgehend eigenständigen Gebietseinheiten (Entitäten), der bosniakisch-kroatischen Föderation Bosnien und Herzegowina sowie der überwiegend serbisch besiedelten Republika Srpska. Die Massenmorde, Fluchtbewegungen, Vertreibungen und Zwangsumsiedlungen während des Bosnienkriegs (1992–1995) haben die jahrhundertelang weitgehend konstante Bevölkerungsverteilung grundlegend verändert und homogenisiert. Immer noch setzen sich die heute viereinhalb Millionen Einwohner der Vielvölkerregion aus muslimischen Bosniaken (48%), orthodoxen Serben (37,1%) und katholischen Kroaten (14,3%) zusammen, doch viel häufiger als früher leben sie nicht miteinander oder dicht nebeneinander, sondern voneinander getrennt, in „ethnisch gesäuberten" Ortschaften und Gebieten.

Mostar ist eine Ausnahme. Die Stadt an der Neretva liegt an einer Schnittstelle muslimischer, kroatischer und serbischer Siedlungsgebiete. Entsprechend umkämpft war sie im Bürgerkrieg. Die Gräber der über 2500 Kriegstoten[20] kennzeichnen die christlichen wie die muslimischen Friedhöfe. Bis heute bestimmen Ruinen, Einschusslöcher und Baustellen ebenso das Stadtbild wie die Touristenattraktionen der orientalischen Altstadt. Und dennoch leben immer noch Muslime und Kroaten als etwa gleich große Bevölkerungsgruppen in Mostar, während die serbische Minderheit durch Flucht und Vertreibung stark dezimiert ist[21].

Das Wahrzeichen der Stadt ist die alte türkische Brücke, die einbögige *Stari Most* von 1566, etwa zur selben Zeit errichtet wie ihre elfbögige Schwester in Višegrad. Die Brücke wurde im November 1993 von kroatischem Militär zerstört und nach dem Krieg mit internationalen Hilfsmitteln originalgetreu rekonstruiert. Seit ihrer Wiedereröffnung im Juli 2004, bei der auch auf Andrić und seinen Brückenroman verwiesen wurde, gilt sie mehr denn je als Symbol für die Hoffnung auf ein friedliches Zusammenleben von Bosniaken, Kroaten und Serben. Als Treffpunkt der Einheimischen kann die Brücke aber kaum mehr dienen. Dazu ist das UNESCO-Weltkulturerbe wieder zu fest in der Hand der Touristen. Doch im kroatischen Westteil wie im muslimischen Ostteil stößt man auf die Muslima mit Kopftuch, die sich mit dem Christen mit Kreuzanhänger unterhält, auf Männer unterschiedlicher Religion, die sich vor dem Fernseher gemeinsam für ein Fußballspiel mit bosnischer Beteiligung begeistern.

Sind solche Anzeichen hoffnungsvoll oder trügerisch? Die Lektüre des Romans verschwimmt mit der Gegenwart, so stark scheinen dem Leser die Parallelen der multiethnischen Konfliktlinien im historischen Višegrad an der Drina und im modernen Mostar an der Neretva. Wie ist ein normaler Umgang zwischen Nachbarn möglich, die sich noch vor wenigen Jahren nach dem Leben getrachtet haben? Andrić bietet eine mögliche Erklä-

---

[20] Nach Angaben des Research and Documentation Center Sarajevo (Stand 2008): 1668 getötete und vermisste Soldaten, 864 Zivilisten, davon 62,32% Muslime, 19,12% Kroaten, 17,26% Serben. Zu den Kämpfen in Mostar vgl. Nebojsa Bjelakovic/Franceso Strazzari, The Sack of Mostar 1992–1994: The Politico-Military Connection, in: European Security 8 (1999), S. 73–102.

[21] 1991 lebten in Mostar 38 755 Bosniaken, 43 074 Kroaten, 19 400 Serben, 12 522 Andere (überwiegend „Jugoslawen"), 1997 – nach den Flüchtlingsbewegungen – 50 233 Bosniaken, 47 874 Kroaten, 2458 Serben, 955 Andere. Allerdings wohnen die einzelnen Gruppen seit dem Bürgerkrieg mehr als zuvor „unter sich". Quelle: Beauftragter der Bundesregierung für Flüchtlingsrückkehr, Wiedereingliederung und rückkehrbegleitenden Wiederaufbau in Bosnien und Herzegowina (http://www.bbs.bund.de/mostar/bevoelkerung.htm).

rung, indem er auf die Zwänge und Gemeinsamkeiten des Alltags verweist. Während eines serbischen Aufstands zu Beginn des 19. Jahrhunderts, so schreibt er, sind die Nächte in Višegrad von den gegensätzlichen Hoffnungen und Ängsten der Konfliktparteien erfüllt. „Am nächsten Morgen aber, wenn der Tag graute, gingen die Türken und Serben ihrer Arbeit und ihren Geschäften nach, trafen sich und gingen aneinander mit erloschenen und ausdruckslosen Gesichtern vorüber, grüßten einander und sprachen jene hundert üblichen Worte städtischer Höflichkeit, die seit je in der Stadt umliefen und vom einen zum anderen gingen wie falsches Geld, das dennoch den Verkehr ermöglicht und erleichtert." (102) So erhellend und zeitlos dieser Hinweis auch ist: Dem Autor ging es weniger um das, zweifellos nützliche, Falschgeld formeller Verständigung als um ein echtes Verständnis zwischen den Bevölkerungsgruppen.

Die Überbrückung der Gegensätze gelingt im Roman vor allem in Momenten gemeinsam empfundener Freude oder Gefahr, etwa im Stolz auf die Brücke und im Kampf gegen das Hochwasser: „In bunter Reihe Mohammedaner, Christen und Juden. Die Kraft der Elemente und die Last des gemeinsamen Unglücks hatten diese Männer einander nähergebracht und wenigstens für diese Nacht jene Kluft überbrückt, die den einen Glauben vom anderen trennte und besonders die Rajas von den Türken." (93) Aber die Gegensätze lassen sich, auch das macht Andrić deutlich, umso schwieriger überbrücken, je mehr sie nicht nur religiös, sondern auch ethnisch und nationalistisch definiert werden. Mit dem serbischen Aufstand von 1804 bis 1813 unter Führung von Đorđe Petrović, dem berühmten Karađorđe (Schwarzer Georg), beginnt ein neuer Abschnitt des Romans und der bosnischen Geschichte. Der langwierige, von Serbien ausgehende und offenbar bis heute nicht vollständig abgeschlossene Prozess des *nation building* in Südosteuropa verstärkte in den letzten Jahrzehnten der osmanischen Herrschaft die Spannungen zwischen Muslimen und Christen, die sich jetzt in Ostbosnien vor allem als Serben verstanden. Im Roman wird diese Epoche dadurch versinnbildlicht, dass an ihrem Anfang und Ende die Brücke als türkischer Hinrichtungsort dient – abgeschlagene serbische Bauernschädel auf der *Kapija*.

Das Verhältnis des Autors zum serbischen Nationalismus ist ambivalenter, als man das zunächst vermuten mag. Zwar gibt sich der auktoriale Erzähler mehrmals als bosnischer Serbe zu erkennen, zwar werden die Serben wie so häufig im Werk von Ivo Andrić auch in der „Brücke über die Drina" eher als aktiv-kämpferischer, die Bosniaken und die Juden als passiv-erduldender Bevölkerungsteil gezeichnet[22], doch fällt auf, dass die serbischen Charaktere des Romans – von wenigen Ausnahmen abgesehen[23] – entweder blass bleiben oder regelrecht unsympathisch sind. Die Festlegung der Grenze zwischen Serbien und Bosnien durch einen Abgesandten des serbischen Fürsten Miloš Obrenović erscheint im siebten Kapitel fast wie ein anmaßender, aggressiver Akt und findet einen Kontrast in der Vertreibung der letzten Türken aus Serbien, deren Flüchtlingszug über die Brücke mit Empathie geschildert wird.

Die vielleicht wichtigste und nachhaltigste Figur des gesamten Romans ist kein Serbe, sondern Alihodscha Mutewelitsch, der muslimische Kaufmann und Hodscha (Religionsgelehrte), der 1878 mit mutiger Besonnenheit einen aussichtslosen Kampf um die Stadt verhindert und dafür von einem rachsüchtigen osmanischen Kriegstreiber mit dem Ohr an

---

[22] Vgl. auch Müller, Selbst- und Fremdwahrnehmung.
[23] Vor allem der serbisch-orthodoxe Pope Nikola, der in Kapitel 10 gemeinsam mit dem befreundeten Mullah Ibrahim und dem Rabbiner die österreichisch-ungarische Besatzungsmacht auf der Brücke empfängt.

die Brücke genagelt wird. Er stirbt 1914 als tragischer wie prophetischer Mahner der Ordnung und des Friedens im Moment der Brückensprengung. Sein Tod markiert gleichnishaft den Untergang einer alten Welt und den Beginn der Weltkriegsepoche mit ihren politischen, ökonomischen und sozio-kulturellen Umwälzungen und Diffusionen sowie einer zunehmenden „transzendentalen Obdachlosigkeit" (Georg Lukács).

Die Geschichte des jungen und des alten Alihodscha rahmt die österreichisch-ungarische Zeit Bosniens ein, die der Autor als selbst erlebte Epoche ebenfalls sehr ambivalent behandelt[24]. Andrić beschreibt die Auswirkungen der k. u. k. Herrschaft in Višegrad und Ostbosnien deskriptiv und objektivierend, mehr wie ein Historiker als ein Dichter. Die „Schwaben" – so nennen die Südslawen alle Deutschen und Österreicher – bringen eine neue Ordnung, die auf die Landesbewohner zunächst völlig unverständlich wirkt, aber dann doch ihren Nutzen zeigt. Sie errichten öffentliche Gebäude, renovieren die Brücke, beleuchten und reinigen die Straßen, kultivieren den Boden, führen Ausweise, Hausnummern und die Wehrpflicht ein, bauen schließlich sogar eine Eisenbahn. Menschen aus allen Teilen der Doppelmonarchie kommen in die Stadt: Deutsche, Ungarn, Italiener, Tschechen, Slowaken, Polen, Ukrainer und galizische Juden. Die Brücke führt nun mehr nach Westen als nach Osten. Der kleine, abgelegene Winkel an der Drina findet Anschluss an Mitteleuropa und an den Kapitalismus. Die übernationale Toleranz der Doppelmonarchie legt sich auf Višegrad. Die Spannungen zwischen Serben und Muslimen treten in den Hintergrund. Die Wirtschaft prosperiert, bringt Wohlstand und Reichtum, aber auch neue Sorgen, Armut und Ruin.

Im Roman werden die Vorzüge der österreichisch-ungarischen Okkupation anerkannt. „Das Leben in der Stadt an der Brücke wurde immer lebhafter, es erschien immer geordneter und reicher und erhielt ein gleichmäßiges Tempo und ein bis dahin ungekanntes Gleichgewicht, jenes Gleichgewicht, nach dem jedes Leben überall und seit jeher strebt, aber nur selten, teilweise und vorübergehend erreicht." (226) Doch der allwissende Erzähler weiß, dass diese Friedensordnung nur eine Windstille ist, bedroht durch „jenes dunkle Unterbewusstsein, in dem die Grundgefühle und die unzerstörbaren Überzeugungen der einzelnen Rassen, Glaubensrichtungen und Kasten leben, gären und sich, scheinbar tot und begraben, für spätere, ferne Zeiten ungeahnter Veränderungen und Zusammenstöße vorbereiten, ohne die die Völker – so scheint es – nicht leben können, am wenigsten aber dieses Land" (227).

Die Probleme und das Ende der k. u. k. Herrschaft werden auch auf ihren Charakter als Fremdherrschaft zurückgeführt. Die neue Ordnung ist zu rational und leidenschaftslos, zu fremd und oberflächlich. Der fromme Alihodscha kritisiert das und setzt ihr das verlorene Ideal einer dauerhaften, dem Land und seiner Tradition gerecht werdenden Ordnung entgegen, die er in der Brücke symbolisiert sieht. Andrić findet für die mangelnde Nachhaltigkeit und Verankerung des habsburgischen Ordnungssystems ein eindringliches Bild. Die Österreicher unterminieren bereits in den Friedensjahren die Brücke, um auf einen Krieg gegen Serbien vorbereitet zu sein. Der Autor lässt den sterbenden Alihodscha ein negatives Resümee der „drei Jahrzehnte verhältnismäßigen Wohlstandes und scheinbaren Friedens der Ära Franz Josephs" (226) ziehen: Die „Schwaben" haben die Brücke „gepflegt, gereinigt, die Fundamente ausgebessert, die Wasserleitung herübergelegt, elektrisches Licht auf ihr angebracht, und dann haben sie sie eines Tages in die Luft gesprengt,

---

[24] Vgl. István Lőkös, Die Doppelmonarchie als Thema im Werk von Ivo Andrić, in: Thiergen (Hrsg.), Ivo Andrić, S. 79-89.

als sei sie ein Fels in den Bergen und kein Vermächtnis, keine Stiftung und keine Schönheit. Jetzt sieht man, wer sie sind und worauf sie ausgehen." (421)

Doch auch der nationale Gegenentwurf zur übernationalen Konzeption der fremden Herrschaft wird im Roman keineswegs nur positiv interpretiert. Damit nimmt Ivo Andrić in der slawischen Belletristik, die sich mit der Doppelmonarchie beschäftigt, eine Sonderstellung ein. Mit dem Kapitel 17 beginnt die Vorkriegsgeschichte und damit der Abgesang auf die k. u. k. Ordnung: „[Es] reiften die Früchte der neuen Zeiten heran. Es kam das Jahr 1908 und mit ihm eine große Beunruhigung und dumpfe Drohung, die seitdem nicht wieder aufhörten, die Stadt zu bedrücken." (284) Aber die Unruhe resultiert nicht nur aus der inneren Schwäche der Donaumonarchie und aus den internationalen Konflikten um die „orientalische Frage", die gerade in der Bosnischen Annexionskrise kulminieren. Sie entwickelt sich aus der Politisierung weiter Teile der bosnischen Bevölkerung. Serbische und muslimische, nationale und religiöse Vereine werden gegründet, Begriffe wie „Sozialismus", „Streik" und „Agrarfrage" machen die Runde, serbische Nationalisten werden verhaftet. In Višegrad reißen Gräben auf, es kommt erneut „zu Streit und Schlägereien wegen Verschiedenheit in den Auffassungen" (286). Der Autor beschreibt diese Entwicklung eher distanziert, obwohl er vor 1914 selbst zu den „neuen Menschen", den jungen Nationalisten gehört hatte, die er dreißig Jahre später mit einer Mischung aus Sympathie und Abstand charakterisierte:

„Geblendet vom Gefühl stolzer Kühnheit, mit dem das erste und unvollständige Wissen den jungen Menschen erfüllt, und begeistert von den Ideen vom Recht der Völker auf Freiheit und des Einzelmenschen auf Genuß und Würde, kamen diese Jünglinge aus den großen Städten, von den Gymnasien und Universitäten, auf denen sie lernten. Mit jeden Sommerferien brachten sie freidenkerische Auffassungen in gesellschaftlichen und religiösen Fragen und den Schwung des neubelebten Nationalismus mit, der in der letzten Zeit, besonders nach den serbischen Siegen in den Balkankriegen, zu einem allgemeinen Glauben und bei vielen Jugendlichen zum fanatischen Wunsch nach Taten und persönlicher Aufopferung angewachsen war. Die Kapija war ihr Haupttreffpunkt." (308)

Andrić selbst tritt im gewichtigen Kapitel 19, in dem sich die politisierenden Jugendlichen auf der Brücke treffen, mit einem doppelten Alter Ego auf, spaltet sich in zwei Personen, die seine ambivalente Haltung zum serbisch orientierten südslawischen Nationalismus verdeutlichen. Da ist einmal Janko Stikowitsch, serbischer Handwerkersohn aus Višegrad, Student in Graz, Lyriker, Agitator, Publizist in „jugoslawischen revolutionären Jugendzeitschriften", einer, der das große politische Wort führt und den Nationalstaat predigt, vom Charakter eitel und gewissenlos, selbstsüchtig, kalt gegenüber seiner Umwelt, unfähig zur Liebe zu anderen. Er steht für politischen Fanatismus ohne Mitte und Menschlichkeit. Und da ist die gute Seite des nationalen Idealismus, verkörpert in Toma Galus, Sohn eines österreichischen Beamten und einer Višegrader Serbin, Abiturient in Sarajevo, auch er Lyriker und „aktives Mitglied revolutionärer nationaler Schülerorganisationen". Aber anders als Stikowitsch verbindet er politische Leidenschaft mit Empathie und Toleranz gegenüber anderen, etwa seinem besten, muslimischen Freund. Ihn lässt Andrić leidenschaftlich und überzeugend von der jugoslawischen Idee reden, vom Triumph des neuzeitlichen Nationalismus der kleinen Nationen über konfessionelle Unterschiede und veraltete Vorurteile, von den Vorteilen und Schönheiten des „neuen Nationalstaates, der um Serbien wie um Piemont alle Südslawen auf der Grundlage völliger Gleichberechtigung der Stämme, religiöser Duldsamkeit und staatsbürgerlicher Gleichheit sammeln würde" (326).

Aus dem Abiturienten sprechen die Ideale des Autors. Allerdings waren sie zur Zeit der Niederschrift stark getrübt durch das Scheitern des jugoslawischen Königreichs, das zu sehr ein serbisches war und zu wenig die Eigenarten verschiedener ethnisch-kultureller Traditionen berücksichtigte, sowie durch die Gegenwart einer neuen, diesmal verbrecherischen Fremdherrschaft. Andrić kommentiert sie daher resignativ als „ewige Illusionen" und lässt ihnen durch Galus' muslimischen Freund widersprechen, der auf das ewige Prinzip des Unveränderlichen verweist. Hier zeigt sich eine pessimistische Geschichtssicht, und doch ist die implizite Hoffnung unverkennbar, dass man in einem neuen Anlauf die Fehler des übernationalen habsburgischen *und* des nationalen südslawischen, serbisch dominierten Vielvölkerstaats vermeiden werde.

Dass beide Konzepte untauglich sind, die Konflikte in der multikulturellen Region Bosnien durch eine ausgleichende Ordnung zu überbrücken, ist eine Kernaussage des Romans. Am Ende, im September 1914, wird die Brücke über die Drina nicht allein durch die österreichische Sprengladung, sondern auch durch serbischen Artilleriebeschuss zerrissen. Unausgesprochen enthält diese Schlüsselszene, geschrieben aus der Perspektive der Jahre des Zerfalls im Zweiten Weltkrieg, die Projektion eines besseren jugoslawischen Nationalstaats, der diesmal anders als in der Zwischenkriegszeit wahrhaftig „auf der Grundlage völliger Gleichberechtigung" aller ethnischen und religiösen Gruppen stehen sollte[25]. Diese stark chiffrierte Aussage verweist auf das spätere Engagement von Ivo Andrić für das zweite, das kommunistische Jugoslawien – das aber ebenfalls gravierende Webfehler und einen totalitären Unrechtscharakter hatte. Den Zusammenbruch auch des revidierten jugoslawischen Modells erlebte er nicht mehr.

## Gewalt und Hoffnung

Sie steht noch, die Brücke über die Drina, schön und fest wie eh und je. Nach den zwei Teilzerstörungen von 1914 und 1941 wurde sie in beiden jugoslawischen Staaten wiederhergestellt. Selbst den Bosnienkrieg überstand sie. Aber sonst ist nichts mehr so, wie es war. Das vielfältige Leben um die Brücke und auf der Brücke, das ihr Chronist Ivo Andrić beschrieb, ist in einer Orgie der Gewalt untergegangen. Nachdem die kleine jüdische Gemeinde bereits im Zweiten Weltkrieg vernichtet worden war[26], kam nach dem Kollaps des Sozialismus in Jugoslawien Tod und Verderben über die muslimische Bevölkerung von Višegrad[27]. Im April 1992 eroberte die Jugoslawische Volksarmee die ostbosnische Stadt

---

[25] Nach Artikel 1 der Verfassung von 1974 war Jugoslawien eine „Gemeinschaft von gleichberechtigten Nationen und Nationalitäten" mit sechs Republiken (Slowenien, Kroatien, Bosnien-Herzegowina, Serbien, Montenegro und Mazedonien).

[26] Zum Judenmord im kroatischen Ustascha-Staat, zu dem Bosnien gehörte, vgl. Ivo Goldstein, Judengenozid in dem unabhängigen Staat Kroatien, in: Mariana Hausleitner/Harald Roth (Hrsg.), Der Einfluss von Faschismus und Nationalsozialismus auf Minderheiten in Ostmittel- und Südosteuropa, München 2006, S. 317–331. Von den 14 500 bosnischen Juden überlebten vermutlich höchstens 4000, von den etwas über hundert Višegrader Juden nach einem Bericht des Center for Jewish Art der Hebrew University of Jerusalem von 1998 (http://cja.huji.ac.il/NL15/NL15-yugoslavia.html) offenbar nur ein einziger.

[27] Vgl. zu den Vorgängen in Višegrad: Abschlussbericht der UN-Expertenkommission „The policy of ethnic cleansing" (http://www.ess.uwe.ac.uk/comexpert/ANX/IV.htm); International Criminal Tribunal for the former Yugoslavia. Judgement Summary for Milan Lukić and Sredoje Lukić (http://www.icty.org/x/cases/milan_lukic_sredoje_lukic/tjug/en/090720_judg_summary_en.pdf). Vgl. auch

und überließ sie dann serbischen paramilitärischen Verbänden. Die Milizionäre errichteten eine Schreckensherrschaft und ermordeten, vergewaltigten und folterten Hunderte, vielleicht Tausende Muslime[28]. Die alte türkische Brücke, vor der sich Ivo Andrić und seine Bewunderer oft fotografieren ließen, wurde fast jeden Tag zum Schauplatz von Verbrechen. Die Mörder warfen ihre Opfer tot oder lebendig von der *Kapija* in die Drina. Die Bosniaken, die mit dem Leben davon kamen, flohen oder wurden vertrieben. Ihre Häuser beschlagnahmte man für serbische Flüchtlinge.

Als Ergebnis dieser schrecklichen „ethnischen Säuberung" ist Višegrad heute eine serbische Stadt, wie viele andere früher überwiegend muslimische Orte, etwa Srebrenica – und wie umgekehrt die ehemals multikulturelle Metropole Sarajevo nunmehr eine vor allem muslimische Großstadt ist. Die Bevölkerungsverschiebungen haben die Vielfalt und damit die Identität der bosnischen Geschichte zerstört. Von den 7413 Bosniaken, die nach der Volkszählung von 1991 neben 3512 Serben und 300 „Jugoslawen" in der Stadt wohnten, sind bisher nur einige Hunderte zurückgekehrt. Sie sind in diesem Teil der Republika Srpska Diskriminierungen ausgesetzt und müssen zwischen Kriegsverbrechern leben. Wer heute nach Višegrad kommt, trifft auf eine Brücke, die unverändert ein beeindruckendes Bauwerk ist. Als Symbol für die Verständigung zwischen Muslimen und Christen hat sie aber hier an der Drina ausgedient. Sie ist an diesem Ort eher ein trauriges Monument der Gewalttätigkeit, die mit einem Schlag das Jahrhunderte während, spannungsreiche, aber auch fruchtbare und familiär verschlungene Zusammenleben der bosnischen Ethnien beendet hat.

In seinem Roman „Die Brücke über die Drina" thematisiert und antizipiert Andrić die Gewalt als destruktive Kraft in der Geschichte und besonders im 20. Jahrhundert. Sie ist als individuelles und gesellschaftliches Problem stets latent vorhanden, kommt immer wieder zum Ausbruch und gefährdet andauernd die menschlichen Bemühungen, eine stabile politisch-soziale Ordnung des friedlichen Zusammenlebens zu finden[29]. Die vordergründig erschreckendste Gewaltszene des Romans ist die quälend ausführlich und in allen grausamen Details beschriebene Pfählung eines serbischen Saboteurs während des Brückenbaus im 16. Jahrhundert (Kapitel 3, 52–59). Doch die Episode ist doppelbödig. Einerseits wird der Martertod eines nationalen Märtyrers erzählt, andererseits aber sind nicht nur die Hinrichtung und ihre Grausamkeit – die ein keineswegs nur „orientalisches" Phänomen der Zeit war – destruktiv, sondern auch der serbische Bauer Radisaw und sein Versuch, die Brücke, dieses Symbol der Ordnung und Verbindung, durch Beschädigung der Baustelle zu verhindern, während die türkischen Henker den Bau sichern und vorantreiben wollen. Die berühmt-berüchtigte Pfählungsszene kann daher kaum als Argument für

---

Peter Maas, Die Sache mit dem Krieg. Bosnien von 1992 bis Dayton, Berlin 1997, S. 21–28. Zum Bosnienkrieg von 1992 bis 1995: Marie-Janine Calic, Krieg und Frieden in Bosnien-Hercegovina, Frankfurt a. M. 1996. Zu den Verbrechen in den Kriegen im ehemaligen Jugoslawien: Norman M. Naimark, Flammender Haß. Ethnische Säuberung im 20. Jahrhundert, Frankfurt a. M. 2008, S. 175–229. – Die Kriegsverbrechen vom Frühjahr 1992 sind ein zentrales Thema im zweiten Višegrad-Roman, der zum internationalen Erfolg wurde: Saša Stanišić, Wie der Soldat das Grammofon repariert, München 2006.

[28] Das Research and Documentation Center Sarajevo gibt die Zahl der in Višegrad getöteten und vermissten Soldaten mit 575, der Zivilisten mit 1185 an, davon 90% Muslime und 9,77% Serben (Stand: 2008).

[29] Vgl. auch Gerhard Ressel, Individuum und Gesellschaft im Romanwerk von Ivo Andrić, in: Thiergen (Hrsg.), Andrić, S. 115–130.

die pessimistische Geschichtssicht des Autors dienen. Sie führt zwar drastisch vor Augen, was Menschen Menschen antun können, wirkt aber, so wie Andrić sie erzählt, wie eine unerhörte, aber sehr ferne, fast schon exotisch anmutende Begebenheit.

Die geschichtsmächtige Destruktivkraft der Gewalt, die dem heutigen Leser so nah und vertraut ist, wird erst am Ende des Romans zum alles bestimmenden Thema. Die letzten drei Kapitel (22–24) schildern die Ereignisse von der Ermordung des habsburgischen Thronfolgers am 28. Juni 1914 bis zur Teilsprengung der Brücke im September 1914. Es geht um Flucht und Vertreibung, um Tod, Verfolgung und Zerstörung, um den Zusammenbruch der Ordnung und des Friedens. Die Nachricht vom Attentat in Sarajevo schlägt wie aus heiterem Himmel in den Kolo-Tanz einer serbischen Sankt-Veits-Kirmes ein und ändert sofort alles. „Auf der Kapija herrschte statt der feiertäglichen Stimmung und Lebhaftigkeit müßiger Menschen tödliche Stille." (375) Auch der Erzählduktus verdunkelt sich, es häufen sich Worte wie „Gefahr", „Drohung" und „Tod". Aber weder möchte Andrić lediglich das Kolorit eines regionalen, vorübergehenden Gewaltgeschehens erzeugen, noch bedient er die Klischees über „Balkangewalt"[30]. Seine Erzählung erhebt sich vielmehr zum Generellen, Gleichnishaften. Mit der Gewalt zu Kriegsbeginn 1914 in Višegrad beschreibt der Autor das destruktive Kontinuum der Geschichte und zugleich die zeitgeschichtliche Allgegenwart der Gewalt, wie er sie von der „Urkatastrophe des 20. Jahrhunderts" bis in die Niederungen des Zweiten Weltkriegs erfahren hatte und wie wir sie heute als Signum der Epoche lesen:

„Und dann brach, an einem der letzten Julitage, hier an der Grenze jenes Ungewitter los, das sich mit der Zeit auf die ganze Welt ausbreiten und so vielen Ländern und Städten, und damit auch dieser Brücke über die Drina, zum Verhängnis werden sollte. Die richtige Hetze gegen die Serben und alle, die mit ihnen in Verbindung standen, begann erst jetzt. Die Menschen zerfielen in Verfolgte und Verfolger. Jenes hungrige Tier, das im Menschen lebt und sich nicht zeigen darf, solange nicht die Dämme der guten Sitten und der Gesetze entfernt werden, war jetzt befreit. Nun war das Zeichen gegeben, die Dämme weggeräumt. Wie oft in der menschlichen Geschichte waren Gewalt und Raub, ja auch Mord, stillschweigend zugelassen, unter der Bedingung, daß sie im Namen höherer Interessen, unter festgelegten Losungen und gegen eine begrenzte Zahl von Menschen eines bestimmten Namens und einer bestimmten Überzeugung verübt wurden. Wer damals mit reiner Seele und offenen Augen lebte, der konnte sehen, wie sich eine ganze Gesellschaft in einem Tage verwandelte. Verschwunden war in wenigen Augenblicken diese Stadt, die auf einer jahrhundertealten Tradition aufgebaut war, wenn es auch in ihr immer heimliche Haßgefühle, Eifersüchteleien, religiöse Unduldsamkeiten, gewisse, von der Gewohnheit geheiligte Grobheiten und Grausamkeiten, aber daneben auch Menschlichkeit und das Gefühl für Ordnung und Maß gegeben hatte, Gefühle, die alle diese bösen Triebe und rohen Gewohnheiten in erträglichen Grenzen gehalten, sie letzten Endes versöhnt und den allgemeinen Interessen des gemeinsamen Lebens untergeordnet hatten." (378)

Dieser Abschnitt ist zweifellos ein Schlüssel zum Verständnis des Romans sowie zum Welt- und Geschichtsbild des Autors. Selbstverständlich ist dabei der Entstehungskontext – die Kriege, Konflikte und Verbrechen der frühen 1940er Jahre – stets mitzudenken. Darüber hinaus hält auch „Die Brücke über die Drina", wie fast alle großen Werke der Weltliteratur, in ihrem universellen Gehalt nahezu jeder und besonders unserer Gegenwart

---

[30] Vgl. zu diesem alten und hartnäckig sich haltenden Vorurteil Mazower, Balkan, S. 225–238.

den Spiegel vor. Die Gewaltgeschichte einer extrem ideologisierten, von zahllosen über-regionalen, mehr und mehr globalen Konfliktlagen geprägten Epoche ist längst nicht am Ende. In seinem Roman verdeutlicht Andrić, dass alle Menschen von ihr betroffen sind, indem er jeden „nationalen" Standpunkt überwindet und nicht nur die Verfolgung der Serben, sondern auch die Not der beiden anderen größeren Bevölkerungsgruppen von Višegrad, der Muslime und der Juden, schildert. Der Krieg nivelliert, macht alle zu Opfern und Flüchtlingen, so dass sie trotz der „Scheidung und Zersplitterung [...] mehr oder weniger das gleiche Leben" leben (389).

Unter ihnen ist der Muslim Mujaga Mutapdschitsch, der die Konstante von Flucht und Vertreibung in der neuesten Geschichte repräsentiert. Er gehörte als Kind zu den „Tür-ken", die in den 1860er Jahren Serbien verlassen mussten und in das damals noch osmani-sche Bosnien übersiedelten. Dann floh seine Familie 1878 vor der österreichisch-ungari-schen Herrschaft in den türkischen Sandschak von Novi Pazar. Als dann 1912 auch diese Provinz verloren ging, wurde er das dritte Mal zum Flüchtling und ging erneut nach Bos-nien, nach Višegrad. Und nun, im Sommer 1914, nach dem ganzen schweren Flüchtlings- und Heimatlosenschicksal seiner ganzen Familie, war „ein solcher Sturm hereingebrochen, gegen den er nicht ankonnte und nichts vermochte" (394). Das ist die Ohnmacht des Ein-zelnen in Zeiten von Krieg und „ethnischen Säuberungen": „Ich habe geglaubt, daß we-nigstens ich hier sterben würde, wo noch der Gebetsruf vom Minarett erschallt, aber nach allem scheint es mir, daß uns geschrieben steht, unser Same solle ausgerottet und unsere Grabstätte unbekannt sein." (395)

Zum Flüchtling wird auch die galizische Jüdin Lottika, deren Schicksal besonderes Ge-wicht erhält, gerade auch vor dem Hintergrund des zur Zeit der Romanniederschrift Süd-osteuropa erfassenden Holocaust. Lottika ist die neben Alihodscha originellste und mar-kanteste Gestalt des Romans. Sie führt mit souveräner Autorität ein beliebtes Gasthaus und wird dadurch zu einem gesellschaftlichen Mittelpunkt der Stadt. In der stillen Kam-mer aber verzehrt sie sich in Sorge und Fürsorge um ihre weit verstreute und große Ver-wandtschaft, für die sie spart, rechnet und plant. Als der Krieg sie und ihre Familie aus dem zerbombten Hotel vertreibt, bricht die stolze und tatkräftige Frau zusammen. Mit einem Schlag ist Lottika eine „alte und hilflose Jüdin, die nicht einmal für sich selbst zu sorgen vermochte" (403). In wahnhaften Visionen voll Angst und Verzweiflung erscheinen ihr „Kanonen und Gewehre und eine andere, neue Art von Menschen mit blutunterlaufe-nen Augen, mit denen es kein Verhandeln, keine Abmachungen und keine Verständigung gab. [...] diese Leute schwärmten zu Tausenden, zu Millionen; sie erschossen, erschlugen und erwürgten alles der Reihe nach, sie vernichteten ohne Mitleid und Vernunft. Einer von ihnen beugte sich über sie, sein Gesicht sah sie nicht, aber sie fühlte, wie er ihr die Spitze des Bajonetts gerade in die Magengrube setzte, dort, wo sich die Rippen teilen und der Mensch am empfindlichsten ist." (405)

Auch dem sterbenden Alihodscha gibt der Autor visionäre letzte Gedanken, die den Roman beschließen: „Wer weiß, vielleicht werden diese Unmenschen, die mit ihrem Tun alles ordnen, putzen, ändern und zurechtmachen, um es sofort danach zu verschlingen und zu zerstören, sich über die ganze Erde verbreiten, vielleicht werden sie aus der ganzen weiten Welt ein wüstes Feld für ihr sinnloses Bauen und henkerisches Vernichten machen, eine Weide für ihren unersättlichen Hunger und ihre unfaßbaren Gelüste? Alles kann sein, eines aber kann nicht sein: es kann nicht sein, daß die großen, mitfühlenden Men-schen ganz und für immer verschwinden, die nach Gottes Gebot dauerhafte Bauwerke er-richten, auf daß die Erde schöner sei und der Mensch auf ihr leichter und besser lebe.

Würden sie verschwinden, dann hieße dies, daß Gottes Liebe auf Erden ausgelöscht und verschwunden sei. Das kann nicht sein." (422)

So endet der Roman tief beunruhigt und beunruhigend, zugleich aber nicht ohne Hoffnung auf eine gute und maßvolle Ordnung, die durch die Schönheit und das Ebenmaß der beständigen Brücke über die Drina symbolisiert wird. Mit den „Unmenschen" meint Alihodscha die „Schwaben", die nach seiner Überzeugung eine falsche Ordnung gebracht haben, und es ist offensichtlich, an wen der Autor im deutsch besetzten Belgrad des Zweiten Weltkriegs dachte. Doch über diese konkreten Bezüge hinaus wird wieder viel mehr angesprochen: die selbstverschuldete Gefährdung der Menschheit und Menschlichkeit in der Moderne, durch Technokratie und Fanatismus, durch die Dialektik von Fortschritt und Selbstzerstörung, von Ordnung und Gewalt. Diese Zivilisationskritik macht den Roman „Die Brücke über die Drina" und andere Werke von Ivo Andrić so modern und aktuell.

Und auch ihr jugoslawischer Standort ist vermutlich weniger zeitgebunden und anachronistisch, als es auf den ersten Blick erscheint – trotz der Verwandtschaft von Andrić mit den Autoren eines anderen untergegangenen, des habsburgischen Vielvölkerstaats, deren Werke teilweise nur noch wie ein ferner Nachklang wirken. Die jugoslawische Idee, der Andrić als ihr bedeutendster Schriftsteller anhing, scheiterte in ihrer totalitären Ausprägung zu Recht. Doch die verspätete Nationalstaatsbildung in Südosteuropa wirkt inzwischen ebenfalls anachronistisch. Sie wird, so bleibt zu hoffen, in absehbarer Zeit vom europäischen Einigungsprozess und der Aufhebung der Grenzen überholt werden. Vielleicht wird man sich dann wieder stärker an den „Brückenbauer" Ivo Andrić erinnern, an den Mittler zwischen den südslawischen Ethnien und Religionsgruppen, deren Zerfall in einzelne Staaten und deren gegenseitige Ausgrenzung er ebenso engagiert ablehnte, wie er als Dichter generell für eine humane, tolerante und gewaltfreie, Verschiedenheiten verbindende und Vielfalt integrierende Gesellschaft eintrat. Die Hoffnung auf eine Wiederherstellung der Brücke bleibt immer und jeder durch Krieg und Gewalt zerstörten oder traumatisierten Gemeinschaft.

*Hermann Graml*

# Ein unfreiwilliger Helfer der Entnazifizierung Deutschlands

## Ernst von Salomon und sein „Fragebogen" (1951)

Können Bücher die Erzeuger und die Geburtshelfer geistiger und politischer Prozesse sein? Können sie solche Prozesse zumindest beschleunigen oder auch bremsen? George Macaulay Trevelyan, Sohn und Großneffe bedeutender englischer Historiker und selber ein dieser Tradition würdiger Gelehrter, hat in seinem 1950 erschienenen Sammelband „Clio, a Muse and other Essays" eine klare Antwort gegeben. Die „Confessiones" von Augustin sieht er als den Beginn der christlichen Kirche des Mittelalters, die Schriften von Jean Jacques Rousseau als den Anstoß zur Französischen Revolution und die Tagebücher wie die Predigten des Quäkers John Woolman – Held einer der Aufsätze – als Fanale des am Ende erfolgreichen Kampfes gegen die Sklaverei. Nun, wer die Ansicht nicht abwegig findet, dass der Gedanke der Tat vorangeht wie der Blitz dem Donner, wird Trevelyans Urteil, auch mit dem Blick auf Karl Marx, eine gewisse Berechtigung zuerkennen, obwohl er neben Augustin, Rousseau, Woolman, Karl Marx oder Sigmund Freud noch andere Personen und Kräfte am Werk sehen muss. Mit ähnlich vorsichtigem Vorbehalt – und auf einer weniger erhabenen Ebene – kann auch der Forscher, der sich mit der deutschen Geschichte im 20. Jahrhundert beschäftigt, Bücher entdecken, die den Gang der Dinge beeinflusst haben. Zu ihnen gehört „Der Fragebogen", ein Buch, das Ernst von Salomon 1951 im Rowohlt Verlag in Hamburg veröffentlicht hat und dem sogleich ein sensationeller Erfolg beschieden war.

Der Autor nahm sich den Fragebogen vor, den die Besatzungsmächte nach dem Ende des Zweiten Weltkriegs zur Grundlage der Entnazifizierungsprozedur in Deutschland gemacht hatten, und suggerierte seinen Lesern, durch eine genaue und oft ausführliche Beantwortung der 131 Fragen, die sich die Alliierten ausgedacht hatten, bringe er es fertig, ein ebenso breites wie wirklichkeitsgetreues Bild der deutschen Geschicke in Weimarer Republik und NS-Staat zu malen. Dass Ernst von Salomon für seine Person antwortet, gibt dem Buch den Charakter einer Autobiographie; der Verfasser spiegelt vor, Selbsterlebtes zu erzählen, was sowohl seiner Darstellung wie seiner Deutung der Epoche eine besondere Art von Authentizität verleihen soll. Obwohl aber Ernst von Salomon in der Ich-Form berichtet, obwohl die Personen, die er auftreten lässt, allesamt tatsächlich gelebt haben und obwohl er Fakten und Realitäten benützt, handelt es sich nicht um ein autobiographisches Werk, sondern um einen mit großem Geschick geflochtenen Kranz raffiniert pointierter und stilisierter Anekdoten, die sich gelegentlich zu kleinen Novellen erweitern. Salomon selbst dürfte die Fragebogen-Beantwortung als originelles literarisches Mittel verstanden haben, den großen Roman des deutschen Schicksals zu schreiben.

Ernst von Salomon war 1951 kein Unbekannter. Am 25. September 1902 als Spross einer Offiziers- und Beamtenfamilie geboren – der Vater leitete zuletzt die Kriminalpolizei in Frankfurt am Main –, hatte er von 1913 bis 1918 die Kadettenanstalt in Karlsruhe und die Hauptkadettenanstalt in Berlin-Lichterfelde durchlaufen. Anfang 1919 in ein Freikorps eingetreten, das in Berlin Aufstände von Spartakisten niederschlug, ging er im April 1919 ins Baltikum, wo er in der sogenannten „Eisernen Division" gegen Bolschewiki und dann Letten focht. Nach Deutschland zurückgekehrt, nahm er mit der „Eisernen Schar" des Hauptmanns Berthold am Kapp-Putsch teil und kämpfte 1921 in Oberschlesien gegen polnische Aufständische. Noch vor den Gefechten in Oberschlesien war er in die aus der Marinebrigade Ehrhardt hervorgegangene „Organisation Consul" geraten, die eine eigenartige Erscheinung darstellte: teils Geheimdienst der Reichswehr, teils rechtsradikale Terroristengruppe. Als Mann der OC war er an der Ermordung Walther Rathenaus beteiligt und saß dafür von 1922 bis 1927 im Zuchthaus.

Wieder in Freiheit, trat etwas zutage, das, noch nicht recht entwickelt, ihn schon immer von den meisten seiner Gesinnungsgenossen in den Freikorps und in der OC unterschieden hatte: ein nicht selten hochfahrend bekannter intellektueller Anspruch. Da er nun außerdem entdeckte, dass er über journalistische und schriftstellerische Fähigkeiten verfügte, schloss er sich den nationalrevolutionären Zirkeln um Friedrich Hielscher und Ernst Jünger an und unternahm es, den Geist und die Mentalität der Freikorps wie auch der nationalistischen Terroristen publizistisch zu begründen, zu rechtfertigen und den Deutschen als ewig gültig einzureden: eine als preußisch deklarierte Absage an Liberalismus und Demokratie, andererseits Glorifizierung kriegerischer Haltung, eines romantischen Nationalismus. Die literarische Überhöhung seiner Erlebnisse und Erfahrungen, die ihm in damals – heute weniger – sehr lesbaren, ja fesselnden Büchern wie „Die Geächteten" und „Die Kadetten" durchaus gelang, verschaffte ihm eine nicht unbedeutende Leserschaft im nationalen Bürgertum. Neben Ernst Jünger wurde er zwischen 1930 und 1933 zum sichtbarsten Repräsentanten jener Kreise von Rechtsintellektuellen, die sich als Apostel einer „Konservativen Revolution" verstanden. Obwohl die genannten Bücher im Dritten Reich gefördert wurden, sein Name mithin nach 1933 keineswegs in Vergessenheit geriet, hat Ernst von Salomon, der – wenn auch aus den falschen Gründen – den Nationalsozialismus verwarf, es doch vorgezogen, die NS-Herrschaft als Autor von Drehbüchern zu Filmen wie „Kautschuk" und „Sensationsprozeß Casilla" zu überstehen.

Als er nun 1950, nachdem er auf Grund eines Irrtums einige Zeit in einem amerikanischen Internierungslager gesessen hatte, den „Fragebogen" schrieb, setzte er das 1929/30 mit den „Geächteten" begonnene Werk nahezu bruchlos fort. Zunächst wäscht er seine eigene Vergangenheit, seine terroristische Vergangenheit, rein, indem er einerseits aus den Jahren der Putsche und Attentate nahezu ausschließlich komische Geschichten erzählt, andererseits seine elende Existenz im Zuchthaus in kräftigen Farben ausmalt; selbst der Bericht über die versuchte Ermordung eines Verräters an der Sache der OC ist ein einziges Werben um Verständnis und Absolution. Doch ist die persönliche Reinigung nicht simple individuelle Apologie, sie dient zugleich der politischen Freisprechung jener Verbände, denen Ernst von Salomon angehört hatte. Dass sich die Freikorps im Kampf gegen innere und äußere Feinde der Weimarer Republik auch Verdienste erworben haben, ist nicht zu bestreiten. Im „Fragebogen" ist aber nur über die Verdienste zu lesen, während alles Fragwürdige und alles für die deutsche Entwicklung Gefährliche dieser für die wirre Situation nach 1918 so charakteristischen Erscheinung unerwähnt bleibt; die Verbindung der OC zur Reichswehr wird auf geradezu groteske Weise übertreibend dargestellt und sogar dem Kapp-Putsch bescheinigt, seine Initiatoren und Exekutoren hätten dem Staat – wenn auch nicht gerade dem von Weimar – dienen wollen. Gewiss war Ernst von Salomon viel zu gescheit, um auch noch die Ermordung Rathenaus rechtfertigen zu wollen. Er spricht von „Mord", von „Verbrechen", löst aber dann die Selbstbezichtigung, wie schon gesagt, doch in komische Geschichten auf; auch präsentiert er die Attentäter als charakterlich anständig und als von jugendlichem Überschwang hingerissene Überzeugungstäter – so wie später manche „Linke" die Terroristen der RAF verstanden wissen wollten. Im Übrigen schleicht er, der im Dritten Reich mit einer Frau jüdischer Herkunft zusammenlebte und sie zu schützen wusste, um die Frage nach seinem früheren Antisemitismus herum, wie die Katze um den heißen Brei; er verleugnet ihn nicht, will aber nicht von ihm motiviert gewesen sein.

Jedoch galt der Ehrgeiz des Autors einer Apologetik von noch ganz anderer Dimension. Es ging ihm tatsächlich darum, das politische Gewissen der Deutschen von jeglicher Last zu befreien, die moralische Katastrophe, die ja nicht nur die Mitglieder von SA und SS, sondern die ganze Nation erlitten hatte, lediglich für einige nationalsozialistische Spitzenleute gelten zu lassen und damit den deutschen Nationalismus trotz der militärischen und politischen Niederlage am Leben zu halten. Gleich wichtig war ihm die Rolle des Warners vor den Irrlehren des Liberalismus und der Demokratie, vor westlicher Überfremdung und vor dem nach der geistigen Kapitulation unvermeidlichen Absinken Deutschlands auf den Status einer Kolonie der Besatzungsmächte.

Um derart hochgesteckte Ziele zu erreichen, bediente sich Ernst von Salomon im „Fragebogen" etlicher Kniffe, die zeigen, dass er sein Handwerk als Drehbuchautor mittlerweile verstand. So charakterisiert er die Entnazifizierung als einen nicht für die Deutschen, sondern für die Entnazifizierer schändlichen Vorgang. Das „Gesetz zur Befreiung von Nationalsozialismus und Militarismus" nennt er ohne Umschweife „politisch dumm, menschlich infam und juristisch unmöglich", und dass er sein Buch als Beantwortung der 131 Fragen des alliierten Dokuments aufzäumte, ist gewiss als literarisches Mittel zu verstehen, zugleich aber und mehr noch als Versuch, den Fragebogen lächerlich zu machen und die ganze Prozedur der Entnazifizierung ad absurdum zu führen: eine zwar etwas grobe, doch gleichwohl nicht ungeschickte Spekulation auf die Sehnsucht seiner Landsleute nach der Restaurierung ihres so böse lädierten Selbstbewusstseins.

Wichtiger ist aber ein zweiter Trick. Amerikanische Soldaten und den einen oder anderen SS-Offizier ausgenommen, kommt im „Fragebogen" kein unsympathischer Mensch vor. Ob Freunde, Bekannte, Zufallsbekanntschaften, ob Kapitän Ehrhardt, der Staatssekretär Otto Meißner, SA-Obergruppenführer von Heydebreck oder Hartmut Plaas, Mittäter beim Rathenau-Mord und im Dritten Reich Oberregierungsrat in Görings Luftforschungsamt, einer Abhörstelle, ob Filmschauspieler, Hitlers Fotograf Heinrich Hoffmann oder Eva Braun – sie alle stattet der Autor mit überwiegend sympathischen Zügen aus; ein Strahl der Sonne des Wohlwollens streift sogar Joseph Goebbels. Da Ernst von Salomon die überaus reichhaltige Menagerie mit Witz, freundlicher Ironie und gelegentlich auch Humor präsentiert, wird das Buch, von der Interessantheit abgesehen, in nicht wenigen Abschnitten zu einer vergnüglichen Lektüre. Schluck für Schluck wird dem Leser ein Saft eingeflößt, der den Verstand lähmen und durch das Gefühl ersetzen soll, dass so angenehme und erfreuliche Menschen unmöglich schuldhaft gehandelt haben können. Im „Fragebogen" gibt es keine Schuldigen, und durch die Abwesenheit von schuldigen Deutschen wird jedwede deutsche Schuld weggezaubert. Wie mit dem Stab eines Magiers gibt der Autor dem Deutschland zwischen 1933 und 1945 das Aussehen einer fast normalen Landschaft. Ernst von Salomon hat einem Jagdflieger nahegestanden, dem mit dem Ritterkreuz ausgezeichneten und am 29. Mai 1944 gefallenen Karl-Wolfgang Redlich. In seinem Buch singt er dem Freund ein Preislied, das gewiss anrührt. Doch ist auch hier der Magier am Werke. Da der Autor in diesem tapferen, wackeren, integren, patriotischen Offizier die Streitkräfte des Dritten Reiches personifiziert, wird nicht nur die Wehrmacht, sondern zugleich der Krieg, den sie führte – obwohl er nicht Salomons Krieg war, wie er beteuert –, ebenfalls gleichsam entnazifiziert und normalisiert.

Zur Beschwichtigung des Gewissens der Deutschen setzte der Autor im Übrigen auch ungeniert die Erinnerung an Leiden und Demütigungen ein, welche die im Triumph gleichsam zu Nazis gewordenen Sieger, so konstatiert er, den Angehörigen der geschlagenen Nation zufügten. Dass in den Kriegs- und in den ersten Nachkriegsjahren nicht nur die Soldaten der Wehrmacht, sondern auch die deutschen Zivilisten, von Ureltern bis zum Säugling, schwere Zeiten zu durchleben hatten, so durch den Luftkrieg der westlichen Alliierten, durch die Schandtaten der Roten Armee und durch die vor allem nach Kriegsende quälenden materiellen Nöte, ist gewiss wahr; ebenso wahr ist, dass an den Deutschen Verbrechen verübt wurden, zum Beispiel mit der Vertreibung. Jedoch spielen die Bombenangriffe, auch wenn sie natürlich vorkommen, im „Fragebogen" nur eine Nebenrolle, und selbst Folgen des Krieges wie die Vertreibung stehen lediglich am Rande. Ernst von Salomon, der schließlich selber schon Zivilisten nicht verschont hatte, nämlich 1919 im Baltikum, arbeitete vielmehr mit der Erinnerung an persönliche Demütigung. Dafür ein kleines Beispiel.

Nachdem die Amerikaner den Chiemgau besetzt hatten, wo er damals, im Frühjahr 1945, lebte, musste er sich, viel unterwegs, ab und an bei amerikanischen Posten ausweisen, in seinem Fall mit dem Wehrpass. Sicherlich geschah das nicht an „jeder Straßenecke", wie er in typisch Salomonscher Übertreibung behauptete, aber manchmal wohl doch. Er schreibt: „Ich griff schon ganz mechanisch nach meinem Wehrpaß, wenn ich irgendwo eine amerikanische Uniform erblickte. Dicht bei meinem Haus, an der Straßenkreuzung, die ich passieren mußte, um in den Ort zu gelangen, hatten sich in einem Zelte amerikanische Posten niedergelassen, die mich, da ich mehrmals am Tage vorüberkam, schon kennen mußten, sich aber unerschütterlich jedes Mal den Wehrpaß vorweisen ließen. So griff ich denn mechanisch in die Brusttasche, als ich eines Tages als Posten einen Mann erblickte, der sich neben dem Postenzelt auf einen Schemel gesetzt hatte und, den Blick auf ein dickes, an einem Zaun lehnendes Mädchen geheftet, gemächlich ein Lied jener Gattung pfiff, welche die Amerikaner ‚longhaired' nannten. Dieser Mann in seiner prall sitzenden amerikanischen Uniform fiel mir auf, weil er am linken Unterarm nicht weniger als drei Armbanduhren trug, indes auf seinem Rockkragen eine ganze Reihe von kleinen goldenen, mit bunten Steinen verzierten Broschen, wie sie hierzulande die Bäuerinnen und Mägde tragen, angebracht war. Als ich mich näherte, winkte der Mann, nur kurz den Blick von dem Mädchen lösend, mich mit einer Kopfbewegung zu sich heran, ergriff meinen Wehrpaß, blätterte sichtlich gelangweilt einige Sekunden in ihm herum, riß dann mit einer langsamen und genußreichen Bewegung das Dokument zweimal durch und warf die Fetzen in den Straßengraben, ohne sein langhaariges Lied auch nur einen Augenblick zu unterbrechen … Ich ging meiner Wege, … begab mich nach Hause und suchte fortan jede Berührung mit einem Amerikaner tunlichst zu vermeiden."

Die Anspielung auf das Schicksal jener Bäuerinnen und Mägde, denen die „kleinen goldenen, mit bunten Steinen verzierten Broschen" abgenommen worden waren, ist deutlich genug. Nun habe ich, 1951 von etlichen Partien des „Fragebogen" durchaus beeindruckt, schon damals die hübsche Szene mit dem amerikanischen Posten sehr skeptisch gelesen. Ich habe im Frühjahr und Frühsommer 1945 mit nicht wenigen amerikanischen Soldaten zu tun gehabt, nicht zuletzt mit Posten, die Gefangenenlager bewachten, und ich muss sagen, dass ich in der Tat so manchen gesehen habe, der Uhren trug, die er nicht gekauft hatte, andererseits aber niemals welche, die ihre Uniform mit Beweisen eines „Minnesolds" verunziert hätten, wie ihn Schiller am Ende von „Wallensteins Lager" in seinem „Reiterlied" erwähnt hat. Und was speziell Posten angeht: Als ich mit einem Freund das Gefangenenlager eigenmächtig verlassen wollte und nach einem sehr lange scheinenden, mühseligen Weg am Ende doch noch von G.I.s erwischt wurde – für welchen Fall ältere und vorsichtigere Kameraden ein trauriges Ende in französischen oder russischen Bergwerken prophezeit hatten –, ist nichts Schlimmeres passiert, als dass die amerikanischen Soldaten uns beiden die Läufe ihrer Gewehre in den Rücken stießen und dazu knurrten: „Come on, stupid bastard, back with you – and mak snell!‘“

Doch ist der Modus operandi, den Ernst von Salomon hier anwandte, noch das am wenigsten Kritikwürdige. Die für den Betroffenen gefahrlose Willkürhandlung eines einzigen amerikanischen Soldaten, gewiss alles andere als gentlemanlike, wenn sie denn so oder ähnlich tatsächlich geschehen sein sollte, sieht er – oder gibt er vor zu sehen – als ausreichenden Grund, die Beziehungen, um es übertreibend zu sagen, zu sämtlichen Bewohnern der Vereinigten Staaten abzubrechen. Einmal abgesehen von dem billigen Anti-Amerikanismus, den er auch an vielen anderen Stellen des Buches zu schüren bestrebt ist, liegt ihm selbst offensichtlich die Frage völlig fern – oder will er sie von seinen Lesern fernhalten? –, wie denn bei und nach Kriegsende Juden, Polen, Dänen, Norweger, Holländer, Belgier, Franzosen, die Völkerschaften der Sowjetunion, Serben, Griechen und seit September 1943 auch Italiener mit den Deutschen hätten umgehen müssen, wären ihnen jene Maßstäbe der Vergeltung eigen gewesen, die Ernst von Salomon anzulegen beliebte. Das von Ulrich von Hassell in seinem Tagebuch mit vollem Verständnis erwähnte „Meer von Haß“, das Vernichtungskrieg und Besatzungsherrschaft in den von Deutschland angegriffenen Ländern hatten entstehen lassen, wird ignoriert, was nur zu begreifen ist, wenn der Autor des „Fragebogen“ gewissermaßen ein Recht auf solche Ignorierung unterstellt. Ernst von Salomon war ein belesener Mann, zu dessen Lektüre nicht nur Lenin gehörte oder Nietzsche, sondern gewiss auch irgendwann die Bibel. Ein Gleichnis hat er jedoch aus seinem Gedächtnis eskamotiert. Er schweigt über den dicken Balken in seinem und im deutschen Auge, während er dem Splitterchen im sozusagen amerikanischen Auge eine geradezu liebevolle Beschreibung widmet.

Persönlicher und nationaler Egoismus kennzeichnet auch die Schilderung seiner fünfzehn Monate in amerikanischer Internierung. Nun wird man ihm hier ein gewisses Recht auf Not und Schmerz beschwörende Worte zubilligen müssen. Der Entzug von Freiheit und die Auslieferung an nicht immer zimperliche oder korrekte Bewacher ist stets eine unerfreuliche Erfahrung. Im Falle Ernst von Salomons kam hinzu, dass er ohne rechten Grund festgenommen worden war. Die Beteiligung an der Ermordung Rathenaus war mit fünf Jahren Zuchthaus längst gebüßt, und im Dritten Reich hatte sich der Drehbuchautor ja nichts zuschulden kommen lassen. Und vielleicht wäre es ein unbilliges Verlangen, wollte man von Ernst von Salomon erwarten, eine gewisse Sühne als gerecht zu akzeptieren, da er zwischen 1927 und 1933 immerhin zahllose Artikel und ein paar Bücher geschrieben hatte, die zum Untergang der Weimarer Republik und zu deren Ablösung durch die NS-Herrschaft doch einen – wenn auch nur winzigen – Beitrag geleistet hatten. Im Rahmen seiner Kampagne gegen die juristische – nicht zuletzt strafrechtliche – Abwicklung des Dritten Reiches aber sprach er den Internierungslagern jegliche Legitimität und Legalität ab; in seiner Darstellung erscheinen sie als Produkte schierer Siegerwillkür, als himmelschreiendes Unrecht, das mithin nicht nur ihm, sondern allen seinen Leidensgenossen angetan wurde, und Leiden, die gänzlich unverdient erlebt werden, schmerzen ja besonders. Auch Jahre nach einer derartigen Erfahrung glaubte Ernst von Salomon moralisch richtig zu handeln, wenn er nicht mit einer Silbe sagt, dass die fünfzehn Monate im Internierungslager zwar sicherlich eine unangenehme Episode in seinem Leben gewesen seien, dass aber natürlich ehemalige Konzentrationslagerhäftlinge – unstreitig unschuldig – noch ganz andere Geschichten erzählen können, von den Überlebenden der Vernichtungslager ganz zu schweigen.

Doch hat der Bericht über die Internierung noch eine andere Seite. Die Internierungslager waren im Grunde Anstalten zur Verwahrung von Untersuchungshäftlingen. Aus ihnen kamen die Angeklagten, von denen mehr als zehntausend wegen Kriegsverbrechen der verschiedensten Art verurteilt wurden, eine erkleckliche Anzahl zum Tode, und ein großer Teil der Todesurteile ist auch vollstreckt worden. So ist, nebenbei gesagt, die oft zu hörende Behauptung zu relativieren, die Nazis und vor allem die aktivsten Nazis seien zumeist ungeschoren davongekommen, zumal in der genannten Zahl die oft dubiosen Prozesse nicht enthalten sind, die in der Sowjetunion, in der SBZ und danach in der DDR stattgefunden haben. Es ist also schwerlich zu bestreiten, dass sich auch in dem Lager, in dem Ernst von Salomon fünfzehn Monate zubringen musste, nicht wenige Insassen befunden haben müssen, die Klumpen von Dreck am Stecken hatten. Was aber tut der Autor? Er verfährt nach bereits mehrmals angewandtem Rezept und zeichnet nahezu ausschließlich Leidensgenossen, die, von kleinen menschlichen Schwächen abgesehen, ehrenwert sind und anständig. Wie in der OC, wie im Kreis der Nationalrevolutionäre, wie im Dritten Reich, so gibt es auch in seinem Internierungslager nur sympathische Menschen. Unversehens verwandeln sich so viele, viele Angehörige der NS-Elite in unschuldige Opfer politischer Verfolgung. Auch wenn man einräumt, dass das formalistische und oft etwas tollpatschige Vorgehen des amerikanischen CIC manchen in die Lager brachte, der dort wirklich nicht hingehörte, so ist das Bild, das Ernst von Salomon seinen Lesern vorsetzt, faktisch falsch, moralisch anstößig und politisch dreist.

Am deutlichsten – und im Rückblick am peinlichsten – ist die solchermaßen praktizierte Taschenspielerei im Falle des SA-Obergruppenführers Hanns Elard Ludin. Im sogenannten Ulmer Reichswehrprozess (September/Oktober 1930) war der damalige Leutnant Ludin, der an der verbotenen Bildung nationalsozialistischer Zellen in der Reichswehr mitgewirkt hatte, zu achtzehn Monaten Festungshaft verurteilt worden. Nach acht Monaten begnadigt, jedoch aus der Reichswehr entlassen, trat er in NSDAP und SA ein, wurde 1932 Reichstagsabgeordneter und nach dem 30. Januar 1933 Führer der SA-Gruppe Südwest in Stuttgart. Ins Auswärtige Amt übernommen, fungierte er ab Januar 1941 als Gesandter des Dritten Reiches in Pressburg (Bratislava), der Hauptstadt des deutschen Satellitenstaates Slowakei. Nach Kriegsende kam er in amerikanische Haft und zunächst in jenes Internierungslager, in das auch Ernst von Salomon eingeliefert worden war. Die beiden, im Alter nur zweieinhalb Jahre auseinander, lernten sich kennen, fanden Gefallen aneinander und schlossen Freundschaft. Nach allem, was wir von Hanns Ludin wissen, war es gewiss nicht schwer, sich mit ihm anzufreunden, noch dazu in der gegebenen Situation. Auch ist zu verstehen, dass der junge Offizier patriotisch zu handeln glaubte, als er Nationalsozialist wurde. Aber das Porträt, das Ernst von Salomon von seinem Freund entwarf, zeigt nicht einen Mann, der auch gute und sympathische Eigenschaften besitzt, vielmehr einen Ritter ohne Furcht und Tadel, eine edle Natur, der jede Schlechtigkeit, ob menschlich, ob politisch, fremd sein muss, und wenn er schildert, dass Ludin 1947 an die Tschechoslowakei ausgeliefert und am 9. Dezember jenes Jahres in Pressburg hingerichtet wurde, meint man den jugendlichen Giselher, den Bruder des Burgunderkönigs Gunther, zu sehen, wie er in Etzels Halle als unschuldiger Genoss des grimmen Hagen von barbarischen Hunnen gemordet wird. Vielleicht wäre am Beispiel Hanns Ludins zu erklären gewesen, wie und warum sich eine anfänglich idealistische Natur in Schuld verstricken kann.

Doch stellt uns Ernst von Salomon nicht eine tragische Figur vor Augen, sondern einen Unschuldigen. Wieder und wieder apostrophiert Ernst von Salomon den Freund als „letzten Gesandten des Reiches" in der Slowakei, womit er von der SA-Vergangenheit Ludins abzulenken und dem Leser zu suggerieren sucht, dass der Repräsentant eines vom NS-Regime streng zu scheidenden Deutschen Reiches das Opfer brutaler Siegerwillkür wurde. Aber selbst wenn man darauf verzichtet, nach dem SA-Obergruppenführer Ludin zu fragen, etwa nach seiner Rolle in der „Reichskristallnacht", wird man Ernst von Salomons These, es habe ein von den nationalsozialistischen Untaten nicht zu befleckendes Deutsches Reich gegeben, als eine – doch wohl bewusste – Vernebelung der historischen Wahrheit charakterisieren müssen. Der SA-Obergruppenführer, der 1941 nach Pressburg kam, war der Vertreter des NS-Regimes, und in dieser Eigenschaft hat er denn auch – wenngleich offenbar ohne Eifer – 1942 und 1944 an der Deportation slowakischer Juden in Vernichtungslager mitgewirkt, also am schändlichsten Verbrechen der uns bekannten Geschichte.

Wie gut man in den Jahren der NS-Herrschaft leben konnte, hat Ernst von Salomon, ein nicht schlecht bezahlter Drehbuchautor, am eigenen Beispiel demonstriert. Voller Behagen nachkostend, schildert er ausführlich die genossenen Tafelfreuden, und die Urlaube auf Sylt dienten offensichtlich auch nicht nur der Meditation. Dem Trinkfreudigen mangelte es nicht an geistigen Getränken, er hatte Freude an seinem Auto, und seine Gefährtin besaß achtzig Kleider. Auch das unterhält den Leser, der sozusagen, da der Autor ja kein übler Schriftsteller ist, mitgenießen kann. Die eingestreuten Anekdoten amüsieren ebenfalls, so die Geschichte von den fröhlich schmausenden und zechenden Rheinländern: „Herr Wunderlich hatte in der Breitestraße hinter dem Kaiserlichen Marstall ein winziges Lokal, die ‚Schloß-Klause'. Herr Wunderlich hatte im Großen Kriege im Ersten Garde-Regiment zu Fuß gedient; das ehemalige Offizierskorps dieses Regiments ermöglichte es ihm, den Kaiserlichen Weinkeller aufzukaufen. Die Offiziere … aßen bei Wunderlich, Geheimrat Planck aß da … und der Stadtkommandant von Berlin, General Schaumburg. Frau Wunderlich kochte und Herr Wunderlich beriet mit den Gästen die Getränke … Einmal entdeckten rheinische Geschäftsleute das Lokal. Sie aßen reichlich und lärmend. Rheinländer haben die Gewohnheit, immer alle miteinander gleichzeitig zu sprechen. Sie sprachen alle miteinander gleichzeitig den Speisen und Getränken zu … Die Rheinländer entwickelten ihren bekannten Humor. Einer bestellte ‚eine Runde' Kognak, ‚aber vom besten'. Herr Wunderlich eilte, die Herren kippten ‚den Schnaps' und sprachen weiter, alle miteinander gleichzeitig. Als sie die Rechnung sahen, sprachen sie nicht mehr. ‚Das muß ein Irrtum sein', sagte endlich der Herr, der die Runde bestellt hatte. Herr Wunderlich sagte still: ‚Sie sagten vom Besten!' und wies die Flasche vor. Napoleon hatte sie persönlich der Königin Luise geschenkt …"

So wird auf folgenden Satz vorbereitet: „Ich bekenne, daß ich kein einziges Mal an die vielen Zeitgenossen dachte, die zur gleichen Zeit in den Konzentrationslagern saßen, so wenig, wie die, die nun dort saßen, an mich dachten, als ich im Zuchthaus saß." Dies als Freimut zu verstehen, wäre falsch. Warum hätte zwischen 1922 und 1927 irgendjemand, außer Angehörigen und Freunden, an einen Häftling Ernst von Salomon denken sollen, der wegen Beihilfe zum Mord mit Fug und Recht im Zuchthaus saß? Die ohne Gerichtsverfahren und unbefristet eingelieferten Häftlinge in den Konzentrationslagern hingegen waren, von den sogenannten Berufsverbrechern abgesehen, nicht wegen krimineller Delikte eingesperrt, und ihre Haft war ein Politikum, das alle Deutschen anging. Ernst von Salomon war ein intelligenter Mann. Selbst wenn er 1951 noch geglaubt hat, was seine

Kommentare zum Attentat auf Rathenau wahrscheinlich machen, dass er seinerzeit ein politischer Häftling war, so wusste er doch fraglos, dass er zwei grundverschiedene Dinge über einen Kamm schor. Daher ist die Absicht seiner Bemerkung nicht zu verkennen. Er suggeriert den Lesern: Wenn ich kein schlechtes Gewissen hatte, damals, so braucht ihr alle auch keins zu haben.

Indes setzte der Autor des „Fragebogen" auch das schwerere Geschütz der historischen Analyse oder Betrachtung ein. Dass all die guten und sympathischen Menschen, die er schildert, der Republik von Weimar den Rücken gekehrt, dass sich nicht wenige zumindest zeitweise NSDAP und SA angeschlossen haben, muss ja erklärt werden. Als probates Mittel erschien ihm offensichtlich die Diskreditierung des Weimarer Staates, doch ist zu spüren, dass seine Angriffe auf Weimar auch von tiefster Überzeugung beflügelt waren. Der antiliberale und antidemokratische Preuße, als der er sich verstand, konnte in der Weimarer Republik nur ein Gebilde ohne Legitimität sehen. Zwar vermeidet er den Ausdruck „Herrschaft der Minderwertigen", den der ihm geistesverwandte Edgar Jung 1927 als Titel eines Buches verwendet hatte, das sogleich zu einem der großen Manifeste der „Konservativen Revolution" werden sollte; Jung hatte übrigens Verbindung zur OC gehabt. Aber wenn Ernst von Salomon weniger drastisch sagt, die Republik von Weimar sei „staatsfremd" gewesen, meint er genau das, was Jung erkannt zu haben glaubte. Er kann Weimar nur als ein Geschöpf von Niederlage und roter Revolution begreifen, durch welche Ereignisse in Deutschland die verachteten politischen Werte und Prinzipien der angelsächsischen Mächte und Frankreichs über deutsches Wesen triumphiert hätten. Kampf gegen einen Zustand, in dem der Demos, also die Masse, also der Pöbel herrschte, in dem nicht ernannt, sondern gewählt wurde, sei doch, in seinen Augen und im Lauf der Jahre eben auch in den Augen einer Mehrheit der Deutschen, so sagt er, nationale Pflicht gewesen. Der Marasmus des Reichstags und der Länderparlamente, verursacht vom schrankenlosen und das Staatswohl missachtenden Egoismus der vielen – noch dazu viel zu vielen – Parteien, habe ausgetilgt werden müssen.

Es versteht sich, dass ihn solche Grundanschauung dazu führte, dem Vertrag von Versailles eine geradezu entscheidende Einwirkung auf die deutschen Geschicke zuzusprechen. Das taten und tun mit Einschränkungen noch heute viele, darunter auch Historiker. Aber Ernst von Salomon verband die grundsätzliche Verwerfung der Weimarer Republik mit der überhöhenden Einschätzung von Versailles zu einer Interpretation der Jahre zwischen 1919 und 1933, in der die Abwendung der Deutschen von ihrer ersten Demokratie und ihre Schwenkung nach rechts als vom Versailler Vertrag determiniert erscheinen; wiederum gelangt der Autor zu einer den historischen Sachverhalt verfälschenden Exkulpierung der Nation und schiebt die Schuld am 30. Januar 1933 den westlichen Alliierten zu.

Von den territorialen Bestimmungen der Pariser Friedensregelung abgesehen, fand Ernst von Salomon vor allem die Reparationen fluchwürdig, die Deutschland auferlegt worden waren. Schon für die Krisen, von denen die deutsche Wirtschaft in den zwanziger und dreißiger Jahren heimgesucht wurde, glaubte er allein die Reparationen verantwortlich machen zu dürfen. Nun waren die 1921 festgelegten Reparationsansprüche der Alliierten in der Tat aberwitzig hoch. Sie hingen wie eine dunkle Wolke über Wirtschaft und Währung des Deutschen Reiches, und als der Zentrumspolitiker Joseph Wirth im Mai 1921 Reichskanzler wurde und dann die sogenannte Erfüllungspolitik einleitete, also erstmals Geld zu fließen begann, erhielt die Reichsmark, weil die Reichsregierung nicht vorgesorgt hatte, tatsächlich einen Stoß. Doch war die Währung damals ohnehin schon schwer angeschlagen, aber nicht der Reparationen wegen, sondern auf Grund der Tatsache, dass deutsche Regierungen bereits den Krieg – und zwar in Erwartung der nach einem deutschen Sieg von den Westmächten zu fordernden Reparationen – durch Geldvermehrung finanziert hatten und auch nach 1918 etliche Probleme mit Hilfe der Druckerpresse lösten; als auf diese Weise dann auch noch der passive Widerstand gegen die französisch-belgische Besetzung des Ruhrgebiets bezahlt wurde, kam es zur Hyperinflation des Jahres 1923. Sonst waren die Reparationen jedoch im Grunde kaum eine Belastung der deutschen Wirtschaft, sondern vornehmlich des Reichshaushalts, außerdem eine Frage des internationalen Zahlungsverkehrs. Wirtschaftliche Schäden richteten die Reparationen immer dann an, wenn die jeweilige Reichsregierung entweder nicht zahlte, wie zwischen 1919 und 1921 beziehungsweise von 1923 bis 1925, und damit den Eindruck mangelnder Kreditwürdigkeit erweckte, oder wenn sie mit den falschen Methoden die Abschüttelung der Reparationsverpflichtung erzwingen wollte, wie von 1930 bis 1932 in den Jahren der Präsidialkabinette Brüning und Papen. Ernst von Salomon hat sich indes von Realitäten 1950 so wenig beirren lassen wie damals, obschon er nun einen weit besseren Beobachtungsposten hatte als seinerzeit der nationalrevolutionäre Schriftsteller.

Selbst die sogenannte Landvolkbewegung, in der schleswig-holsteinische Bauern in den späten zwanziger und frühen dreißiger Jahren gegen ihre wirtschaftlichen Nöte und gegen die Steuerpolitik des Staates protestierten, dabei schließlich auch Bombenanschläge auf Landrats- und Finanzämter verübten, ordnete er in seine simple Sicht der Dinge ein. Ernst von Salomon hat die Landvolkbewegung gut gekannt. Er, sein Bruder Bruno und einige ihrer Gesinnungsfreunde hatten sich für die Bauern als journalistische Helfer engagiert und mit nur mäßigem Erfolg versucht, aus dem bäuerlichen Protest eine Waffe gegen die Weimarer Republik zu schmieden. Mag er damals geglaubt haben, die Schwierigkeiten der schleswig-holsteinischen Viehwirtschaft würden von den Reparationen verursacht und seien mithin unmittelbare Folgen antideutscher Politik der Westmächte, so muss er es doch besser gewusst haben, als er den „Fragebogen" schrieb. Fünf Jahre nach dem Ende des Zweiten Weltkriegs muss er gewusst haben, dass die Krise der Landwirtschaft in Deutschland Teil einer weltweiten wirtschaftlichen Erschütterung war, die auch die Vereinigten Staaten, ein Land, das nicht einen Dollar Entschädigung an irgendeinen anderen Staat zahlte, an den Rand des wirtschaftlichen Zusammenbruchs brachte. Der Begriff „Weltwirtschaftskrise" war schließlich schon längst gefunden.

Vor allem aber nennt er die Reparationen das politische Mittel, mit dem Briten und Franzosen die Deutschen zu knechten gesucht und auch tatsächlich geknechtet hätten. Es ist gewiss nicht zu verkennen, dass Frankreich, wenngleich an Geld zum Wiederaufbau durchaus interessiert, die Reparationen politisch instrumentalisieren, das heißt mit ihrer Hilfe Deutschland in einer gewissen Abhängigkeit halten und die deutschen Regierungen vor allem an der Finanzierung von Rüstungsausgaben hindern wollte. Daher mussten die Pariser Kabinette zu allen Regelungen der Reparationen, die Deutschland die Last erleichterten, von England und den USA gezwungen werden, 1932 zur Beendigung der deutschen Zahlungen. Gleichwohl hat es mit den damaligen Realitäten nichts mehr zu tun, wenn Ernst von Salomon schreibt, die Reparationen hätten die materielle und ideologische Herrschaft des Westens über und in Deutschland begründet; die Erfüllungspolitik habe Deutschland dem Westen ausgeliefert. Mit dieser Behauptung schmuggelte er sogar – auch wenn er das nicht aussprach – eine Rechtfertigung seiner terroristischen Vergangenheit in den „Fragebogen" ein. Wenn die Erfüllungspolitiker das Reich an den Westen auslieferten, diese Frage legte er nahe, musste man sie dann nicht bekämpfen? Selbst mit Gewalt? Was er dem Leser nicht sagte, ist die simple Tatsache, dass Deutschland in der zweiten und eigentlichen Phase der Erfüllungspolitik, die von 1924 bis 1930 die Basis der Außenpolitik Gustav Stresemanns war, nicht etwa an Souveränität, Selbstbestimmung und internationalem Prestige verloren hat, vielmehr in den Kreis der europäischen Mächte zurückgekehrt ist und dort Stück um Stück an Rechten zurückgewonnen hat; Symbol dieser positiven Entwicklung war der 1926 erfolgte Beitritt Deutschlands zum Völkerbund, und zwar gleich mit ständigem Ratssitz. Die Westmächte fanden sich sogar damit ab, dass Stresemann die auf gemeinsamer Polenfeindschaft beruhende Spezialbeziehung zwischen Weimarer Republik und Sowjetunion – zu der auch eine enge Zusammenarbeit zwischen Reichswehr und Roter Armee gehörte – fortsetzte, obwohl das damals dem neuen Verhältnis zu London, Paris und Washington glatt widersprach. Vor 1933 hat Ernst von Salomon die Außenpolitik Stresemanns mit Selbstverständlichkeit als deutsche Kapitulation, geistig wie politisch, vor dem Westen wahrgenommen. Dass er aber fünfundzwanzig Jahre danach, im „Fragebogen", die Politik eines nationalliberalen Außenministers immer noch ohne jedes Verständnis behandelte, beweist einmal die Starrheit seiner geistigen und politischen Grundanschauung, seine Weigerung, Lehren aus der Geschichte zu ziehen, beweist aber auch seine Entschlossenheit, die durch Niederlage, Besetzung und Entnazifizierung verstörten Deutschen zu einer nationalistischen Haltung zurückzuführen.

Wie kam nun ein so konsequenter Feind Weimars zu einer mit tiefer Verachtung verbundenen Ablehnung Hitlers, des Nationalsozialismus, des NS-Regimes? Dass er die Nationalsozialisten ebenso als Gegner sah wie die Repräsentanten und Anhänger der Republik von Weimar, kann nicht bezweifelt werden. Als er in den Jahren nach Hitlers Machtübernahme zum Film kam, war das anfänglich Zufällen zu verdanken. Dass er aber beim Film, den er im „Fragebogen" als „neutrales Ausland" bezeichnet, auch geblieben ist, obwohl ihm bei seiner Vergangenheit fraglos Karrieremöglichkeiten offengestanden hätten, lag nicht nur an seiner Neigung zum Wohlleben und an der Entdeckung seiner Qualitäten als Drehbuchautor. Es war schon auch – und vielleicht in noch stärkerem Maße – ein bewusster Akt der Distanzierung. Im „Fragebogen" sind Passagen, in denen er sich mit Abscheu über Hitler äußert oder „Nazis" und nationalsozialistische Politik kritisiert, so zahlreich und so offensichtlich aufrichtig, dass jenes Urteil erlaubt ist. Bei der Schilderung der „Reichskristallnacht" sind Betroffenheit und Scham deutlich zu spüren. Allerdings kann es Ernst von Salomon selbst bei dem Abschnitt über dieses Ereignis nicht lassen, eine recht zweideutige Bemerkung zu machen: Man dürfe nicht vergessen, zitiert er sich selbst, „daß viel mehr noch als den Juden uns geschieht". Wir können einen solchen Satz wohlwollend interpretieren und dem Autor die Meinung zuschreiben, mit der verbrecherischen Aktion hätten die Täter ihren eigenen Charakter beschädigt und zugleich dem Wesen ihrer Nation Schaden zugefügt, außerdem Vergeltung heraufbeschworen. Man kann aber auch die Absicht herauslesen, die Schuldgefühle der Deutschen zu mindern. Wie auch immer: Nach dem, was den Juden schon im November 1938 und erst recht in den folgenden Jahren geschah, ist eine solche Stilisierung der Verfolger oder jedenfalls der passiv beobachtenden Deutschen mehr als eine grobe Verfehlung gegen den „sicheren Takt des Urteils", wie Clausewitz das genannt hat.

Bei näherem Hinsehen ist die Frage, warum Ernst von Salomon einen anderen Weg gegangen ist als sein OC-Genosse Manfred von Killinger, der zum SA-Obergruppenführer und Gesandten in Bukarest aufstieg, leicht zu beantworten. Der Autor des „Fragebogen" stellte sich gegen Hitler und die NS-Bewegung aus eben den Gründen, die ihn zum Feind der Weimarer Republik gemacht hatten. In seinen Augen stand auch der Nationalsozialismus in der Tradition von 1789 und war ein Phänomen der verhassten Demokratie. Die Massenbewegung, von den Prinzipien und Bewegungsgesetzen der Französischen Revolution geleitet, habe sich dann auch zwangsläufig einen totalitären Staat geschaffen, der seinem Ideal, wie er meinte, nämlich einem hierarchisch gegliederten autoritären Staat nach der Art des alten Preußen, genau entgegengesetzt gewesen sei. Hitler hielt er für ein Geschöpf der Demokratie. Er sagte ohne Umschweife, Hitlers Ansichten und Methoden seien „maßlos vergröbert die Methoden und Gedankengänge letztlich der liberalen Demokratie" gewesen. In den Absätzen, in denen er sich so grundsätzlich äußerte, hat Ernst von Salomon also noch 1951 unbeirrt für Staatsauffassung und Geschichtsbild der „Konservativen Revolution" geworben, wie sie sich beim nationalrevolutionären Schriftsteller der zwanziger Jahre, im Grunde schon beim Kadetten, gebildet hatten. Dass der Nationalsozialismus eine Perversion gewesen sein könnte, entweder der demokratischen Entwicklung oder des romantischen Nationalismus, den er selber predigte, oder von beider Vermischung, kam ihm nicht in den Sinn, und eine Erklärung des nationalsozialistischen Rassismus hat er geflissentlich vermieden, da er dabei nicht um eine Auseinandersetzung mit dem Holocaust herumgekommen wäre.

Kann nun der Erfolg des „Fragebogen" mit Ernst von Salomons konservativ-revolutionärer Botschaft erklärt werden, mit seiner ostentativen Verachtung von Liberalismus, Parteien, Demokratie? Sicher nicht. Das Buch traf nicht mehr auf die Deutschen der zwanziger und dreißiger Jahre. Die im Dritten Reich gemachten Erfahrungen hatten die Nation gelehrt, dass der Rechtsstaat ein kostbares Gut ist und dass ihn eine totalitäre oder auch autoritäre Herrschaft weder schützen will noch schützen kann. Die militärische, politische und moralische Katastrophe eines von biologistisch-rassistischen Ideologemen bestimmten Systems hatte zudem eine ausgeprägte Ideologiemüdigkeit hinterlassen. Seit zwei Jahren funktionierte die parlamentarische Demokratie in Bonn – nach vorhergehender Einübung in den Bundesländern – offensichtlich recht gut. Unter der festen Leitung eines Patriarchen wirkten Regierung wie Bundestag effizient, und wenn die zweite deutsche Republik noch keine tieferen Wurzeln hatte, verhieß sie doch auch für die absehbare Zukunft Ordnung und Stabilität; dass sich die Wirtschaft in einem zunehmend stärker werdenden Aufwind befand, stützte und sicherte den politischen Erfolg. Unter diesen Umständen hatten Propheten, die von einer am rechten – oder auch linken – Rand der Gesellschaft aufgebauten Kanzel predigten und dabei noch dazu Texte aus der fiebrigen Endzeit der Weimarer Republik zugrunde legten, keine Chance.

Dass der „Fragebogen" ein Bestseller wurde, hatte andere Gründe. Zunächst muss, wie schon mehrmals, konstatiert werden, dass es Ernst von Salomon gelungen war, ein unterhaltsames Buch zu schreiben. Das Porträt seines Verlegers Ernst Rowohlt zum Beispiel, bei dem ihm Zuneigung, Bewunderung und ein wenig Bosheit den Zeichenstift führten, ist gewiss flacher als etwa das Bild Rathenaus in Robert Musils „Mann ohne Eigenschaften", aber überaus amüsant. Dass der Autor außerdem die Geschichte der jüngsten Vergangenheit, ob Weimarer Republik, ob Drittes Reich, gleichsam in fast lustige kleine UfA-Filme aufgelöst hatte, die er publikumswirksam inszenierte, trug ebenfalls zum Erfolg bei. Nach Jahren durchweg ernster Gewissenserforschung, geistiger und politischer, wie sie in der Presse, im Rundfunk und vor allem in den zahlreichen Zeitschriften geübt worden war, zeigten sich viele Deutsche für einen leichteren Umgang mit dem gerade Erlebten sehr empfänglich. Nicht zuletzt wirkte auch die Interessantheit, die bunte Fülle der auftretenden Personen, von Ernst Jünger über Eva Braun bis zu Willi Forst und Martha Dodd, der Tochter des amerikanischen Botschafters in Berlin.

Noch größeres Vergnügen weckte aber die Verhöhnung der Entnazifizierung. 1951 war eine beträchtliche Mehrheit der Bevölkerung zu der Ansicht gelangt, dass die von Anfang an nicht geschätzte und als kollektive wie individuelle Demütigung empfundene Entnazifizierung auch noch ihre ursprüngliche Absicht völlig verfehlt habe, nämlich die zutreffende Feststellung und die gerechte Ahndung des jeweils gegebenen Maßes der Verstrickung ins NS-Regime. Auch wenn diese Ansicht nicht richtig war, jedenfalls nicht als totale Verdammung, so war sie doch verständlich. Konzipiert und begonnen in der historischen Situation von 1945, hatte sich die Entnazifizierung dem politischen Prozess angepasst, der von der deutschen Niederlage weg- und zur deutschen Partnerschaft mit den ehemaligen westlichen Gegnern hinführte. Der Prozess selbst war unvermeidlich, ebenso sein Effekt auf die Entnazifizierung; die Zwänge – oder von Deutschland aus gesehen die Chancen – des Kalten Krieges haben lediglich beschleunigend gewirkt. Anders und einfach gesagt: Wenn jemand mit geringer oder rein formaler Belastung 1946 vor der Spruchkammer stand, hatte er oft ein härteres Urteil zu gewärtigen als ein nationalsozialistischer Aktivist, dessen Verfahren erst einige Zeit danach anlief.

Lutz Niethammer hat die Entnazifizierung als „Mitläuferfabrik" charakterisiert. Das ist zu hart und blendet vor allem die politische Wirkung der Prozedur aus, die in der Kriminalisierung des Nationalsozialismus und von Stützen des Dritten Reiches wie NSDAP, SA und SS bestand, enthält aber eben doch ein großes Korn Wahrheit. Allerdings freuten sich die Leser Ernst von Salomons über seine Verspottung der Entnazifizierung weniger deshalb, weil sie die Erfindung der Besatzungsmächte als verfehlt ansahen. Der Spott half vielmehr, die erlittene Demütigung leichter zu nehmen und die Kriminalisierung von Organisationen zu ertragen, denen schließlich Millionen angehört hatten. Dass der Autor in diesem Zusammenhang wie auch in anderen Zusammenhängen seinem Anti-Amerikanismus die Zügel schießen ließ, hat dem Buch ebenfalls nicht geschadet. Zwar ging in jenen Jahren eine gewaltige Welle der kulturellen Amerikanisierung über das Land, und das politische Verhältnis zwischen dem Protektor gegen das sowjetische Imperium und den Beschützten sah mehr und mehr wie Freundschaft aus. Aber das alte Vorurteil, die Amerikaner seien geschichtslos, kulturlos und ungehobelte Gesellen, war im deutschen Bürgertum noch weit verbreitet, und so traf der Anti-Amerikanismus Salomonscher Observanz vielfach auf Zustimmung, zumal es nicht wenige, gefangen in ihrem Vorurteil, übelgenommen hatten – und noch immer übelnahmen –, dass solche Banausen, ja Barbaren sich anmaßten, das Volk Goethes belehren und sogar gerichtlich aburteilen zu wollen. Auf der gleichen Ebene lagen die Spekulationen Ernst von Salomons auf das Selbstmitleid der Deutschen, das sich, nachdem einige Jahre seit dem Schock der Niederlage vergangen waren, allmählich wieder kräftiger zu regen wagte und sozusagen freudig nach einer Rechtfertigung griff, wie sie im „Fragebogen" wieder und wieder geliefert wurde.

Dies alles trug in der Tat dazu bei, vielen Lesern des Buches ihr politisches Gewissen zu erleichtern. Wer damals die munteren und auf den Grundton freudigen Beifalls gestimmten Diskussionen über den „Fragebogen" erlebt hat, wird in seiner Erinnerung die starke Wirkung der Salomonschen Beruhigungstropfen bestätigt finden. Dass auch die „historische Analyse" salvierenden Charakter hatte, das heißt, dass der Weimarer Republik die Legitimität abgesprochen, daraus die Zwangsläufigkeit des Endes der ersten deutschen Republik entwickelt und so individuelles Verhalten als hilflos in einem unaufhaltsamen geschichtlichen Prozess dargestellt wurde, verschaffte dann den zahllosen Genießern des „Fragebogen" tatsächlich ein nahezu gutes Gewissen. Ein solcher Effekt ist nicht positiv zu werten, doch seine Folge war noch übler. Hunderttausende hatten nach Einnahme der Salomonschen Medizin das Gefühl, jeder weiteren und tieferen Auseinandersetzung mit der jüngsten Vergangenheit enthoben zu sein. Glücklicherweise – glücklicherweise für die Liberalisierung und Demokratisierung der Bundesrepublik Deutschland – empfand und handelte eine Mehrheit der Bevölkerung und erst recht eine Mehrheit der politischen Klasse – gerade in den später so oft verlästerten fünfziger Jahren – ganz anders. Zu der Zeit, da der „Fragebogen" erschien, hatten führende Parteipolitiker, von CSU bis SPD, und Spitzenbeamte der jungen Bundesregierung wie der Ministerien in den Ländern bereits ein den Salomonschen Intentionen genau entgegengesetztes Projekt auf die Startbahn gerollt: das Institut für Zeitgeschichte in München.

Immerhin hätte es Ernst von Salomon mit der Narkotisierung so vieler Gewissen beinahe fertiggebracht, sein eigentliches Ziel zu erreichen: einen Beitrag zur Rehabilitierung und Restaurierung des deutschen Nationalismus zu leisten. Er dürfte einen solchen Erfolg der Tricks und Kniffe seines literarischen Unternehmens erwartet haben, schien ihm doch die Gemütslage zumindest eines großen Teils der Deutschen günstig zu sein. Wohl hatte die jahrelange Überstrapazierung des Nationalismus – durch Hitler, durch sein Regime, durch seinen Krieg – dem zuvor selbstverständlichen Nationalgefühl – in nicht wenigen Fällen zur Vergötzung der Nation gesteigert – schweren Abbruch getan. Nach 1945 kam hinzu, dass die vorher schon bruchstückhaft gegebene Kenntnis der nationalsozialistischen Verbrechen in recht kurzer Zeit zu einem festen Bestandteil des kollektiven Bewusstseins wurde; die von Presse und Rundfunk verbreiteten Bilder, Berichte und Gerichtsbefunde waren zu genau und zu detailliert, um nicht überzeugend zu wirken und – ausgenommen von ganz verbohrten Anhängern der NS-Herrschaft – auch akzeptiert zu werden. Das konnte dem zum Nationalismus gehörenden Stolz auf die eigene Nation nicht zuträglich sein. Doch waren nach wie vor Millionen Deutsche, vor allem der vor 1927 geborenen, versucht, in der Nation einen möglichen Wert zur politischen Orientierung zu sehen, oft nolens volens, da sie noch keinen anderen entdeckt hatten. Gewiss zählte die Europa-Bewegung bald eine Menge Anhänger, aber viele davon folgten europäischen Parolen, weil sie hier einen Weg aus der internationalen Isolierung der Deutschen vermuteten. Es gab also Unsicherheit und unklare geistige wie politische Befindlichkeiten, die Ernst von Salomon mit einem „Fragebogen" in die von ihm gewollte Richtung zu lenken hoffte.

Doch ist die Geschichte politischer Ideen und ihrer Propheten voller Paradoxien. Wer den „Fragebogen" genoss und sein politisches Gewissen einlullen ließ, übernahm zugleich, ob er das wollte oder nicht, ob er das überhaupt merkte oder nicht, Salomons Verdammung Hitlers und der NS-Bewegung; dass das im „Fragebogen" gefällte Urteil fragwürdig begründet war, ist dabei kaum zur Kenntnis genommen worden, hatte jedenfalls kaum Einfluss auf den Vorgang der bewirkten oder beschleunigten Abwendung vom Nationalsozialismus. Auch diese Beobachtung wird von der Erinnerung an die damaligen Diskussionen bestätigt. Nun war aber der Nationalsozialismus – wiewohl biologistischer Rassismus – so unentwirrbar an den deutschen Nationalismus gebunden, dass man sich von Ersterem nicht lösen konnte, ohne auch ein Stück des Letzteren preiszugeben. Solcher Mechanik entging nur, wer, wie Ernst von Salomon selber, das komplette Credo der „konservativen Revolution" vertrat. Leser des „Fragebogen", die mit Salomon derart eng geistesverwandt waren, gab es aber allenfalls einige hundert. Wer dem Autor des „Fragebogen" willig folgte, gerade weil er die von Salomon ausgesprochene Absolution der Deutschen gierig aufgenommen hatte, wurde dann doch daran gehindert, einfach beim deutschnationalen Geist alten Stils zu bleiben oder zu ihm zurückzukehren.

Überredungskünste aufbietend, die der Rhetorik des Demosthenes nicht viel nachstanden, hatte Ernst von Salomon sein eigentliches Ziel also gleichwohl verfehlt. Statt zu einer Renaissance des Nationalismus beizutragen, wirkte er wider seinen Willen an dessen Schwächung mit. Statt gegen den liberalen Parlamentarismus der Bundesrepublik, der ihm nicht weniger zuwider war als das Weimarer System, einen Schlag zu führen, stärkte er durch die unfreiwillige Beschädigung des Nationalismus – ein klein wenig – die demokratische Entwicklung im westlichen Teil Deutschlands. Und so sehr er die von den Alliierten verordnete Entnazifizierung verachtete und der Lächerlichkeit preiszugeben suchte, so steuerte er ein bescheidenes Scherflein zu einer tiefer reichenden Entnazifizierung der Deutschen bei; wie hätte es ihn gewurmt, wäre ihm all dies klar geworden. Es ging ihm wie so manchem Attentäter, der mit seinem Mord ein politisches Regime erschüttern will, jedoch das gerade Gegenteil erreicht. Es gibt, so kann man sagen, eine Parallele zu dem Ernst von Salomon und seinen Freunden, die 1922 mit der Ermordung Walther Rathenaus die Weimarer Republik treffen wollten, sie aber mit ihrer Tat vorübergehend stabilisierten. In ihren feinen Schlingen hat die List der Vernunft auch den Autor des „Fragebogen" gefangen.

*Udo Wengst*
# Ein Zerrbild der jungen Bonner Demokratie

## Wolfgang Koeppens Roman „Das Treibhaus" (1953)

Bis heute ist das Urteil über die Ära Adenauer ambivalent. Obwohl in den jüngeren zeitgeschichtlichen Darstellungen die Anfänge der Bundesrepublik in helleren Farben gezeichnet werden, die damals begonnene Geschichte als „Erfolgsgeschichte"[1] bzw. als eine „geglückte Demokratie"[2] bezeichnet wird, werden im öffentlichen Diskurs vermeintliche Fehlentwicklungen der damaligen Zeit thematisiert. Dies hat sich insbesondere in zahlreichen Publikationen der letzten Jahre über „1968" gezeigt, in denen die seit den 1960er Jahren verbreitete These von der ausgebliebenen „Vergangenheitsbewältigung" in den 1950er Jahren erneut vorgebracht wurde. Als Beispiel für diese Sichtweise kann bereits auf Alexander und Margarete Mitscherlich verwiesen werden, die 1967 das Buch „Die Unfähigkeit zu trauern" veröffentlichten. Hierin unterstellten sie, dass das Verhalten der Deutschen zum Nationalsozialismus von „unbewusst wirksam gewordenen Verleugnungen bestimmt" gewesen und deshalb die „Epoche des Dritten Reiches" angeblich „nur unzulänglich kritisch durchdrungen" worden sei[3]. Hieraus ist ein allgemeiner „Restaurationsvorwurf" abgeleitet worden, der lange Jahre auch von vielen Zeithistorikern vertreten worden ist, jetzt aber kaum noch als angemessene Beschreibung der damaligen Zustände anerkannt wird. Gleichwohl geben die Entwicklungen der frühen 1950er Jahre in der Bundesrepublik auch in der Zeitgeschichtsschreibung noch zu kontroverser Betrachtung Anlass, wobei der Streit weniger heftig ist als in den vergangenen Jahrzehnten bzw. unter den damaligen Zeitgenossen selbst.

Die Anfangsjahre der Bundesrepublik waren durch eine eindeutige politische Lagerbildung gekennzeichnet. Im Unterschied zur Besatzungszeit, in der die westlichen Länder in aller Regel durch Große Koalitionen oder Allparteienregierungen regiert wurden, haben Konrad Adenauer und Kurt Schumacher durchgesetzt, dass nach den ersten Bundestagswahlen eine Bundesregierung unter Führung der Union gebildet wurde bzw. die SPD eine klare Oppositionsrolle übernahm. Bundesregierung und Opposition vertraten in zentralen Punkten gegensätzliche Positionen. Erstere betrieb die Einführung der sozialen Marktwirtschaft, Letztere verfolgte das Konzept der Planwirtschaft, Erstere setzte ganz entschieden auf eine zügige Integrationspolitik in das westliche Bündnissystem, verbunden mit einer Wiederaufrüstung der Bundesrepublik, und Letztere votierte in dieser Beziehung für Zurückhaltung, da sie negative Auswirkungen für die Wiedererlangung der deutschen Einheit befürchtete. Angesichts dieser gegensätzlichen Ausrichtungen kam es zwischen den Parteien zu heftigen Kontroversen, die vor allem in den Debatten des Bundestages ausgetragen wurden.

---

[1] Zum Thema „60 Jahre Grundgesetz" fand am 14. Mai 2009 im Deutschen Bundestag eine Debatte statt, in der zahlreiche Redner die Geschichte der Bundesrepublik als „Erfolgsgeschichte" apostrophierten; Deutscher Bundestag. Stenografischer Bericht, 222. Sitzung, Berlin, Donnerstag den 14. Mai 2009, Plenarprotokoll 16/222.
[2] Unter dieser Überschrift hat Edgar Wolfrum seine „Geschichte der Bundesrepublik Deutschland von ihren Anfängen bis in die Gegenwart" veröffentlicht, die 2006 in Stuttgart erschienen ist.
[3] Alexander und Margarete Mitscherlich, Die Unfähigkeit zu trauern. Grundlagen kollektiven Verhaltens, München 1967, S. 8.

Nicht weniger heftig als die Kritik der Opposition an der Bundesregierung und den wirtschaftlichen und gesellschaftlichen Verhältnissen sowie der Ausrichtung der Außenpolitik in der frühen Bundesrepublik waren die Angriffe, die von einflussreichen Journalisten und Wissenschaftlern, aber auch von einer ganzen Reihe von Schriftstellern nicht nur auf die Regierung, sondern auf das gesamte politische System und die sich herausbildende bundesdeutsche Gesellschaft gerichtet wurden. Zu nennen sind hier die Namen von Walter Dirks und Eugen Kogon, von Max Horkheimer und Theodor W. Adorno, von Alfred Andersch und Hans Werner Richter, von Heinrich Böll und Günter Grass. In diese Reihe gehört schließlich auch der Schriftsteller Wolfgang Koeppen, der heute zwar weitgehend vergessen ist, zu Beginn der 1950er Jahre aber mit einer Roman-Trilogie Furore machte.

## Der Verfasser und das Werk

Wolfgang Koeppen wurde 1906 in Greifswald geboren und wuchs in Thorn und in Ortelsburg (Masuren) auf. Ohne Schulabschluss und nach einer abgebrochenen Buchhändlerlehre hörte er Vorlesungen zur Theaterwissenschaft, Literaturgeschichte und Philosophie an den Universitäten Greifswald, Hamburg, Berlin und Würzburg und schlug sich mit Gelegenheitsjobs durchs Leben. 1926/27 arbeitete er als Dramaturg und Assistenzregisseur am Stadttheater Würzburg, 1931 bis 1933 als Feuilletonredakteur beim Berliner „Börsencourier". 1934 und 1935 veröffentlichte er seine ersten beiden Romane. Zu dieser Zeit befand er sich im „freiwilligen" Asyl in den Niederlanden, aus dem er 1938 nach Deutschland zurückkehrte. Hier lebte er zunächst in Berlin, wo er Drehbücher für Filmgesellschaften, vor allem für die UFA, verfasste, ehe er nach München bzw. an den Starnberger See zog, wo er bis zum Ende des Krieges zurückgezogen lebte. Um dem Einzug zur Wehrmacht zu entgehen, hielt er sich in der letzten Phase monatelang in einem Keller versteckt. Seit 1945 wohnte Koeppen wieder in München, von wo aus er längere Reisen durch Europa und die USA unternahm. 1948 erschien der Roman „Aufzeichnungen aus dem Erdloch" als Auftragsarbeit; in den Jahren von 1951 bis 1954 veröffentlichte er die Romantrilogie „Tauben im Gras", „Das Treibhaus" und „Der Tod in Rom". Danach publizierte Koeppen nur noch Reiseberichte und nahm zahlreiche Auszeichnungen entgegen. 1996 verstarb er in München.

Als wichtigstes und am meisten beachtetes Werk Koeppens gilt „Das Treibhaus", das 1953 kurz nach der zweiten Bundestagswahl erschienen ist. Dabei handelt es sich um einen „politischen Roman", wenn nicht gar um einen „politischen Schlüsselroman über die Bonner Szene"[4], der damals als „die erste und schärfste literarische Aggression gegen das politische Bonn von sich reden" machte[5]. Erzählt wird die Geschichte des Bundestagsabgeordneten Felix Keetenheuve, Mitglied der Oppositionspartei, also der SPD. Dies geschieht in einer Verdichtung auf die beiden letzten Tage im Leben dieses Abgeordneten. Der Mitvierziger ist gelernter Journalist und hat die Jahre des „Dritten Reiches" im Exil verbracht. Nach der Rückkehr nach Deutschland hat er den Weg in die Politik gefunden und hofft, an der Schaffung einer besseren Welt mitwirken zu können. Der Ton, der zu Beginn des

---

[4] Dazu die Überlegungen von Josef Quack, Wolfgang Koeppen. Erzähler der Zeit, Würzburg 1997, S. 147 ff.
[5] Stefan Matuschek, Bonn allegorisch und die Aktualität der fünfziger Jahre. Koeppens Roman „Das Treibhaus", in: Der Deutschunterricht 50 (1998), S. 92–96, hier S. 92.

Romans angeschlagen wird, dessen Erzählung im Wesentlichen aus der Perspektive Keetenheuves erfolgt, ist auf Trauer und Resignation gestimmt, da Keetenheuve soeben von der Beerdigung seiner um 16 Jahre jüngeren Frau zurückkehrt. Er selbst fühlt sich am Tod seiner Frau schuldig und er lässt bereits hier Distanz zum politischen Geschäft erkennen, da er sein Engagement in der Politik dafür verantwortlich macht, dass er sich nicht genügend um sie gekümmert hat.

Der weitere Bericht lässt erkennen, dass Keetenheuve zwar in seiner Partei als Exilant einige Anerkennung genießt, dass er aber doch eine Außenseiterrolle einnimmt, in gewisser Weise isoliert ist. Als überzeugter Pazifist ist er für seine Partei und deren Vorsitzenden als Aushängeschild von Bedeutung, obwohl die Partei selbst keinen eindeutig pazifistischen Kurs verfolgt. Zur Aufrechterhaltung der pazifistischen Fassade wird Keetenheuve als Redner seiner Fraktion für die zweite Lesung der Westverträge im Bundestag ausgewählt. Dabei wird ihm jedoch deutlich zu erkennen gegeben, dass er bei seinen Ausführungen zu berücksichtigen habe, dass seine Partei nicht grundsätzlich gegen die Wiederbewaffnung sei. Zugleich setzt die Bundesregierung einen ihrer Repräsentanten mit dem Angebot auf ihn an, den Botschafterposten in Guatemala zu übernehmen, um ihn damit aus dem politischen Geschäft auszuschalten. Keetenheuve geht auf dieses Angebot nicht ein. In seiner Rede hält er sich nicht an die Vorgaben seiner Partei, sondern wendet sich – direkt an den Bundeskanzler gerichtet – entschieden gegen jede Wiederaufrüstung. Sein Hauptargument, dass die Westmächte die Einbindung der Bundesrepublik in ihr System nur deshalb verfolgten, um die Teilung Deutschlands auf Dauer zu sichern – entsprechende Informationen hatte er aus Journalistenkreisen erhalten –, verfehlt seine Wirkung, da das ihm vorliegende Material der Bundesregierung bereits vor der Debatte zugespielt worden ist, die deshalb im Zusammenspiel mit einer offiziellen Verlautbarung der Westmächte Keetenheuves Attacke unterlaufen kann.

Damit hat Keetenheuve seine Partei und auch das Interesse an der Politik verloren. Am Abend vor der Debatte im Bundestag hat er zufällig zwei Heilsarmeemädchen kennen gelernt. Sie trifft er erneut am Abend des folgenden Tages. Auf einem Trümmergrundstück versucht Keetenheuve seine Absicht, mit der Jüngeren der beiden geschlechtlich zu verkehren, in die Tat umzusetzen. Dabei wird ihm jedoch die Fragwürdigkeit seiner Existenz bewusst. Er lässt daher von dem Mädchen ab, geht zur Rheinbrücke und setzt seinem Leben mit einem Sprung in den Fluss ein Ende.

Kurt Sontheimer hat mit Recht darauf hingewiesen, dass „Das Treibhaus" „nicht als eine realistische, historisch genaue Schilderung der Anfangsjahre der Adenauer-Ära" gelesen werden kann[6]. Der Roman ist eine Fiktion, wobei der reale Hintergrund aber stets deutlich erkennbar ist. Gleichwohl hat Koeppen selbst dementiert, dass es sich beim „Treibhaus" um einen politischen Schlüsselroman der Bonner Republik zu Beginn der Ära Adenauer handele. Dies kann man jedoch füglich bezweifeln, da – um noch einmal Kurt Sontheimer zu zitieren – der Roman Koeppens in zugespitzter Form „so viele Facetten der Wirklichkeit des politischen Lebens im deutschen ‚Treibhaus'" spiegelt, „dass der Roman zum Verständnis der deutschen Politik in der Adenauer-Zeit fast unersetzlich ist"[7]. Dabei geht Sontheimer so weit, die Romanfigur des Abgeordneten Keetenheuve als Repräsentanten der Ära Adenauer in einem Atemzug mit den realen Gründervätern der Bundesrepublik wie Konrad Adenauer, Theodor Heuss und Kurt Schumacher zu nennen, da in diesen

---

[6] Kurt Sontheimer, Die Adenauer-Ära. Grundlegung der Bundesrepublik, München [4]2005, S. 30.
[7] Ebenda, S. 30f.

vier Gestalten die „Anfangsgeschichte der Bundesrepublik in Persönlichkeiten greifbar" werde, „die ihren Weg und ihr Selbstverständnis in besonderer Weise geprägt haben"[8].

Der reale Hintergrund des Romans ergibt sich nicht nur aus der Entstehungsgeschichte des Romans, den Koeppen im Frühjahr 1953 innerhalb weniger Wochen – in einem fensterlosen Keller in Stuttgart sitzend – geschrieben hat, nachdem er sich zuvor durch einen Besuch der vorläufigen Bundeshauptstadt Bonn mit den Örtlichkeiten und dem politischen Klima vertraut gemacht hatte. Er ist auch dadurch gegeben, dass ein eindeutiger Bezug zu den politischen Ereignissen in Bonn im Jahr 1952 besteht, wobei der Verfasser mit den historischen Realitäten aber recht freihändig umgeht[9]. Schließlich ist er auch in den handelnden Personen zu greifen, die Koeppen jedoch mehr oder weniger verfremdet bzw. lediglich als einen bestimmten Akteurstypus gezeichnet hat.

## Die Akteure

Konrad Adenauer und Theodor Heuss werden nicht mit ihren Namen genannt, aber in ihren Funktionen als Kanzler und Präsident so beschrieben, dass sie eindeutig zu erkennen sind. So heißt es über den Kanzler an einer Stelle, er sei „rosenduftumweht und von der Rheinluft gestärkt" (153)[10]; an anderer Stelle wird er zwar nicht als Diktator, aber als der „Chef" beschrieben, „der alles vorbereitet, alles veranlasst", als überlegener „Regisseur", der den Mitspielern ihre Plätze anweist. Dass nur Adenauer gemeint sein kann, wird deutlich, wenn es heißt, dass dem Kanzler „nach Jahren ärgerlicher Pensionierung überraschend die Chance zugefallen war, als großer Mann in die Geschichte einzugehen, als Retter des Vaterlandes zu gelten" und er als ein „alter Mann" gekennzeichnet wird (165). Auch die Beschreibung des Präsidenten lässt keine Zweifel aufkommen, dass Heuss gemeint ist. Dazu genügen die Hinweise, dass „in seiner Hand [...] weiß und vornehm eine dicke schwarze Zigarre" verglühte und er ein „Ripple" (schwäbische Herkunft von Heuss) aß und „ein Fläschchen" Wein trank (172).

Während Keetenheuve (Koeppen) Adenauer den „Glauben" an seine Sache nicht abspricht und in ihm durchaus den „Staatsmann" anerkennt, fällt sein Urteil über den Präsidenten sehr viel kritischer aus. Wenn Keetenheuve meint, dass der Kanzler bisweilen den Überblick verliere und an der „deutschen Krankheit" leide, „unter keinen Umständen von einer einmal gehabten Vorstellung von der Welt zu lassen" (166), so ist dies doch nur eine verhaltene Kritik im Vergleich zu dem abwertenden Urteil, das er über den Präsidenten fällt. Dabei bedient sich Keetenheuve (Koeppen) eines Kunstgriffs, indem er sich einen Butler des Präsidenten, namens Musäus, ausdenkt, der sich selbst für den Präsidenten hält. Die Ausführungen des Romans über den Präsidenten lassen die Grenzen zwischen dem echten Präsidenten und dem Butler immer wieder verwischen. Deutlich zum Ausdruck kommt aber die Kritik am Präsidenten. Er habe verlernt, „die Stimme des Volkes, das Raunen des Volkes" zu hören (114), er sei für das Volk unerreichbar geworden, er sei alt und

---

[8] Ebenda, S. 13f.
[9] Dies ergibt sich z. B. bei der Behandlung der zweiten Lesung der Westverträge im Bundestag. Sie begann am 3. Dezember 1952 zu einem Zeitpunkt, als der Oppositionsführer Kurt Schumacher bereits einige Monate tot war. Dies hindert Koeppen aber nicht daran, Knurrewahn (das ist Schumacher) in seiner Schilderung der zweiten Lesung noch als Akteur zu präsentieren.
[10] Die im Folgenden im Text angegebenen Seitenzahlen des Romans beziehen sich auf die Taschenbuchausgabe Frankfurt a. M. 1972.

schlafe und unterschreibe die Verträge, „die der Kanzler ihm vorlegt" (171f.). Süffisant wird festgestellt, dass der Präsident, obwohl das Bundesschiff auf „gefährliche Riffe" zusteuere, lediglich „eine seiner gebildeten Ansprachen memoriere" (177), was wohl nicht zuletzt darauf zurückzuführen sei, dass der Präsident „zuviel Goethe" gelesen habe (114).

Als Führer der Oppositionspartei fungiert Knurrewahn. Diese Figur zielt ganz offensichtlich auf Kurt Schumacher. Wesentliche Elemente von dessen Biographie schreibt Koeppen – leicht verfremdet – Knurrewahn zu. Dieser war aus dem „Ersten Weltkrieg mit einem Steckschuss heimgekehrt". Danach hatte er „einen Posten in seiner Partei" übernommen und sich „durch zähen Fleiß" zum Reichstagsabgeordneten hochgedient. „Neunzehnhundertdreiunddreißig warfen Frontsoldaten unter Berufung auf die Frontkameradschaft Knurrewahn, der das Fronterlebnis aus Blei im Herzen trug, in das Lager". Auf das weitere Schicksal Knurrewahns unter der nationalsozialistischen Herrschaft und seinen Aufstieg nach 1945 geht Koeppen nicht ein. Er beschreibt ihn lediglich als einen Mann, dessen „Herz gut gewesen" war, sich aber „verhärtet" habe. Er war ein „nationaler Mann" geworden, „und seine Opposition gegen die nationale Politik war sozusagen deutschnational. Knurrewahn wollte der Befreier und Einiger des zerrissenen Vaterlandes werden." Grundsätzlich wollte Knurrewahn deshalb auch eine deutsche Armee, „eine Truppe von Patrioten" mit Generalen, die „sozial und demokratisch" sein sollten. In diesen Etikettierungen ist Schumacher ebenso wiederzuerkennen wie in folgender abschließender Charakterisierung: Knurrewahn „polterte eigensinnig, nicht nur beim Skat, polterte eigensinnig wie der märkische Soldatenkönig und wie der alte Hindenburg" (76–79).

Entsprechend ist sein Umgang mit seiner Partei und Fraktion. Dies kommt einprägsam in einer Schilderung zum Ausdruck, in der die Lage vor der zweiten Lesung der Westverträge in der SPD-Fraktion festgehalten wird. Knurrewahn „betrachtete seine schweigende Garde, Rundköpfe und Langschädel, brave Kerle, auf die er sich verlassen konnte. Treugebliebene aus der Zeit der Verfolgung, aber alle Befehlsempfänger, eine Mannschaft, die vor dem Feldwebel stramm stand". Die Abgeordneten brachten „kein Echo der Straßen und Plätze, der Fabriken und der Hütten mit, sie waren es im Gegenteil, die auf Weisungen lauschten, auf Richtungszeichen von der Spitze, auf Befehle von Knurrewahn, sie förderten die Parteibürokratie der Zentrale und waren nichts als Außenposten dieser Bürokratie." Wenn „Knurrewahn die Auflösung der Partei befohlen hätte, die Ortsgruppen würden die Auflösung vollziehen", von Knurrewahn angeordnet als „Selbstentleibung als Opfer an die Nation" (160). Dies war zwar eine etwas überzogene Charakteristik, die aber tendenziell die Probleme der SPD unter der Führung Schumachers angemessen beschrieb.

Die anderen im Roman agierenden Personen sind Kunstprodukte, die bestimmte Typen wiedergeben, aber keinen konkreten Personen zuzuordnen sind. Dies gilt auch für Frost-Forestier, in dem etliche Leser den Leiter des Bundesnachrichtendienstes, Reinhard Gehlen, oder den damaligen Spitzenbeamten im Bundeskanzleramt und engen Vertrauten Adenauers, Hans Globke, zu erkennen glauben. Frost-Forestier wird als Mitglied des Oberkommandos des Heeres während des „Dritten Reiches" vorgestellt, ein Bewunderer Friedrichs des Großen, nunmehr einflussreicher Mitarbeiter der Regierung mit Geheimdienstaufgaben, dessen Einsatz vor allem der Rehabilitierung der ehemaligen Offiziere gilt. Er ist ein Mann, der in einer „alten Kaserne" residiert, dort ein „Heer von Sekretärinnen" „in Atem hält" (85) und derjenige ist, der Keetenheuve den Botschafterposten in Guatemala anbietet. Korodin verkörpert einen wichtigen CDU-Abgeordneten, einen „Volksmann", der mit öffentlichen Verkehrsmitteln – als Ausdruck der „Bescheidenheit" und „Selbstkasteiung" – zum Bundeshaus fährt, während der Chauffeur Korodins Kinder im Dienstwagen zur Schule bringt (46). Korodin ist ein frommer Mann, der „Arbeitergeistliche" im Ruhrgebiet finanziell unterstützt und immer wieder Kontakt zu Keetenheuve unterhält – möglicherweise um ihn noch „auf den rechten Weg" zu bringen –, obwohl es als „anrüchig" galt, wenn Abgeordnete unterschiedlicher Parteien „selbszweit spazierten" (48). Korodin ist ein Verfechter der Idee des „christlichen Abendlandes", ein Verteidiger der „alten Kultur" und ein Anhänger „Europas" (170), ein Mann, der bei Reden des Kanzlers lauscht, „ob Gott aus dem Staatsführer spräche" (166).

Noch kritischer und auch schemenhafter werden andere Politiker gezeichnet. So die Abgeordneten der Koalitionsfraktionen Frau Pierhelm und Herr Sedesaum, der als „Froschmensch" und „Berufschrist" vorgestellt wird (151, 153). Frau Pierhelm gerierte sich im Rundfunk als Sprecherin der Hausfrauen und wirbt dort – so der Eindruck Keetenheuves – für die Sicherheitspolitik der Bundesregierung mit einem Slogan, „der nur allzusehr an die Anzeige einer Fabrik für intime Tampons erinnert[e]" (152). Beide bezeichnet Keetenheuve als „arme Ritter der alten Union der festen Hand", als „die kleinen Gefolgsleute der braven staatserhaltenden Gesinnung", die wussten, „wo es in den Wahltopf pinkelte, aber nicht, dass sie sich verkauften, weiß Gott nicht, die Richtung lag ihnen eben, sie hatten es noch in der Schule vernommen, und dabei waren sie stehen geblieben, einfältige Klippschüler der Politik und eitel auf des Herrn Lehrers Gruß" (156). Nicht viel positiver fällt das Urteil über die beiden Oppositionsabgeordneten Heineweg und Bierbohm aus, die als „Routiniers der Ausschüsse, die Verfahrenshasen, die Geschäftsordnungshengste" bezeichnet werden (159). Daneben gibt es dann noch den aus einer Fraktion ausgeschlossenen Abgeordneten Dörflich, der „in eine anrüchige und zunächst einträgliche Affäre verwickelt gewesen" war. Dörflich hat sein Abgeordnetenmandat beibehalten und gleichzeitig ein Milchgeschäft im Regierungsviertel eröffnet. Dörflich ist das *enfant terrible* unter den Abgeordneten; er riecht nach „altem Nazismus" und „neuem Nazitum" und ist in seinem Abstimmungsverhalten schwer zu berechnen. Seine Rede in der zweiten Lesung der Westverträge im Bundestag, in der er „Kriegsverbrechen nur auf Feindseite" zu erkennen vermag und eine Ehrenerklärung für die deutschen Offiziere verlangt, erinnert Keetenheuve an Bormann (170).

Eine besondere Stellung nimmt schließlich der Journalist Mergentheim ein. Er hat mit Keetenheuve in der Weimarer Republik in einer Zeitungsredaktion gearbeitet. Während Keetenheuve nach 1933 in das Exil geht, steigt Mergentheim zum Chefredakteur bzw. Hauptschriftleiter auf. Als das Blatt trotz seiner Anpassung an den Kurs der NS-Regierung sein Erscheinen einstellen muss, wechselt Mergentheim als Korrespondent nach Rom. Es gelingt ihm, „mit leidlich weißer Weste" die Jahre zu überstehen, so dass er „ein gesuchter und geförderter Mann des Wiederaufbaus" wird (58). In einem Gespräch mit Keetenheuve macht Mergentheim diesem klar, dass die Stimmung bereits umgeschlagen sei, dass Widerstand und Emigration nicht mehr als Ausweis der richtigen Einstellung gelten würden. „Hier schau Dir das Jahrbuch des Hohen Hauses an", sagt Mergentheim zu Keetenheuve, „den Widerstand haben Deine Kollegen schon wieder aus ihrem Lebenslauf gestrichen." (67) Für Keetenheuve sieht Mergentheim nur noch eine politische Zukunft, wenn er sich an den neuen politischen Kurs, über den im Grundsätzlichen zwischen Regierung und Opposition Übereinstimmung bestehe, anpasst.

Seit dem Erscheinen des Romans „Das Treibhaus" wird gerätselt, ob Keetenheuve eine bloße Erfindung Koeppens gewesen ist oder ob es sich um eine Figur handelt, die einem real existierenden SPD-Politiker jener Jahre nachgebildet war. Dabei ist insbesondere

Carlo Schmid genannt worden. Als Anhaltspunkt gilt der Hinweis im Roman, dass Keetenheuve Baudelaire ins Deutsche übertragen habe. Dies ist aber auch schon die einzige Übereinstimmung, die sich zwischen Carlo Schmid und Keetenheuve rekonstruieren lässt. Sehr viel größere Ähnlichkeiten weisen die Lebensläufe von Willy Brandt und Keetenheuve auf. Beide waren Journalisten, beide lebten während des „Dritten Reiches" im Exil, beide hatten Probleme mit dem Partei- und Fraktionsführer Schumacher bzw. Knurrewahn[11]. Außerdem berichtete Willy Brandt in einem Brief gegenüber Kurt Schumacher von einer ähnlichen Erfahrung aufgrund seiner politischen Vergangenheit, die Koeppen Keetenheuve widerfahren lässt. Brandts Äußerung zufolge wurde nämlich seine Emigration in den Jahren des Nationalsozialismus schon damals gegen ihn „ins Feld" geführt[12]. Hinzu kommt, dass Willy Brandt als erster Redner für die SPD während der zweiten Lesung der Westverträge im Bundestag sprach. Ein Vergleich der in den Stenografischen Berichten der Sitzung dieses Gremiums wiedergegebenen Äußerungen Brandts ergibt verblüffende Ähnlichkeiten mit den Ausführungen, die Koeppen Keetenheuve in den Mund legt. Brandt monierte in seiner Rede die Verpflichtungen, die die Bundesregierung mit den Verträgen gegenüber den Westmächten einging (verfehlte Gleichberechtigung), und warf der Bundesregierung vor, dass die Verträge nicht geeignet seien, „den Weg zur Wiedervereinigung zu ebnen", sondern ganz im Gegenteil dazu führen würden, diesen Weg zu blockieren[13]. Der entsprechende Text im „Treibhaus" lautet wie folgt: Keetenheuve „erwähnte die Bedenken und Befürchtungen seiner Partei, er warnte vor weitgehenden Verpflichtungen, die unabsehbar seien, er lenkte den Blick der Welt auf das geteilte Deutschland, auf die zwei kranken Zonen, die zusammenzuführen die erste deutsche Aufgabe sei" (167). Ein Unterschied zwischen Willy Brandt und Keetenheuve besteht jedoch darin, dass die Kritik Brandts an Schumachers Außenpolitik nicht darauf beruhte, dass Brandt ein Anhänger eines pazifistischen Kurses war, während gerade dies bei Keetenheuve der Fall ist. In diesem Punkt ergibt sich eher eine Ähnlichkeit zwischen Keetenheuve und Gustav Heinemann, der in jenen Jahren von der CDU kommend den Weg über die Gesamtdeutsche Volkspartei zur SPD einschlug.

## Koeppen/Keetenheuve als Kritiker von Politik und Gesellschaft

Ein Schlüsselwort des Romans ist der Begriff „Restauration". Diese macht der Verfasser und damit auch sein Held Keetenheuve als das Signum der Zeit aus. Schon ganz zu Beginn des Romans sitzt der Abgeordnete Keetenheuve auf dem Weg nach Bonn im „Nibelungenexpress", in dem es „nach neuem Anstrich, nach Renovation und Restauration" dünstet (7). Keeetenheuve verachtet die sich „ausbreitende und festigende Restauration" (61). In einem Gespräch mit dem Journalisten Mergentheim erhält er die Bestätigung für das, „was

---

[11] Dazu folgendes Zitat aus der Biographie von Peter Merseburger, Der schwierige Deutsche. Kurt Schumacher. Eine politische Biographie, Stuttgart 1995, S. 473: „Schumacher scheint ihm [Brandt] Politik aus einer verengten nationalen, vor allem einer Weimarer Perspektive zu gestalten. Den Parteichef beschreibt er einmal als schwierigen Menschen von ‚autoritärer Haltung' und einer ‚an Fanatismus grenzenden Unbedingtheit', dem er sich trotz tiefem Respekt nie wesensverwandt fühlen konnte."
[12] Peter Merseburger, Willy Brandt 1913–1992. Visionär und Realist, Stuttgart/München 2002, S. 307.
[13] Verhandlungen des Deutschen Bundestages, 1. Wahlperiode 1949. Stenografische Berichte, Bd. 14, S. 11124 D–11128 D.

man lange schon weiß und fürchtet, hier die nationale Restauration, den restaurativen Nationalismus, auf den alles hinauslief" (68). Keetenheuve sieht seine Aufgabe darin, hiergegen vorzugehen. Deshalb ist er Politiker geworden. Er will für die „Nation neue Grundlagen des politischen Lebens und die Freiheit der Demokratie" schaffen. Er glaubt anfangs an eine „Wandlung" der Gesellschaft, „doch bald sah er, wie töricht dieser Glaube war, die Menschen waren natürlich dieselben geblieben, sie dachten gar nicht daran, andere zu werden, weil die Regierungsform wechselte, weil statt braunen, schwarzen und feldgrauen jetzt olivfarbene Uniformen durch die Straßen gingen und den Mädchen Kinder machten, und alles scheitert wieder einmal an Kleinigkeiten, an dem zähen Schlick des Untergrundes, der den Strom des frischen Wassers hemmte und alles im alten stecken ließ, in einer überlieferten Lebensform, von der jeder wusste, dass sie eine Lüge war" (17f.). Keetenheuve fragt sich schon bald, ob er nicht „dem Phantom der Freiheit", „dem Phantom der Menschenrechte" nachjagt, und er leidet darunter, „wieder in die Opposition gedrängt" zu sein, „aber die ewige Opposition macht ihm keinen Spaß mehr, denn er fragte sich: kann ich es ändern, kann ich es besser machen, weiß ich den Weg?" (18).

Die Hindernisse für eine Veränderung werden an mehreren Stellen des Romans veranschaulicht. So findet sich einmal die Formulierung: „Man zählte zu den Gemäßigten, man fand sich ab, man richtete sich ein, man vertrat behutsame Reformen im Rahmen der Tradition" (33), ein andermal heißt es: „Die Lautsprecher hatten das Parlament in den Stuben des Volkes entwürdigt, zu lange, zu willig war die Volksvertretung ein Gesangsverein gewesen, ein einfältiger Chor zum Solo des Diktators. Das Ansehen der Demokratie war gering. Sie begeisterte nicht. Und das Ansehen der Diktatur? Das Volk schwieg. Schwieg es in weiterwirkender Furcht? Schwieg es in anhänglicher Liebe? Die Geschworenen sprachen die Männer der Diktatur von jeder Anklage frei." (36) Diese Anspielungen auf eine – wie Keetenheuve es wahrnimmt – ausgebliebene Auseinandersetzung mit der unheilvollen Vergangenheit ist in seiner Sicht auf eine Elitenkontinuität zurückzuführen, die in folgender Passage sehr schön veranschaulicht wird: „Es gab schöne Posten, Druckposten, Bundesposten, Abstellposten […] trottend auf dem schmalen Pfad nicht gerade der Tugend, aber des Avancements, Schritt für Schritt, Stufe für Stufe, aufwärts oder abwärts, das wusste man in dieser Zeit nicht so genau, immerhin, man saß wieder in der Zentrale, vor acht Jahren saß man in Nürnberg, vor weiteren acht Jahren hatte man auch in Nürnberg gesessen, damals auf der Tribüne, die Nürnberger Gesetze wurden verkündet, die ersten, immerhin, die Katastrophenversicherung auf Gegenseitigkeit funktionierte, man war wieder im Amt, und alles war drin, und viel konnte geschehen." (40)

Trotzdem will Keetenheuve wiedergewählt werden, weil er sich zu den wenigen zählt, „die ihr Mandat noch als eine Anwaltschaft gegen die Macht" auffassen. Korodin nennt ihn daher einen „Menschenrechtsromantiker", der sich um die Verfolgten und Geknechteten kümmert, der auf der Seite der Armen und Unorganisierten steht und „nie bei den Kirchen und Kartellen, doch auch den Parteien nicht, nicht unbedingt selbst der eigenen Partei, und das verstimmte die Parteifreunde" (26f.). Überzeugt ist Keetenheuve von seinem Tun gleichwohl nicht. Wie so viele Deutsche in Vergangenheit und Gegenwart hält er „alle Politik" für „schmutzig"; er vergleicht sie mit „Gangsterkämpfen" und hält „ihre Mittel für dreckig und zerreißend" (72). Vor Wahlkämpfen graut ihm, da er als Redner nicht überzeugt. Das verzeiht ihm die Menge nicht, die „bei Keetenheuves Auftritt das Schauspiel des Fanatikers" vermisst, „die echte oder gemimte Wut, das berechnete Toben, den Schaum vor dem Maul des Redners, die gewohnte patriotische Schmiere, die sie kannte und immer wieder haben wollte" (26). Aus all dem zieht Keetenheuve die Schlussfolgerung, dass selbst derjenige, der das Gute will, „leicht zu einem anderen Mephistopheles" wird, „der stets das Böse schafft" (72).

Je mehr sich Keetenheuve mit seiner Situation als Politiker auseinandersetzt, umso kritischer wird sein Urteil über seine Tätigkeit. Sein politisches Engagement macht er dafür verantwortlich, dass seine Frau Alkoholikerin geworden und eine lesbische Beziehung eingegangen ist und schließlich Selbstmord begangen hat. Die Politik genügt ihm nicht mehr länger, um „dem Leben Sinn zu geben", die Politik schützt ihn nicht mehr vor der „ungeheuren Öde des Daseins" (102). Er versteht die politische Sprache in den Ausschüssen nicht mehr und glaubt allenthalben Verwesung zu erkennen: „Immer verweste etwas, und immer wieder versuchte man, mit Duftwasser den Geruch von Verwesung zu verstecken." (103) An verschiedenen Stellen wird die Hohlheit des politischen Geschäfts veranschaulicht. Ausgehend von der Feststellung, dass alle Minister, Beamte, Diplomaten und Abgeordnete eitel seien, dass sie sich für „Persönlichkeiten der Geschichte" hielten, wird z.B. ein Ministerbesuch geschildert: „Der Minister fährt nach Paris. Nun schön. Was tut er da? Er wird von einem anderen Minister empfangen. Na, wunderbar. Die Minister frühstücken zusammen. Herrlich. Hoffentlich war schönes Wetter. Die Minister ziehen sich zu einer Aussprache zurück. Bravo! Und nun? Sie trennen sich wieder. Na, und nachher. Der eine Minister bringt den anderen Minister zum Bahnhof oder zum Flugplatz." (117) Ähnlich ironisierend fällt eine Darstellung ein paar Seiten danach aus, in der es heißt: „Ein Minister übernahm eine Brücke. Er zerschnitt ein Band. Er stelzte über die Brücke. Andere Stelzer stelzten hinter dem Minister drein." (123)

Die Sinnlosigkeit seiner politischen Existenz lässt Keetenheuve immer mehr an seiner Tätigkeit zweifeln, er wird zu einem Mann, der keine „Vision" mehr besitzt, dem die „Gabe der Vorhersicht" genommen und dessen „Mitgefühl" gestorben ist (128). Keetenheuve sieht sein Leben nur noch als einen „Entwurf", als einen „Entwurf zu einem wirklichen Leben", das er sich aber nicht mehr vorstellen kann: „Er wusste nicht, wie es aussah, und er würde es bestimmt nicht mehr leben." (149f.) Hiermit ist das Ende des Abgeordneten Keetenheuve bereits vorgezeichnet. Die Erfahrungen der politischen Niederlage in der zweiten Lesung der Westverträge im Bundestag und eines Aktes „vollkommener Beziehungslosigkeit" in der Begegnung mit einem Heilsarmeemädchen auf einem Trümmergrundstück sind nur noch Auslöser für den Selbstmord Keetenheuves. Der Sprung von der Brücke ist die logische Konsequenz eines längeren Erkenntnisprozesses: „Der Abgeordnete war gänzlich unnütz, er war sich selbst eine Last, und ein Sprung von dieser Brücke macht ihn frei." (190)

Keetenheuve hat sich stets als Pazifist verstanden. Er ist „für einen reinen Pazifismus, für ein endgültiges Die-Waffen-nieder". Obwohl er sich der Schwierigkeit dieser Einstellung bewusst ist, da er sich ohne Bundesgenossen in Ost und West sieht, hält er an seiner Auffassung fest, da ihn die Geschichte zu lehren scheint, „dass der Verzicht auf Wehr und Gewalt niemals zu solchen Übeln führen konnte wie ihre Anwendung" (82). Wie allein er auch innerhalb seiner Partei mit dieser Auffassung steht, macht ihm Knurrewahn klar, als er ihm vor der entscheidenden Debatte über die Westverträge im Bundestag mahnt, „in der Debatte nicht zu heftig zu werden, die nationalen Instinkte nicht zu brüskieren, und er erinnerte ihn, dass die Partei nicht bedingungslos und grundsätzlich gegen jede Bewaffnung sei und dass sie nur die jetzt zur Diskussion stehende Form der neuen Rüstung ablehne". Keetenheuve stimmen die Äußerungen Knurrewahns traurig und er erkennt, dass er allein „gegen den Tod" kämpft, „allein gegen die älteste Sünde, das älteste Übel der Menschheit, gegen die Urtorheit, den Urwahn, dass durch das Schwert das Recht verfochten, dass durch Gewalt irgend etwas gebessert werden könne" (161).

Trotzdem lässt sich Keetenheuve nicht von seinen Träumen abbringen, von seinen Träumen „von Paradiesen irdischen Glückes", „von einer Welt des Überflusses, von einer Erde der bezwungenen Mühe, von einem Reich Utopia ohne Krieg und Not" (166). Entsprechend fällt seine Rede im Bundestag aus, in der er nach den einleitenden Bemerkungen, auf die oben schon hingewiesen wurde, den Kanzler direkt anspricht und an ihn appelliert, die Finger von der Aufrüstung zu lassen, da dies nur in einem Krieg enden könne. „Keetenheuve wollte den Weg des Raubtieres verlassen", schreibt Koeppen, „und den Pfad des Lammes gehen. Er wollte die Friedfertigen führen." Obwohl er nicht weiß, ob diese damit der „Schädelstätte" entrinnen können, hält er es „moralisch" für besser „ermordet zu werden, als in der Schlacht zu fallen". In der „Bereitschaft, nicht kämpfend zu sterben", sieht er „die einzige Möglichkeit, das Gesicht der Welt zu ändern" (168). Letztlich kann er sich aber der Einsicht nicht verschließen, dass kaum einer bereit ist, mit ihm „auf das gefährliche, schwindeln machende Hochseil solcher Ethik zu klettern". Am Ende bleibt ihm nur ein hilfloser Appell, „sich aufrecht und waffenlos ins Feld" zu begeben und zu Gott zu schreien: „Zeige Dein furchtbares Antlitz, zeige es nackt, schlage, morde, wie es Dir gefällt, und schiebe die Schuld nicht auf die Menschen" (169). Mehrheitsfähig ist diese Haltung weder in den Regierungsfraktionen noch bei der Opposition, Keetenheuves eigener Partei, so dass er als ein Abgeordneter das Parlament verlässt, den kaum noch jemand versteht.

Wie gering der Bundestag bei der Bevölkerung im Kurs steht, erfährt Keetenheuve, als er am Abend der Abstimmung eine „weniger vornehme Weinstube" aufsucht. Er lauscht den Erörterungen an den Stammtischen, wo man sich über den Verlauf der Debatte im Parlament austauscht. Hierüber heißt es: „Die Stammtische waren missgelaunt, und die Abstimmung missfiel ihnen." Aber das Missfallen rührt nicht von einer Ablehnung der getroffenen Entscheidung her, denn „auch jedes andere Ergebnis der Parlamentssitzung hätte sie missgelaunt gemacht und ihnen missfallen". Der Ärger der Stammtische, so die Wahrnehmung Keetenheuves, ist prinzipieller Natur: „Sie sprachen von der letzten Tagung wie von einem Ereignis, das zwar an sich ärgerlich und von angemaßter Macht sei, doch das sie nichts angehe und sie nicht berühre." Der Kommentar Keetenheuves fällt sarkastisch aus. Er stellt die Frage, ob sich das Volk nach „der Peitsche" sehne, „um ‚Hurra' schreien zu können" (181).

Man fragt sich jedoch, ob Keetenheuve der richtige Mann ist, um Kritik an der Haltung der Stammtische gegenüber dem Bundestag zu üben. Er selbst vertritt eine etwas antiquierte Auffassung über das parlamentarische Regierungssystem, so dass die Frage gerechtfertigt erscheint, ob er dessen Wirkungsweise überhaupt verstanden hat. So bekennt er sich zwar grundsätzlich zum parlamentarischen Regierungssystem („Aber welches Regierungssystem war besser als das parlamentarische?"), wobei er jedoch dem Parlament als Ganzem die Oppositionsrolle zuweist. Deshalb hält er es für „eine Pervertierung und Schwächung der Volksvertretung, wenn aus ihrer Mitte die Mehrheit zur Regierung wird und die vollziehende Gewalt an sich reißt". Hierin sieht er „bei unglücklicher Zusammensetzung des Hauses" nichts anderes als eine „Diktatur auf Zeit". Daraus folgert er die Sinnlosigkeit von Opposition. Sie habe nämlich keine Möglichkeit – selbst wenn in ihren Reihen ein Demosthenes auftreten würde – „den Kurs der Regierung zu ändern" (158f.).

Diese Vorwürfe steigern sich im Lauf der Darstellung, und dabei wird deutlich, dass Koeppen bzw. sein Held Keetenheuve die parlamentarische Wirklichkeit des Jahres 1952 mit dem Gewaltenteilungsmodell Montesquieus konfrontiert. Auf dieser Grundlage kommt er zu dem Befund: „Die Mehrheit regierte. Die Mehrheit diktierte. Die Mehrheit siegte in einem zu. Der Bürger hatte nur noch zu wählen, unter welcher Diktatur er leben wollte. Die Politik des kleineren Übels, sie war das A und O aller Politik, das Alpha und Omega der Wahl und der Entscheidung" (173).

Die Distanz des Autors und des Hauptakteurs zur konkreten Politik in den Anfangsjahren der Bundesrepublik kommt schließlich auch im Titel des Buches zum Ausdruck. Zunächst hatte Koeppen Formulierungen wie „Die goldene Rose", „Die politische Rose" oder „Die künstliche Rose" vorgesehen, ehe er sich für die Treibhaus-Metapher entschied. Dies war sicherlich zunächst einmal auf das feucht-warme Klima im Rheintal bezogen, das insbesondere Neuankömmlingen zusetzt und das in der Tat an das Klima eines Gewächshauses, sprich Treibhauses, erinnert. Aber das war nicht das Hauptargument für die Wahl des Titels; wichtigere Überlegungen kamen hinzu.

Die Kritik an Bonn setzt in der Schilderung sehr frühzeitig ein. Allein, dass Expresszüge nunmehr in Bonn und Bad Godesberg halten mussten, wird frühzeitig moniert und mit der Feststellung kommentiert: „Man roch die Provinz, das Muffige enger Gassen, verbauter Stuben, alter Tapeten" (41). Teile Bonns empfindet Keetenheuve als „Getto", als „Regierungsgetto" als „Getto der Abgeordneten", als „Getto der Journalisten", als „Getto der Beamten", als „Getto der Sekretärinnen" (149). Belässt es der Verfasser an dieser Stelle noch dabei, auf eine gewisse Abgehobenheit der Gettobewohner von der übrigen Bevölkerung und deren Probleme abzustellen, so schlägt er an anderer Stelle mit mehr als gewagten Assoziationen den Bogen in die Vergangenheit und greift zu Formulierungen, die Betroffenheit auslösen sollen: „Getto der Hitler und Himmler, Getto der Verschleppten und Getto der Gejagten, die Mauern, der Wall, die Verbrennungsöfen von Treblinka, der Aufstand der Juden in Warschau, alle Lager des Nachkriegs, jede Baracke, die uns angeht, alle Nissenhütten, alle Bunker, alle Vertriebenen und Geflohenen – die Regierung, das Parlament, die Beamten und der Tross, wir sind ein Fremdkörper im trägen Fleisch unserer Hauptstadt" (151).

Die Politiker agieren in Bonn wie unter einer Dunstglocke. So jedenfalls empfindet es Keetenheuve, als er sich zu einer Mahlzeit „auf der berühmten Rheinterrasse der nationalen Blamage" niederlässt (91). Entsprechend heißt es im Roman: „Dunst. Gewitterdunst. Treibhausluft. Sonnenglas. Die Fenster des Treibhauses waren schlecht geputzt; die Lüftung funktionierte nicht. Er saß in einem Vakuum, dunstumgeben, himmelüberwölbt. Eine Unterdruckkammer für das Herz." (92) So wenig das Treibhaus den Kontakt zu den Problemen der Gegenwart zulässt, so leicht veranlasst es zum Träumen, zum Blick in die Vergangenheit. So lässt Koeppen vor den Augen Keetenheuves Hitler, Chamberlain und Stendhal auftreten, dazu noch McCarthy, die in einem Zwiegespräch unter Einbeziehung Keetenheuves Themen der Zeitgeschichte, insbesondere die ergebnislose Reise von Chamberlain im Jahr 1938 zu Hitler nach Bad Godesberg, Revue passieren lassen. Schließlich wendet sich das Gespräch den angeblichen, von der historischen Forschung stark relativierten Putschplanungen der Generale Beck und Halder im selben Jahr zu[14], was in der Befürchtung Keetenheuves endet, dass die Generale bald wieder das Sagen haben werden, weil „die Rosendörfer am anderen Ufer" (sprich Adenauer und seine Anhänger) „ihre Generale wiederhaben möchten" (96). Damit ist der Verfasser wieder bei seinem Hauptthema, der Wiederaufrüstung der Bundesrepublik, angekommen.

Gegen Ende des Romans greift Koeppen noch einmal die Treibhaus-Metapher auf. Dabei wird deutlich, dass das Treibhaus letztlich für die Unwirklichkeit der Bonner Politik

---

[14] Vgl. Christian Hartmann, Halder. Generalstabschef Hitlers 1938–1942, Paderborn u.a. ²2010, S. 105–116; Klaus-Jürgen Müller, Generaloberst Ludwig Beck. Eine Biographie, Paderborn 2008, S. 362f.

steht, die ebenso unwirklich ist wie das beschriebene Gespräch zwischen Hitler, Chamberlain und Stendhal auf der Terrasse in Bad Godesberg. Keetenheuve beobachtet Pfadfinder am Ufer des Rheins. Obwohl er erkennt, dass diese Pfadfinder wirklich existieren, dass Liebe zwischen ihnen existiert, konstatiert er ihre völlige Unwirklichkeit, um sodann fortzufahren: „Es war hier alles so unwirklich wie die Blumen in einem Treibhaus. Selbst der matte und heiße Wind war unwirklich" (180).

## Schlussbemerkungen

Karl-Heinz Götze hat die These aufgestellt, dass Koeppen im „Treibhaus" „beinahe alle wichtigen Themen späterer Oppositionsbewegungen gegen die westdeutsche Staats- und Gesellschaftsverfassung angesprochen" hat[15]. Mit seiner grundsätzlichen Kritik am neuen Staat und seiner Verfassung und Gesellschaft stand – wie einleitend bereits bemerkt worden ist – Koeppen nicht allein. Mit ihm übten so bekannte Nachkriegsautoren wie Heinrich Böll, Günter Grass und Hans Werner Richter Kritik am westdeutschen Wiederaufbau. Sie alle beschreiben in ihren Romanen eine Gesellschaft, „die in ihrer übergroßen Mehrheit und in Einklang mit der Politik einen Schlussstrich unter die Vergangenheit ziehen will"[16]. Gleichwohl stellt Josef Quack fest, dass „Das Treibhaus" als „politischer Roman im engeren Sinn […] in der Nachkriegsliteratur eine Ausnahme geblieben" sei[17]. Von den Schriftstellern hat sich Koeppen wohl am stärksten an Walter Dirks angelehnt, der in seinem Aufsatz „Der restaurative Charakter der Epoche" im Jahr 1950[18] das Leitmotiv für diejenigen vorgegeben hatte, die den Bonner Staat in die Tradition des NS-Regimes stellten, was sich insbesondere im Vorwurf einer angeblichen Elitenkontinuität vom „Dritten Reich" zur Bundesrepublik manifestierte.

Dieser Vorwurf wurde von Koeppen – wie wir gesehen haben – im „Treibhaus" aufgenommen und dort mit der Debatte um die Wiederbewaffnung, die er als Remilitarisierung versteht, gegen die er als überzeugter Pazifist angehen wollte, verbunden. Auch mit dieser Kritik stand Koeppen nicht allein. Alfred Andersch, Ernst Jünger und Arno Schmidt haben in ihren Romanen und Schriften ebenfalls hiergegen angeschrieben, wobei jedoch in der jeweiligen Argumentation deutliche Unterschiede auszumachen sind. Es war insbesondere die eindeutig pazifistische Grundhaltung Koeppens, die ihn von den anderen unterschied.

Im Rückblick erscheint Koeppens Kritik an der Restauration ebenso überzogen wie seine Angst vor einer militärischen Auseinandersetzung, die seine pazifistische Haltung speiste. Während in der einschlägigen Literatur über Wolfgang Koeppen und „Das Treibhaus" die These von der „deutschen Restauration in der Adenauer-Zeit"[19] aufgestellt oder als Zeitgeist der damaligen Jahre „Verdrängung und besinnungslose Konsumfreude" konstatiert wird[20], hat die zeithistorische Forschung über die Ära Adenauer ein in wesentlichen Teilen differenzierteres Bild der damaligen Gesellschaft herausgearbeitet, die mit dem Leitbegriff „Restauration" nicht erfasst werden kann. Zwar hat es in weiten Bereichen per-

---

[15] Karl-Heinz Götze, Wolfgang Koeppen „Das Treibhaus", München 1985, S. 77.
[16] So Ursula Knapp, Der Roman der fünfziger Jahre. Zur Entwicklung der Romanästhetik in Westdeutschland, Würzburg 2002, S. 7.
[17] Quack, Koeppen, S. 168.
[18] Frankfurter Hefte 5 (1950), S. 942–954.
[19] Sontheimer, Adenauer-Ära, S. 25.
[20] Knapp, Roman, S. 7.

sonelle Kontinuitäten gegeben: Wie hätte es auch anders sein können? Dies hat einer Neu-ausrichtung der politischen und gesellschaftlichen Ideen jedoch nicht im Weg gestanden, schon allein deshalb nicht, weil in die Spitzenpositionen der Politik und gesellschaftlichen Organisationen zumeist unbelastetes Personal eingerückt war. So hat es auch von Anfang an auf ganz unterschiedlichen Ebenen eine „Vergangenheitsbewältigung" gegeben[21] – trotz unbestreitbarer Mängel im Einzelnen[22].

Im Gegensatz zu den Erwartungen des Pazifisten Keetenheuve hat die Wiederaufrüs-tung der Bundesrepublik nicht zu kriegerischen Auseinandersetzungen geführt. Vielmehr hat sie die Lage in Europa stabilisiert. Sie kann daher im Rückblick als friedensbewahrend eingestuft werden. Sicherlich hat die Politik Adenauers, der Freiheit des Westens und der Erhaltung des Friedens oberste Priorität einzuräumen, Konsequenzen für die deutsche Einheit gehabt. Aber letztlich hat sie doch die Grundlagen dafür gelegt, dass nach einer Phase von 40 Jahren nicht nur diese wieder hergestellt, sondern ebenso die Teilung Euro-pas überwunden wurde und seit nunmehr fast zwanzig Jahren die Demokratie als Staats- und Gesellschaftsform überall in Europa Anerkennung gefunden hat. So bleibt abschlie-ßend zu diesem Aspekt mit Theo Stammen festzustellen, dass Keetenheuves „pazifistische Einstellung zwar persönlich und politisch glaubwürdig, politisch aber eher problematisch und folgenlos" gewesen sei[23].

Auf Theo Stammen ist auch zurückzukommen, wenn es darum geht, Koeppens/Keeten-heuves Parlamentarismusverständnis zu hinterfragen. Es ist auffallend, wie negativ Keeten-heuves Urteile über die Politik („schmutzig" und „dreckig") im Allgemeinen und das politi-sche System im Besonderen ausfällt. Stammen führt dies darauf zurück, dass der „Autor" (Koeppen) und der „Protagonist" (Keetenheuve) „über kein zeitgemäßes Regel- und politi-sches Ordnungswissen bezüglich des Parlamentarismus verfügen und auch keines ausbil-den" konnten, „mit dessen Hilfe sachgemäßes Verständnis und zugleich kritische Einschät-zung der neuen deutschen Verfassungsordnung, wie sie durch das Grundgesetz von 1949 normativ festgelegt wurde, möglich gewesen wäre". Keetenheuve orientiere sich stattdessen an älteren, überholten Vorstellungen vom Parlamentarismus, „die teils auf das 18., stärker auf das19. Jahrhundert zurückgehen und ihren Schwerpunkt eindeutig auf den späten 20er und frühen 30er Jahren" des 20. Jahrhunderts haben. In diesem Zusammenhang wirft Stammen Koeppen/Keetenheuve antipluralistische, antiparlamentarische Einstellungen und eine falsche Vorstellung von der Rolle der Parteien vor. Die Kritik Stammens gipfelt schließlich in dem Vorwurf, Koeppen/Keetenheuve hätten den „Grundgedanken einer re-präsentativen Demokratie wie der Bundesrepublik Deutschland" vollständig verkannt, „älte-re problematische Wissensbestände und Positionen der Weimarer Zeit" übernommen und seien damit der Gefahr erlegen, „die neue politische Realität (ab 1949) mit älteren Katego-rien anzugehen und so gründlich zu verfehlen"[24]. Dieser Analyse ist nichts hinzuzufügen.

---

[21] Dazu im knappen Überblick Hermann Graml, Die verdrängte Auseinandersetzung mit dem Natio-nalsozialismus, in: Zäsuren. Essays zur Periodisierung der deutschen Nachkriegsgeschichte, hrsg. von Martin Broszat, München 1990, S. 169–183.

[22] Hierzu, im Urteil sehr abgewogen, die vergleichende Studie von Manfred Kittel, Nach Nürnberg und Tokio. „Vergangenheitsbewältigung" in Japan und Westdeutschland 1945 bis 1968, München 2004.

[23] Theo Stammen, Erfahrungen und Vorurteile. Zu Wolfgang Koeppens früher Parlamentarismus- und Demokratiekritik, in: Jahrbuch der Internationalen Wolfgang-Koeppen-Gesellschaft 2 (2003), S. 335–344, hier S. 341.

[24] Ebenda, S. 342.

Koeppen/Keetenheuve lassen an den im Roman auftretenden politischen Akteuren kein gutes Haar. Es handelt sich insgesamt um Verzeichnungen, die in keinem Fall Sympathie aufkommen lassen sollen. Ein gewisser Respekt wird lediglich der Person des Kanzlers gezollt, was insofern überrascht, als er sowohl inhaltlich (Wiederaufrüstung) als auch regierungstechnisch („Chef" und „Regisseur" in der politische Arena) für die Politik verantwortlich ist, die Keetenheuve entschieden ablehnt. Wenig überzeugend ist es auch, wenn die Politiker, insbesondere der Präsident, dafür getadelt werden, dass sie zu wenig „auf das Volk hören", wenn dieses zugleich wegen seiner wenig demokratischen Gesinnung und Anhänglichkeit an die verflossene Diktatur kritisiert wird. Insofern erweisen sich Koeppen und sein *alter ego* als Intellektuelle, die mit einer ausgeprägten Arroganz sowohl auf die Politiker als auch auf das Volk herabblicken.

Koeppen hat in seinem Roman die Treibhaus-Metapher stets in einen negativen Zusammenhang gestellt. Da ist zunächst das feuchtwarme Klima in der Stadt am Rhein, das von den meisten als unangenehm empfunden wird. Des Weiteren soll sie „die Künstlichkeit, das Forcierte und Unechte der politischen Sphäre" in der jungen Bundesrepublik zum Ausdruck bringen. Schließlich steht sie für „die Erfahrung der Absurdität, der existenziellen Unsicherheit und Unwirklichkeit" Keetenheuves[25]. Konfrontiert man diese Charakterisierungen mit den Angaben für den Begriff „Treibhaus" in Lexika, so gibt es wenig Überschneidungen. So bezeichnet der „Große Brockhaus" das Treiben von Pflanzen (in Treibhäusern) zwar als „künstliche Anregung" des Wachstums. Der Vorgang selbst wird aber ansonsten nicht negativ bewertet. Ausgesprochen positiv fällt die Erklärung des Begriffs „Treibhaus" in der Internet-Enzyklopädie Wikipedia aus, in der es heißt: „Ein Gewächshaus (auch Treibhaus genannt) ist eine lichtdurchlässige Konstruktion, die das geschützte und kontrollierte Kultivieren von Pflanzen ermöglicht."[26]

Im historischen Rückblick kann man – unter Zugrundelegen dieser Definition – Bonn in der Tat als Treibhaus für die westdeutsche Demokratie betrachten. Unter der Aufsicht der Hohen Kommissare, die weiterhin über eine Reihe von Vorbehaltsrechten verfügten, existierte in der Bundesrepublik zu Beginn der 1950er Jahre zunächst eine „Demokratie auf Probe" (Thomas Dehler)[27]. Wie ein zartes Pflänzchen ein Treibhaus für sein Gedeihen benötigt, so hilfreich war es für die junge Demokratie, in den Alliierten Helfer für deren Aufbau und Stabilisierung zu haben. Dieser Prozess war Mitte der 1950er Jahre abgeschlossen. Die Umwandlung der Hohen Kommissare in Botschafter und die Entlassung der Bundesrepublik in die Souveränität entsprach der Verbringung von Pflanzen vom Treibhaus, in dem sie ausreichend robust geworden waren, in das Freiland. Es ist bezeichnend, dass gerade zu diesem Zeitpunkt der Schweizer Journalist Fritz René Allemann sein Buch „Bonn ist nicht Weimar" veröffentlichte, in dem er die Zukunftsfähigkeit der neuen deutschen Demokratie betonte[28]. Es ist schwer nachvollziehbar, dass die Mehrzahl der deutschen Schriftsteller, aber auch nicht wenige Zeithistoriker, dies nicht erkannt und noch Jahre und Jahrzehnte später den westdeutschen Staat und seine Staats- und Gesellschaftsform stets mit nörgelnder Kritik begleitet haben.

---

[25] Quack, Koeppen, S. 189.
[26] http://de. wikipedia.org/wiki/Gewächshaus.
[27] Udo Wengst, Thomas Dehler 1897–1967. Eine politische Biographie, München 1997, S. 129.
[28] Dieser Klassiker erschien 1956 in einem Kölner Verlag. Ausführlich zu diesem Zusammenhang die Untersuchung von Sebastian Ullrich, Der Weimar-Komplex. Das Scheitern der ersten deutschen Demokratie und die politische Kultur der frühen Bundesrepublik, Göttingen 2009.

*Hans Woller*
# Die Juden von Ferrara in den „Erinnerungen des Herzens"

## Giorgio Bassanis Roman „Die Gärten der Finzi-Contini" (1962)

### Berührungspunkte

„Seit vielen Jahren hatte ich den Wunsch, über die Finzi-Contini zu schreiben". So beginnt Giorgio Bassani seinen Roman über das Schicksal des jüdischen Bürgertums in Ferrara, der ihm fast über Nacht zu einem Platz in der Weltliteratur verholfen hat. Ganz so drängend war mein Wunsch, mich mit Bassani und seinem Werk zu befassen, nicht. Richtig ist aber, dass mich der Roman schon früh gefesselt und dass er meine Sensibilität für das Thema Antisemitismus und Faschismus geweckt hat. Bei der ersten Lektüre, es dürfte 1973/74 gewesen sein, wusste ich nicht viel darüber: Die italienischen Juden seien voll integriert gewesen. Ab 1938 habe es zwar Rassengesetze gegeben, die aber weitgehend ignoriert worden seien. Erst 1943, mit Beginn der deutschen Besatzungsherrschaft, hätten auch in Italien Judenverfolgung und Judenmord begonnen – als Werk der Deutschen und gegen den Willen der Italiener, die nichts unversucht gelassen hätten, ihre Juden zu retten.

Bassani säte erste Zweifel an solchen frommen Legenden, mit denen sich Teile der italienischen Öffentlichkeit bis heute beruhigen, und provozierte Fragen, die in mir lange nicht zur Ruhe kamen – eigentlich bis heute nicht: Wer war Giorgio Bassani, der in den sechziger und siebziger Jahren auch am deutschen Literaturhimmel wie ein Komet auftauchte und dann noch lange strahlte? Was sagt uns sein Roman über die Juden Ferraras unter der Herrschaft des Faschismus? Hat der Dichter etwas erspürt und in den „Erinnerungen des Herzens" – so der Titel eines Sammelbandes über Bassani[1], der sich auf den letzten Satz des Romans bezieht – aufbewahrt, was die Historiker erst später entdeckten? Wie wurden die „Gärten der Finzi-Contini" Anfang der sechziger Jahre aufgenommen, als Italien sein Wirtschaftswunder erlebte und sich fast geschlossen dem Opfer- und *Resistenza*-Mythos ergab?

### Der Autor

Giorgio Bassani[2] wusste, wovon er schrieb. Er wurde 1916 als Sohn eines wohlhabenden jüdischen Arztes in Bologna geboren, seine Familie übersiedelte aber bald nach seiner Geburt in ihre eigentliche Heimat, nach Ferrara, wo er bis 1943 blieb. Die Bassani waren weitgehend assimiliert und so sehr im bürgerlichen Milieu der Stadt verankert, dass niemand etwas dabei fand, als sich der Vater – wie viele seines Standes und seiner Religion – schon vor dem Marsch auf Rom im Oktober 1922 der faschistischen Bewegung anschloss.

---

[1] Vgl. Eberhard Schmidt (Hrsg.), Giorgio Bassani. Erinnerungen des Herzens, München 1991. Für wertvolle Hinweise und tatkräftige Unterstützung bei der Materialsammlung danke ich Saskia Hofmann und Carl Wilhelm Macke.
[2] Vgl. http://fondazionegiorgiobassani.it/biografia.htm; Sergio Gilardino, Giorgio Bassani: Una valutazione critica, in: Canadian Journal of Italian Studies 1 (1977/78), S. 23–32; Ute Stempel, Nachwort zu Giorgio Bassani, Die Gärten der Finzi-Contini, Zürich 2005, S. 417–445.

Bassani selbst blieb dem Faschismus gegenüber immun; politische Fragen waren ihm überhaupt gleichgültig. Er kultivierte ein gewisses Dandytum und verschrieb sich dem Tennisspiel und vor allem der Literatur, die er nach dem Abitur 1934 an der Universität Bologna zu studieren begann. Dort löste sich der verwöhnte Literat aus dem Denkhorizont der Familie, während er zugleich unter dem Einfluss regimekritischer Hochschullehrer zum politischen Leben erwachte. Er entdeckte den Nonkonformismus eines Benedetto Croce und engagierte sich in linken, nicht-kommunistischen Oppositionszirkeln – zunächst tastend und suchend, fast spielerisch, wobei sich diese rastlose Leichtigkeit existenzieller Selbstfindung schnell verlor, als das faschistische Regime 1938 die Rassengesetze erließ, die schmerzliche Schikanen für die Juden bereithielten. Bassani konnte 1939 zwar sein Studium mit einer Doktorarbeit über den im 19. Jahrhundert einflussreichen religiös-patriotischen Dichter und Sprachwissenschaftler Nicoló Tommaseo noch abschließen, musste dann aber mit der Anstellung als Hilfslehrer in der jüdischen Schule von Ferrara vorlieb nehmen[3], die ihm einmal mehr vor Augen führte, dass seine Position doppelt aussichtslos war: Als Jude und Regimegegner hatte er im Faschismus keine Zukunft.

Bassani verzagte dennoch nicht. Er nutzte die freie Zeit, die ihm als Lehrer blieb, für erste literarische Fingerübungen, vor allem aber für seine Aktivität im Widerstand, die ihn fast ganz in Beschlag zu nehmen schien. Von Ferrara aus knüpfte er zahlreiche Verbindungen zu Gleichgesinnten, die ihrerseits aktiv geworden waren und eigene Netzwerke gesponnen hatten. 1943/44 erwuchs aus diesen Initiativen die liberal-sozialistische Aktionspartei, die nach Kriegsende mit Ferruccio Parri sogar den Ministerpräsidenten stellte. Bassani gehörte zur Gründergeneration der Aktionspartei – und musste dafür, wie viele seiner Mitstreiter, einen hohen Preis entrichten: mehrere Monate Haft und ein stets gefährdetes Leben in wechselnden Verstecken, das vom Sturz Mussolinis im Juli 1943 bis zur Befreiung Roms im Juni 1944 währte. Seine Frau teilte die Erfahrung im Untergrund, seine Eltern und seine Schwester hatte Bassani auf dem Land in Sicherheit zu bringen vermocht, während andere nahe Verwandte deportiert wurden und in den Vernichtungslagern des Ostens den Tod fanden[4].

Bei Kriegsende stand Bassani vor dem Nichts. Er schlug sich als Lehrer, Schauspieler, Büroangestellter und Drehbuchautor durch und vermochte sich erst 1948 eine leidlich gesicherte bürgerliche Existenz zu schaffen, als er die reiche Amerikanerin Marguerite Caetani kennen lernte, die eine internationale Literaturzeitschrift, die *Botteghe Oscure*[5], ins Leben rief und Bassani als Redakteur beschäftigte. Bassani saß damit an einer wichtigen Schaltstelle des italienischen Literaturbetriebs, die er noch ausbauen konnte, als ihn das Verlagshaus Feltrinelli als Lektor und Berater engagierte. Bassani förderte dort junge Talente wie Pier Paolo Pasolini und landete schließlich sogar einen spektakulären Erfolg, weil er beherzt zugriff, als Feltrinelli „Der Leopard" von Giuseppe Tomasi di Lampedusa

---

[3] Vgl. dazu die kleine Rede, die Bassanis ehemaliger Schüler, Paolo Ravenna, am 26. Mai 2009 anlässlich der Enthüllung einer Gedenktafel am ehemaligen Wohnhaus des Dichters gehalten hat. Den Text der Rede hat mir dankenswerteweise Carl Wilhelm Macke zur Verfügung gestellt.

[4] Vgl. Alessandro Roveri, Giorgio Bassani e l'antifascismo (1936–1943), Sabbioncello San Pietro (FE) 2002.

[5] Vgl. Stefania Valli (Hrsg.), La rivista Botteghe Oscure e Marguerite Caetani. La corrispondenza con gli autori italiani, 1948–1960, Rom 1999; vgl. auch Hans Magnus Enzensberger an Uwe Johnson, 30.12.1959, in: Henning Marmulla/Claus Kröger (Hrsg.), „fuer Zwecke der brutalen Verstaendigung". Hans Magnus Enzensberger – Uwe Johnson. Der Briefwechsel, Frankfurt a. M. 2009, S. 10. Enzensberger schreibt, „die zeitschrift ist fünfsprachig, etwas snobistisch, aber wichtig. man zahlt ziemlich viel".

angeboten wurde; Einaudi und Mondadori hatten das Manuskript des späteren Best- und Longsellers als verstaubt abgelehnt.

Parallel dazu blieb auch der Schriftsteller Bassani nicht untätig. Er schrieb Gedichte und kleinere Prosastücke, ohne damit freilich größeren Anklang zu finden. Das änderte sich erst, als er Anfang der fünfziger Jahre mit der Zeitgeschichte Ferraras sein Lebensthema fand, dem er mehrere größere Erzählungen widmete, die er 1956 zusammenfasste und in einem Band auf den Markt brachte[6]. Nach dem Achtungserfolg der fünf Ferrareser Geschichten ging es Schlag auf Schlag: 1958 publizierte er die Erzählung „Die Brille mit dem Goldrand", die erschütternde Geschichte eines Homosexuellen im Faschismus, die ihm den wichtigen Premio Strega eintrug, ehe er 1962 mit den „Gärten der Finzi-Contini" den Durchbruch zu internationalem Ruhm feiern konnte. Bassani erhielt dafür den Premio Viareggio, den prestigeträchtigsten literarischen Preis, den Italien zu vergeben hat; Vittorio De Sica verfilmte den Stoff 1970 und wurde dafür mit einem Oscar prämiert. Danach folgten weitere Romane und weitere, nun auch ausländische Auszeichnungen, unter anderem der Nelly-Sachs-Preis der Stadt Dortmund, bei dessen Verleihung kein Geringerer als Alfred Andersch die Laudatio hielt; er sagte dabei, Bassani sei „nicht nur einer der größten, er ist auch einer der leisesten Schriftsteller Europas"[7].

In den achtziger Jahren verstummte Bassani. Er erkrankte an Alzheimer[8]. Im April 2000 verstarb er – geistig längst umnachtet – in Rom. Seine letzte Ruhe fand er dort, wo er hingehörte: auf dem jüdischen Friedhof in Ferrara.

## Der Roman[9]

Schauplatz des Romans ist Ferrara, genauer: der Besitz der jüdischen Familie Finzi-Contini mit seinem neugotischen Schloss, seiner kleinen Landwirtschaft, seinem Tennisplatz und vor allem seinem endlosen Park, in dem seltene Pflanzen und Bäume aus aller Herren Länder vom erlesenen Geschmack und vom Reichtum der Familie zeugen. Die Finzi-Contini leben seit langem in Ferrara, gehören aber doch nicht richtig dazu. Sie leben, wie

---

[6] Vgl. Giorgio Bassani, Ferrareser Geschichten, München/Zürich 1996.

[7] Alfred Andersch, Laudatio, in: Max Tau, Ansprachen und Dokumente zur Verleihung des Kulturpreises der Stadt Dortmund, Nelly-Sachs-Preis, am 5. Dezember 1965, Dortmund 1965, S. 16; vgl. auch Italo Michele Battafarano, Vom Sinn des Erzählens, in: Marcel Korelnik (Hrsg.), Sansibar ist überall. Alfred Andersch. Seine Welt – in Texten, Bildern, Dokumenten, München 2008, S. 129–140, sowie Alfred Andersch, Auf den Spuren der Finzi-Contini, in: Merkur 21/II (1967), S. 943–955.

[8] Vgl. den Bericht von Gustav Seibt über einen Besuch bei Bassani, in: Frankfurter Allgemeine Zeitung, 2.2.1995: Der Kuss; ders., in: Berliner Zeitung, 20.12.1997: Stille Nacht. Vgl. auch Eberhard Schmidt, Visita a un vecchio poeta, in: Anna Dolfi/Gianni Venturi (Hrsg.), Ritorno al „Giardino". Una giornata di studi per Giorgio Bassani. Firenze – 26 marzo 2003, Rom 2006, S. 241–244; Portia Prebys, Giorgio Bassani tra verità e realtà. Testimonianza sul grande scrittore scomparso, in: Ebenda, S. 253–259.

[9] Vgl. Adriano Bon, Come leggere Il giardino dei Finzi-Contini di Giorgio Bassani, Mailand 1979; Harry Davis, Narrated and Narrating in Il Giardino dei Finzi-Contini, in: Italian Studies 43 (1988), S. 117–129; Gabriele Waste, Jüdische Identität im Zeichen von Bildlichkeit und Erinnerung in Giorgio Bassanis *Romanzo di Ferrara*, Würzburg 2003; Stefanie Schütte-Schneider, Geschichten aus Geschichte. Historische Begebenheiten und romaneske Verarbeitung in Giorgio Bassanis *Romanzo di Ferrara*, Frankfurt a. M. u. a. 1998; Erika Kanduth, Giorgio Bassanis Il Giardino dei Finzi-Contini im Spiegel der Varianten, in: Italienische Studien 6 (1983), S. 105–123; Georges Güntert, Figuren hinter Glas. Zu Bassanis „Romanzo di Ferrara", in: Zibaldone 1–2 (1986), S. 101–117.

Glaubensgenossen ihnen vorwerfen, in „hochmütiger Absonderung"[10], wie Aristokraten, die eine Art eigene Sprache und eigene Umgangsformen kultivieren. Ausdruck dieser herausfordernden, auf Distinktion bedachten Exklusivität ist die Tatsache, dass sich das Familienoberhaupt, der Privatgelehrte Professor Ermanno, trotz drängender Aufforderung weigert, der faschistischen Partei beizutreten, während fast alle anderen Juden Ferraras längst das Parteibuch in der Tasche tragen. Hinzu kommt, dass er seine beiden Kinder, Micòl und Alberto, nicht in einer öffentlichen Schule unterrichten lässt; sie genießen Privatunterricht und halten so auch Distanz zu anderen Schülern mosaischen Glaubens, die entweder in die jüdische Schule gehen oder, wie zum Zeichen der nationalen Zuverlässigkeit ihrer Eltern, staatliche Lehranstalten besuchen. Als besonders provozierend empfindet man schließlich die eigenwillige Interpretation ihres Judentums. Die Finzi-Contini begnügen sich nicht damit, orthodoxe Riten und Regeln in stärkerem Maße zu beachten als die weit überwiegende Mehrheit der längst assimilierten Juden Ferraras. Sie leisten sich Anfang der dreißiger Jahre sogar eine eigene Synagoge und brechen damit auch die religiösen Kontakte zu ihrer Umwelt ab.

Mussolinis Rassenpolitik reißt die Finzi-Contini aus ihrer dünkelhaften Lethargie, obwohl sie selbst in ihrer eigenen Welt anfangs kaum davon betroffen sind. Sie erkennen aber die Dimension der Katastrophe, die jetzt über die Juden Italiens hereinzubrechen droht, und werden sich – als alte und wohlsituierte Familie – ihrer Verantwortung für das gefährdete Judentum bewusst. Sie kehren in die alte Synagoge zurück und öffnen ihren Park, insbesondere den Tennisplatz, für die jungen sportbegeisterten Juden, die von den öffentlichen Plätzen ausgeschlossen sind.

Mit der Abkehr der Finzi-Contini von der hoffärtigen Exklusivität früherer Jahre und dem zaghaften Einzug des Ich-Erzählers, eines namenlosen jüdischen Studenten aus einer gutbürgerlichen, politisch angepassten Familie, in die Gärten von Professor Ermanno setzt der Roman im Herbst 1938 ein. Wir befinden uns also in der Zeit kurz nach dem Erlass der Rassengesetze und werden von Bassani mit einer Geschichte konfrontiert, die – grob gesprochen – drei Handlungsstränge meisterhaft miteinander verknüpft und so eine leise überwältigende Intensität gewinnt, die Bassanis Ruhm als Schriftsteller begründet hat.

Der erste Strang handelt von Micòl und dem Ich-Erzähler. Es ist die Geschichte einer großen Liebe, die aus schwer zu enträtselnden Gründen unerfüllt bleibt. Ist es so, weil der männliche Protagonist als aufmerksamer Freund, nicht als Mann agiert? Die Unreife des Studenten spielt keine geringe Rolle, als Micòl ihn barsch zurückweist und mit „grausamer Gleichgültigkeit" behandelt, nachdem sie ihn lange ermuntert und in den engsten Kreis ihrer Familie eingeführt hat. Der tiefere Grund für ihr Verhalten und den Bruch der zarten Beziehung ist damit aber nicht erfasst. Er liegt in der Ambivalenz ihres Wesens[11]: Micòl kennt zwar auch den Zauber melancholischer Rückwärtsgewandtheit und ähnelt so dem Ich-Erzähler, der jede Gelegenheit einer wirklichen Annäherung verpasst und in seiner Unbeholfenheit erst dann aktiv wird, als seine Chance bereits verstrichen ist. Zugleich ist sie aber von einer unstillbaren Lebensneugier durchdrungen, die sich über Traditionen und Konventionen hinwegsetzt und auch vor der Perspektive der nahenden Katastrophe nicht versiegt. Sie will leben, während ihr gesellschaftliches Umfeld längst in tiefer Resig-

---

[10] Bassani, Gärten, S. 27. In diesem Aufsatz wird generell aus der Wagenbach-Ausgabe aus dem Jahr 2001 zitiert.
[11] Vgl. Gianni Venturi, Dimenticare Euridice. Il destino infero di Micòl Finzi-Contini, in: Dolfi/Venturi (Hrsg.), Ritorno al „Giardino", S. 91–102.

nation versunken ist oder Trost in der Beschwichtigung sucht: In Ferrara sei doch noch nicht viel geschehen, es werde schon nicht so schlimm kommen. Bassani selbst hat diese Ambivalenz seiner Hauptperson in zahlreichen Interviews immer wieder betont: „Micòl sagt, dass sie nur die Gegenwart oder allenfalls noch die Vergangenheit liebt. In Wirklichkeit aber ist sie voller Leben und sehnt sich nach der Zukunft."[12]

Im zweiten Handlungsstrang greift Bassani das Thema Resignation und Selbstbeschwichtigung aus einem anderen Blickwinkel noch einmal auf. Hier richtet er den Fokus auf die Geschichte des jüdischen Bürgertums in Ferrara in den dreißiger Jahren, das angesichts seiner großen Affinität zum faschistischen Regime die antijüdischen Maßnahmen und das antisemitische Begleitgrollen wie einen Blitz aus heiterem Himmel erlebt. Viele von ihnen haben sich der faschistischen Bewegung bereits vor 1922 angeschlossen, die meisten sind der Staatspartei in den frühen dreißiger Jahren beigetreten, und zwar ganz gleich, welcher religiösen Richtung und welcher sozialen Schicht sie angehörten; nur die aristokratischen Finzi-Contini machen eine Ausnahme. Sie alle sind verstört und reagieren mehr ungläubig als entsetzt auf den Schlag der Faschisten, der sie zu geächteten Außenseitern degradiert. Der Vater des Ich-Erzählers, selbst ein Faschist der ersten Stunde, wird aus der Partei und dem Klub der Kaufleute ausgeschlossen, der kleine Bruder muss zum Studium nach Frankreich gehen, die Schwester ist gezwungen, ein jüdisches Gymnasium zu besuchen, und der Erzähler selbst darf an der Universität keine Vorlesungen mehr hören; auch der Besuch der Stadtbibliothek wird ihm untersagt. Trotzdem gesteht sich der Vater lange nicht ein, dass er seine Hoffnungen auf die Falschen gesetzt hat.

Dass der Boden schwankt, ist dennoch mit Händen zu greifen, und Bassani bietet sein ganzes schriftstellerisches Können auf, um die eher erfühlte als erlebte, fast entgeisterte Paralyse der jüdischen Familie in einer Momentaufnahme, dem Osterfest des Jahres 1939, festzuhalten. Sie waren „geringer an Zahl, verglichen mit einst, und auch nicht mehr fröhlich, lachend und in lautem Gespräch, sondern traurig und still wie Tote. Ich musterte meinen Vater und meine Mutter; beide waren in wenigen Monaten sehr gealtert. Und ich sah Fanny an, die nun schon fünfzehn Jahre alt war, aber, als ob eine rätselhafte Furcht ihre Entwicklung zum Stehen gebracht hätte, noch immer wie eine Zwölfjährige wirkte. Reihum betrachtete ich Onkel und Tanten, Vettern und Cousinen, von denen die meisten wenige Jahre später in den deutschen Verbrennungsöfen enden sollten; ganz gewiß ahnten sie dieses Ende nicht, ebensowenig wie ich, […] und doch waren sie schon damals für mich von jener Aura geheimnisvoller Todgeweihtheit umgeben, die sie gleichsam zu Statuen ihrer selbst machte."[13] Der Ich-Erzähler lässt sich davon nicht anstecken. Trotz seines Hangs zur gegenwartsvergessenen Passivität macht er sich auf den Weg aus der ihn umgebenden Resignation und aus der eigenen Familie, „diese verzweifelte und groteske Gespenstergesellschaft"[14], die sich zu seinem Leidwesen immer nur duckt und „dies eintönige, triste und sinnlose Klagelied" anstimmt.

Bassani beginnt damit den dritten Handlungsstrang, bei dem es um die Identitätsfindung eines jugendlichen Intellektuellen in einem totalitären Regime geht, das ihn ausgestoßen und damit jeglicher Identifikationsmöglichkeit mit den herrschenden Verhältnissen beraubt hat. Bassani schickt den Ich-Erzähler deshalb auf die beschwerliche Recherche nach anderen, aus Sicht des Regimes vergifteten Quellen der Selbstdefinition. Er sucht sie

---

[12] So in einem Gespräch mit Ferdinando Camon, La moglie del tiranno, Rom 1969, S. 92f.
[13] Bassani, Gärten, S. 224.
[14] Ebenda, S. 225.

im Glauben, oder besser: im gebildeten Judentum und in Professor Ermanno, der ihn in der großen, zwanzigtausend Bände umfassenden Bibliothek der Finzi-Contini aufnimmt und ihn gleichsam zum Hüter und Bewahrer jüdischer Traditionen und humanistischer Werte bestimmt. Der Student greift viele Anregungen auf, trennt sich aber schließlich doch von den Finzi-Contini, ohne ihr geistiges Erbe anzutreten; die Enttäuschung über Micòl spielt dabei eine ebenso große Rolle wie der Standesunterschied zwischen den beiden Familien, der insbesondere vom Vater betont wird: „Frauen und Ochsen"[15], meint er unter Rückgriff auf ein altes Sprichwort, solle man sich aus seiner Heimat nehmen.

Ähnliche Erfahrungen macht der Ich-Erzähler mit kommunistischem Gedankengut, das ihm vor allem von einem Freund Micòls und Albertos, einem aus Mailand stammenden Chemiker namens Giampiero Malnate, nahegebracht wird, den er „vom ersten Augenblick an gehaßt und gleichzeitig gern gemocht" hat[16]. Auch hier verschließt er sich zunächst nicht. Er liest Trotzki und lässt sich in endlose Diskussionen mit Malnate verstricken, der ihm anfangs mit seiner selbstgewissen Ruhe und seiner robusten Männlichkeit durchaus imponiert, ihn aber schließlich doch nicht auf seine Seite zu ziehen vermag; dafür ist der nicht zu jüdischen Kreisen gehörende Malnate kulturell zu borniert, politisch zu stumpf, insbesondere mit Blick auf verfolgte Minderheiten wie Homosexuelle und Juden[17], und mit seiner ewigen Repetition des kommunistischen Katechismus auf die Dauer überhaupt zu langweilig, als dass er den gebildeten Doktoranden hätte überzeugen können.

Als konstanter Fluchtpunkt bleibt so nur die Besinnung auf sich selbst, auf sein Studium, auf Wissen und Kultur und auf einen erneuerten und sozial aufgeschlossenen Liberalismus und Humanismus, die trotz mancher Vorbehalte in Croce ihren Garanten und Gewährsmann haben. Der Ich-Erzähler söhnt sich politisch und persönlich mit seinem Vater aus, der nun ebenfalls die Zeichen der Zeit zu erkennen beginnt, er opponiert gegen die larmoyante Duldsamkeit der Juden, die alles mit sich geschehen lassen, und er erkennt schließlich sogar seine Berufung – und zwar in der Schriftstellerei, wobei hier der biographische Bezug zu Bassani selbst noch einmal in aller Deutlichkeit zutage tritt; nur den letzten Schritt zur Tat im Untergrund hat Bassani seinem Protagonisten voraus.

Während der Ich-Erzähler seinen Weg findet, endet das Leben aller anderen Hauptpersonen in der Katastrophe; Emanzipation und Tod liegen am Schluss nahe beieinander. Alberto stirbt an einer bösartigen Lungenkrankheit, Malnate geht 1941 mit dem italienischen Expeditionskorps an die Ostfront und kehrt nicht mehr zurück, die anderen Mitglieder der Finzi-Contini fallen 1943 den Salò-Faschisten in die Hände und werden dann nach Deutschland deportiert; keiner weiß, so Bassani, ob sie dort „überhaupt ein Grab gefunden haben"[18].

### Dichter und Historiker

Keine der Personen, die Bassani sterben lässt, hat je gelebt. Es gab keine Micòl, keinen Professor Ermanno und keinen Malnate. Auch die Gärten der Finzi-Contini und ihr Familiengrab sucht man in Ferrara vergeblich; nur der Ich-Erzähler weist so viele Parallelen

---

[15] Ebenda, S. 335.
[16] Ebenda, S. 189.
[17] Ebenda, S. 317 und S. 202–206.
[18] Ebenda, S. 17.

zum Autor auf, dass man fast von einem Selbstporträt sprechen kann. Ganz frei erfunden sind aber auch die anderen Figuren nicht. Literaturwissenschaftler, Historiker und Journalisten haben in den meisten Fällen nahe und ferne Vorbilder entdeckt, die Bassani für seine Zwecke verwandelt und eingesetzt hat: Die Finzi-Contini sind in diesem Sinne mit der Familie Finzi Magrini verwandt, die Bassani kannte und auf deren Tennisplatz er tatsächlich spielte. Ermanno hat in dieser begüterten Familie ebenso sein Urbild wie seine gebrechliche Schwiegermutter Regina Herrera, seine Frau Olga, sein ältester Sohn Alberto und der früh verstorbene Guido Finzi-Contini. Bei den Finzi Magrini gab es zwar auch eine Tochter, die vom Alter her zu Micòl passen würde[19]; diese hat Bassani aber wohl nicht im Auge gehabt. Micòls literarische Wurzeln reichen tiefer. Sie gehen, so scheint es, auf die im 16. Jahrhundert lebende Marfisa d'Este, einer Enkelin von Lucrezia Borgia und einer Vertrauten Torquato Tassos, zurück, deren Namen Bassanis Tennisklub trug. Bassani „borgte" sich die äußere Erscheinung, den Freiheitsdrang, den stolzen Charakter und vieles mehr von der Este-Prinzessin, die auch schon Gabriele D'Annunzio inspirierte[20].

Hinzu kommt, dass Bassani auch bei der Charakterisierung Ferraras größte Authentizität suchte oder wenigstens den Anschein davon zu wecken vermochte. Die Straßen, Plätze und das Labyrinth enger Gassen tragen Namen, die es tatsächlich gegeben hat, die Vegetation ist der Wirklichkeit abgeschrieben, und selbst das Wetter ist so, wie man es von Ferrara kennt. Selbstverständlich waltet auch bei der Schilderung der jüdischen Gemeinde Genauigkeit: ihre soziale Schichtung, ihre religiösen und politischen Konflikte, ihre korrumpierende Nähe zum Faschismus und die gedrückte Atmosphäre nach dem Erlass der Rassengesetze – das alles ähnelt am Einzelfall veranschaulichter Zeitgeschichte, die von der Wissenschaft vielfach beglaubigt ist. Kleinere Irrtümer bei der Datierung und einige, die Wirklichkeit verformende Kunstgriffe fallen demgegenüber kaum ins Gewicht und vermögen den Gesamteindruck fiktiver, aber realitätsgetreuer Wahrhaftigkeit nicht zu trüben.

Nichts anderes wollte Bassani erreichen, als er sich an die Niederschrift der „Gärten der Finzi-Contini" und seiner anderen Romane und Erzählungen machte. Er wolle, so Bassani in einer Art Selbsterklärung seiner Berufsauffassung, „wahr sein, durch und durch glaubwürdig", wobei Wahrheit und Glaubwürdigkeit natürlich kein Selbstzweck sind. Sie stehen im Dienste der Erinnerung an den Holocaust. „Nie ist etwas Schrecklicheres und Ungeheuerlicheres verübt worden. Nun denn, die Dichter sind da, um zu gewährleisten, daß dies nicht in Vergessenheit gerät. Eine Menschheit, die Buchenwald, Auschwitz und Mauthausen vergäße – ich könnte mit ihr nichts anfangen. Ich schreibe, damit man sich erinnere."[21] Er habe die Finzi-Contini nicht zufällig „in einen historisch klar bestimmten Zusammenhang gestellt, ohne jegliche Erfindung, so als hätten sie wirklich gelebt. Ich wollte eben zugleich Dichter und Historiker sein."[22]

Gustav Seibt liegt deshalb richtig, wenn er den Romancier Bassani als den „bedeutendste[n] Historiker in der neueren italienischen Literatur" bezeichnet. Bei ihm, so Seibt, „verschmelzen Kunst und historischer Stoff vollkommen"[23]. Auch manchen zeitgenössi-

---

[19] Vgl. Schütte-Schneider, Geschichten aus Geschichte, S. 198–203.
[20] Vgl. ebenda, S. 307–317.
[21] Giorgio Bassani, Einige Auskünfte über mein Werk, in: Schmidt (Hrsg.), Erinnerungen des Herzens, S. 163f.
[22] Eberhard Schmidt, „Worüber sollten die Dichter denn sprechen, wenn nicht über ihre eigene Stadt …". Ein Gespräch mit Giorgio Bassani (Rom 1989), in: Schmidt (Hrsg.), Erinnerungen des Herzens, S. 154.
[23] Vgl. den Klappentext der Wagenbach-Ausgabe der „Gärten der Finzi-Contini" aus dem Jahr 2001.

schen Literaturkritikern ist diese Symbiose aufgefallen. So meinte etwa Carlo Bo in einer Besprechung der „Gärten der Finzi-Contini": „Auf seine Art ist er [der Roman Bassanis] eine Ergänzung des Buches von De Felice."[24] Bo bezog sich dabei auf die 1961 erschienene „Geschichte der italienischen Juden im Faschismus", das erste Buch des später wegen seiner monumentalen Mussolini-Biographie berühmt gewordenen Renzo De Felice über den Faschismus, das bis heute zahlreiche Neuauflagen erlebt hat[25]. De Felices Werk verdankte sich einer Initiative der jüdischen Gemeinden Italiens[26], die damit ihr Leid, aber auch ihren Überlebenswillen dokumentieren und im Bewusstsein einer breiteren Öffentlichkeit verankern wollten. De Felice entledigte sich dieser heiklen Aufgabe mit Bravour und legte eine bald zum Standardwerk avancierte Darstellung vor, die ganz aus den Quellen erarbeitet werden musste, weil es so gut wie keine Vorstudien gab. Auch in methodischer Hinsicht genügte das Buch damals höchsten Ansprüchen, verknüpfte es doch politik-, rechts-, sozial- und verbandsgeschichtliche mit biographischen Ansätzen auf so virtuose Weise, dass kaum jemand etwas daran auszusetzen hatte; selbst die Opferperspektive, die auch von der italienischen Zeitgeschichte erst sehr viel später entdeckt wurde, kam zu ihrem Recht.

Leider wurde aber auch De Felice so sehr Opfer des vom *Resistenza*-Mythos geprägten Zeitgeistes, dass sein Buch im Laufe der Jahre viel von seiner Überzeugungskraft verlor. Heute wird man manche Thesen sogar als apologetisch bezeichnen müssen. Das gilt vor allem für sein zugespitztes Urteil über die Immunität seiner Landsleute gegenüber antisemitischem Gedankengut, das De Felice gegen die schlagende Evidenz der eigenen Quellen fällte: Judenfeindschaft habe es in Italien nicht gegeben, nach den Rassengesetzen sei das Gewissen fast aller Italiener aufgestanden, die „ersten Maßnahmen und die ihnen zugrunde liegende Idee wurden von der überwältigenden Mehrheit der Italiener abgelehnt – mit einer Einmütigkeit, die diesmal wirklich totalitär [totalitaria] war"[27]. Allerdings kam auch De Felice letztlich nicht um das Eingeständnis herum, dass sich das Gift des Antisemitismus im Laufe der Zeit in der italienischen Gesellschaft ausgebreitet habe. Schuld daran hätten nicht nur einige notorische Hetzer wie Giovanni Preziosi[28] und Roberto Farinacci gehabt, der Antisemitismus sei generell salonfähig geworden und habe auch in Galeazzo Ciano, Giuseppe Bottai und selbst im König seine Propandisten gefunden. Besonders anfällig und aktiv seien die faschistischen Jugendorganisationen und die kulturellen Eliten des Landes gewesen[29].

Bei Mussolini dagegen fiel die Diagnose nicht ganz so eindeutig aus. Gewiss, er war auch in den Augen De Felices der Hauptverantwortliche für die antisemitischen Maßnahmen. Allerdings, so der römische Historiker weiter, sei es ihm nie um die Vernichtung der Juden gegangen. Der „Duce" habe lange an der toleranten Judenpolitik festgehalten, die er An-

---

[24] La Stampa, 14. 2. 1962: Il romanzo di Bassani; zit. nach Schütte-Schneider, Geschichten aus Geschichte, S. 153.
[25] Vgl. Renzo De Felice, Storia degli ebrei italiani sotto il fascismo (Taschenbuchausgabe der 9. erweiterten Auflage), Turin 2008.
[26] Vgl. Renzo De Felice, Der Faschismus. Ein Interview von Michael A. Ledeen. Mit einem Nachwort von Jens Petersen, Stuttgart 1977, S. 15.
[27] Vgl. De Felice, Storia, S. 345.
[28] „Dorfköter" nennt sie Bassani, in: Die Brille mit dem Goldrand, S. 103.
[29] Vgl. De Felice, Storia, S. 386, S. 389 und S. 396. Zur besonders aktiven faschistischen Studentenorganisation vgl. Luca La Rovere, Storia dei Guf. Organizzazione, politica e miti della gioventù universitaria fascista 1919–1943, Turin 2003.

fang der dreißiger Jahre in den Gesprächen mit Emil Ludwig skizziert hatte[30]. Sein Motto habe „diskriminieren nicht verfolgen" gelautet[31]. Außerdem habe er ständig unter enormem Anpassungsdruck gestanden, der vom NS-Regime ausgegangen sei und 1938 zu den Rassengesetzen und später zu dem Plan geführt habe, alle Juden aus Italien zu vertreiben[32]. Überhaupt hätten die Nationalsozialisten in Italien schon 1933/34 kräftig mitgemischt, als der Antisemitismus südlich der Alpen aufzukeimen begann. An „seinem Ursprung waren auch – und vielleicht sogar in entscheidendem Maße – die Nazis mit direkten Machenschaften beteiligt". Hitler habe in Italien „von 1933 ab eine ganze Reihe von Agenten" unterhalten, „die ersten Maschen jenes Netzes, das wenige Jahre danach das ganze Land erstickte"[33].

Beweise für diese abenteuerlichen Insinuationen blieb De Felice schuldig, und auch die spätere Forschung vermochte sie nicht zu erbringen. In den fünfziger und sechziger Jahren war niemand daran interessiert, man glaubte auch ohne stichhaltige Belege genau zu wissen, wo Verantwortung und Schuld zu suchen waren – allein bei den Deutschen und ihren faschistischen Partnern, die von De Felice fast systematisch aus der italienischen Nation hinausdefiniert wurden. Dass diese damit ihre traditionelle Reinheit behielt, ist eine Nebenwirkung, die gewiss nicht unbeabsichtigt und auch von einer weiteren These zu erwarten war: Der von Staat und Partei verordnete Antisemitismus habe auf dem Weg von der Hauptstadt in die Provinzen alle Durchschlagskraft verloren, er sei im Dickicht der Instanzen versackt oder von „guten italienischen Bürgern" – die es selbst in der Partei in großer Zahl gegeben habe – sabotiert worden, um die Juden vor Schaden zu bewahren und schließlich vor dem Zugriff der Nazis zu retten.

Ich weiß nicht, ob Bassani das Buch von Renzo De Felice kannte, als er an den „Gärten der Finzi-Contini" schrieb. Wenn ja – großen Eindruck machte es allem Anschein nach nicht auf ihn. Apologetik war dem Dichter der feinen Töne völlig fremd. Er behauptete zwar auch, die Kapitalverbrechen an den italienischen Juden seien allein den Deutschen anzulasten. Die Rassengesetze, ihre Umsetzung und die damit verbundenen Ausgrenzungen und Schikanen nach 1938 sind bei Bassani aber das Werk von Faschisten, die dabei auf keinen nennenswerten Widerstand in der italienischen Gesellschaft treffen. Das Bild, das Bassani von ihr zeichnet, ist von deprimierender Uniformität: Kein Lichtblick, nur ubiquitäres Versagen, wobei er seine jüdischen Glaubensgenossen ebenso kritisiert wie das katholische und laizistische Bürgertum, das seine eigenen Werte verrät und Mussolini in den Sattel hilft – und ihn dann nicht mehr zu bremsen vermag, ja es nicht einmal versucht, weil es seine Ressentiments gegen Außenseiter und innere Feinde sowie seine imperialen Träume teilt. Dementsprechend findet man auch den „guten Italiener", der sich wegen der Rassengesetze empört, dem jüdischen Nachbarn beisteht, beide Augen zudrückt und Verordnungen unterläuft, etwas riskiert, um Juden zu helfen, in den „Gärten der Finzi-Contini" nicht. Der Durchschnittsitaliener ist bei Bassani nicht gut, sondern taub, blind und stumm: Die Parteigenossen funktionieren und tun, was man von ihnen verlangt – in vielen Fällen sogar deutlich mehr, wie die Forschung nicht zuletzt am Beispiel Ferraras zeigen konnte, wo man etwa bei der Säuberung der Schulen und der öffentlichen Ver-

---

[30] Vgl. De Felice, Storia, S. 119. Vgl. auch Mussolinis Gespräche mit Emil Ludwig, Berlin/Wien/Leipzig 1932.
[31] De Felice, Storia, S. 256.
[32] Vgl. ebenda, S. 354.
[33] Ebenda, S. 139 und S. 139f.

waltung mit besonderer Härte und „extrem rasch" zu Werke ging[34]. Das gesellschaftliche Umfeld zieht sich von den Juden zurück, schweigt und lässt den Dingen ihren Lauf – skrupellos bis zur Deportation.

Dabei darf man durchaus unterstellen, dass Bassani nicht wenige „gute Italiener" persönlich kannte; wie sonst hätte er seine Eltern 1943 verstecken und vor den Nazis retten können. In den Mittelpunkt seiner Romane und Erzählungen stellte er sie aber nicht. Sein Thema ist nicht der unbekannte Held, der sich ein Herz fasst und über sich hinauswächst, sondern die große Mehrheit, die sich anders verhielt und deren Verhalten ihn auch nach 1945 entsetzte, als sie von ihrer politischen Vergangenheit und ihrer moralischen Indifferenz nichts mehr wissen wollte und sich in leidenschaftliche Antifaschisten verwandelte. Ihr hält Bassani den Spiegel vor, dezent, aber unerbittlich, so dass man Stefanie Schütte-Schneider durchaus zustimmen kann, wenn sie die „Gärten der Finzi-Contini" als „monumentale Anklageschrift" interpretiert[35].

Mutationen vergleichbarer Art störten Bassani übrigens auch bei den überlebenden Juden. Dass viele von ihnen Mussolini verehrt hatten und der faschistischen Partei beigetreten waren, passte nach Kriegsende nicht mehr ins Bild. Also wurde es bedenkenlos retuschiert – und von Bassani mit seinen Mitteln dekonstruiert, sehr zum Leidwesen seiner jüdischen Glaubensgenossen, die solche korrigierenden Eingriffe in ihre Geschichten nur schwer ertragen konnten und Bassani deshalb mit beißender Kritik überhäuften[36].

Bassanis Romane sind in diesem Sinne weit mehr als eine Ergänzung des Buches von De Felice. Sie sind die notwendige Korrektur eines dem Zeitgeist verhafteten, partiell apologetischen Geschichtsbildes, das Renzo De Felice seinerseits nie revidierte, sondern im Gegenteil bestätigte und in den letzten Bänden seiner Mussolini-Biographie und vor allem in öffentlichen Stellungnahmen sogar noch zuspitzte. Bassani war schon Anfang der sechziger Jahre freier als der römische Historiker. Er hatte zu viel erlebt, er wusste zu viel, und er spürte zu viel, als dass er seinen Landsleuten die Absolution hätte erteilen können, nach der sie verlangten und die sie sich schließlich selbst erteilten. Auch Bassanis Deutungsangebot ist nicht über jeden Zweifel erhaben. Seine eigene Erfahrung im Faschismus bewahrte ihn aber vor krassen Fehlurteilen, seine moralische Entrüstung verwandelte sich – zum Glück – nie in ungerechte Einseitigkeit, und seine künstlerische Sensibilität hüllte Erfahrung und Entrüstung schließlich in das zarte Gewand einer Liebesgeschichte, die trotzdem nichts verhüllt. Die eigentliche Geschichte dahinter ist authentischer, letztlich auch wahrer und, in der Form eines Romans, natürlich eingängiger als De Felices Geschichtsinterpretation, die sich mit ihren über 600 Seiten ein bisschen selbst im Wege steht.

### Rezeption und Perzeption

Bassani war selbst am meisten überrascht, als sein Buch reißenden Absatz fand. Fünf Monate nach dem Erscheinen waren bereits 100 000 Exemplare verkauft[37]. Bis heute gingen

---

[34] Vgl. Ilaria Pavan, Il podestà ebreo. La storia di Renzo Ravenna tra fascismo e leggi razziali, Rom/ Bari 2006, S. 132 und S. 144.
[35] Schütte-Schneider, Geschichten aus Geschichte, S. 327.
[36] Vgl. das Interview mit Bassani, das am 15. 6. 1984 in La Voce repubblicana (S. 4) zu lesen war.
[37] Vgl. Schütte-Schneider, Geschichten aus Geschichte, S. 152.

die „Gärten der Finzi-Contini" allein in Italien millionenfach über den Ladentisch[38]. Auch im Ausland blieb der Erfolg nicht aus, der Roman wurde in fast alle Weltsprachen übersetzt. Besonders groß war die Resonanz in Deutschland, wo der Piper Verlag 1963 die Erstausgabe in der wunderbar schwebenden Übersetzung von Herbert Schlüter und danach mehrere weitere Auflagen besorgte – und gute Geschäfte damit machte: 150 000 Stück stehen in der Bilanz[39]. Später übernahmen auch andere Verlage den Roman in ihr Programm, unter anderem Wagenbach und Manesse, wo er auch jetzt noch erhältlich ist[40]. Im Airlift Verlag kann man den Roman mittlerweile auch als Hörbuch erwerben.

Es muss Spekulation bleiben, was die große Masse der italienischen Käufer und Leser bewog, als sie zu den Finzi-Contini griffen: selbstkritisches Interesse an der tragischen Geschichte der Juden im Faschismus, in der die meisten Italiener keine gute Figur gemacht hatten? Der Reiz einer Liebesgeschichte, die zahlreiche Interpretations- und Identifikationsmöglichkeiten bot? Viele Italiener, so scheint es, lasen das Buch als ergreifende Beziehungsgeschichte, den historischen und politischen Implikationen verschloss man sich; Selbstprüfung und Gewissenserforschung standen nach dem Abrechnungsfuror der Jahre 1943 bis 1946 nicht hoch im Kurs[41]. Das Land wollte seine Ruhe.

Das ist heute kaum anders. Die Muster der Wahrnehmung sind in Italien im Wesentlichen die gleichen geblieben, während im Ausland die historische Dimension und das kritische Potenzial des Romans schon in den achtziger Jahren erkannt wurden[42]. Großen Anteil an der einseitigen Rezeption in Italien hatte De Sicas Film[43], der Bassanis Buch gegen den Willen des Autors „enthistorisierte", und vor allem die professionelle Literaturkritik, die Bassanis Roman insgesamt eher zurückhaltend aufnahm. Gewiss, es gab sie schon, die großen Lobeshymnen, in denen es vor Superlativen nur so wimmelte. Im Zentrum standen aber auch hier Micòl und der Ich-Erzähler und die im Grunde nebensächliche Frage, ob Micòl ein Verhältnis mit Malnate hatte. Viele Kritiker priesen dabei die Komposition und den Nuancenreichtum des Romans, die künstlerische Raffinesse und Virtuosität des Autors, der zu den ganz Großen der italienischen und europäischen Literatur gezählt und mit Alessandro Manzoni, Gabriele D'Annunzio und sogar mit Marcel Proust verglichen wurde. Uneingeschränkt waren freilich auch diese Hymnen nicht. Mäkelige Untertöne fehlten kaum einmal. Sei es, dass man die traditionelle Erzählweise tadelte, sei es, dass man die „patina sentimentale" anprangerte[44] – fast immer versuchte man, Bassani ins anachronistische Abseits blutleerer Kunstsinnigkeit zu stellen. Wenn „die Zahl der Liebhaber dieser Art von Literatur zunehmen würde, glaube ich nicht, dass das ein Zeichen von Vitalität der italienischen Belletristik wäre", schrieb beispielsweise Sergio Antonielli in einer insgesamt wohlwollenden Rezension[45].

---

[38] Schriftliche Mitteilung von Portia Prebys, der letzten Lebensgefährtin Bassanis, vom 13. 7. 2009.

[39] Mitteilung des Piper Verlags vom 17. 7. 2009. Vgl. auch Edda Ziegler, 100 Jahre Piper. Die Geschichte eines Verlags, München/Zürich 2004, S. 261–266.

[40] Wagenbach verkaufte bis heute 15 000 Stück, Manesse 2500. Vgl. Mitteilung des Wagenbach Verlags und von Manesse vom 9. und 14. 7. 2009.

[41] Vgl. Hans Woller, Die Abrechnung mit dem Faschismus in Italien 1943 bis 1948, München 1996.

[42] Vgl. Marilyn Schneider, Vengeance of the Victim. History and Symbol in Giorgio Bassani's Fiction, Minneapolis 1986.

[43] Vgl. Anna Dolfi, Un film quasi impossibile. Qualche appunto in margine all'uso del codice di realtà, in: Dolfi/Venturi (Hrsg.), Ritorno al „Giardino", S. 117–125.

[44] Zit. nach Schütte-Schneider, Geschichten aus Geschichte, S. 152.

[45] Belfagor 17 (1962), S. 367.

Noch sehr viel weiter ging die schriftstellerische Avantgarde des „Gruppo '63" um die Zeitschrift „Il Verri". Sie hielt sich in arroganter ästhetischer Selbstgewissheit bei Äußerlichkeiten auf und verfehlte so die Substanz des Romans total. „Die Gärten der Finzi-Contini" seien ein eskapistischer „Roman des Trostes", und Bassani selbst wurde als Exponent des literarischen Establishments diskreditiert, das seinen bequemen Frieden mit der Welt gemacht und sich dem Massengeschmack ausgeliefert habe[46]. Den Vogel schoss aber die im Zeichen der linken kulturellen Hegemonie besonders einflussreiche marxistische Literaturkritik ab, die an Bassani und seinem berühmtesten Roman nicht ein gutes Haar zu finden vermochte. Dass hier einer den Mut hatte, ein fast tabuisiertes Thema aufzugreifen und ins Zentrum der kollektiven Selbsttäuschung und -beruhigung hineinzuleuchten, fiel den in ihren längst leer gedroschenen Dogmen und Stereotypen befangenen Scharfrichtern gar nicht mehr auf. Selbst seine Vergangenheit als Aktivist der Resistenza vermochte sie nicht zu bremsen. Sie beschuldigten Bassani, „die Ideale der Resistenza verraten und es sich im ideologischen Nichts bequem gemacht zu haben", und konstatierten das „Fehlen eines reifen historischen Bewusstseins, einer im Feuer des Krieges und der Nachkriegszeit gehärteten Kultur, die ihn befähigt hätte, eine neue Verbindung zwischen Literatur und Wirklichkeit herzustellen". Woher diese Defizite rührten, wusste man natürlich auch: Bassani zählte offenkundig zu den Autoren, die „es nicht verstanden hatten, die letzten Konsequenzen aus der Erfahrung des Antifaschismus zu ziehen, und auf einer intellektuellen und moralisch abstrakten Ebene stehen geblieben seien"[47]. Schwerlich konnte man es sich mit Bassani leichter machen.

Überraschend kamen solche Reaktionen nicht. Die marxistische Linke wusste lange nicht, wie sie mit dem Thema Antisemitismus und Judenmord umgehen sollte; es barg Störpotenzial auf dem Weg zur Akkreditierung als national-verlässliche Kraft und damit zur Macht, also mied man es. Außerdem hatte Bassani sie herausgefordert, als er in den „Gärten der Finzi-Contini" mit Malnate einen Kommunisten präsentierte, der weit entfernt war von der ebenso sterilen wie eindimensionalen Vorbildlichkeit, die solche Helden sonst umgab. Malnate, so Bassani in einem Interview, das deutlich verrät, wie sehr ihn die linke Kritik – trotz ihrer Hohlheit – traf und zu überzogenen Reaktionen verleitete, Malnate habe „abgesehen davon, dass er wie alle anderen ein Wrack gewesen ist, einen anderen Defekt aufgewiesen, nämlich, in gewisser Weise grotesk und komisch zu sein. Er sagt, dass er von einer ‚lombardischen' und ‚kommunistischen' Zukunft träumt, während er jedoch an mediokren und beschränkten kleinbürgerlichen Gefühlen hängt."[48]

Im Buch selbst liest man es anders. Malnate hat hier auch seine Stärken – etwa wenn er Croce und Giolitti und damit die Führungsschichten des liberalen Italien vor 1922 angreift, weil sie Mussolini und die faschistische Bewegung sträflich unterschätzt und mit ihnen paktiert hätten, „nur um den Vormarsch der Arbeiterklasse aufzuhalten"[49], wenn er, ganz Klassenkämpfer, den Finzi-Contini vorwirft, „schließlich und endlich' dreckige Agrarier, eklige Großgrundbesitzer und obendrein Aristokraten voller Sehnsucht nach dem Feudalismus des Mittelalters zu sein"[50], die in Saus und Braus lebten und ihre Tage-

---

[46] Zit. nach Schütte-Schneider, Geschichten aus Geschichte, S. 152.
[47] Gilardino, Giorgio Bassani: Una valutazione critica, S. 23 und S. 25; das letzte und vorletzte Zitat stammt von Gian Carlo Ferretti.
[48] So äußerte sich Bassani in einem Gespräch mit Camon, La moglie del tiranno, S. 92.
[49] Bassani, Gärten, S. 193.
[50] Ebenda, S. 195.

löhner ausbeuteten, oder wenn er das Verhalten der Westmächte im spanischen Bürgerkrieg geißelt. Grotesk oder komisch ist an solchen Urteilen nichts; Bassani, der bürgerliche nicht-kommunistische Linke, der sich nach dem Scheitern der Aktionspartei den Sozialisten anschloss, dürfte sie geteilt haben, wenn andererseits auch sein spöttisches Unbehagen nicht zu übersehen ist, das nicht zuletzt die kulturelle Engstirnigkeit der Genossen vom Schlage eines Malnate in ihm weckte. Dessen Vorliebe für derb-biedere Heimatdichtung, dessen Sympathien für den Neorealismus in Malerei und Literatur und dessen generelle Abneigung gegen alles, was mit der Moderne zu tun hatte und nicht unmittelbar politischen Zwecken diente, rieten zu tiefer Skepsis gegenüber der Zukunftstauglichkeit des Kommunismus und setzten ein großes, zweifelndes Fragezeichen hinter die Berechtigung des Anspruchs auf kulturelle Hegemonie, den die italienischen Kommunisten in den sechziger Jahren geltend machten. Malnate dementierte solche Ansprüche kraft bloßer literarischer Existenz, und es ist auch bestimmt kein Zufall, dass er als Soldat nicht in den Wüsten Nordafrikas fiel, sondern in der Sowjetunion blieb, wo die kulturelle Hegemonie ihren ideellen Wurzelgrund besaß. Bassani traute seinen linken Brüdern nicht, und er traute ihnen viel zu wenig zu, als dass er ihnen das Schicksal Italiens bedenkenlos überantwortet hätte.

### Fast vierzig Jahre danach

Fast vierzig Jahre nach dem Erscheinen der „Gärten der Finzi-Contini" ist der Historiker Giorgio Bassani überholt; das innovative historische Potenzial, das seine Romane damals hatten, ist erschöpft. Die italienische Geschichtswissenschaft hat sich längst aus dem Banne De Felices gelöst und in den letzten zehn, zwanzig Jahren bei der Erforschung des Faschismus Beachtliches geleistet, ohne dass man diese Fortschritte freilich in Deutschland und anderswo gebührend zur Kenntnis genommen und gewürdigt hätte, wo man noch immer zur Verharmlosung des Faschismus neigt. Vor allem Rassismus und Antisemitismus wird endlich die Aufmerksamkeit geschenkt, die sie längst verdient gehabt hätten[51]. Bassanis aus eigenem Erleben gespeiste Geschichtsdeutung ist dabei vielfach bestätigt worden. Mittlerweile bestreiten nur noch die ganz Unbelehrbaren, dass die Meistererzählung von den Italienern als „brava gente"[52], die von Natur aus nichts Schlechtes tun könnten, eine Legende ist. Viele Italiener haben den von oben verordneten Antisemitismus nicht nur hingenommen, sondern aktiv unterstützt und damit oft zur Verschärfung der Gesetze und Verordnungen beigetragen, die in Rom erlassen worden sind. Vor Ort entstand mitunter sogar ein wahrer Wettlauf der kommunalen und regionalen Behörden, wenn es darum ging, die Juden zu drangsalieren und zu entrechten.

Klar geworden ist aber auch, dass die Rassengesetze nicht einfach wie ein Blitz aus heiterem Himmel einschlugen und die italienischen Juden in ihrer Existenz bedrohten. Schon kurz nach dem Marsch auf Rom war eine Tendenzwende zu spüren. Rassismus und Antise-

---

[51] Vgl. zusammenfassend Thomas Schlemmer und Hans Woller, Der italienische Faschismus und die Juden 1922 bis 1945, in: Vierteljahrshefte für Zeitgeschichte 53 (2005), S.165–201.

[52] Vgl. Filippo Focardi, „Bravo italiano" e „cattivo tedesco": riflessioni sulla genesi di due immagini incrociate, in: Storia e memoria 5 (1996), S.55–84; ders., L'immagine del „cattivo tedesco" e il mito del „bravo italiano". La costruzione della memoria del fascismo e della Seconda Guerra mondiale in Italia, Padua 2005.

mitismus spielten nämlich, wie insbesondere Giorgio Fabre herausgefunden hat[53], im Denken und Handeln Mussolinis eine viel größere Rolle, als bisher angenommen und von De Felice zur sakrosankten Lehrmeinung erhoben worden ist, und auch in der faschistischen Bewegung nistete eine so gehörige Portion Judenfeindschaft und Rassenhybris, dass die Juden schon in den zwanziger und frühen dreißiger Jahren in ernste Bedrängnis gerieten: In der Presse häuften sich antisemitische Hetzartikel, Juden wurden systematisch aus herausgehobenen Positionen entfernt, und die jüdischen Gemeinden sahen sich um ihre innere Freiheit und auf Linie gebracht.

Da solche deplorablen Erscheinungen auch in Ferrara, einer Hochburg des Faschismus, vorkamen und die Gemüter erhitzten, können sie Bassani nicht verborgen geblieben sein. Er wusste von ihnen, wie den anderen Schriften aus seiner Feder und insbesondere der Erzählung „Die Brille mit dem Goldrand" zu entnehmen ist, wo – mit Blick auf 1937 – von leidenschaftlichen antisemitischen Verleumdungskampagnen die Rede ist und wo die unsympathische Signora Lavezzoli eine noch vor den Rassengesetzen des Jahres 1938 publizierte judenfeindliche Polemik des Jesuitenpaters Gemelli lobt[54]. In den „Gärten der Finzi-Contini" wird die lange Vorgeschichte der Rassengesetze nur angedeutet[55]: 1937, so heißt es auch hier einmal, hätten alle Zeitungen mit der „Rassenhetze" begonnen. Ausschlaggebend für diese Zurückhaltung dürften allein dramaturgische Gründe gewesen sein, die gegen einen weiteren Rückgriff sprachen. Ob auch seine These, allein die Deutschen seien für den Judenmord in Italien verantwortlich, auf solche künstlerischen Dispositionen zurückging, auf festen Überzeugungen beruhte oder als Zugeständnis Bassanis an das herrschende Meinungsklima zu bewerten ist, lässt sich schwer entscheiden. Die Geschichtswissenschaft hat diese These jedenfalls in zahlreichen anspruchsvollen, breit recherchierten Studien differenziert und nuanciert, ohne die Hauptverantwortung der Nationalsozialisten auch nur im mindesten in Zweifel zu ziehen. Nach dem Beginn der deutschen Besatzungsherrschaft in Italien gingen die Juden in den Tod, während sie zuvor „nur" in die Verbannung geschickt, ins Exil gezwungen oder in Lager gesteckt worden waren. Tatsache ist aber auch, dass die faschistische Regierung von Salò die Juden aus dem italienischen Volk ausschloss und zu Feinden erklärte, dass staatliche Stellen gefangene Juden den Deutschen gleichsam auf dem Silbertablett servierten und dass auch viele „ordinary men" sich zu Komplizen der nationalsozialistischen Vernichtungsbürokratie machten, weil sie sich Vorteile davon versprechen konnten. Nicht umsonst hat Amedeo Osti Guerrazzi einem Aufsatz über Judenverfolgung, Kollaboration und Denunziation den Titel „Kain in Rom" gegeben[56].

Bassani hat über Themen wie Denunziation nicht geschrieben. Sie sind auch von der historischen Forschung erst in den letzten Jahren entdeckt und von der Öffentlichkeit mit Verblüffung aufgenommen worden. Bassani hat 1943/44 in Rom sicher davon gehört, fühlte sich aber wohl nicht frei genug, darüber zu schreiben, weil er die Dinge nicht selbst erlebt hatte; im römischen Untergrund war er ja von der Realität und vor allem auch von seinem literarischen Erfahrungsraum Ferrara abgeschnitten. Gleichwohl wird man sagen

---

[53] Vgl. Giorgio Fabre, Mussolini Razzista. Dal socialismo al fascismo: la formazione di un antisemita, Mailand 2005.

[54] Vgl. Giorgio Bassani, Die Brille mit dem Goldrand, München 1997, S. 61 und S. 74. Vgl. auch Schütte-Schneider, Geschichten aus Geschichte, S. 41.

[55] Vgl. Bassani, Gärten, S. 326.

[56] Vgl. Amedeo Osti Guerrazzi, Kain in Rom. Judenverfolgung und Kollaboration unter deutscher Besatzung 1943/44, in: Vierteljahrshefte für Zeitgeschichte 54 (2006), S. 231–268.

können, dass Bassani über viele Jahre hin der Forschung voraus war, erst in den letzten ein, zwei Jahrzehnten haben sich die Verhältnisse umgekehrt. Die Zunft hat ihr lange führendes Ehrenmitglied ohne Amt und Titel überholt, das auf Grund seiner schweren Erkrankung keine Kenntnis mehr davon nahm. Seine Romane und insbesondere die „Gärten der Finzi-Contini" haben darunter nicht gelitten. Sie bleiben wahr, auch wenn die Wirklichkeit in Teilen anders war, und sie behalten trotz mancher blinder Stellen ihr Sensibilisierungs- und Aufklärungspotenzial. Kein Wunder also, dass sie weltweit nach wie vor gelesen werden – als ergreifende Liebesgeschichte, als Bildungsroman eines jungen Intellektuellen in schwieriger Zeit und nun endlich auch als Geschichte einer verfolgten Minderheit, die in den Geschichtsbüchern gut, in den „Erinnerungen des Herzens" aber noch besser aufgehoben ist.

*Manfred Kittel*
# Vom schwierigen Erinnern an den historischen deutschen Osten

## Siegfried Lenz und sein Roman „Heimatmuseum" (1978)

> *Die literarisch wertvollsten Provinzen sind die verlorenen Provinzen.*
> *(Eugen Roth)*

Im Herbst 1978, acht Jahre nachdem er Bundeskanzler Willy Brandt zur Unterzeichnung des Warschauer Vertrags in die polnische Hauptstadt begleitet hatte, veröffentlichte Siegfried Lenz seinen Roman „Heimatmuseum". Dem masurischen Süden des versunkenen Ostpreußen setzte er hier ein literarisches Denkmal, dessen farbige Genreszenen altostdeutschen Landlebens wirken, als ob ein Pieter Breughel sie gemalt hätte. Der materielle Anspruch auf die Heimat, mit der Anerkennung der Oder-Neiße-Grenze 1970 faktisch aufgegeben, solle einem „immateriellen Erinnerungsanspruch" Platz machen[1], so plädierte der Schriftsteller, der nach seiner Warschau-Reise viele Briefe von vertriebenen Ostpreußen bekommen hatte:

„Die Erbitterung meiner Landsleute und ihre Resignation, die die Post mir auf schwarzumrandeten Briefen brachte, habe ich mir immer wieder zu erklären versucht. […] Es gibt viele, die ein Recht haben auf ihren Schmerz über das Verlorene. Ich respektiere diesen Schmerz. Und ich achte die Leiden, die viele meiner Landsleute während der Flucht auf sich nehmen mußten. Aber […] wir haben uns auch der Leiden zu erinnern, die wir anderen zufügten". Beides, das Verständnis für den Schmerz der deutschen Heimatvertriebenen wie das eindringliche Erinnern daran, „wie alles begann", als „ein Fünftel der polnischen Bevölkerung […] durch Deutsche ermordet" wurde[2], durchzieht den Roman von Lenz.

## Der Verfasser

Der spätere Schriftsteller wurde 1926 in der einst vom Deutschen Orden gegründeten Kleinstadt Lyck im äußersten Südosten Masurens geboren. Im „Dritten Reich" kam er als 10-Jähriger zum Deutschen Jungvolk, der Nachwuchsorganisation der Hitler-Jugend, und „durfte mit Tausenden von Pimpfen Spalier stehen, als es Leute namens Hitler oder Koch[3] oder Goebbels in die Hauptstadt und Perle Masurens verschlug"[4]. Im Alter von zwölf Jahren verließ Lenz aber bereits das Realgymnasium am Wasserturm in Lyck – die Ehe seiner Eltern war in die Brüche gegangen – und kam ins Internat, unter anderem an eine Nationalpolitische Erziehungsanstalt in der Nähe von Posen[5]. Nach dem Abitur 1943 wurde der

---

[1] Kulturpolitische Korrespondenz, Nr. 357, 5. 12. 1978, S. 7–10: „Mein Buch ist ein geschriebenes Heimatmuseum" (zit. nach Wolfgang Schneiß, Flucht, Vertreibung und verlorene Heimat im früheren Ostdeutschland. Beispiele literarischer Bearbeitung, Frankfurt a. M. 1996, S. 217).
[2] Hans Wagener, Siegfried Lenz, München [4]1985, S. 14.
[3] Der Rheinländer Erich Koch war von 1928 bis 1945 Gauleiter der NSDAP in Ostpreußen.
[4] Winfried Baßmann, Siegfried Lenz. Sein Werk als Beispiel für Weg und Standort der Literatur in der Bundesrepublik Deutschland, Bonn [2]1978, S. 11.
[5] Erich Maletzke, Siegfried Lenz. Eine biographische Annäherung, Springe 2006, S. 12f.; Ostpreußenblatt, Nr. 40, 7. 10. 1978, S. 11.

erst 17-jährige Siegfried umgehend zur Marine des Großdeutschen Reiches einberufen, begann aber, am Sinn dieses Krieges zu zweifeln, desertierte und überlebte die NS-Zeit versteckt in dänischen Wäldern. Das Schicksal von Flucht und Vertreibung erfuhr Lenz also nicht in seiner ostpreußischen Heimat, die er schon als Jugendlicher verlassen hatte. So wurde ihm Masuren nach dem Krieg zum „exotische[n] Land der Kindheit", das „wie ein Märchen" aus „Träume[n] und Erzählungen" in seiner Erinnerung fortlebte[6].

Auf Studium und journalistische Tätigkeit in der neuen Heimat Hamburg folgte 1951 das Debüt als Schriftsteller mit dem bereits viel beachteten Roman „Es waren Habichte in der Luft". Unter dem Einfluss Dostojewskis, Faulkners und Hemingways beschäftigte Lenz sich in ihm mit der Existenz des Bösen in der Welt und mit dem Problem der Schuld als Bestandteil der *conditio humana*. Den Durchbruch schaffte der Schriftsteller einige Jahre später mit einer „Liebeserklärung an seine Heimat Masuren". Unter dem Titel „So zärtlich war Suleyken" versammelte Lenz 1955 in dem Bändchen zwanzig „liebenswerte Stücke, kleine literarische Kostbarkeiten"[7], deren köstlicher Humor sich „gleichermaßen durch absichtsvoll eingesetzte Wortkombinationen und Eigenheiten des ostpreußischen Dialekts sowohl bei den Erzählgestalten als auch beim Erzähler selbst" entwickelt[8]. Das nicht etwa auf kritisches Denken, sondern auf die Lachmuskeln abzielende, ganz unpolitische Buch über fiktive Orte wie Suleyken oder Schissomir erreichte eine Auflage von weit über einer Million. Für die Heimatvertriebenen, die Mitte der 1950er Jahre von einer vollständigen Integration in der Bundesrepublik noch weit entfernt waren, schien das Buch gleichsam als „Gegenentwurf zur immer noch bedrückenden Nähe des Vertreibungserlebnisses"[9] zu signalisieren: Humor ist, wenn man trotzdem lacht.

Lenz erwog unter dem Eindruck seines Erfolges bereits gleich im Anschluss an die Suleyken-Erzählungen, einen großen Masuren-Roman zu schreiben. Die Pläne wurden jedoch vertagt, weil es dem Schriftsteller noch an der notwendigen persönlichen Distanz zum Thema Ostpreußen zu fehlen schien und er „Angst davor" bekam, dass der Roman „zur reinen Idylle geraten" könnte[10]. Der Prozess der inneren Befreiung zu seinem „Heimatmuseum" verlief in Etappen über mehrere Jahrzehnte. Dazu gehörte literarisch die kleine Erzählung „Schwierige Trauer" (1960), wo der Bürgermeister einer „alten Grenzstadt im Osten" mit Namen Luknow am Ende des Zweiten Weltkrieges angesichts der heranrückenden Roten Armee die Rettung des Stadtarchivs für wichtiger hält als das Leben der ihm anvertrauten Bevölkerung[11]. In den folgenden Jahren kam Lenz' Engagement für die neue Ostpolitik hinzu, aber ebenso die weitere eindringliche Beschäftigung mit dem Problem der deutschen Schuld am Nationalsozialismus in seinem Roman „Deutschstunde". Denn kein Zweifel: Die Ereignisse der NS-Zeit hatten bei dem ehemaligen Napola-Schüler Lenz unauslöschliche Eindrücke hinterlassen, die ihn Zeit seines literarischen Schaffens beschäftigten.

---

[6] So Lenz 1978 im Gespräch mit der polnischen Zeitschrift „Polityka", zit. nach Schneiß, Flucht, S. 216f.
[7] Herbert Ahl, Literarische Portraits, München 1962, S. 36.
[8] Baßmann, Siegfried Lenz, S. 21.
[9] Louis Ferdinand Helbig, Der ungeheure Verlust. Flucht und Vertreibung in der deutschsprachigen Belletristik der Nachkriegszeit, Wiesbaden ²1989, S. 128.
[10] Die Welt, 26. 8. 1978 (Geistige Welt), S. V; vgl. auch Schneiß, Flucht, S. 216.
[11] Der Sohn des Bürgermeisters hält auf dessen Beerdigung eine Grabrede, aus der die Erzählung besteht. Im Unterschied zum antiken Vorbild der *laudatio funebris* umfasst sie allerdings bitterste Vorwürfe. Vgl. Björn Schaal, Jenseits von Oder und Lethe. Flucht, Vertreibung und Heimatverlust in Erzähltexten nach 1945 (Günter Grass – Siegfried Lenz – Christa Wolf), Trier 2006, S. 112f.

Mit der „Deutschstunde" war Lenz wie schon bei den Suleyker Geschichten Autoren-glück beschieden: Der kritische Roman zur Bewältigung der NS-Vergangenheit in der Bundesrepublik erschien pünktlich im Herbst 1968, auf einem Höhepunkt der mit dem Thema immer wieder operierenden 68er-Bewegung. Allerdings entwickelte Lenz in den Jahren 1968 bis 1970 eine durchaus differenzierte Sicht auf die „verspäteten Revolutionä-re", die er auch in seinem 1973 folgenden Roman „Das Vorbild" verarbeitete[12]. Erst nach diesem vergleichsweise weniger erfolgreichen Buch, das dem pädagogischen Problem von Vorbildern gewidmet ist, schrieb Lenz das „Heimatmuseum". Es war nicht zuletzt eine Re-aktion auf „zum Teil erbitterte Angriffe", die ihm sein Engagement für die sozialliberale Ostpolitik in den Vorjahren eingetragen hatte[13].

Doch wo ist Lenz' „Heimatmuseum" in der wechselhaften Erinnerungskultur des histo-rischen deutschen Ostens während der ersten Nachkriegsjahrzehnte der Bundesrepublik zu verorten? Welche Reaktionen löste sein Erscheinen in einer Zeit aus, als sich die Rauch-schwaden über den innenpolitischen Kampffeldern der Ostverträge noch nicht allenthal-ben verzogen hatten? Und welcher Stellenwert kommt dem Roman innerhalb der umfang-reichen deutschsprachigen Belletristik zum Thema Flucht und Vertreibung zu? Bevor die-sen Fragen aus Sicht des Zeithistorikers nachgespürt wird, sei zunächst skizziert, welche Geschichte(n) Lenz in seinem literarischen Panorama des alten Masuren erzählt hat.

## Inhalt des Romans

Ort der Handlung ist die fiktive masurische Kleinstadt Lucknow, die unschwer als Lyck zu erkennen ist: der ostpreußische Geburtsort von Lenz, nur 20 Kilometer von der hier seit 1343 bestehenden Grenze zum polnischen Staatsgebiet entfernt. Zeitlich erstreckt sich der Roman von der späten Kaiserzeit und dem Ersten Weltkrieg über Weimarer Republik und Nationalsozialismus bis in die bundesrepublikanische Gegenwart hinein. Die Hauptperson ist Zygmunt Rogalla, der als Teppichweber einen für Masuren typischen Beruf ausübt. Zygmunt (gesprochen: „Siechmunt") hat von seinem „Onkel Adam" ein masurisches Heimatmuseum übernommen und es im Verlauf der Flucht 1945 zum Teil in den Westen retten können. In Egenlund, einem Ort an der Schlei in Schleswig-Holstein, baut er es neu auf, gerät indes in Konflikt mit Vertriebenenpolitikern, die das Museum zur kultu-rellen Untermauerung des politischen Anspruchs auf die alte Heimat nutzen möchten. Rogalla, dem das zuwider ist, zündet daraufhin sein Museum an, um die Zeugen der Ver-gangenheit „in eine endgültige, unwiderrufliche Sicherheit"[14] zu bringen. Der selbst schwer Brandverletzte wird im Krankenhaus von dem in Westdeutschland geborenen Freund seiner Tochter besucht. Diesem versucht er seine Tat zu erklären, wozu er seine eigene Lebensgeschichte mit der Geschichte Masurens verknüpft.

Bereits Zygmunts Onkel Adam ist just in dem Augenblick, als er nach dem Ersten Welt-krieg Vorsitzender des Heimatvereins wird und seine Sammlungen im deutsch-polnischen Abstimmungskampf um die staatliche Zugehörigkeit Masurens 1920 gebraucht, um die deutsche Vergangenheit des Landes eindeutig nachzuweisen, einer tragischen Vergesslich-

---

[12] Baßmann, Siegfried Lenz, S. 191.
[13] Schneiß, Flucht, S. 215.
[14] Siegfried Lenz, Heimatmuseum, ungekürzte Taschenbuchausgabe München 1981 (zuerst Ham-burg 1978), S. 655.

keit anheimgefallen. Sogar das Wort für den ostpreußischen Charaktervogel: „Storch", will ihm nicht mehr über die Lippen kommen[15]. Für Adams Nachfolger als Museumsleiter, Zygmunt Rogalla, erfüllt die Heimatkunde nach frühkindlichen Verlusterfahrungen (früher Tod des Vaters, liebloser Großvater, kein eigenes Heim) zunächst auch eine existenziell-sinnstiftende Funktion. Die Wende zur völkischen Heimatideologie in den 1930er Jahren vollzieht er nicht mit, sondern sammelt weiterhin auch polnischsprachige Zeugnisse der masowischen Kultur, weshalb er immer wieder Konflikte auszutragen hat und sein Museum sogar für die Öffentlichkeit schließt, um es nicht zu einem nationalsozialistischen Grenzland-Museum verkommen zu lassen.

Vor der Flucht 1945 überlegt Zygmunt, alles „in seiner Vollständigkeit" zurückzulassen[16]. Er nimmt aber dann doch Museumsgegenstände mit, nicht um „dereinst einen Anspruch begründen, ein Recht einklagen" zu können: „vielmehr packte ich und legte alles zurecht, weil es einfach zu uns gehörte, zu unserer Gegend, zu unserem Leben, zu den gesicherten Erkenntnissen über uns selbst, mit deren Hilfe wir die krummen Pfade unserer Herkunft zurückverfolgen konnten"[17]. Zygmunt gelingt es zwar tatsächlich, einen Teil des Museums zu retten, Frau und Kind aber verliert er auf der dramatischen Flucht am Frischen Haff in einer Massenpanik – und wird sie nie wiedersehen. Seine Mutter versinkt mitsamt einigen Museumsstücken auf einem bombardierten Schiff.

Flucht und Heimatverlust werden im Roman lange vorbereitet, ja sie „erweisen sich insgesamt als unausweichliche Folge lange vorher getroffener Weichenstellungen"[18]. Nach der Vertreibung betrachtet Zygmunt Masuren als durch deutsche Schuld dauerhaft verloren[19]. Sein ostpreußischer Landsmann Simon Gayka ist anderer Ansicht, er meint zurück zu müssen, „weil alles auf uns wartet: die Bäume und Seen, und der Schloßberg und die Felder, und der alte Fluß, der die Flöße trägt". Zygmunt aber entgegnet ihm: „wir werden nicht mehr dort erwartet, dort in Lucknow; die anderen, die uns hätten erwarten können, es gibt sie nicht mehr"[20].

Obwohl Zygmunt – und mit ihm Siegfried Lenz – die offiziellen Vertriebenenvertreter überwiegend negativ sieht, wird ein allzu pauschales Urteil vermieden. Ausgerechnet der Verbandsfunktionär und -schriftleiter Conny Karrasch, dessen Politik Zygmunt zum Brandstifter werden lässt, erscheint vordem in masurischer Zeit als bewunderter Jugendfreund des Protagonisten, ein Mensch mit Überzeugungen und Zivilcourage. Karrasch tritt für die Schwachen in der ostpreußischen Gesellschaft ein, nicht zuletzt für die Bewohner der polnischen Landarbeitersiedlung Klein-Grajewo. Auch weist er auf polnische Einflüsse in der Geschichte Masurens hin, warnt vor den „völkischen Seifensieder[n], die uns Reinigung und Hygiene bringen"[21], und beteiligt sich später sogar am Widerstand gegen den Nationalsozialismus.

Nach seiner Rückkehr aus mehrjähriger sowjetischer Kriegsgefangenschaft wird Karrasch im Westen Redakteur des Vertriebenenblattes „Lucknower Bote". Er fördert die Arbeit des wieder gegründeten Heimatvereins und tritt schließlich sogar für die Wahl des ehemals

---

[15] Vgl. die Szene bei Lenz, Heimatmuseum, S. 252, in der es allerdings nicht um den Weißstorch geht, sondern um den ebenfalls in Ostpreußen vorkommenden, sehr seltenen Schwarzstorch.
[16] Lenz, Heimatmuseum, S. 540.
[17] Ebenda, S. 537.
[18] Schneiß, Flucht, S. 227.
[19] Vgl. Lenz, Heimatmuseum, S. 569.
[20] Ebenda, S. 649.
[21] Ebenda, S. 285.

führenden regionalen NS-„Statthalters" Reschat zu dessen Vorsitzendem ein. Dass Karrasch auf dem „Recht auf die Heimat" besteht, weil jeder dies müsse, dem „an der Erhaltung des Friedens gelegen" sei[22], hat die Lenz-Exegeten immer wieder beschäftigt. Wie ist Conny Karraschs „Wandlung" zu verstehen? Waren es schlimme Erfahrungen in Krieg und Gefangenschaft? Hatte er dort die glühende Heimatliebe seiner ungarischen Mithäftlinge schätzen gelernt? Deutete nicht schon Karraschs Privatleben als Hagestolz auf eine gewisse Bindungslosigkeit hin? Und hatte er nicht bereits in frühen Lucknower Jahren das schwedische Haparanda als utopischen Zufluchtsort ins Auge gefasst und projizierte nun einfach seine Hoffnungen auf das verlorene, unerreichbare Masuren? [23] Oder wollte Lenz an der Figur des Karrasch zeigen, dass der Hang zu „Einseitigkeit und Übersteigerung"[24] sowohl positive (Widerstand gegen das „Dritte Reich") wie negative Folgen (Engagement für eine verlorene Sache) zeitigen könne? Vielleicht haben aber eher jene recht, die in Karrasch den Rationalisten durch und durch sehen, der den kollektiven Verlust der Heimat für sich selbst als unbegründet ablehnte, weil er persönlich in der NS-Zeit integer geblieben war[25].

Lenz macht es sich mit dem Begriff der „Heimat" jedenfalls nicht leicht, die Auseinandersetzung damit bildet den eigentlichen Schwerpunkt des Romans, der sich sogar als eine „kritische Rehabilitierung dieses Themas" lesen lässt[26]. Der nach dem Museumsbrand im Krankenhaus liegende Zygmunt weiß wohl, dass das Wort Heimat „mißbraucht wurde, so schwerwiegend mißbraucht, daß man es heute kaum ohne Risiko aussprechen kann". Auch sieht er, „daß es in einer Landschaft aus Zement nichts gilt, in den Beton-Silos, in den kalten Wohnhöhlen aus Fertigteilen"[27]. Das alles zugestanden, stellt er seinem Zuhörer am Krankenbett dennoch die rhetorische Frage: „[...] was spricht denn gegen den Versuch, dieses Wort von seinen Belastungen zu befreien? Ihm seine Unbescholtenheit zurückzugeben?"[28] Denn Heimat, das ist für Zygmunt alias Lenz der „Winkel vielfältiger Geborgenheit, es ist der Platz, an dem man aufgehoben ist, in der Sprache, im Gefühl, ja, selbst im Schweigen aufgehoben, und es ist der Flecken, an dem man wiedererkannt wird; und das möchte doch wohl jeder eines Tages: wiedererkannt, und das heißt: aufgenommen werden [...]"[29].

Konkreter und noch politischer wird die Botschaft von Lenz in den persönlichen Bemerkungen des Regierungsvertreters bei der Einweihung des wiedererrichteten Heimatmuseums. Da ist von Verbannung, Vertreibung und Exil als weltweiter Erfahrung die Rede: „Nach biblischen Taifunen, nach blinden Zorn- und Tobsuchtsanfällen der Geschichte habe es für viele, die verstreut und weggeschwemmt wurden, keine Rückkehr gegeben; jeder respektiere ihre Trauer über das Verlorene." Aber die Vertriebenen, so der Rat, soll-

---

[22] Ebenda, S. 594.
[23] Vgl. Schneiß, Flucht, S. 235 f.
[24] Ebenda, S. 236.
[25] Wilhelm H. Grothmann, Zum mythologischen Heimatbegriff in Siegfried Lenz' „Heimatmuseum", in: Neophilologus 74 (1990), S. 577–590, hier S. 578 f.
[26] Schneiß, Flucht, S. 228.
[27] Lenz, Heimatmuseum, S. 120. Damit ist einer der beiden Mythen angesprochen, mit denen Masuren in der Literatur klassischerweise verbunden wird, nämlich Agrarromantik und Zivilisationsflucht. Nicht die Zivilisation, sondern die Natur bildet das Zentrum dieser masurischen Welt. Der zweite Masuren-Mythos ist – nach der polnischen Literaturwissenschaftlerin Magdalena Sacha – jener vom verlorenen Paradies, von der idyllischen Arkadie der Kindheit. Vgl. Magdalena Sacha, Topos Mazur jako raju utraconego w literaturze niemieckiej Prus Wschodnich, Olsztyn/Allenstein 2001, S. 129.
[28] Lenz, Heimatmuseum, S. 120.
[29] Ebenda.

ten ihre Orientierung nicht nur in der Vergangenheit suchen, sondern „die Sehnsucht nach der alten Heimat in neuer Nachbarschaft aufgehen […] lassen"[30]. Polnischen Besuchern gegenüber betont Zygmunt (vor dem Brand) die Gemeinsamkeit beider Völker am „geschichtlichen Untergrund"[31] Masurens: Ein Museum könne die Einsicht befördern helfen, dass Weltkunde mit Heimatkunde beginne.

Lenz lehrt kein „Hände weg" vom Thema der verlorenen Heimat. Sein Verständnis von Heimat gründet vor allem auf Erinnerung, „und diese steht im Roman in vielfacher Weise gegen Vergeßlichkeit"[32]. Das mancherorts aufkommende Missverständnis, sein Buch sei eine Aufforderung zum Abfackeln ostdeutscher Heimatstuben, hat Lenz denn auch entschieden zurückgewiesen[33]. Zygmunt Rogalla bekommt, nachdem er von seiner „letzten Freiheit"[34] Gebrauch gemacht und das Feuer gelegt hat, hinterher mit jedem Tag mehr Zweifel, ob sein Tun richtig war oder nicht doch „ein zu gewaltsames Aufräumen […], eine zu weit gehende Amputation"[35]. Diese Mehrdeutigkeit ist es nicht zuletzt, die dem Roman seine Spannung verleiht – und die ihn auch bis zu einem gewissen Grad „anschlussfähig" und lesenswert macht für ein breites Publikum vom konservativeren, mit dem Heimatverlust noch immer ringenden Vertriebenen bis zum entschiedenen Anhänger der sozialliberalen Ostpolitik.

Ein Schelm, wer dabei auch an Lenzens „wirkungsvollen Pakt mit dem Leser" denkt, zu dem sich der Erfolgsautor schon lange bekannte. Bücher „gegen das Publikum" zu schreiben, versagte sich der große Ostpreuße. Von schreibenden Generationsgenossen, die den Leser um jeden Preis schockieren wollten, distanzierte er sich 1962 bei der Entgegennahme des Literaturpreises der Stadt Bremen ausdrücklich. Statt die „Wonnen der Brüskierung" zu genießen, sah Lenz den Schriftsteller als „eine Ein-Mann-Partei", die für eigene Überzeugungen „möglichst viele Gleichgesinnte zu werben versucht"[36]. Literarische Werbung mittels eines masurischen Heimat-Romans war allerdings nicht unbedingt ein leichtes Unterfangen, hatte der historische deutsche Osten in der Erinnerungskultur der Bundesrepublik doch nur mühsam Platz gefunden.

### Vertriebenenpolitik und Erinnerungskultur in der Bundesrepublik

Lenz äußerte sich auch zu dieser generellen Problematik als politisch engagierter Zeitgenosse. Einen wesentlichen Grund dafür, dass der Verlust des deutschen Ostens ein so bitterer, „ein langandauernder, ein gestreckter" wurde, sah Lenz Ende 1970 in den „Illusionen, die man vielen einpflanzte", und „den schlimmen Verheißungen, die man jahrelang sonntags verkündete. Die vielen, die ein Recht auf ihren Schmerz über das Verlorene haben",

[30] Ebenda, S. 600.
[31] Ebenda, S. 642.
[32] Vgl. Schneiß, Flucht, S. 240.
[33] Kulturpolitische Korrespondenz, Nr. 357, 5. 12. 1978, S. 7–10, zit. nach Schneiß, Flucht, S. 217.
[34] Lenz, Heimatmuseum, S. 655.
[35] Ebenda, S. 339. Das Museum war ja zwischenzeitlich nicht mehr nur das Privateigentum Rogallas, und zudem hatte er damit auch seiner Familie das Zuhause genommen.
[36] Marcel Reich-Ranicki, Siegfried Lenz. Die Ein-Mann-Partei. Eine Jubiläumsrede, in: Rudolf Wolff, Siegfried Lenz. Werk und Wirkung, Bonn 1985, S. 8–13, hier S. 10. Mit einem anderen Pragmatiker in der Sphäre der Politik, dem Sozialdemokraten Helmut Schmidt, war Lenz übrigens seit den frühen 1960er Jahren gut befreundet. Vgl. Helmut Schmidt, Weggefährten. Erinnerungen und Reflexionen, Taschenbuchausgabe Berlin 1998, S. 117ff.

seien, so der Schriftsteller, „hinhaltend getäuscht" worden[37]. Daran ist manches richtig. Das Tragische ist nur, dass diese Täuschung vielleicht unvermeidlich war, notwendig, um mit einem so „ungeheuren Verlust"[38] fertig zu werden: Den Heimaten von zehn Millionen Menschen, die sieben, acht Jahrhunderte lang, nicht anders als Oberbayern oder das Oldenburger Land, prägende Elemente im Mosaik der deutschen Kulturnation waren. Nicht nur Städte und Provinzen hatte Deutschland mit dem Untergang des Reiches verloren, sondern – der schlesische Schriftsteller Horst Bienek hat es einmal treffend formuliert – auch „seelische Landschaften"[39].

War ein schneller, glatter Strich unter diese Vergangenheit überhaupt möglich? Oder war ein Abschied auf Raten – Potsdamer Protokoll 1945, Warschauer Vertrag 1970 und Zwei-plus-Vier-Abkommen 1990 – nicht doch eher geeignet, die Abschiedsschmerzen erträglich zu halten? Erträglich und vor allem auch demokratieverträglich! Denn anders als die Ulbricht-Diktatur, die schon 1950 die „Friedens- und Freundschaftsgrenze" an Oder und Neiße anerkannte, hatte die Bundesrepublik und hatten auch ihre demokratischen Parteien Rücksichten zu nehmen auf Millionen Vertriebenenwähler – gerade um nach den Weimarer Erfahrungen nicht abermals einen systemgefährdenden Rechtsextremismus entstehen zu lassen. Solange aber viele Vertriebene sich sozial und wirtschaftlich nicht hinreichend integriert sahen, mochten sie die Hoffnung auf Rückkehr nicht ganz aufgeben, und zumindest in der Konstellation des amerikanisch-sowjetischen Blockgegensatzes schien bis in die 1960er Jahre hinein manchen manches möglich.

So wurden im Bund der Vertriebenen (BdV) in den frühen 1960er Jahren „umfangreiche Berechnungen über die Aufnahmekapazität der Oder-Neiße-Gebiete" angestellt, um zu beweisen, dass dort „Platz für Deutsche und Polen" sei[40]. Der CDU-Bundestagsabgeordnete und spätere BdV-Präsident Herbert Czaja richtete 1966 in diesem Sinne auch ein vertrauliches Schreiben an den Vorsitzenden seiner Bundestagsfraktion, Rainer Barzel. An eine Rückgliederung der Ostgebiete im Sinne einer nationalstaatlichen Restauration sei nicht zu denken, im Rahmen einer langfristig positiven Entwicklung der europäischen Einigung müsse aber „die Wiederherstellung der personellen und räumlichen Präsenz der Deutschen in den umstrittenen Gebieten oder Teilen dieser Gebiete ohne deren Anschluß an einen deutschen Nationalstaat" geprüft werden[41].

Nach Auffassung des BdV-Experten Matthias Stickler liefen die „im Grunde zukunftsweisenden Pläne" Czajas, die „keinen Schlußstrich unter 800 Jahre deutsche Geschichte östlich von Oder und Neiße" als Preis für den Krieg, sondern „einen Neuanfang auf der Basis eines gleichberechtigten Miteinanders und eines gerechten Ausgleichs der Gegensätze" erstrebten, den Grundideen der „neuen Ostpolitik" zuwider und wurden von ihr konterkariert[42]. Doch waren die „aus echter christlich motivierter Versöhnungsbereitschaft"[43] resultieren-

---

[37] Die Zeit, 18.12.1970.

[38] Den Begriff prägte der Deutschamerikaner Helbig mit Bezug auf ein Wort des Schweizer Schriftstellers Max Frisch, der 1948 Schlesien besucht und die in polnische Hände übergegangenen deutschen Ostgebiete in seinem Tagebuch als „das ungeheure Geschenk" bezeichnet hatte. Heinz Piontek (Hrsg.), Augenblicke unterwegs. Deutsche Reiseprosa unserer Zeit, Hamburg 1968, S. 115.

[39] Horst Bienek (Hrsg.), Schlesischer Bilderbogen, Berlin 1986 (Umschlagtext).

[40] Matthias Stickler, Ostdeutsch heißt Gesamtdeutsch. Organisation, Selbstverständnis und heimatpolitische Zielsetzungen der deutschen Vertriebenenverbände 1949–1972, Düsseldorf 2004, S. 367.

[41] Ebenda, S. 368.

[42] Ebenda, S. 397.

[43] Ebenda.

den Überlegungen des Katholiken Czaja auch realistisch – angesichts der zukunftsweisenden Entscheidung der deutschen Heimatvertriebenen in ihrer Stuttgarter Charta von 1950, auf Gewalt zur Durchsetzung des Rechts auf die Heimat zu verzichten? Es war jedenfalls fraglich, ob selbst ein post-kommunistischer polnischer Staat der „Wiederherstellung der personellen und räumlichen Präsenz der Deutschen" aus freien Stücken im Rahmen einer wie immer gestalteten europäischen Lösung zustimmen würde. Und für die Siegermächte des Zweiten Weltkrieges, nicht nur für die Sowjetunion, galt Ähnliches.

Vor dem Hintergrund der kaum hoch genug zu schätzenden Bereitschaft der deutschen Vertriebenen, ihre heimatpolitischen Ziele ausschließlich mit friedlichen Mitteln zu verfolgen, und der daraus folgenden faktischen Unmöglichkeit, diese wirklich zu erreichen, sind die von Lenz kritisierten Sonntagsreden wohl nicht so sehr als Akt politischer Täuschung zu verstehen. Sie waren eher psychologisch zu verstehen als eine Art von Selbsttäuschung. Existenziell bedroht konnte sich von den ostdeutschen Landsmannschaften nur der fühlen, der sich bedroht fühlen wollte. Über den in einer Demokratie legitimen zivilgesellschaftlichen Protest gegen außenpolitische Grundsatzentscheidungen hinaus überschritten die organisierten Vertriebenen selbst in der Zeit der Ostverträge nie die Schwelle zur Gewalt. Gewiss gab es inakzeptable Töne wie die Forderung nach Gefängnisstrafen für „Verzichtpolitiker"[44]. Doch von Flugzeugentführungen schlesischer Extremisten zur Erpressung politischer Verantwortungsträger in Warschau oder Bonn war nicht einmal in Romanen fantasiebegabter Science-Fiction-Autoren die Rede.

Das mag man für selbstverständlich halten, doch schon der Blick nach Palästina zeigt, welche Richtung ein ungelöstes Flüchtlingsproblem nehmen kann. Andere Blicke über den nationalen Tellerrand hinaus, etwa auf die französische Elsass-Lothringen-Politik nach 1871, den japanischen Kurileninsel-Revisionismus nach 1945 oder die seit dem Ende des Salpeterkrieges 1884 schon weit über 100 Jahre anhaltenden Ansprüche Boliviens auf seine verlorene Pazifikprovinz in der Atacama-Region, berechtigen zu der Aussage, dass in der Weltgeschichte kaum ein Gebietsverlust – noch dazu dieser Größenordnung – geräuschloser „abgearbeitet" wurde als der des deutschen Ostens durch die Bundesrepublik nach 1945. Ohne die zumindest unterbewusste Empfindung der wegen ihrer NS-Vergangenheitsverdrängung so oft gescholtenen Bundesdeutschen, einen Preis für die Mitverantwortung an den Verbrechen des „Dritten Reiches" zahlen zu müssen, wäre dieser Vorgang wohl schwerlich zu erklären.

Dieses Bewusstsein war zunächst zwar erst diffus vorhanden, doch über mehrere Etappen, angefangen mit dem Luxemburger Abkommen zur sogenannten „Wiedergutmachung" mit Israel und der Jewish Claims Conference 1952 bis zur Intensivierung des Schuld-Diskurses seit den späten 1950er Jahren, wurde auch für die breite bundesdeutsche Öffentlichkeit immer deutlicher, dass während der NS-Zeit unsägliche Verbrechen nicht nur „im deutschen Namen", sondern von Deutschen verübt worden waren. Dass dabei der Völkermord an den europäischen Juden im Vordergrund stand und nicht die Verbrechen in Polen und in der Sowjetunion erschwerte die Anerkennung der deutschen Gebietsverluste im Osten eher. Unabhängig davon blieb freilich auch das Grundproblem, dass prinzipiell kein Verbrechen, und sei es noch so groß, ein weiteres, kleineres Verbrechen legitimieren kann, und ethnische Säuberungen kein Mittel der Politik sein dürfen. Konnte, wem die Ächtung von Vertreibung weltweit ein Anliegen war, die Zwangsmigration der

---

[44] Vgl. Manfred Kittel, Vertreibung der Vertriebenen? Der historische deutsche Osten in der Erinnerungskultur der Bundesrepublik (1961–1982), München 2007, S. 171.

Deutschen aus Ostmitteleuropa einfach akzeptieren? Allerdings riet die (außen-)politische Vernunft, je länger das Unrecht der Vertreibung zurücklag, desto mehr dazu, das Rad der Geschichte nicht mehr zurückzudrehen und im Bewusstsein der ganzen Dimension der NS-Verbrechen den Heimatverlust hinzunehmen. Hier liegt im Übrigen auch ein wesentlicher Unterschied zu den Palästinensern, die gegenüber den Israelis vor ihrer Vertreibung nicht entfernt in diesem Ausmaß schuldig geworden waren.

Vor dem Hintergrund dieser politisch und moralisch komplexen Problematik lässt Lenz den Regierungsvertreter bei der Eröffnung des Museums in Schleswig-Holstein folgende Äußerung tun: „Schon sind Zehntausende von Polen in Masuren geboren, Menschen, die dieses Land nun als ihre Heimat ansehen, ansehen müssen: sollte ihnen denn nach gewaltsamer Rückkehr die Heimat abgesprochen werden?"[45] Wen Lenz damit konkret meinte – außer einigen Radikalinskis außerhalb des demokratischen Parteienspektrums –, ist angesichts des eindeutigen Gewaltverzichts der Stuttgarter Charta zwar nicht ganz klar. Offensichtlich ist aber, dass jenseits von internationaler Politik und Völkerrecht vor allem auch der Faktor Zeit über das Schicksal der alten Heimat entschied, die mit wachsendem Abstand zum Jahr 1945 für Polen, Russen und Litauer ebenso mehr und mehr zu einer neuen Heimat wurde wie die westdeutschen Aufnahmeregionen für die vertriebenen Ostdeutschen.

Das historische Urteil des Bundesverfassungsgerichts zur Deutschland- und Ostpolitik vom Juli 1973 mit seinem Beharren auf den Grenzen von 1937 war insofern nur noch ein letztes Palliativum, um den definitiven Untergang des deutschen Ostens in der Wahrnehmung zu lindern. Als Verhandlungsmasse bei der Wiedervereinigung der westlichen und mittleren Teile des 1945 zerstörten Staates 1990 noch einmal von Bedeutung, stellte das juristische Offenhalten der Oder/Neiße-Frage für den, mit Lenz zu reden, „immateriellen Erinnerungsanspruch" in den 1970er Jahren zugleich jedoch eine erhebliche Erschwernis dar.

War man sich vor der neuen Ostpolitik von der CSU bis zur SPD im Wesentlichen darin einig, die Erinnerung an Schlesien, Hinterpommern, Ostpreußen und Ostbrandenburg auch zwecks Untermauerung des territorialpolitischen Anspruchs zu pflegen und der nationalkommunistischen Legende von den „wiedergewonnenen Gebieten" Polens notfalls mit deutsch-nationalen Argumenten zu begegnen, so änderte sich dies nun grundlegend. Gegen bloß museale ostdeutsche Kulturarbeit – mit der Tendenz „verlorene Heimat, Heimat ohne deutsche Präsenz in alle Zukunft"[46] – wandte sich der als Nachfolger eines Sozialdemokraten zum BdV-Präsidenten gewählte Christdemokrat Herbert Czaja in den Jahren nach Abschluss der Ostverträge immer wieder.

Ein Günter Grass bekannte sich dagegen in aller Klarheit zu seinen mit der sozialliberalen Entspannungspolitik vereinbaren, dezidiert nicht revisionistischen, rein erinnerungskulturellen Plänen. Er plädierte 1970 dafür, das, „was an kultureller Substanz in der Bundesrepublik ein Kümmerdasein fristet […], ohne Emotionen, dafür mit wissenschaftlichem Anspruch" zu sammeln, zu ordnen und darzustellen. Bei dem im vollen Gang befindlichen Ausbau des Hochschulwesens in den Ländern der Bundesrepublik sollten „Institute für Ostpreußen, Pommern und Schlesien" geschaffen, Dialektforschung betrieben, die „literaturfähigen Dialekte […] erhalten" und so „die kulturelle Substanz dieser Provinzen" gerettet werden[47]. „Wir haben", so formulierte es der Schriftsteller mit explizitem Vorwurf

---

[45] Lenz, Heimatmuseum, S. 600.
[46] So Czaja beim BdV-Mitarbeiterkongress am 3.5.1975. Deutscher Ostdienst, Nr. 10, 1975, S. 2.
[47] Kittel, Vertreibung der Vertriebenen?, S. 107.

an allzu passive frühere Bundesregierungen, „die drei ostdeutschen Provinzen zweimal verloren", zunächst geographisch durch den selbst verschuldeten Krieg, dann aber nochmals aufgrund von Versäumnissen der Nachkriegszeit[48].

Vielen der konkreten Forderungen von Grass konnten eigentlich auch Czaja und die Landsmannschaften zustimmen. Doch die im Zuge der neuen Ostpolitik extrem erweiterten Gegensätze zwischen linken und konservativen Vertriebenen ließen die Gemeinsamkeiten aus dem Blick geraten und die Unterschiede dominant werden. Auch wer nichts weiter wünschte, als dem historischen deutschen Osten einen angemessenen Platz im kollektiven Gedächtnis der Nation einzuräumen – ohne revisionistischen Träumen nachzuhängen –, setzte sich von nun an leicht dem Verdacht aus, damit die Gültigkeit der Ostverträge prinzipiell in Frage zu stellen und als „kalter Krieger" den Versöhnungsprozess mit den östlichen Nachbarn torpedieren zu wollen. Wem auf der anderen Seite Moskauer, Warschauer und Prager Vertrag ein besonderes Herzensanliegen waren, der neigte oft mehr und mehr dazu, die Erinnerung an Vertreibung und „deutschen Osten" auszublenden und Breslau womöglich nur noch Wrocław zu nennen, schon um sich von denen abzugrenzen, die mit der ostdeutschen Kulturpflege doch wohl vor allem revanchistische oder zumindest revisionistische politische Ziele verfolgten[49].

## Zeitgenössische Reaktionen auf den Roman

Angesichts des Ende der 1970er Jahre nach wie vor, ja mehr denn je, schwierigen Umgangs mit dem historischen deutschen Osten durfte man gespannt sein, welche Reaktionen Lenz' „Heimatmuseum" hervorrufen würde. Dabei ist allerdings im Auge zu behalten, dass die neue Ostpolitik keineswegs ausschließlich negative Auswirkungen auf die Erinnerungskultur um Flucht und Vertreibung hatte, sondern dem Thema auch eine neue öffentliche Aufmerksamkeit bescherte. Verstärkt wurde das neue Interesse durch die verbesserten Reisemöglichkeiten und den einsetzenden „Heimwehtourismus", der Hunderttausende in die verlorene Heimat führte: „Das Thema bot sich gleichsam zur literarischen Bearbeitung an und wurde von vielen Autoren, nicht nur von ostdeutschen, aufgegriffen."

So erreichte ab Mitte der 1970er Jahre die wachsende „Literatur vom ostdeutschen Heimatverlust", gemessen an Zahl und Auflage, ihren Höhepunkt[50]. Die erfolgreichen Unterhaltungsromane Arno Surminskis („Jokehnen oder Wie lange fährt man von Ostpreußen nach Deutschland", 1974), Christine Brückners über Pommern („Jauche und Levkojen", 1975; „Nirgendwo ist Poenichen", 1977) oder Leonie Ossowskis über Schlesien („Weichselkirschen", 1976) sprachen weite Leserkreise an. Aber auch Werke mit hohem literarischen Anspruch wie die ersten Bände der Gleiwitz-Tetralogie aus der Feder des Oberschlesiers Horst Bienek („Die erste Polka", 1975; „Septemberlicht", 1977) sorgten für Aufsehen.

Ein vergleichbares Echo wie das „Heimatmuseum" von Lenz, das bereits im kurzen ersten Erscheinungsjahr ab Herbst 1978 eine Auflage von einer Viertelmillion erzielte[51], hatte keines dieser früheren Bücher über den verlorenen Osten gefunden. Doch hatten sie

---

[48] Der Spiegel, Nr. 40, 1970, S. 115.
[49] Vgl. auch Kittel, Vertreibung der Vertriebenen?, S. 106.
[50] Schaal, Jenseits von Oder, S. 110.
[51] Ebenda, S. 114. Das leinengebundene Buch kostete übrigens den damals durchaus stattlichen Preis von 35 DM.

den Erfolg des Lenz-Romans mit vorbereitet. Hinzu kamen die starke Präsenz von Autor und Werk in den Medien und vor allem auch in den immer wichtiger gewordenen Fernsehanstalten. Im führenden Feuilleton der Republik, dem der *Frankfurter Allgemeinen Zeitung,* begann bereits im Juni 1978 ein Abdruck des Romans, der bis Anfang Dezember dauerte. Das Blatt gab mit folgenden Worten den Ton für die Rezeption des im Herbst erscheinenden Buches vor: „Dieser Roman von Siegfried Lenz ist gewiß sein reifstes und am sorgfältigsten gearbeitetes Werk. [...] Dies ist sein Beitrag zur Heimatkunde, die Beschwörung eines verlorenen Landes."[52]

Ähnlich euphorisch urteilte bald die *Welt am Sonntag:* „Das Beste von Lenz, ein Buch das dauern wird, über Generationen hinaus", oder die Zürcher *Weltwoche:* „Ein großer Roman, in dem die fragile Balance zwischen Heimatbewußtsein und Heimattümelei gemeistert wird."[53] Selbst jene Kritiker, die wie Horst Bienek in der *Zeit* oder Peter Wapnewski im *Spiegel* literarische Schwächen des Romans monierten, etwa den „häufigen Rückfall in die konventionelle Behäbigkeit der Charakterisierung"[54], kamen zu einem mehr (Bienek) oder weniger (Wapnewski) positiven Gesamturteil. Das „Heimatmuseum", so Bienek, habe ein „gewichtiger" Lenz geschrieben, „ein politischer, ein engagierter und enragierter", einer, der keine Heimweh-Literatur schreibe, sondern den Verlust begründe und „in der Geschichte nach den Wurzeln" suche, „um daraus Lehren für Gegenwart und Zukunft zu ziehen"[55].

Mit am wenigsten Gnade fand Lenz vor den Augen des Kritikers der *Süddeutschen Zeitung.* Denn nach Albert von Schirnding führte Lenz „nicht nur eine glückliche Ehe mit der epischen Muse", sondern unterhielt „auch eine unglückliche Liebe zur Erkenntnis". Er wolle am Faden seiner Erzählung strittige Themen aufgreifen, doch was er an dialektischer Begrifflichkeit zum Thema Heimat auf- und anbiete, erreiche nur „knapp das Niveau eines mittleren Schüleraufsatzes". Die Motivation für Rogallas Brandstiftung kam Schirnding „platt" vor, die These von der Heimat- als Weltkunde schien ihm nur einer dieser „wortreich geschürzten Argumentationsknoten, die sich, wenn man etwas fester an ihnen zieht, in ein gedankliches Nichts auflösen". Wenn Schirnding im „Heimatmuseum" nur einen „literarischen Maibaum von kolossaler Größe" zu erblicken vermochte, so hatte dies auch damit zu tun, dass er auf seinem Arbeitsweg fast täglich an einem altbayerischen Maibaum vorbeikam, der ihm wegen der darauf angebrachten „Todesanzeige": „Treu dem alten Brauch" arg missfiel. Auch das „zünftige Treiben einheimischer Trachtenvereine" hatte für den freien SZ-Mitarbeiter „seine Unschuld längst verloren"[56].

Ähnlich hart wie der SZ-Rezensent von links („Masurischer Teppich mit Rissen"), ging der Kritiker des *Ostpreußenblatts* von rechts mit dem „Heimatmuseum" ins Gericht: „Das Neue an Lenz ist nicht gut – und das Gute ist nicht neu"[57]. „Gerade wir Ostpreußen", so hielt Paul Brock dem Schriftsteller entgegen, „verbinden mit dem Heimatbegriff – in allen seinen Formen und Phasen – eine alles umfassende Idee, die den ganzen Menschen ergreift". Davon aber sei bei Lenz „weder im ‚Heimatmuseum' noch sonst irgendwann-irgendwo etwas zu spüren". Das Werk gleiche einem „schillernden Gefäß, dem der Inhalt

---

[52] So Maria Frise, in: Frankfurter Allgemeine Zeitung, 8.6.1978, S.21.
[53] Zit. nach der Verlagsanzeige in der Süddeutschen Zeitung vom 16./17.12.1978, S.15.
[54] Der Spiegel, Nr.34, 1978, S.161.
[55] Die Zeit, Nr.43, 20.10.1978.
[56] Süddeutsche Zeitung, 25./26.8.1978, S.88 (Buch und Zeit).
[57] Ostpreußenblatt, Nr.40, 7.10.1978, S.11.

fehlt". Dass all das, was „als sichtbares Zeichen von der verlassenen, verlorenen Heimat gerettet und übriggeblieben war", in dem Roman „zu Asche" geworden sei, fand Brock ganz unerträglich.

Auch konkrete historische Fehler warf er Lenz vor: die Legende vom Deutschen Orden, der die baltischen Ureinwohner vom Stamm der Pruzzen „mit Stumpf und Stil ausgerottet" habe, oder den Namen des Protagonisten, Zygmunt, der den Schluss nahelege, dass es sich um einen „Mann slawischen, also polnischen oder zumindest masowischen Ursprungs" handele. Dass die im späten Mittelalter nach Masuren eingewanderten Masowier, die ihren altpolnischen Dialekt bewahrten, aber die evangelische Konfession annahmen und im Laufe der Zeit eine preußische Identität entwickelten, bei Lenz „mit den Polen identisch" seien, tadelte Brock ebenfalls heftig. Die wirkliche Siedlungsgeschichte, d. h. die gemeinsame „Aufsiedlung" des vom Orden Ende des 13. Jahrhunderts eroberten Landes „durch deutsche Bauern und Bürger sowie durch masowische Einwanderer" werde nicht deutlich genug[58].

So kritisch wie das *Ostpreußenblatt* urteilte aber keineswegs die gesamte Vertriebenenpresse. Was selbst Brock zustimmend registrierte: dass Lenz die Stadt Lyck alias Lucknow „und ihre Umgebung mit Wald und See […] so liebevoll […] geschildert" hatte, machte für andere Ostpreußen die Schwächen des Romans mehr als wett. Immerhin war Lenz seit 1961 Kulturpreisträger der Landsmannschaft Ostpreußen, die ihn vor allem wegen seiner Suleyken-Erzählungen ausgezeichnet hatte. In dem vom Bund der Vertriebenen herausgegebenen *Deutschen Ostdienst* rezensierte der 1918 im ermländischen Allenstein geborene Schriftsteller und Übersetzer Georg Hermanowski das Buch[59]. Auf Lenz' Kritik an Vertriebenenpolitikern ging er erst gar nicht negativ ein, sondern lobte vielmehr dessen „Seziermesser": „die Schnitte mögen manchem wehtun, doch sie können heilsam sein". Auch dass der Verfasser „mit Vehemenz […] für die geschichtliche Wahrheitsfülle" eintrat, „die in seinem Heimatmuseum gehütet werden muß", fand Hermanowskis Zustimmung[60].

Im Blick auf die Tochter Zygmunt Rogallas, die dem Leser als Mitarbeiterin an einem masurischen Wörterbuch begegnet, freute sich der Rezensent, Masuren auch als Heimat einer jüngeren Generation gezeichnet zu finden: „Was ihr an Erinnerung fehlt, hat sie durch Einbildung ersetzt, durch Einbildung und gesammelte Kenntnisse. Möglicherweise bewahrt sie ein reineres Bild als wir Alten, die dort geboren sind."[61] Die von anderen Kritikern bemängelte, nur vage Kontur der meisten *dramatis personae* war für Hermanowski geradezu die notwendige Folge der größten Stärke des Buches: „Hauptperson dieses Romans ist Masuren, eine Landschaft, Heimat von Siegfried Lenz." Was der Schriftsteller gegenüber der Züricher *Weltwoche* ausgeführt hatte, nahm den Rezensenten vollends für Lenz ein: „Ich wollte die Herkunft verfolgen, erfragen, was Heimat darstellt, was Heimat ist. Ich wollte auch konservierend wirken: sichten, sammeln, aufheben und aufschreiben, was ein verlorenes Land alles umfing."[62]

Die zumindest teilweise wohlwollende Aufnahme des Romans im organisierten Vertriebenenbereich spiegelte sich auch in Besprechungen der vom Ostdeutschen Kulturrat her-

---

[58] Ebenda. Zur Geschichte Masurens: Andreas Kossert, Masuren. Ostpreußens vergessener Süden, Berlin 2001.
[59] Von Suleyken nach Lucknow. Zu Siegfried Lenz' neuestem Roman „Heimatmuseum", in: Deutscher Ostdienst, Nr. 19, 14. 9. 1978, S. 7f.
[60] Ebenda, S. 8.
[61] So zitierte Hermanowski wörtlich aus Lenz, Heimatmuseum, S. 141f.
[62] Deutscher Ostdienst, Nr. 19, 14. 9. 1978, S. 7.

ausgegebenen *Kulturpolitischen Korrespondenz*[63] oder in der Verleihung des Andreas-Gryphius-Preises, mit dem die Künstlergilde Esslingen den Schriftsteller 1979 bedachte[64]. Das war umso bemerkenswerter, als der Roman tatsächlich einige historische Überzeichnungen aufwies, etwa wenn die meisten deutschen Bewohner der Region Gayko, Lawrenz oder Michalzik heißen, die Angehörigen der polnischen Minderheit dagegen deutsch klingende Namen wie Gutkelch oder Niedermüller tragen[65]. Lenz ging es aber wohl darum, darauf hinzuweisen, dass Kriterien ethnischer Herkunft für die „Nationalität" in Masuren wenig besagten. Auf dieser Ebene liegt auch seine nur zu berechtigte Kritik an der vom „Dritten Reich" erzwungenen Änderung nicht hinreichend deutsch klingender masurischer Ortsnamen.

Zu dem Bild, das Lenz von den polnischen Landarbeitern, Holzflößern und Forstgehilfen zeichnet, hat Wolfgang Schneiß bemerkt: „Immer gilt: Sie tun Gutes und erleiden das Böse. Der Kriegsbeginn trifft sie nichtsahnend beim Gänsetransport, was man historisch bezweifeln muß."[66] In der Szene geraten polnische Arbeiter in den deutschen Angriff auf Polen im September 1939 hinein, ihre Gänse werden bei einem Fliegerangriff verletzt und stieben blutbespritzt auseinander. „Weiß und Rot", bemerkt Lenz unter Anspielung auf die polnischen Nationalfarben dazu, „Unschuld und Blut"[67]. Dies entspricht ziemlich genau dem in der Romantik (Adam Mickiewicz) entstandenen Selbstbild des damals geteilten Polen als gekreuzigter „Christus der Völker", das im kollektiven Gedächtnis der Nation lange nachwirkte, freilich seine eigene Problematik hat. Im Schlusskapitel treten am Heimatmuseum in Schleswig-Holstein aufgeschlossene polnische Fernsehleute auf, die bereits ein unverkrampftes Verhältnis zu Deutschland und zu den vormals deutschen Regionen pflegen. Bedenkt man allerdings den realen Umgang mit den „wiedergewonnenen Gebieten" im nationalkommunistischen Polen der 1970er Jahre, so erscheint diese Darstellung, wie Schneiß kommentiert hat, doch „reichlich idealisiert"[68].

Wie ist zu erklären, dass manche Einseitigkeiten des Romans seine grundsätzlich wohlwollende Rezeption in Teilen des organisierten Vertriebenenmilieus nicht verhinderten[69]? Vermutlich auch damit, dass nach der faktischen Anerkennung der Oder-Neiße-Grenze durch die Bundesregierung die Zahl derer gewachsen war, die nicht mehr von einer Rückkehr der Ostgebiete zu Deutschland träumte oder anhaltende Hoffnungen angesichts der gesellschaftlichen Mehrheitsverhältnisse zumindest nicht mehr für realisierbar hielt und weniger hartnäckig auf national-deutschen Positionen insistieren zu müssen meinte. Und wer den materiellen Anspruch auf die Heimat aufgab, dem wurde der immaterielle Erinnerungsanspruch wichtiger denn je. Erinnerungskulturell indes hatte sich Lenz zweifelsohne größte Verdienste erworben, auch wenn man über manche seiner Bewertungen streiten mochte. Der berühmte Erfolgsautor hatte die westdeutsche Gesellschaft weit über den Kreis der Vertriebenen hinaus für das Thema interessiert. Mit zahlreichen, in der Re-

---

[63] Wolfgang Schwarz würdigte das „Heimatmuseum" als das „beste Buch" des „ostpreußischen Dichters" Lenz. Kulturpolitische Korrespondenz, Nr. 354, 1978, S. 31.
[64] Schneiß, Flucht, S. 217. Die „Künstlergilde" war 1948 am Neckar von kulturschaffenden Vertriebenen ins Leben gerufen worden.
[65] Schneiß, Flucht, S. 220.
[66] Ebenda, S. 221.
[67] Lenz, Heimatmuseum, S. 458.
[68] Schneiß, Flucht, S. 228.
[69] „Verblüffend" fand es etwa auch Wagener, Siegfried Lenz, S. 87, dass Lenz mit dem Buch „bisher keine Kontroversen heraufbeschworen" habe. Ebenda, S. 88.

gel nicht näher erläuterten masurischen Dialektwörtern stellte das „Heimatmuseum" zugleich für die Leserschaft aus dem südlichen Ostpreußen ein spezielles Identifikationsangebot dar[70]. Der Verfasser des Romans präsentierte sich als einer der ihren[71].

## Der Ort des „Heimatmuseums" in der Vertreibungsliteratur

Wie ist der kritische Heimatroman von Lenz innerhalb der bundesdeutschen Vertreibungsliteratur zu verorten? Handelt es sich inhaltlich um einen „Ausreißer" oder eher um ein typisches Produkt dieses Genres? Ein Jahr nach dem Erscheinen des „Heimatmuseums" formulierte der Literaturwissenschaftler Jost Hermand 1979 in einem Beitrag über Darstellungen des Zweiten Weltkrieges die These, während des Kalten Krieges sei in der Bundesrepublik ein antikommunistischer Romantyp „Deutsches Leid im Osten" entstanden. Werke dieser Art hätten sich des „alte[n] Trick[es]" befleißigt, „einfach auf die Mitleids- und Tränendrüse zu drücken" und „im Sinne der damals florierenden Vertriebenenverbände" das Gefühl vermittelt, „nicht die Russen, Polen oder Juden, sondern allein die Ostdeutschen" seien die Hauptleidtragenden des Zweiten Weltkrieges gewesen[72]. Schon der Begriff „Flucht und Vertreibung" sei als Indiz für den Kalten Krieg zu deuten.

Vor Hermand hatten nicht zuletzt Alexander und Margarete Mitscherlich in ihrer „Unfähigkeit zu trauern" 1967 wirkungsgeschichtlich wichtige Betrachtungen zum Umgang mit dem Thema Vertreibung angestellt. Ohne konkreten Hinweis auf literarische Beispiele heißt es dort, viele Deutsche hielten es illusionärerweise für völlig berechtigt, „natürlich auch ‚Ansprüche'" auf die verlorenen Ostgebiete jenseits der Oder-Neiße-Linie zu haben[73]. Einen 50-Jährigen zitieren die Mitscherlichs mit dem paradoxen Befund, dass in dessen Vorstellung „alles, was von deutscher Seite an Untaten und Zerstörung geschah [...] nur die notwendige Konsequenz des viel schrecklicheren Unrechts" gewesen sei, „das dem deutschen Volk zugefügt wurde"[74].

Allerdings hätten die Mitscherlichs ihre Aussage „mit einiger Sicherheit modifizieren müssen"[75], wenn sie die bereits damals umfangreiche Vertreibungsliteratur wirklich gekannt hätten. Dies hat der deutsch-amerikanische Literaturwissenschaftler Louis Ferdinand Helbig in der bisher sorgfältigsten Untersuchung zum Thema aufgezeigt[76]. Mit Flucht und Vertreibung haben sich nach seiner vorsichtigen Schätzung bis 1989 allein etwa hundert Autoren

---

[70] Schaal, Jenseits von Oder, S. 146.

[71] Hinzu kam, dass die persönliche Sicht des Schriftstellers im Roman zwar stets deutlich wurde, er aber nicht nur „die einen reden läßt", sondern oft „auch die Argumente der andern nicht unterschlägt". So Horst Bienek in der Zeit, Nr. 43, 20. 10. 1978.

[72] Jost Hermand, Darstellungen des Zweiten Weltkrieges, in: Ders. (Hrsg.), Literatur nach 1945 (I). Politische und regionale Aspekte, Wiesbaden 1979, S. 11–60 (Neues Handbuch der Literaturwissenschaft, 21), S. 31 f.

[73] Alexander und Margarete Mitscherlich, Die Unfähigkeit zu trauern, München 1967, S. 12.

[74] Ebenda, S. 52.

[75] Helbig, Der ungeheure Verlust, S. 55.

[76] Nach Helbig ist dabei zwischen Vertreibungs- und Vertriebenenliteratur – ähnlich wie zwischen Exil- und Emigrantenliteratur – klar zu unterscheiden. Vertriebenenliteratur befriedige als Heimatliteratur der betroffenen Personen für betroffene Personen vornehmlich menschliche und erst in zweiter Linie literarische Bedürfnisse, sei „Gebrauchsliteratur innerhalb einer Gruppe". Vertreibungsliteratur dagegen sei „wenigstens in ihrer Tendenz kritische Heimatliteratur", verwende moderne Mittel der Darstellung und reflektiere, wie und weshalb die Heimat verloren wurde. Helbig, Der ungeheure Verlust, S. 62.

beschäftigt, darunter zwei Dutzend bedeutendere; „rund fünfzig ernstzunehmende Romane, weit über hundert Erzählungen und ebenso viele Kurzgeschichten, dazu eine unübersehbare Zahl von Einzelgedichten" seien zu nennen[77]. Neben Lenz und Günter Grass verweist Helbig auf Christine Brückner, Peter Härtling, Hugo Hartung, Kurt Ihlenfeld, Uwe Johnson, Heinz Piontek, Franz Fühmann und Christa Wolf. Weitere Namen kämen hinzu, wenn man auch Autoren wie Johannes Bobrowski hinzunähme, die sich zwar nicht direkt mit Flucht und Vertreibung, aber doch mit dem Thema „Osten" beschäftigten[78].

Innerhalb des „vergleichsweise riesigen und inhaltlich ganz anders gelagerten Korpus der Vertreibungsliteratur" seien die „wenigen übertrieben nationalistischen Vertreibungsromane" prozentual von geringer Bedeutung[79]. Als „potentiell gefährlich"[80] stuft Helbig bis 1978 nur drei Romane ein, nämlich Edwin Erich Dwingers „Wenn die Dämme brechen … Untergang Ostpreußens" (1950)[81], Olga Barenyis „Prager Totentanz" (1959)[82] sowie Emmerich Vondrans „Ostpreußen im Fegefeuer. Ein Flüchtlingsroman in zwei Büchern" (1974)[83]. Die Werke sind aber im Übrigen auch ein Symptom für die ganze Komplexität des Phänomens Nationalismus, da zwei der Autoren selbst über einen multikulturellen biographischen Hintergrund verfügen: Bei Barenyi, die in ihrem Roman Verbrechen gegen Deutsche im Mai 1945 in Prag schildert, handelt es sich um eine mit einem Deutschen verheiratete Tschechin, bei Dwinger, der die „unmenschlichen Grausamkeiten"[84] der Roten Armee in Ostpreußen 1944/45 beschreibt, um den Sohn eines deutschen Soldaten und einer Russin.

Neben einem „minimalen Bodensatz"[85] findet sich in der Vertreibungsliteratur jedenfalls eine beachtliche Zahl wenn auch heute teils weniger bekannter Romane, die keineswegs der Kalten Kriegsbelletristik im Sinne Hermands entsprechen. So bedauerte der konservative, vom NS-Regime zeitweilig mit Schreibverbot belegte Österreicher Alexander Lernet-Holenia bereits in den 1940er Jahren in seinem Roman „Mars im Widder"[86] die Vertreibung polnischer Bauern nach dem deutschen Angriff 1939. Noch klarer als Lernet-Holenia äußerte sich der Niederschlesier Gerhart Pohl 1953 in seinem bewegenden Buch über die letzten Tage Gerhart Hauptmanns: „Viele Polen waren die unglücklichen Opfer des Hitlerschen Ausrottungsplanes geworden. Beinahe alle hatten schmerzliche Verluste in der Familie zu beklagen […]"[87]. In seinem zwei Jahre später erschienenen großen Roman „Fluchtburg" (Berlin, 1955) nimmt Pohl „immer wieder durch handelnde Personen und erzählerische Reflexionen" auch „auf das jüdische Schicksal Bezug"[88]. Als letztes Beispiel sei nur noch Heinz Werner Huebners „Das Floß der Vertriebenen" (München, 1954) genannt, das ausführlich auch auf die Opfer der polnischen

---

[77] Ebenda, S. 29.
[78] Ebenda.
[79] Ebenda, S. 92.
[80] Ebenda.
[81] Erscheinungsort: Frankfurt am Main.
[82] Erscheinungsort: München.
[83] Erscheinungsort: Osterzell.
[84] Hermand, Darstellungen des Zweiten Weltkrieges, S. 32.
[85] Helbig, Der ungeheure Verlust, S. 265.
[86] Erscheinungsort: Stockholm 1947 (zuerst 1941).
[87] Aber auch ihre späteren ostdeutschen Opfer, so fügte Pohl hinzu, seien persönlich schuldlos gewesen. Gerhart Pohl, „Bin ich noch in meinem Haus?" Die letzten Tage Gerhart Hauptmanns, Berlin 1953, S. 52.
[88] Helbig, Der ungeheure Verlust, S. 59.

Bevölkerung eingeht[89]. Und selbst der 1956 publizierte, von der Kritik bis heute als „sub-literarisch" qualifizierte Roman des „08/15"-Erfolgsautors Hans Hellmut Kirst „Gott schläft in Masuren" ist eine recht bittere Satire über die Herrschaft der Nationalsozialis-ten in einem masurischen Dorf[90]. Sie hat nicht unwesentlich „zu einem breiten Bekannt-werden und damit literarischen Überleben der Vertreibungsthematik beigetragen"[91].

Bezieht man die literarisch anspruchsvollen Werke eines Lenz, Bienek oder Grass in die Gesamtbewertung mit ein, wobei „das Vertreibungsgeschehen als eines der zentralen Ro-manthemen" der „Blechtrommel" (1959) des Danzigers Grass merkwürdigerweise „lange Zeit ignoriert"[92] wurde, so lässt sich dem Urteil Helbigs zustimmen: Die Vertreibungslite-ratur habe „durchaus völkerverbindende Zeichen gesetzt"[93] und wesentlich dazu beige-tragen, „ein Wirksamwerden nationalistischer Zukunftsvisionen" zu verhindern. Ihr sei es nicht in einem territorialen Sinne um das Land gegangen, sondern um „die Erinnerung an das Land"[94]. Eine große Mehrheit der Autoren der Vertreibung empfand das dichteri-sche Medium offensichtlich „weitgehend als nicht geeignet für einseitige Recht- oder Schuldzuweisungen", stets mit Ausnahme des NS-Terrors. Gerade die besten Romane blie-ben vielmehr „im menschlichen Bereich ambivalent wie das Leben selbst" und akzeptier-ten den Leser als letzte moralische Instanz[95].

Für das „Heimatmuseum" von Lenz gilt dieser Befund in besonderem Maße. Wer den Roman heute liest, wird schmerzlich daran erinnert, dass zuerst mit der Vernichtung der europäischen Juden, dann mit der Vertreibung der Deutschen, jener integrativen Kräfte im Osten des alten Mitteleuropa, ein Netz zerriss, „an dem ein ganzer Kontinent Jahrhunderte gewoben hatte"[96]. Das sich nach dem revolutionären Umbruch von 1989/90 neu formie-rende Ostmitteleuropa wird auf diese „einzigartige ethnische und kulturelle Symbiose [...] für immer" verzichten müssen[97]. Dennoch ist es für den Neuaufbau wichtig zu wissen, auf welchem Grund hier gebaut wird. Der Roman von Lenz gibt zudem eine Antwort auf die Frage, die der Schriftsteller in seiner Erzählung „Schwierige Trauer" nur aufgeworfen hat-te: „Wenn einst weder die Angehörigen der Erlebnisgeneration noch die materiellen Relik-te der Vergangenheit Zeugnis von der alten Heimat ablegen können, dann wird die Erinne-rung an den deutschen Osten dennoch fortbestehen – als vielstimmige Erzählung, die [...] auch zukünftigen Generationen von einem verlorenen Land künden wird."[98]

---

[89] Vgl. ebenda, S. 39.
[90] Vgl. hierzu auch Sacha, Topos Mazur, S. 129.
[91] Helbig, Der ungeheure Verlust, S. 91. Ähnliches gilt wohl für den Illustriertenroman „Suchkind 312" von Hans-Ulrich Horster (alias Eduard Rhein) über das Schicksal eines ostpreußischen Mäd-chens 1955.
[92] Schaal, Jenseits von Oder, S. 115.
[93] Helbig, Der ungeheure Verlust, S. 265.
[94] Ebenda, S. 260. Die „Ansprüche" seien ganz überwiegend nicht von Dwinger'scher Art, sondern „von Anfang an gerechter, humaner und stärker von Vergebung geprägt" gewesen, als man bis heute anzunehmen bereit" gewesen sei. Ebenda, S. 48.
[95] Ebenda, S. 23. Die „besseren Werke zum Thema", so hat es auch der Germanist Wolfgang Schneiß (Flucht, S. 334) formuliert, seien allesamt in Distanz zu einer „nostalgisch-folkloristischen Isolation" entstanden.
[96] Karl Schlögel, Die Mitte liegt ostwärts. Europa im Übergang, Bonn 2002, S. 81.
[97] Schneiß, Flucht, S. 334.
[98] Schaal, Jenseits von Oder, S. 183.

Jürgen Zarusky
# Betäubung einer Vergangenheit

## Bernhard Schlinks Roman „Der Vorleser" (1995)


### Erfolg

Bernhard Schlinks 1995 erschienener Roman „Der Vorleser" ist *der* deutsche Erfolgsroman der letzten anderthalb Jahrzehnte. Die deutsche Ausgabe liegt inzwischen in der 29. Auflage vor; das Buch wurde bis Ende 2009 in 43 Sprachen übersetzt[1]. Die 1997 erschienene englischsprachige Ausgabe stürmte die US-Bestsellerlisten – nicht zuletzt auch infolge einer Einladung des Autors in Oprah Winfreys populäre „Bookshow". Die *Frankfurter Allgemeine Zeitung* bezifferte im Frühjahr 2002 die verkaufte Auflage auf 500 000 in Deutschland, in den USA über 750 000 und in Großbritannien auf noch einmal 200 000[2]. In Frankreich hat sich das dort erstmals 1999 aufgelegte Buch in den folgenden zehn Jahren 500 000-mal verkauft[3]. Autor und Werk sind mit zahlreichen Preisen ausgezeichnet worden. Der Roman ist in vielen bundesdeutschen Lehrplänen als Schullektüre vorgesehen, die Deutschlehrer können dabei auf eine ganze Reihe didaktischer Internetseiten und Handbücher zurückgreifen. In der vom Zweiten Deutschen Fernsehen im Sommer 2004 vorgenommenen Umfrage über die Lieblingsbücher der Deutschen nahm der „Vorleser" zwar nur den 14. Platz ein und landete damit weit hinter Tolkiens „Herrn der Ringe" (1. Platz) und der Bibel (2. Platz), aber doch immerhin noch vor Goethes „Faust" (15. Platz)[4]. Natürlich hat auch die (literatur)wissenschaftliche Auseinandersetzung mit Schlinks Werk längst eingesetzt, wobei hier nicht selten kritische Akzente gesetzt werden[5],

[1] Freundliche Auskunft des Diogenes-Verlages vom 21. 10. 2009.
[2] Felicitas von Lovenberg, Bernhard Schlink: Der Vorleser, in: Frankfurter Allgemeine Zeitung, 9. 4. 2002, S. 47. Der Verlag gibt keine Auskünfte über Verkaufszahlen.
[3] Johannes Willms, Reise in die Vergangenheit. Frankreich huldigt Stefan Zweig und liest immer noch Bernhard Schlink, in: Süddeutsche Zeitung, 13. 10. 2009, S. 14.
[4] Christoph Jürgens (Hrsg.), Die Lieblingsbücher der Deutschen, Kiel 2006; siehe darin Christoph Cornelißen, Bernhard Schlink: Der Vorleser, S. 39–59.
[5] Der literaturwissenschaftlich-literarische Diskurs kann im Rahmen dieses Essays nicht vollständig rezipiert werden. Verwiesen sei jedoch auf folgende Beiträge: Cynthia Ozick, The Rights of History and the Rights of Imagination, Commentary Magazine, March 1999, http://www.commentarymagazine. com/viewarticle.cfm/the-rights-of-history-and-the-rights-of-imagination-8997; Omer Bartov, Germany as a Victim, in: New German Critique No. 80. Special Issue on the Holocaust (Spring – Summer, 2000), S. 29–40; William Collins Donahue, Illusions of Subtelty: Bernhard Schlink's *Der Vorleser* and the Moral Limits of Holocaust Fiction, in: German Life and Letters 54 (2001), S. 60–81; Helmut Schmitz, Malen nach Zahlen? Bernhard Schlinks *Der Vorleser* und die Unfähigkeit zu trauern, in: German Life and Letters 55 (2002), S. 296–311; Carl Wiemer, Dichter und Richter. Bernhard Schlink überwältigt die Vergangenheit, in: Tribüne – Zeitschrift zum Verständnis des Judentums, 42. Jg., Heft 167, 3. Quartal 2003, S. 162–176; Micha Ostermann, Aporien des Erinnerns – Bernhard Schlinks Roman *Der Vorleser*, Bochum 2004; Kathrin Schödel, Jenseits der *political correctness* – NS-Vergangenheit in Bernhard Schlink, *Der Vorleser* und Martin Walser, *Ein springender Brunnen*, in: German Monitor. Seelenarbeit an Deutschland. Martin Walser in Perspective, hrsg. von Stuart Parkes und Fritz Wefelmeyern, Vol. 60, Amsterdam/New York 2004, S. 308–322; Klaus Lüderssen, Die Wahrheit des „Vorlesers", in: Stephan Braese (Hrsg.), Rechenschaften. Juristischer und literarischer Diskurs in der Auseinandersetzung mit den NS-Massenverbrechen, Göttingen 2004, S. 165–174; William Collins Donahue, Der Holocaust als Anlass zur Selbstbemitleidung. Geschichtsschüchternheit in Bernhard Schlinks „Der Vorleser", in: Braese (Hrsg.),

wie es sie in sehr deutlicher Form auch im Jahr 2002 in einer Leserbriefdebatte im *Times Literary Supplement* gab, die im deutschen Sprachraum vor allem von der *Süddeutschen Zeitung* aufgegriffen wurde[6].

Hollywood, das sich schon 1996 die Filmrechte gesichert hatte, ließ sich davon nicht irritieren: 2008 kam der „Vorleser" in die Kinos und erwies sich erneut als erfolgreich. Der Schauspielerin Kate Winslet brachte er 2009 sowohl den Golden Globe Award in der Kategorie „Beste Nebendarstellerin" als auch einen Oskar als beste Hauptdarstellerin ein – etwas widersprüchlich, aber immerhin: Preis ist Preis. Auch für den Film liegen bereits Materialien zum Unterrichtseinsatz vor, die im Auftrag des Verleihs erstellt wurden[7].

Von den jüngeren Werken der deutschen Literatur hat nur Patrick Süskinds Roman „Das Parfum" einen ähnlich sensationellen Erfolg aufzuweisen. Aber während es darin um eine gruselig-surrealistische Mörderkarriere im Frankreich des 18. Jahrhunderts geht, handelt Schlinks Roman von den Morden des Holocaust, von einer sehr ambivalenten Täterin der Shoah und vom schwierigen Verhältnis der Nachgeborenen zur Generation der Eltern, die das „Dritte Reich" durchlebt und mitgetragen hatten. Das verleiht dem Buch eine über den gewöhnlichen Bestsellerstatus hinausgehende Relevanz. „Der ungeheure Erfolg von Bernhard Schlinks *Der Vorleser* hat den Roman in Deutschland und im Ausland als einen zentralen Text zur Vergangenheitsbewältigung institutionalisiert", stellte der Germanist Helmut Schmitz bereits 2002 fest[8].

### „Der Vorleser" – Handlungsüberblick

Der Roman wird aus der Perspektive des Ich-Erzählers Michael Berg erzählt, der in drei Abschnitten über sein Verhältnis zu der anderen Protagonistin, Hanna Schmitz, berichtet. Die erzählte Zeit umfasst eine Spanne von mehr als 35 Jahren[9]. Der erste Abschnitt beschreibt die Zufallsbekanntschaft des 15-jährigen Michael mit der 36-jährigen Hanna und ihre mehrere Monate des Jahres 1959 währende Liebesbeziehung. Es ist eine nicht offen lebbare Beziehung mit inzestuösen Anklängen. Das einzige Mal, als Michael und Hanna sich gemeinsam in der Öffentlichkeit bewegen, bei einer mehrtägigen Radtour,

Rechenschaften, S. 177–197; Claudia Benthien, Eine Analyse der Scham- und Schuldproblematik in Bernhard Schlinks *Der Vorleser*, Vorlesungsmanuskript, Berlin 2005, http://www.maikatze.de/grafik/ Vorleser.pdf; Raoul Eshelman, After Postmodernism: Performatism in Literature, in: Anthropoetics 11, No. 2 (Fall 2005/Winter 2006), S. 6–8, http://www.anthropoetics.ucla.edu/ap1102/perform05.htm; Klaus Köhler, Alles in Butter. Wie Walter Kempowski, Bernhard Schlink und Martin Walser den Zivilisationsbruch unter den Teppich kehren, Würzburg 2009.

[6] Willi Winkler, Vorlesen, Duschen, Durcharbeiten. Schlechter Stil, unaufrichtige Bilder: England begreift nicht mehr, was es an Bernhard Schlinks Bestseller „Der Vorleser" fand, in: Süddeutsche Zeitung, 30. 3. 2002, S. 16; Jeremy Adler, Die Kunst, Mitleid mit den Mördern zu erzwingen. Einspruch gegen ein Erfolgsbuch: Bernhard Schlinks „Der Vorleser" betreibt sentimentale Geschichtsfälschung, in: Süddeutsche Zeitung, 20. 4. 2002, S. 18; Lawrence Norfolk, Die Sehnsucht nach einer ungeschehenen Geschichte. Warum Bernhard Schlinks Roman „Der Vorleser" ein so schlechtes Buch ist und allein sein Erfolg einen tieferen Sinn hat, in: Süddeutsche Zeitung, 27. 4. 2002, S. 16.

[7] „Der Vorleser". Ein Film von Stephen Daldry. Filmheft – Materialien für den Unterricht (Senator Filmverleih), Berlin o. J. [2008], Angabe zu den Filmrechten S. 9. Das Filmheft kann von zahlreichen didaktischen und kommerziellen Websites heruntergeladen werden.

[8] Schmitz, Malen, S. 296.

[9] Eine präzise Analyse der Zeitstruktur findet sich unter http://www.teachsam.de/deutsch/d_literatur/ d_aut/schl/vorl/schl_vorl_3_5_1.html.

tragen sie sich bei Übernachtungen in Gasthöfen als Mutter und Sohn ein. Außer, dass sie als Straßenbahnschaffnerin arbeitet, weiß Michael im Grunde nichts über Hannas Leben. Es gibt aber neben der sexuellen noch eine zweite Ebene ihrer Beziehung: Hanna lässt sich vor dem Liebesakt von Michael regelmäßig Werke der Weltliteratur vorlesen.

Bruchlinien und Ambivalenzen des Verhältnisses werden vom Autor ganz *en passant* eingeführt: Michael ist in Gesellschaft von Freunden im Schwimmbad, als er dort Hanna sieht, und traut sich nicht, sie zu begrüßen. Hanna beginnt Michael subtil zu manipulieren und während der Radtour schlägt sie ihn sogar einmal mit ihrem Gürtel. Der Anlass: Er ist weggegangen, als sie noch schlief. Der Zettel mit der Nachricht, den er ihr hinterlassen hat, ist nicht auffindbar. Doch der Grund für das abrupte Ende der Beziehung bleibt zunächst unklar. Hanna ist eines Tages plötzlich verschwunden. Auch bei ihrem Arbeitgeber weiß man nicht, wo sie geblieben ist. Vom Zuständigen in der Personalabteilung erfährt Michael, dass sie plötzlich gekündigt hat, und das, obwohl man ihr eine Ausbildung zur Fahrerin angeboten hat.

Im zweiten Teil tritt Michael Berg dem Leser als Jurastudent entgegen. Er nimmt am Seminar eines alten, aus der Emigration zurückgekehrten Professors teil, in dem ein laufender KZ-Prozess thematisiert wird. Im Gerichtssaal sieht Michael Hanna wieder – als Angeklagte. Sie war Arbeiterin bei Siemens in Berlin gewesen und hatte sich im Herbst 1943 freiwillig bei der SS als Aufseherin gemeldet. Als solche war sie zuerst in Auschwitz und dann bis Winter 1944/45 „in einem kleinen Lager bei Krakau" – einem Außenlager von Auschwitz (101). Von Siemens war sie weggegangen, obwohl man ihr dort eine Stelle als Vorarbeiterin angeboten hatte. In der Gruppe der fünf Angeklagten ist Hanna Schmitz isoliert. Sie hat auch keine Verwandten oder Freunde, die am Prozess teilnehmen. Auch zu einem Kontakt zwischen ihr und Michael Berg kommt es nicht, obwohl er die gesamte Verhandlung beobachtet. Im Unterschied zu den anderen Angeklagten vertuscht Hanna Schmitz nichts. So gibt sie bereitwillig zu, gewusst zu haben, dass die von allen Angeklagten gemeinsam durchgeführten Selektionen von schwachen Häftlingen zum Rücktransport nach Auschwitz für diese den Tod bedeuteten. Im Prozess stellt sich heraus, dass Hanna regelmäßig eines der schwachen Mädchen unter ihre Fittiche nahm und sich abends von ihr vorlesen ließ, bis sie auf Transport ging und von einer anderen Vorleserin ersetzt wurde.

Ein Schlüsselpunkt der Anklage ist das Verhalten der Aufseherinnen bei der Evakuierung des Lagers Richtung Westen, einem Fußmarsch. Bei einem Zwischenhalt werden die Häftlinge in eine Kirche gesperrt, die Bewacher nächtigen im Pfarrhaus. In der Nacht werden beide Gebäude von Fliegerbomben getroffen. Die Kirche gerät in Brand, aber die Aufseherinnen, die den Bombenangriff überlebt haben, unter ihnen Hanna Schmitz, öffnen die Türen nicht. Bis auf zwei, eine Mutter und ihre Tochter, kommen alle Gefangenen in den Flammen ums Leben. Von zentraler Bedeutung für die Ermittlung ist ein Bericht aus SS-Akten über die Vorkommnisse, der die Verfasserin belastet. Die anderen erklären, Hanna Schmitz habe diesen Bericht geschrieben. Hanna streitet das zunächst ab, als aber ein Schriftvergleich durchgeführt werden soll, bestreitet sie es nicht länger. Damit macht sie es den anderen Angeklagten leicht, sie zur Haupttäterin zu stilisieren. Michael Berg hat aber in der Zwischenzeit das Geheimnis seiner Geliebten erkannt: Sie ist Analphabetin. Aus Scham und Furcht, ihr Handicap könne entdeckt werden, hat sie sich als Bewacherin gemeldet, als man ihr bei Siemens eine Vorarbeiterinnenposition angeboten hat. Aus demselben Grund ist sie 1959 verschwunden, und auch die Autorenschaft an dem Bericht hat sie deshalb fälschlich zugegeben. Nach einem Gespräch mit seinem Vater, einem Philosophieprofessor, in dem theoretisch und anonym die Frage erörtert wird, ob er entgegen Hanna Schmitz Willen ihr Geheimnis enthüllen darf, und in dem als Ergebnis der Primat ihrer Autonomie unterstrichen wird, sucht Michael dennoch den vorsitzenden Richter auf. Es entsteht aber nicht mehr als eine Unterhaltung über Belanglosigkeiten.

Sich die Taten vorzustellen, gelingt Michael Berg trotz der Lektüre des Erinnerungsberichts der Überlebenden und der Besichtigung des ehemaligen Konzentrationslagers Natzweiler-Struthof nicht. Es dominiert ein Gefühl der Betäubung, das, so der Ich-Erzähler, alle Prozessbeteiligten erfasst habe, und auch „alle Literatur der Überlebenden" präge. Am Ende wird Hanna Schmitz zu lebenslänglicher Haft verurteilt, während die anderen Angeklagten mit Zeitstrafen davonkommen.

Im dritten Teil erfährt der Leser den weiteren Lebensweg Michael Bergs. Er heiratet eine Juristin, die als Richterin Karriere macht, während er Rechtshistoriker wird – was den Einschub einiger fortschrittsskeptischer Überlegungen zur historischen Entwicklung von Recht und Justiz motiviert. Nach dem Scheitern seiner Ehe kehrt die Sehnsucht nach Hanna zurück, und Berg beginnt, für Hanna Schmitz literarische Werke auf Cassetten zu lesen, die er ihr ins Gefängnis schickt, ohne aber anderweitig mit ihr Kontakt aufzunehmen. Nach vier Jahren erhält er einen schriftlichen Gruß von ihr. Sie hat Lesen und Schreiben gelernt. Regelmäßige weitere Briefe folgen, in denen aber nie von ihrer NS-Vergangenheit die Rede ist. Er antwortet nicht, sondern schickt weiter nur Cassetten. Ein persönlicher Kontakt entsteht erst viele Jahre später, als die Begnadigung von Hanna Schmitz bevorsteht und die Gefängnisdirektorin sich an Berg wendet, ihr bei der Etablierung in Freiheit zu helfen, weil er der einzige Mensch außerhalb des Gefängnisses ist, mit dem sie in Verbindung steht. Bei einem Besuch unmittelbar vor der Freilassung erkennt Berg, dass seine Liebe zu der gealterten Hanna Schmitz erloschen ist. Einen Tag vor der Freilassung erhängt sie sich. In ihrer Zelle findet Michael Berg ein Regal mit Büchern von Holocaust- und KZ-Überlebenden und andere Literatur über NS-Verbrechen. In einem Testament hat sie verfügt, dass Berg ihre Ersparnisse – Bargeld in einer Teedose und ein Guthaben von 7000 Mark – der Tochter übergeben soll, die den Brand der Kirche überlebt hat.

Diese Übergabe bildet den Schlussakt. Sie findet in New York statt, wo die Überlebende wohnt und Berg sie aufsucht, als er dorthin zu einem Kongress reist. Sie will allerdings keine Absolution erteilen. Berg bittet sie wenigstens um eine Anerkennung. Als er seine Geschichte mit Hanna Schmitz offenlegt, betrachtet ihn die Überlebende mitleidsvoll als Missbrauchsopfer. Schließlich kommt es zu der Vereinbarung, dass Berg das Geld einer jüdischen Organisation für Analphabetismushilfe überweisen soll, während sie die Teedose behält – als Ersatz für eine, die ihr im Lager gestohlen worden war. Der Roman endet in einem halb resignativen, halb versöhnlichen Epilog.

## Die Blickwende zu den Tätern

Irgendwie hat dieses schmale und in einer geradezu spröden Sprache geschriebene Buch den Nerv der Zeit getroffen. Ein Faktor dabei ist sicherlich, dass es thematisch im Einklang mit der „Blickwende zu den Tätern" steht, die seit Anfang/Mitte der 1990er Jahre die Auseinandersetzung mit der nationalsozialistischen Vergangenheit ganz wesentlich bestimmt[10]. Ausdruck dieses Perspektivenwechsels waren die spektakulären und unter Teilnahme einer breiten Öffentlichkeit geführten Diskussionen um Daniel Goldhagens Buch „Hitlers willige Vollstrecker" von 1996 und um die Ausstellung „Vernichtungskrieg. Verbrechen der Wehrmacht 1941 bis 1944" des Hamburger Instituts für Sozialforschung, die sogenannte erste Wehrmachtsausstellung. Sie wurde seit 1995 in verschiedenen Städten Deutschlands gezeigt. Die zahlreichen lokalen Auseinandersetzungen, die sie auslöste, spitzten sich schließlich bei der Präsentation in München 1997 so stark zu, dass sie eine gesamtdeutsche Ebene und sogar die Tribüne des Bundestages erreichten.

Mit seinem schon 1993 in Deutschland erschienenen Buch „Ganz normale Männer" hatte Christopher Browning die Debatte im Wesentlichen auf den Nenner gebracht. Es ging um die große Masse der „ganz normalen" Beteiligten an NS-Verbrechen, nicht um ideologisierte Fanatiker oder perverse Sadisten, sondern um den Täter, zu dem es keine automatische Distanz gab, weil es der Großvater, Vater, Nachbar, Kollege, Freund oder eben auch – die Geliebte sein konnte. Die „Wehrmachtsausstellung" thematisierte dieses Motiv nicht explizit. Sie trat vielmehr mit einer polemischen Wucht zur Zerstörung des jahrzehntelang gepflegten Mythos der „sauberen Wehrmacht" an, der viel von dem Geist des Generationenkonflikts der späten 1960er Jahre atmete, und konzentrierte sich auf verbrecherische Befehle und Aktionen militärischer Großverbände. Dennoch war in den Diskussionen, die sie auslöste, auch die individuelle und private Ebene von erheblichem Gewicht. Mindestens ebenso viel wie über die dort dokumentierte Beteiligung der Institution Wehrmacht an Massenverbrechen wurde über die eigenen Väter und Großväter geredet. NS-Geschichte und Generationenverhältnisse wurden gleichzeitig und gleichermaßen thematisiert.

Nichts anderes unternimmt auch Schlink in seinem Roman. Und mit dem im Zentrum stehenden erotischen Verhältnis erzeugt er dabei ein Maximum an Nähe zwischen der Täterin Hanna und dem zur Generation der späteren 68er zählenden Michael. Mehr noch: „Der Vorleser" fügt sich auch deshalb aufs Engste in die deutsche Debattenlandschaft der Mitte der 1990er Jahre ein, weil er ganz explizit ein bestimmtes Täter(innen)modell präsentiert, nämlich ein funktionalistisches, in dem ideologische Motive oder Hass auf die Opfer keine Rolle spielen, sondern ganz andere, sekundäre und mehr oder weniger zufällige Gründe zur Ursache verbrecherischen Verhaltens werden. Eben diese Frage nach den individuellen Motiven der Täter steht im Zentrum der Bücher von Browning und Goldhagen, die dazu konträre Standpunkte vertreten.

Browning untersucht die Rolle des Polizeibataillons 101, das im Mai 1941 zum größten Teil aus Reservisten bestand, also Männern, die für den Dienst in der Wehrmacht bereits als zu alt galten und Zivilberufe ohne polizeiliche oder militärische Bezüge hatten. Ganz überwiegend stammten sie aus der Arbeiterschaft[11]. Browning baut seine Darstellung um ein zentrales, erschreckendes Ereignis herum auf. Am 13. Juli 1942 soll das Bataillon die nicht arbeitsfähigen Juden des polnischen Städtchens Józefów erschießen, die arbeitsfähigen Männer sollen abtransportiert werden. Der Kommandeur des Bataillons, den dieser Befehl zutiefst erschütterte, machte den älteren Angehörigen seiner Einheit das Angebot,

---

[10] Vgl. den historiographischen Überblick von Gerhard Paul, Von Psychopathen, Technokraten des Terrors und „ganz gewöhnlichen" Deutschen. Die Täter der Shoah im Spiegel der Forschung, in: Ders. (Hrsg.), Die Täter der Shoah. Fanatische Nationalsozialisten oder ganz normale Deutsche?, Göttingen 2002, S. 13–90.
[11] Christopher Browning, Ganz normale Männer. Das Reserve-Polizeibataillon 101 und die „Endlösung" in Polen, Reinbek bei Hamburg 1993, S. 63–70.

sie könnten beiseitetreten[12]. Nur eine Minderheit von „zehn, allerhöchstens zwanzig Prozent"[13] machte indes von dieser Möglichkeit Gebrauch. Im interpretativen Teil seiner Darstellung[14] zeigt Browning, dass es sich bei den Angehörigen des Bataillons keineswegs um eine Auswahl etwa besonders stark in der NS-Ideologie verankerter Männer handelte. Die unzweifelhaft intensive ideologische Indoktrinierung habe nicht konkret auf die Ermordung von Juden, schon gar nicht auf die von Frauen und Kindern vorbereitet und könne das Verhalten der Täter nicht ausreichend erklären. Der Historiker greift daher auf sozialpsychologische Studien zu Autoritäts- und Gruppenverhalten zurück, u.a. auf das berühmte einschlägige Experiment des amerikanischen Psychologen Stanley Milgram. Brownings Buch endet mit der Frage, für welche Gruppe von Menschen sich angesichts der Autoritätshörigkeit der von ihm untersuchten Gruppe noch die Bereitschaft zum Massenmord ausschließen lasse.

Dass Goldhagens Buch ein Gegenentwurf zu demjenigen Brownings war, geht schon aus dem Untertitel hervor, wo im Unterschied zu den „ganz normalen Männern" von „ganz normalen Deutschen" die Rede ist. Goldhagen wandte sich gegen einen allgemeinen sozialpsychologischen Erklärungsansatz für das Handeln der Täter im Holocaust und suchte nach den deutschen Spezifika, die den Judenmord erklären. Das entscheidende Motiv meint er in einem tief in die deutsche Kultur eingeschriebenen „eliminatorischen Antisemitismus" gefunden zu haben, der sich unter der Herrschaft Hitlers habe ausleben können. Der methodische Ausgangspunkt, der ihn zu dieser geradezu hyperintentionalistischen Interpretation führt, soll eine Position weitgehender Fremdheit sein, der „Blickwinkel eines Anthropologen [...], der sich mit der Welt eines Volkes beschäftigt, über das nur wenig bekannt ist" und das einem in gewisser Hinsicht „magischen Denken" anhängt[15]. Dies entsprach seiner Grundannahme, dass Motivationen „weitgehend ein Produkt der sozialen Konstruktion von Wissen" sind[16]. Goldhagen kritisierte nicht nur, dass sich die Holocaust-Forschung bis dato kaum mit den Tätern befasst hatte, sondern erklärte auch, es sei unabdingbar, die „phänomenologische Realität" ihrer Taten zu rekonstruieren. „Wenn man bloß klinisch saubere Beschreibungen der Tötungsvorgänge gibt, dann verzerrt man damit das gesamte Erscheinungsbild des Mordens, man blendet die Gefühlsanteile aus und verhindert damit jedes wirkliche Verstehen."[17]

Die Resonanz auf Goldhagens Buch war eigentümlich gespalten. Während die meisten Fachwissenschaftler dem Buch sehr kritisch gegenüberstanden, wurde es zugleich zu einem Publikumsrenner und der Autor bei seinen Lesungen wie ein Star empfangen[18]. Bemerkenswert ist, dass die Bücher von Schlink und Goldhagen sich zur selben Zeit zu

---

[12] Ebenda, S. 21f.
[13] Ebenda, S. 208.
[14] Ebenda, S. 208–247.
[15] Daniel Jonah Goldhagen, Hitlers willige Vollstrecker. Ganz gewöhnliche Deutsche und der Holocaust, Berlin 2006, S. 46.
[16] Ebenda, S. 35.
[17] Ebenda, S. 38.
[18] Matthias Heyl, Die Goldhagen-Debatte im Spiegel der englisch- und deutschsprachigen Rezensionen von Februar bis Juli 1996. Ein Überblick, in: Mittelweg 36, Heft 4, August/September 1996, S. 41–56; Dieter Pohl, Die Holocaustforschung und Goldhagens Thesen, in: Vierteljahrshefte für Zeitgeschichte 45 (1997), S. 1–48; Michael Schneider, Die „Goldhagen-Debatte": ein Historikerstreit in der Mediengesellschaft, Bonn 1997, online unter http://library.fes.de/fulltext/historiker/00144.htm; Richard Chaim Schneider, Fetisch Holocaust. Die Judenvernichtung – verdrängt und vermarktet, München 1997, S. 19–113.

Bestsellern, wenn auch in unterschiedlichen Genres, entwickelten, präsentieren die Autoren doch diametral entgegengesetzte „Täterbilder" und wählen extreme entgegengesetzte Ausgangspunkte bei der Annäherung an die Täter – Schlink die größtmögliche Nähe und Goldhagen die größtmögliche Distanz. Auch von der Empörung, die Goldhagens Buch und die „Wehrmachtsausstellung" gleichermaßen prägt, ist Schlink weit entfernt. Brownings Analysemodell kommt dem in seinem Roman präsentierten Konzept zweifellos näher[19]. Der Romancier treibt allerdings, wie zu zeigen ist, den Funktionalismus entschieden weiter, ja er geht sogar darüber hinaus, indem er den Zusammenhang von Motiven und Taten grundsätzlich in Frage stellt.

## Täterin ohne Profil

Ein vollkommen apolitisches und mit den NS-Verbrechen zunächst in keinerlei Verbindung stehendes Motiv, nämlich die Scham über ihr Analphabetentum, führt Hanna Schmitz ins Gefolge der SS. Aus demselben Grund gibt sie später ihre Position als Straßenbahnschaffnerin, ihren Wohnort und die Beziehung zu Michael auf und bekennt sich schließlich im Gerichtssaal als Verfasserin des Berichts über die Bombennacht, womit sie sich schwer belastet. Ideologische Motive tauchen bei Hanna nirgends auf. Sie ist politisch und „weltanschaulich" überhaupt ein Neutrum. Im ersten Teil des Romans deuten nur die Information, dass sie die Uniform mag, die sie als Straßenbahnschaffnerin trägt, und der Vorfall, bei dem sie Michael Berg schlägt, auf ihre Vergangenheit hin.

Dieses vollkommene Fehlen ideologischer, politischer, aber auch moralischer Positionen bleibt auch im zweiten Teil bestehen, wo Hanna als NS-Täterin erscheint. Der Autor stellt ihr im Gegensatz zu den anderen Angeklagten keinen rechtsextremen Verteidiger an die Seite (92). Dieser Unterschied wird nicht weiter erklärt, schafft aber eine deutliche Distanz zwischen der Figur der Hanna und dem Typus der Weltanschauungstäterin. Sie selbst präsentiert sich als funktionaler Teil eines quasi mechanischen Gefüges, dessen Zwänge und Erwartungen sie als ebenso unausweichlich wie selbstverständlich darstellt. Der Ich-Erzähler Michael Berg übernimmt diese Perspektive, und der Autor lässt zu dieser Figur an keiner Stelle Distanz erkennen, so dass die Sicht Michael Bergs auf Hanna auch ihm zuzurechnen ist: „Hanna hatte sich nicht für das Verbrechen entschieden. Sie hatte sich gegen die Beförderung bei Siemens entschieden und war in die Tätigkeit als Aufseherin hineingeraten." (128) Dies entspricht einer mehrfach explizit formulierten grundsätzlichen Skepsis gegenüber dem Zusammenhang von Intention und Handeln: „Ich meine nicht, dass Denken und Entscheiden keinen Einfluss auf das Handeln hätten. Aber das Handeln vollzieht nicht einfach, was davor gedacht und entschieden wurde. Es hat seine eigene Quelle und ist auf ebenso eigenständige Weise mein Handeln, wie mein Denken mein Denken ist und mein Entscheiden mein Entscheiden." (22) Dieser philosophische Kommentar Michael Bergs bezieht sich auf seinen Beschluss, die Zufallsbekanntschaft Hanna Schmitz noch einmal aufzusuchen, was dann zu ihrem Verhältnis führt. Dies kann aber durchaus als ein Grundmotiv des Romans gelesen werden.

Es taucht auch im Verhalten der beiden überlebenden Frauen auf, die vor der Panik der anderen in der Kirche eingeschlossenen Gefangenen – nicht vor dem Feuer! – auf die Empore geflüchtet waren, die vom brennenden Gebälk nicht getroffen wurde. „Mutter

---

[19] So auch Köhler, Alles in Butter, S. 306–308.

und Tochter hatten überlebt, weil die Mutter aus den falschen Gründen das Richtige tat." (118) In einer Reflexion des zum Rechtshistoriker gewordenen Michael Berg wird diese Rationalitätsskepsis auf eine grundsätzliche Ebene gehoben: „Lange glaubte ich, dass es einen Fortschritt in der Geschichte des Rechts gibt, trotz furchtbarer Rückschläge und -schritte eine Entwicklung zu mehr Schönheit und Wahrheit, Rationalität und Humanität. Seit mir klar ist, dass dieser Glaube eine Schimäre ist, spiele ich mit einem anderen Bild vom Gang der Rechtsgeschichte. Darin ist er zwar zielgerichtet, aber das Ziel, bei dem er nach vielfältigen Erschütterungen, Verwirrungen und Verblendungen ankommt, ist der Anfang, von dem er ausgegangen ist und von dem er, kaum angekommen, erneut ausgehen muss." (173) Zwar bleibt der Erzähler die Begründung dieser Position schuldig, bei seinem Bekenntnis zur Akzidentialität des menschlichen Handelns lässt er es aber an Eindeutigkeit nicht missen.

Akzeptiert man diese Voraussetzung, wird allerdings der Begriff der Verantwortung insofern fragwürdig, als Absicht und Folgen, innere und äußere Tatseite in keinem logischen Zusammenhang mehr stehen. Hanna Schmitz, so das Bild des Ich-Erzählers Michael Berg, war ohne Absicht „in die Tätigkeit als Aufseherin hineingeraten". Nun musste sie im Rahmen des Systems, in dem sie sich bewegte, funktionieren. Jegliche Bewertung ihrer Tätigkeit, die nicht dieser Systemlogik entspricht, bleibt ihr schlichtweg unverständlich. So antwortet sie auf die Frage des Richters, warum sie die Gefangenen nicht aus der brennenden Kirche herausgelassen habe: „Wir wussten uns nicht anders zu helfen. […] Wir hätten sie doch nicht einfach fliehen lassen können! Wir waren doch dafür verantwortlich … Ich meine, wir hatten sie doch die ganze Zeit bewacht, im Lager und im Zug, das war doch der Sinn, dass wir sie bewachen und dass sie nicht fliehen." (121f.) Schlink treibt hier den Funktionalismus auf die Spitze: Die Bewachung legitimiert das Einsperren, selbst wenn das den sicheren Tod bedeutet. (Die zwingende Folgerung, dass die Gefangenen eher sterben sollten als fliehen, wird allerdings weder von Hanna noch anderweitig im Roman ausgesprochen.)

Ausdrücklich werden andere Beweggründe, wie etwa die Angst, bestraft zu werden oder von den Gefangenen überwältigt zu werden, im Verhör von Hanna Schmitz ausgeschlossen, was eine klare Differenz zu Brownings sozialpsychologischem Ansatz darstellt. Von Hass auf die Gefangenen ist generell nirgends die Rede, ja er wird an anderer Stelle als Tätermotiv generell dementiert: Während einer Verhandlungspause fährt Michael Berg per Anhalter zur KZ-Gedenkstätte Struthof im Elsass und kommt dabei ins Gespräch mit einem Autofahrer, der mit dem Anspruch einer Autorität auftritt, die über die Tätermotivation Bescheid weiß. Befehl und Gehorsam spielten dabei keine Rolle. „Der Henker befolgt keine Befehle. Er tut seine Arbeit, hasst die nicht, die er hinrichtet, rächt sich nicht an ihnen, bringt sie nicht um, weil sie ihm im Weg stehen oder ihn bedrohen oder angreifen. Sie sind ihm völlig gleichgültig. Sie sind ihm so gleichgültig, dass er sie ebenso gut töten wie nicht töten kann." Der Fahrer schildert ein Foto von einer Judenerschießung in einem Steinbruch in Russland, auf dem ein Offizier zu sehen ist, der auf einem Sims in der Felswand sitzt und raucht. Er habe „etwas Zufriedenes, sogar Vergnügtes im Gesicht, vielleicht weil immerhin das Tagwerk geschieht und bald Feierabend ist. Er hasst die Juden nicht." (146f.) Als Berg seinen Gesprächspartner fragt, ob er, der Mercedeseigner mit den weißen Handschuhen, der Offizier gewesen sei, lässt dieser ihn auf offener Strecke aussteigen.

Denselben ungerührten Professionalismus wie der Handschuhträger legt auch Hanna Schmitz an den Tag, allerdings nicht so kalt und abgebrüht, sondern eher hilf- und ratlos. Auf die Frage des Richters, ob sie nicht gewusst habe, dass sie die zum Transport nach

Auschwitz selektierten Häftlinge ihres Außenlagers in den Tod schickte, antwortet sie: „Doch, aber die neuen kamen, und die alten mussten Platz machen für die neuen." (106) „Sie haben also, weil Sie Platz schaffen wollten, gesagt: Du und du und du musst zurückgeschickt und umgebracht werden?" Hanna, so berichtet der Ich-Erzähler, „verstand nicht, was der Vorsitzende damit fragen wollte". Sie reagiert mit der Gegenfrage: „Was hätten Sie denn gemacht?" Die Antwort des Richters, es gebe Sachen, auf die man sich einfach nicht einlassen dürfe und von denen man sich absetzen müsse, wenn es einen nicht Leib und Leben koste, lässt den Ich-Erzähler und den Autor unbefriedigt. Sie sei „dem Ernst von Hannas Frage nicht gerecht" geworden (107). Diese selbst fragt sich gedankenversunken: „Also hätte ich ... hätte nicht ... hätte ich mich bei Siemens nicht melden dürfen?" (108)

Hanna Schmitz erscheint als tragische Figur, die durch eine einzige Entscheidung mit unabsehbaren Folgen unter die Herrschaft eines dunklen und unausweichlichen Fatums geraten ist. Literarisch zweifelsohne wirkungsvoll präsentiert, stehen Gestalt und Handlung indes in einem zum Teil grellen Kontrast zur historischen Realität.

## Die Kolleginnen der Hanna Schmitz

„Über die Grausamkeit der Aufseherinnen wird viel geredet und wenig geforscht", stellte die Holocaust-Überlebende Ruth Klüger Anfang der 1990er Jahre fest[20]. Das hat sich inzwischen geändert. Auch die „ganz gewöhnliche[n] Frauen"[21] sind, gerade in den letzten Jahren, zum Gegenstand der Forschung geworden[22]. Man kann inzwischen einiges über

---

[20] Ruth Klüger, weiter leben. Eine Jugend, München 1994 (Erstausgabe Göttingen 1992), S. 146.
[21] Elissa Mailänder Koslov, Gewalt im Dienstalltag. Die SS-Aufseherinnen des Konzentrations- und Vernichtungslagers Majdanek, Hamburg 2009, S. 9.
[22] Wichtige Beiträge zur Täterschaft von Frauen im NS-Regime stellen die folgenden, ohne Anspruch auf Vollständigkeit aufgeführten Beiträge dar: Angelika Ebbinghaus (Hrsg.), Opfer und Täterinnen Frauenbiographien des Nationalsozialismus, Nördlingen 1987; Theresa Wobbe (Hrsg.), Nach Osten. Verdeckte Spuren nationalsozialistischer Verbrechen, Berlin 1992, hierin vor allem der grundlegende Beitrag von Gudrun Schwarz mit dem charakteristischen Titel „Verdrängte Täterinnen: Frauen im Apparat der SS", S. 197–223; Gudrun Schwarz, SS-Aufseherinnen in nationalsozialistischen Konzentrationslagern (1933–1945), in: Dachauer Hefte 10 (1994), S. 32–49; dies., „... möchte ich nochmals um meine Einberufung als SS-Aufseherin bitten." Wärterinnen in den nationalsozialistischen Konzentrationslagern, in: Barbara Distel (Hrsg.), Frauen im Holocaust, Gerlingen 2001, S. 331–352; dies., Frauen in Konzentrationslagern – Täterinnen und Zuschauerinnen, in: Ulrich Herbert/Karin Orth/Christoph Dieckmann (Hrsg.), Die nationalsozialistischen Konzentrationslager. Entwicklung und Struktur, Bd. 2, Frankfurt a. M. 2002, S. 800–821; Johannes Schwartz, Das Selbstverständnis Johanna Langefelds als SS-Oberaufseherin, in: Ulrich Fritz/Silvija Kavčič/Nicole Warmbold (Hrsg.), Tatort KZ. Neue Beiträge zur Geschichte der nationalsozialistischen Konzentrationslager, Ulm 2003, S. 71–95; Viola Schubert-Lehnhardt (Hrsg.), Frauen als Täterinnen im Nationalsozialismus. Protokollband der Fachtagung am 17. und 18. September 2004 in Bernburg, Gerbstedt 2005; dies. (Hrsg.), Frauen als Täterinnen im Nationalsozialismus, Bd. 2: Protokollband der Fachtagung am 16. und 17. September 2005 in Bernburg, Gerbstedt 2006; Viola Schubert-Lehnhardt/Sylvia Korch (Hrsg.), Frauen als Täterinnen und Mittäterinnen im Nationalsozialismus. Gestaltungsspielräume und Handlungsmöglichkeiten. Beiträge zum 5. Tag der Frauen- und Geschlechterforschung an der Martin-Luther-Universität Halle-Wittenberg; Simone Erpel (Hrsg.), Im Gefolge der SS: Aufseherinnen des Frauen-KZ Ravensbrück. Begleitband zur Ausstellung, Berlin 2007; Marita Krauss (Hrsg.), Sie waren dabei. Mitläuferinnen, Nutznießerinnen, Täterinnen im Nationalsozialismus, Göttingen 2008; Ljiljana Heise, KZ-Aufseherinnen vor Gericht. Greta Bösel – „another of those brutal types of women"?, Frankfurt a. M. 2009; Mailänder Koslov, Gewalt.

die mindestens dreieinhalbtausend[23] Kolleginnen von Hanna Schmitz sagen und vor diesem Hintergrund bis zu einem gewissen Grade beurteilen, wie realistisch Schlink seine Figur gezeichnet hat. Aber auch schon die in der Regel viel früher erschienenen Erinnerungen überlebender weiblicher KZ-Gefangener geben wichtige Auskünfte über die Aufseherinnen.

Aufseherinnen wurden zuerst per Anzeige für einen nicht näher beschriebenen Wachdienst angeworben. Auf den wachsenden Bedarf infolge der Expansion des KZ-Systems reagierte die SS ab zirka 1943 mit offensiven Werbekampagnen. Der Ravensbrücker Schutzhaftlagerführer Bräuning habe „regelrechte Werbereisen" unternommen, berichtet die ehemalige Ravensbrück-Gefangene Margarete Buber-Neumann, die als Sekretärin der Oberaufseherin Langefeld solche Einsichten gewinnen konnte. In Versammlungen der weiblichen Belegschaft großer Betriebe habe er die Vorzüge des Wachdienstes in „Umerziehungslagern" geschildert, wobei er die hohe Entlohnung nicht vergaß[24]. Das Salär für eine 25-jährige, unverheiratete Aufseherin lag mit 185 Reichsmark deutlich etwa über dem einer gleichaltrigen ungelernten Arbeiterin der Textilindustrie[25], ja sogar über dem zirka 150 Mark betragenden Durchschnittslohn eines männlichen Industriearbeiters[26]. Aber auch Formen der Zwangsrekrutierung gab es. Insbesondere Unternehmen, die KZ-Häftlinge als Arbeitskräfte haben wollten, mussten Belegschaftsmitglieder als Bewacherinnen abstellen[27]. Die durchschnittliche Aufseherin war jung, zirka 25 Jahre alt, und hatte außer acht Klassen Volksschule keine weitere Ausbildung. Auch im KZ wurden sie nur angelernt, eine eingehendere Ausbildung erhielten nur die Hundeführerinnen[28]. „Sie kamen aus kleinen Verhältnissen, und man steckte sie in Uniformen, denn irgendwas mussten sie ja tragen und natürlich nicht Zivil für diesen Dienst in Arbeitslager und KZ", schreibt Ruth Klüger, und man kann Hanna Schmitz vor sich sehen[29].

Die Metamorphose von der Arbeiterin zur KZ-Wächterin verlief allerdings oft weder so bruchlos noch so unausweichlich, wie das in Schlinks Roman suggeriert wird. Und auch das Verhältnis zu den Gefangenen war nicht so buchhalterisch-nüchtern, wie es dort erscheint. „Der Kommandant und der Schutzhaftlagerführer weihten die neuen Aufseherinnen in ihre Pflichten ein", schreibt Margarete Buber-Neumann. „Es wurden ihnen die Häftlinge als minderwertige, verkommene Frauen geschildert, gegen die sie nun mit aller Schärfe vorzugehen hätten. Natürlich unterstrich man gebührend die Wichtigkeit ihres neuen Amtes, sparte nicht mit Warnungen, die Dienstvorschriften einzuhalten, und drohte vor allem mit Strafen für jeden privaten Kontakt mit diesem Abschaum der Menschheit, den Konzentrationslagerhäftlingen. Alle paar Tage fanden neue Aufseherinnenappelle statt, in denen ihnen Strenge und nochmals Strenge gepredigt wurde."[30] Die „weltanschau-

---

[23] Vgl. Schwarz, Verdrängte Täterinnen, S. 215 und S. 219. In Auschwitz waren insgesamt 170 Aufseherinnen tätig, vgl. Kathrin Kompisch, Täterinnen. Frauen im Nationalsozialismus, Köln/Weimar/Wien 2008, S. 188.

[24] Margarete Buber-Neumann, Als Gefangene bei Stalin und Hitler. Eine Welt im Dunkel, Berlin 2002 (Ersterscheinungsjahr 1949), S. 320f.

[25] Simone Erpel, Aufseherinnen in Ravensbrück, in: Krauss (Hrsg.), Sie waren dabei, S. 166–184, hier S. 173.

[26] Joachim Scherrieble (Hrsg.), Der Rote Ochse Halle (Saale). Politische Justiz. 1933–1945, 1945–1989, bearbeitet von Daniel Bohse und Alexander Sperk, Berlin 2008, S. 175.

[27] Mailänder Koslov, Gewalt, S. 121.

[28] Erpel, Aufseherinnen, S. 174f.

[29] Klüger, weiter leben, S. 146.

[30] Buber-Neumann, Gefangene, S. 322.

lichen Schulungen", die in Ravensbrück regelmäßig stattfanden – ab 1940 zweiwöchentlich an einem Abend, ab August 1942 sogar einmal pro Woche am Samstag – haben wohl in dieselbe Richtung gewirkt. Veit Harlans antisemitischer Film „Jud Süß" gehörte dabei zum Pflichtprogramm[31].

Viele Frauen, die als künftige Aufseherinnen nach Ravensbrück kamen, konnten sich nicht auf Anhieb mit ihrer neuen Tätigkeit arrangieren. Etwa die Hälfte der „Neuen" sei in den ersten Tagen weinend in das Dienstzimmer der Oberaufseherin gekommen und habe verlangt, sofort entlassen zu werden, berichtet Margarete Buber-Neumann. Konfrontiert mit der Tatsache, dass zur Entpflichtung nur der Schutzhaftlagerführer oder der Kommandant befugt sei, resignierte die Mehrheit[32], aber es gab auch Frauen, die sich mit ihrem Entschluss, nicht zur KZ-Wächterin zu werden, durchsetzten: „Als ich dann in das KZ-Lager kam und das himmelschreiende Elend sah, besprach ich mich mit meiner Freundin […]. Wir kamen beide überein, dass wir hier auf keinen Fall bleiben […]. Am nächsten Tag haben wir uns bei dem Obersten des Lagers melden lassen und haben ihm vorgetragen, dass wir hier nicht bleiben. Nach anfänglichen Schwierigkeiten konnten wir dann wieder auf eigene Kosten nach Hause fahren", erklärte etwa Frieda M., die zum Wachdienst in Ravensbrück rekrutiert worden war, in einer Nachkriegsvernehmung[33].

Die Frauen, die in den Wachdienst eintraten, gewöhnten sich in der Regel sehr schnell an die im KZ herrschende Brutalität[34]. Ohrfeigen, Fußtritte und Beschimpfungen gehörten bei vielen zur Alltagspraxis[35]. Ruth Klüger meint, die weiblichen Wächter seien im Durchschnitt weniger brutal gewesen als die männlichen[36], andere Überlebende hingegen bemerkten keinen solchen Unterschied[37]. Erstaunlich einhellig ist dagegen die Einschätzung der Wächterinnen als „durchweg sehr triviale"[38] oder „kleine, primitive Mädchen"[39]. Ella Lingens, die wegen Hilfe für verfolgte Juden ins KZ Auschwitz kam, gibt folgende Charakteristik der Wächterinnen: „Sie lebten ihr kleines, dummes Leben, waren gierig nach allem, was es zu ‚organisieren' gab, hemmungslos im Sich-Bestechen-Lassen und hatten so ziemlich alle den Wunsch, sich ein kleines Vermögen zu erraffen, mit dem sie einen Haushalt gründen konnten, um nicht mehr arbeiten zu müssen. […] Danach sehnten sich alle, dafür organisierten sie. Dass an dem Schmuck und an den Pelzen, die sie stahlen, das Blut von Ermordeten klebte, wussten sie, aber sie verschwendeten kaum je einen Gedanken daran. Dass sie mit schuld waren an diesen Morden, kam ihnen praktisch nie in den Sinn. Sie wendeten sich ab von solchen Gedanken und betrachteten im Übrigen was da geschah als eine Angelegenheit der Männer."[40]

---

[31] Erpel, Aufseherinnen, S. 176f.
[32] Buber-Neumann, Gefangene, S. 321.
[33] Zit. nach Stefanie Oppel, Marianne Eßmann: Von der Kontoristin zur SS-Aufseherin. Dienstverpflichtung als Zwangsmaßnahme?, in: Erpel (Hrsg.), Im Gefolge der SS, S. 81–88, hier S. 86–88.
[34] Mailänder Koslov, Gewalt, S. 137–140.
[35] Ebenda, S. 410ff.
[36] Klüger, weiter leben, S. 146.
[37] Vgl. Schwarz, Verdrängte Täterinnen, S. 201.
[38] Isa Vermehren, Reise durch den letzten Akt. Ravensbrück, Buchenwald, Dachau: eine Frau berichtet, Reinbek bei Hamburg 1987 (Erstausgabe 1946), S. 57. Glaubt man Vermehrens nicht sehr schmeichelhafter Darstellung der äußeren Erscheinung der KZ-Wächterinnen – S. 52f. –, dann ist Kate Winslet eindeutig eine Fehlbesetzung.
[39] So die Auschwitz-Überlebende Grete Salus, zit. nach Schwarz, Verdrängte Täterinnen, S. 201.
[40] Ella Lingens, Gefangene der Angst. Ein Leben im Zeichen des Widerstandes, Wien 2003, S. 256f.

Während über ein besonderes Interesse an der Weltliteratur unter den Wächterinnen nichts berichtet wird, waren die Fähigkeiten des Lesens und Schreibens für ihre Tätigkeit durchaus bedeutungsvoll. Die „ordentlichen" Lagerstrafen, an erster Stelle die Prügelstrafe, wurden infolge von Meldungen der Aufseherinnen verhängt. Diese waren dazu angehalten, auch kleinste Regelverstöße anzuzeigen[41]. „Für diese Meldungen gab es einen Block mit Vordrucken. Jede Aufseherin musste diesen Block bei sich tragen und die Häftlingsnummer, den Namen und das Vergehen einsetzen. Diese Meldungen wurden weitergeleitet und die SS-Oberaufseherin oder der Lagerkommandant bestimmten das Strafmaß", stellt die Historikerin Silke Schäfer zu dieser Strafpraxis fest[42]. Lesen und Schreiben gehörte also zur Alltagsarbeit einer KZ-Aufseherin, und in der Regel beherrschte sie es auch[43]. Es dürfte nicht ganz einfach gewesen sein, sich als Analphabetin im KZ-Wachdienst durchzuschlagen.

Nun mag man den Analphabetismus der Hanna Schmitz als eine Metapher für eine beliebige Einschränkung verstehen, ähnlich wie Michael Berg das mit seinen Kommilitonen diskutiert (133), und eine KZ-Wächterin mit literarischen Interessen zu erfinden, obliegt der literarischen Freiheit des Autors. Bedeutungsvoller ist, inwiefern sein ja sehr konkret auf historische Umstände bezogenes „Setting" stimmig ist. Hier sind in mehrerer Hinsicht Einwände anzumelden. Die Meldung zum Wachdienst führte nicht ausweglos und ohne Zwischenstation ins KZ. In der Zeit, auf die der Roman Bezug nimmt, war die erste Anlaufstelle Ravensbrück. Dort mit der KZ-Realität konfrontiert, erlitten viele Frauen einen Schock und wollten das Lager wieder verlassen, was einigen auch gelang. Eine Analphabetin hätte hier sogar besonders gute Karten gehabt, weil die Tätigkeit als KZ-Aufseherin Lese- und Schreibfähigkeit voraussetzte. So oder so, Hanna Schmitz hätte erneut eine Entscheidung treffen müssen. Mit der Meldung bei Siemens war noch längst nicht alles vorprogrammiert. Die Forderung des Richters, es gebe Sachen, auf die man sich einfach nicht einlassen dürfe und von denen man sich absetzen müsse, wenn es einen nicht Leib und Leben koste, lässt sich in diesem Licht keineswegs so einfach als „hilflos, kläglich" abqualifizieren, wie Schlink das in seinem Roman tut.

Die absolut interesselose und nüchtern-buchhalterische Beziehung zu den Häftlingen, wie sie im Roman propagiert wird, – mit der Ausnahme der Vorleserinnen, denen Hanna Schmitz aber ja nichts antut – hat mit der Realität ebenfalls wenig zu tun. Zur Ausbildung der KZ-Wächter gehörte untrennbar die Erziehung zum Hass gegen die Häftlinge. Die Ravensbrücker Oberaufseherin Langefeld etwa war eine glühende Antisemitin und recht erfinderisch, wenn es darum ging, Jüdinnen zu quälen. Als sie nach dem Krieg von amerikanischen Ermittlern vernommen wurde, verschwieg sie dies tunlich, rühmte sich aber ihrer Leistungen bei der Herstellung von „Ruhe und Ordnung" im Lager[44]. Im „Vorleser" ist von der alltäglichen Gewalt nirgends die Rede. Michael Bergs Bekanntschaft mit Hannas Gürtel und seine sadomasochistischen Phantasien, in denen er sich als Opfer Hannas

[41] Erpel, Aufseherinnen, S. 176 und S. 179.
[42] Silke Schäfer, Zum Selbstverständnis von Frauen im Konzentrationslager. Das Lager Ravensbrück, Diss. phil. TU Berlin 2002, http://edocs.tu-berlin.de/diss/2002/schaefer_silke.htm, S. 77, Faksimile eines Meldebogens S. 263.
[43] Matthias Heyl/Heide Schöllhorn: Zur Auseinandersetzung mit Täterschaft in der Arbeit der Pädagogischen Dienste der Mahn- und Gedenkstätte Ravensbrück, in: Erpel (Hrsg.), Im Gefolge der SS, S. 347–354, hier S. 351.
[44] Schwartz, Langefeld, S. 84.

sieht (55 und 141f.), können wohl kaum als Äquivalent für die Darstellung der Alltags-erfahrung eines Shoah-Opfers durchgehen.

Auch die konkrete Situation der Selektionen im Außenlager und Hannas Begründung, „die neuen kamen, und die alten mussten Platz machen für die neuen", steht mit der his-torischen Realität nicht im Einklang. Die hier implizierte Vorstellung, die SS habe im letz-ten Kriegsjahr Rücksicht auf die Aufnahmekapazität von Konzentrationslagern genom-men, ist geradezu grotesk. Es ging nicht um einen tödlichen Platzwechsel nach dem Prinzip der „Reise nach Rom", sondern um Selektionen entsprechend der nationalsozialis-tischen Strategie von Ausbeutung und Vernichtung. Das Selektionskriterium war nicht „Platz machen", sondern die Tauglichkeit zur Ausbeutung. Darauf hatte die Behandlung der Häftlinge natürlich erheblichen Einfluss. Wie sich Hanna in dieser Hinsicht verhalten hat, erfährt der Leser nicht (abgesehen von dem Hinweis auf ihre „Lieblinge"). „Ein An-klagepunkt galt ihrem Verhalten in Auschwitz, trat aber hinter die anderen Anklagepunkte zurück. Ich weiß ihn nicht mehr", heißt es im Roman (101). Das fällt unter die Rubrik „dichterische Freiheit", auch wenn es nicht sonderlich schlüssig wirkt, angesichts der Tat-sache, dass der Ich-Erzähler betont, keinen Tag des Prozesses versäumt und seine Kommi-litonen auf den aktuellen Stand der Dinge gebracht zu haben. Das Wortprotokoll, das die Seminargruppe vom Prozessverlauf anfertigte (87 und 90), hat Michael Berg wohl nicht bekommen.

Die Darstellung der KZ-Gewalt als etwas Unkonturiertes, Außengesteuertes, vom Han-deln der einzelnen KZ-Wächter weitgehend Unabhängiges hat System bei Schlink. Sein Buch atmet in dieser Hinsicht eben jene Betäubung, die er so ausführlich darstellt und die er nicht nur den Tätern und den späteren Prozessbeobachtern, sondern mit großer Em-phase und zu Unrecht[45] auch den Erinnerungen Überlebender zuschreibt (98f. und 114).

### Die Eliminierung der Opferperspektive

Die anästhetische Wirkung geht beim „Vorleser" nicht von der unmenschlichen Realität der NS-Verbrechen aus, sondern ganz im Gegenteil von deren Auflösung in nebelhafte ahistorische Zwangssituationen und Abstraktionen. Systematisch betreibt der Autor die Eliminierung der Opferperspektive. Dazu benutzt er vor allem die Figur eines der beiden überlebenden Opfer, die der Tochter.

Im achten Abschnitt des zweiten Teils berichtet Michael Berg über die Lektüre ihres Erinnerungsbuches. Dies ist die einzige Passage im Roman, in der die Perspektive der Ge-fangenen referiert wird, allerdings nur in Form der kommentierenden Inhaltsangabe von Hannas Geliebtem. Das Buch, so erklärt er, schaffe Distanz. „Es lädt nicht zur Identifikation ein und macht niemanden sympathisch, weder Mutter noch Tochter, noch die, mit denen beide in verschiedenen Lagern und schließlich in Auschwitz und bei Krakau das Schicksal geteilt haben. Die Barackenältesten, Aufseherinnen und Wachmannschaften lässt es gar nicht erst so viel Gesicht und Gestalt gewinnen, dass man sich zu ihnen verhalten, sie besser oder schlechter finden könnte. Es atmet die Betäubung, die ich schon zu beschreiben ver-sucht habe. Aber das Vermögen, zu registrieren und zu analysieren, hat die Tochter unter der Betäubung nicht verloren. Und sie hat sich nicht korrumpieren lassen, nicht durch Selbstmitleid und nicht durch das Selbstbewusstsein, das sie spürbar daraus gezogen hat,

---

45 Darauf hat auch Jeremy Adler hingewiesen (vgl. Anm. 6).

dass sie überlebt und die Jahre in den Lagern nicht nur verkraftet und literarisch gestaltet hat. Sie schreibt über sich und ihr pubertäres, altkluges und, wenn es sein muss, durchtriebenes Verhalten mit derselben Nüchternheit, mit der sie alles andere beschreibt." (114f.)

Eine nicht besonders sympathische Shoah-Überlebende, die aus der Tatsache ihres Überlebens und der literarischen Verarbeitung ihrer Verfolgungserfahrung Selbstbewusstsein bezieht, obwohl sie den literarischen Ansprüchen Michael Bergs nicht gerecht werden kann, ist die Kronzeugin für das, was den Hanna und ihren Kolleginnen ausgelieferten Frauen widerfahren ist – „alles andere", wie der Autor das höchst ökonomisch zusammenfasst. Er ist auch sonst nicht freigebig mit Informationen. Über Auschwitz hier erneut kein Wort, etwas mehr über das Lager bei Krakau, das für Mutter und Tochter „die letzte Station nach Auschwitz" gewesen sei. „Es war ein Fortschritt; die Arbeit war schwer, aber leichter, das Essen war besser, und es war besser, zu sechs Frauen in einem Raum als zu hundert in einer Baracke zu schlafen." Es sei auch wärmer gewesen, weil den Frauen erlaubt gewesen sei, auf dem Weg von der Fabrik ins Lager Holz aufzusammeln und mitzunehmen. Die Angst vor den Selektionen sei nicht so schlimm gewesen wie in Auschwitz. Sechzig Frauen seien jeden Monat zurückgeschickt worden, sechzig von zwölfhundert – „da hatte man selbst dann eine Überlebenserwartung von zwanzig Monaten, wenn man nur durchschnittliche Kräfte besaß, und man konnte immerhin hoffen, stärker als der Durchschnitt zu sein. Überdies durfte man erwarten, dass der Krieg schon in weniger als zwanzig Monaten zu Ende sein würde." (116)

Ein Konzentrationslager für jüdische Frauen Anfang 1945 als eine nahezu komfortable Einrichtung erscheinen zu lassen, wie das hier geschieht, und dabei sogar die ständige Todesdrohung zugleich zu erwähnen und zu relativieren, ist eine fragwürdige dichterische Leistung. Es stimmt zwar, dass es in dem widerspruchsvollen Lagerkosmos alle möglichen Erscheinungen gab. In einigen wenigen Außenlagern unterschieden sich die Existenzbedingungen der Häftlinge vorteilhaft von denen der Stammlager, insbesondere von denen der Auschwitzer Todesmühle. Aber was Schlink hier als Lagererinnerungen einer Überlebenden präsentiert, ist allzu idyllisch und damit unstimmig. Dabei ist nicht so sehr das Faktum bedeutsam, dass es kein Außenlager von Auschwitz in der Nähe von Krakau gab – die meisten Filiallager von Auschwitz befanden sich im schlesischen Raum – und dass keines der bekannten Auschwitzer Außenlager so außerordentlich komfortable Bedingungen aufwies, wie Schlink sie in seinem Roman schildert[46]. Falsch sind vor allem der Ton und die Perspektive. Das beginnt schon mit dem Gebrauch des unpersönlich verallgemeinernden „man". Wer ist „man"? Wer kann sich so sicher sein, das Lager zu überleben, von Selektionen ausgenommen zu werden, nicht verletzt und arbeitsunfähig zu werden, nicht zu erkranken? Und zuzusehen, wie allmonatlich fünf Prozent der Mitgefangenen – darunter vielleicht Freunde oder Verwandte – in den Tod geschickt werden, und daraus ein optimistisches Zukunftskalkül abzuleiten, ist ein Zynismus, wie er mir bisher nur in Schlinks Roman, aber noch in keinem Überlebendenbericht begegnet ist.

Die KZ-Gefangenen und insbesondere die jüdischen hatten auch gar keine Grundlage für solche Zukunftskalküle. Von einem Tag auf den anderen konnte sich ihr individuelles oder kollektives Schicksal dramatisch ändern. Und selbst in „guten" Außenkommandos war ihr Alltag von Misshandlungen geprägt, die bei Schlink unter den Tisch fallen. „Also uns ging's blendend – im Vergleich zu Auschwitz. Wir wurden auch kaum geschlagen",

---

[46] Vgl. Wolfgang Benz/Barbara Distel (Hrsg.), Der Ort des Terrors. Geschichte der nationalsozialistischen Konzentrationslager, Bd. 5: Hinzert, Auschwitz, Neuengamme, München 2007, S. 175–312.

berichtet etwa die aus Ungarn stammende Holocaust-Überlebende Hanna Mandel über die Verhältnisse in dem Frauen-Außenlager Fallersleben des KZ Neuengamme[47]. Die zehn Peitschenhiebe, die ihr wegen einer ausgetauschten Schlafdecke verabreicht wurden, beeinträchtigen das positive Gesamtbild nicht[48]. Aber im März 1945 wurden die Frauen von Fallersleben in das Neuengammer Außenlager Salzwedel verlegt, wo Hunger, Durst und Krankheiten das Leben bestimmten. Gearbeitet wurde nicht mehr. „Wir warteten nur noch und fragten uns immer wieder, ob wir tatsächlich das Ende erleben oder ob sie uns noch vorher umbringen würden. An diese letzten Wochen hab ich nur sehr wenig Erinnerungen. Ich war wie betäubt, denn mir war ein schlimmer Gedanke gekommen: Also hatten wir, dachte ich, es in Fallersleben besonders gut gehabt. Wie wird es wohl meine Mutter mit den kleinen Kindern haben? So wie ich in Fallersleben? Oder so wie die anderen in Auschwitz und Salzwedel? Oder stimmte es doch, was diese Blockälteste bei der Ankunft in Auschwitz gesagt hatte, dass meine Familie in Rauch aufgegangen war?"[49]

Das Motiv der Betäubung taucht hier auf, aber mit der von Schlink beschworenen Gefühllosigkeit hat das, worüber Hanna Mandel spricht, nichts zu tun.

Das von ihm mit der Attitüde der Kennerschaft präsentierte Bild des KZ weist ganz spezifische Retouchen und Weglassungen auf, die auf eine subtile, aber dennoch massive Verharmlosung der Opferschicksale hinauslaufen. Sehr deutlich wird dies bei seiner Darstellung des Todesmarsches, die mit den Worten einsetzt: „Das Elend begann mit der Auflösung des Lagers und dem Aufbruch der Gefangenen nach Westen." (116) Das Elend begann also nicht mit Ausgrenzung, Diskriminierung, mit dem gelben Stern und der Beraubung, der Inhaftierung und der Rampe von Auschwitz? Es begann mit dem „Aufbruch der Gefangenen nach Westen"? Diese Ballung von Euphemismen ist kein Ausrutscher, sondern setzt sich im Bericht über die folgenden Ereignisse fort. Natürlich wird nicht verschwiegen, dass es viele Tote gab. „Es war Winter, es schneite, und die Kleidung, in der die Frauen in der Fabrik gefroren und es im Lager einigermaßen ausgehalten hatten, war ganz unzureichend, und noch unzureichender war das Schuhwerk, oft Lappen und Zeitungspapier, so gebunden, dass sie beim Stehen und Gehen zusammenhielten, aber nicht so zu binden, dass sie lange Märsche über Schnee und Eis hätten aushalten können. Die Frauen marschierten auch nicht nur; sie wurden gehetzt, mussten laufen. […] Viele brachen unterwegs zusammen, andere standen nach den Nächten in einer Scheune oder auch nur an einer Mauer nicht mehr auf. Nach einer Woche war fast die Hälfte der Frauen tot." „‚Todesmarsch?‘ fragt die Tochter im Buch und antwortet: ‚Nein, Todestrab, Todesgalopp.‘" (116)

Die bombastische Metapher, die Schlink da einer Holocaust-Überlebenden in den Mund legt, ist äußerst schief. Wie sollte es einen „Galopp" geben, mit den schweren Holzschuhen an den Füßen, die zur Standardausrüstung der KZ-Häftlinge gehörten? „Der Tod beginnt bei den Schuhen. Für die meisten von uns haben sie sich als wahre Marterwerkzeuge erwiesen, weil sie schon nach wenigen Stunden Marsch schmerzende Wunden verursachen, die sich unweigerlich infizieren. Wer davon heimgesucht ist, muss so laufen, als habe er ein Gewicht am Fuß hängen […]; er ist überall der letzte, und überall bekommt er Schlä-

---

[47] Hanna Mandel, Beim Gehen entsteht der Weg. Gespräche über das Leben vor und nach Auschwitz, aufgezeichnet von Norbert Reck, Hamburg 2008, S. 96. In den Außenlagern ohne eigenes Krankenrevier führten Erkrankungen i. d. R. zur Rücküberstellung ins Stammlager. Zum Martyrium der Selektionen vgl. Mandel, Weg, S. 89f.

[48] Ebenda, S. 97ff.

[49] Ebenda, S. 109.

ge; er kann nicht davon laufen, wenn man hinter ihm her ist; seine Füße schwellen an, und je mehr sie anschwellen, desto unerträglicher wird die Reibung am Holz und am Leinen der Schuhe", schrieb der Auschwitz-Überlebende Primo Levi, und er schrieb es über die Situation im Lager, nicht auf einem Evakuierungsmarsch[50]. In Schlinks allzu schöner Lagerwelt hingegen kann man es mit der von ihm beschriebenen Lagerfußbekleidung aushalten, solange es nicht ums Marschieren geht. Der Flucht vor den näherrückenden Russen kommt damit ein anderes Gewicht zu als der realen miserablen Behandlung und Bekleidung der Häftlinge.

Nicht Galopp oder Trab bestimmten den Rhythmus der Todesmärsche, sondern das monotone Schlurfen und Klappern der Holzschuhe; zu „Trab" oder gar „Galopp" waren die ausgemergelten KZ-Häftlinge auf den Evakuierungsmärschen so oder so nicht mehr in der Lage. Der Holocaust-Überlebende Max Mannheimer schildert in seinen Erinnerungen die eigene Erfahrung eines Todesmarsches ebenso anschaulich wie prägnant: „Eine lange Kolonne von abgemagerten Häftlingen schleppt sich neben der Hauptstraße entlang. SS-Bewacher, teilweise mit Hunden, treiben uns an. Wer zurückbleibt, wird erschossen. Wir haben es sehr eilig. Wir ahnen, dass die Russen nahe sein müssen. Die Nervosität der SS ist zu spüren. Viele von uns bleiben zurück. Sie können das Tempo nicht halten. Obwohl wir eigentlich gar nicht so schnell marschieren."[51]

Bei Schlink gibt es nur ein tödliches Tempo, keine Hunde, die auf die Gefangenen gehetzt werden, und keine SS-Leute, die jene erbarmungslos erschießen, die nicht mehr weiterkönnen. Das aber bestimmte die Realität der Evakuierungsmärsche aus den KZs am Kriegsende[52], eine Realität, die Schlink verharmlost, wobei er nicht einmal davor zurückschreckt, diese Verharmlosung ausgerechnet einer Holocaust-Überlebenden in den Mund zu legen. Zu unmittelbarer Gewalt kommt es erst durch einen Bombenangriff auf den Ort, an dem der Marsch Station macht. Täter sind hier die alliierten Bomberpiloten, die die Bewacherinnen und insbesondere Hanna erneut in eine für sie unentrinnbare und unübersehbare Zwangssituation bringen. Von der Verantwortung für das Sterben der Häftlinge wird sie so weit wie nur möglich weggerückt. Ausschlaggebend für den massenhaften Tod ist bei ihm der Vormarsch der Russen, der zur Eile zwingt – tatsächlich eine SS-Eile, denn für die Gefangenen war die Rote Armee eine Hoffnung – und der Angriff der alliierten Bomber. Die Gewalt der Bewacher und Bewacherinnen wird verschwiegen und unterschlagen, und auf diese Weise Verantwortung verschoben.

Die Opferperspektive, die ein ganz anderes Licht auf die Vorgänge werfen könnte, wird ausgespart. Daher erfährt der Leser auch nicht, was die vom Gericht in Israel angestellten Ermittlungen erbracht haben, obwohl Michael Berg als unentwegter Prozessbeobachter

---

[50] Primo Levi, Ist das ein Mensch? Erinnerungen an Auschwitz, Frankfurt a. M. 1961, S. 34.

[51] Max Mannheimer, Theresienstadt – Auschwitz – Warschau – Dachau. Erinnerungen, in: Dachauer Hefte 1: Die Befreiung (1985), S. 88–128, hier S. 124f. Buchausgabe: Ders., Spätes Tagebuch. Theresienstadt – Auschwitz – Warschau – Dachau, Zürich 2000, S. 104.

[52] Vgl. David Blatman, Die Todesmärsche – Entscheidungsträger, Mörder und Opfer, in: Herbert/Orth/Dieckmann (Hrsg.), Konzentrationslager, Bd. 2, S. 1063–1092; Karin Orth, Das System der nationalsozialistischen Konzentrationslager. Eine politische Organisationsgeschichte, Hamburg 1999, S. 270–336. Daniel Goldhagen, der die Todesmärsche fälschlich pauschal als gezielt gegen Juden gerichtete Tötungsmethode einstuft – tatsächlich waren auch viele Tausend nichtjüdische Häftlinge betroffen –, zeigt nichtsdestoweniger in einigen bedrückenden Schilderungen die omnipräsente Brutalität der Bewacher; siehe Goldhagen, Vollstrecker, S. 385ff.; zum Verhalten der Bewacher vgl. auch: Jürgen Zarusky, Von Dachau nach nirgendwo. Der Todesmarsch der KZ-Häftlinge im April 1945, in: Spuren des Nationalsozialismus. Gedenkstättenarbeit in Bayern, München 2000, S. 42–63, hier S. 59–61.

davon Kenntnis haben müsste (140). Stattdessen wird mitgeteilt, Richter und Staatsanwälte hätten „das justizielle mit dem touristischen Ereignis" verbunden und Jerusalem, Tel Aviv, die Negev und das Rote Meer besucht. Er, Michael Berg, habe das bizarr gefunden. Dasselbe Motiv wird bereits an früherer Stelle in derselben Tonlage angesprochen: „Als in der Verhandlung eine Reise nach Israel besprochen wurde, wo eine Zeugin vernommen werden sollte, kam Reisefreude auf." (98) Dieses Motiv ist dem Autor offenbar so wichtig, dass er es nicht nur wiederholt, sondern auch einen groben Bruch der Erzählperspektive in Kauf nimmt: Reisevorbereitungen eines Gerichts sind nicht Gegenstand einer offenen Verhandlung, sondern finden in den Büros der Justiz statt. Die auf den Kopf gestellte Informationsverteilung – Schweigen über die Michael Berg zugänglichen Ermittlungsergebnisse einerseits, Skandalisierung von für diesen gar nicht zugänglichen justizinternen Vorgängen[53] – ist kennzeichnend für Schlinks Erzählstrategie, der es um Delegitimierung aller Instanzen geht, die seiner täter(innen)freundlichen Interpretation im Wege stehen könnten. Konsequenterweise muss auch der vorsitzende Richter als satter, selbstzufriedener Karrierebeamter erscheinen, mit dem über Hannas Geheimnis zu sprechen, sinnlos wäre (153–156). Michael Bergs Kommilitonen sind durchweg Eiferer, denen es ausschließlich um eine anklägerische Triumphstimmung geht (88). In seiner Analyse des „roten Jahrzehnts" der 68er-Generation stellt auch Gerd Koenen zum Verhältnis der Studentenbewegung zu den NS-Verbrechen fest, sie habe sich Auschwitz als eines negativen Mythos bemächtigt. „Empfindungen authentischer Scham und Schuld mischten sich mit steilen Selbststilisierungen und Selbstfaszinationen."[54] Doch bei Schlink gibt es nur noch einen Studenten mit authentischen Empfindungen, nämlich Michael Berg in all seiner Befangenheit, und ein Entsetzen über die Verbrechen des NS-Regimes und seiner Handlanger existiert nur als kurzes Aufflackern vor dem Abtauchen in den Zustand der Betäubung. Als Vertreter eines Vorurteils tritt auch der aus der Emigration zurückgekehrte Professor auf: „Sehen Sie sich die Angeklagten an – sie werden keinen finden, der wirklich meint, er habe damals morden dürfen." (87) Aber hat Hanna, die ständig nur in Zwangslagen ist, denn gemordet?

Die Antwort legt der Autor seiner Heldin selbst in den Mund, als sie zu Michael Berg im Gefängnis sagt: „Ich hatte immer das Gefühl, dass mich ohnehin keiner versteht, dass keiner weiß, wer ich bin und was mich hierzu und dazu gebracht hat. Und weißt du, wenn keiner dich versteht, dann kann auch keiner Rechenschaft von dir fordern. Auch das Gericht konnte nicht Rechenschaft von mir fordern. Aber die Toten können es. Sie verstehen. […] Hier im Gefängnis waren sie viel bei mir." (187)

Hanna Schmitz hat im Gefängnis auch Studien über den Nationalsozialismus, vor allem aber die Erinnerungen Überlebender gelesen, von denen an früherer Stelle behauptet worden ist, dass ein Gefühl der Betäubung für sie charakteristisch sei.

Am Ende richtet Hanna Schmitz sich selbst, indem sie sich erhängt. So wird gewissermaßen allen Bedürfnissen Rechnung getragen: dem liberalen Gedanken eines Strafvollzugs, der zur Einsicht und Distanzierung von der kriminellen Vergangenheit führen soll, und

---

[53] Tatsächlich gab es in der Geschichte der NS-Strafverfolgung einen Fall, in dem Ermittlungen extensiv mit touristischen Unternehmungen verknüpft und Reisekosten falsch abgerechnet wurden, den der sogenannten Bochumer „Reisekammer"; drei Richter und zwei Staatsanwälte wurden deswegen gerichtlich verurteilt; vgl. Klaus Pokatzky, Ein gewisser Überschuß, in: Die Zeit, 8.12.1989, Nr. 50, http://www.zeit.de/1989/50/.
[54] Gerd Koenen, Das rote Jahrzehnt. Unsere kleine deutsche Kulturrevolution 1967–1977, Köln 2001, S. 99f.

dem archaischen Sühne- und Rachebedürfnis. Aber es bleiben doch Posten offen in dieser Bilanz.

Dem Juristen Michael Berg „fiel nichts ein" zu Hannas Immunitätserklärung, obwohl es doch eigentlich bemerkenswert ist, dass eine Täterin darüber befindet, wer über sie zu urteilen habe. Mit ihrem Verweis auf die Toten schließt sie implizit auch aus, dass die Überlebenden befugt wären, Rechenschaft von ihr zu fordern. Man muss also schon ein ermordetes Opfer des Holocaust sein, um von Hanna Schmitz dieses Privileg zugesprochen zu bekommen. Tatsächlich lässt der Autor die Überlebenden auch nicht als Ankläger auftreten. Die Mutter bleibt anonym in Israel, die Tochter tritt während der Gerichtsverhandlung nur insofern auf, als sie enthüllt, dass Hanna Schmitz sich von Häftlingen habe vorlesen lassen. Ein einziges Mal wird sie empört gezeigt, nämlich als Michael Berg ihr bei der Übergabe der Teedose in New York von seinem Verhältnis zu Hanna erzählt. „Was ist diese Frau brutal gewesen" – mit diesen Worten bezieht sich die Tochter nicht etwa primär auf das ihr und ihren Mithäftlingen zugefügte Leid im Konzentrationslager, sondern auf ihre Interpretation von Hannas Verhalten gegenüber Michael als sexuellen Missbrauch mit zerstörerischen Folgen für dessen Leben. Michael ist von kompetenter Stelle als Opfer geadelt. Andererseits erklärt er sich als schuldig, „weil ich eine Verbrecherin geliebt hatte" (129). Diese Liebe zu Hanna sei „in gewisser Weise das Schicksal meiner Generation, das deutsche Schicksal" (163).

Schlinks eigentümliche Opfer-Schuld-Dialektik ist gekennzeichnet durch eine Psychologisierung, die keinen Unterschied mehr zwischen Schuld und Schuldgefühlen kennt[55]. „Auch die Generation der Kinder bleibt schuldig, soweit sie dadurch schuldig geworden ist, dass sie mit der Generation der Väter nicht gebrochen hat", meint Schlink. „Die Liebe der Kinder zu ihren Eltern, die Verehrung der Lehrer, Meister, Pfarrer, Professoren, Vorgesetzten und Chefs, das Lernen von ihnen, die Dankbarkeit ihnen gegenüber und die Verbundenheit mit ihnen verstricken in deren Schuld. Für die Enkel, die ihren Großeltern kaum noch persönlich begegnen, gibt es auch die Verstrickung in deren Schuld kaum noch, und die Urenkel sind von ihr frei. Was dann noch bleibt, ist nicht mehr Schuld. Geschuldet bleiben aber die Erinnerung an die Opfer, der Respekt ihnen gegenüber und der Takt gegenüber ihren Nachfahren."[56] Dieses allumfassende und sich mit der Zeit verflüchtigende Schuldfluidum, das Täter und Nachgeborene gleichermaßen umgibt – manche Didaktiker bezeichnen dies ebenso ungeniert wie unreflektiert als „Kollektivschuld"[57] –, ist von jeglicher konkreter Verantwortung völlig losgelöst.

Es ermöglicht damit auch nicht den eingeforderten Respekt vor den Opfern, denn „Respekt", das lehrt uns das Fremdwörterbuch, kommt vom lateinischen „respectus" – „das Zurücksehen". Genau das lässt „Der Vorleser" missen. Der Blick verschleiert sich hier immer dann, wenn die Opfer und die konkreten Handlungen der Täter in Sicht kommen.

Und dieses Wahrnehmungsmuster wird fleißig reproduziert: In der KZ-Gedenkstätte Ravensbrück wurde 2004 eine eigene Ausstellung über die Aufseherinnen eröffnet. Seither

---

[55] In seinem Essay „Recht – Schuld – Zukunft" vertritt Schlink die Ansicht, die jüdischen Opfer seien an ihrer Ermordung mitschuldig, weil sie keinen Widerstand geleistet hätten. Er leitet dies aus Schuldgefühlen von Kindern von Holocaust-Überlebenden ab. Die tragische und verzweifelte Situation der Verfolgten, von der er offenkundig nur höchst allgemeine Vorstellungen hat, lässt er dabei so gut wie völlig außer Acht. Vgl. Bernhard Schlink, Vergangenheitsschuld und gegenwärtiges Recht, Frankfurt a. M. 2002, S. 34f.

[56] So Schlink in der Zeitschrift „Stern", Heft 5, 2005, S. 45, zit. nach http://www.teachsam.de/deutsch/d_literatur/d_aut/schl/vorl/schl_vorl_4_2_2.html.

[57] Vgl. das Schaubild ebenda.

haben es die dortigen Pädagogen mit zahlreichen Schulklassen zu tun, die diese vorrangig oder ausschließlich im Zusammenhang mit der Lektüre des „Vorlesers" besuchen. „Immer wieder stehen wir vor dem Problem, dass Deutschlehrer/innen ihre Gruppen allein für den Besuch der Aufseherinnen-Ausstellung anmelden möchten, ohne gleichzeitig auch mit der Gesamtgeschichte des Lagerkomplexes Ravensbrück konfrontiert zu werden. [...] Die Lehrerin, die bei ihrer telefonischen Anmeldung gleich eingangs erklärt, sie wolle ,um Gottes Willen' mit der Gruppe ,nicht die Gedenkstätte', sondern ,ausschließlich die Ausstellung sehen', denn sie wolle ihre ,Schüler nicht über Gebühr belasten', ist kein Einzelfall."[58]

## Generationendiskurs und Täterdiskurs

Tut man Schlink unrecht, wenn man vorrangig auf seine Defizite bei der Darstellung des Holocaust hinweist? „Ich wollte über meine Generation schreiben. Ich habe kein Holocaust-Buch geschrieben – dass ich es getan hätte, ist [...] eine krasse Fehldeutung", hat er erst vor Kurzem hervorgehoben[59]. Die Art, wie er das Generationenthema behandelt, macht sicherlich viel von der Faszination aus, die vom „Vorleser" ausgeht, eine Faszination, der auch ich – als Angehöriger der „dritten", der Enkelgeneration – mich anfänglich nicht entziehen konnte. In Schlinks Roman findet ein Wandel des Generationenverhältnisses Ausdruck, der in den 1990er Jahren einsetzte und durch den Abschied von einem oft allzu pauschalen, allzu selbstgerechten und allzu politisierten Anklagegestus und der Hinwendung zur Reflexion persönlicher Beziehungen gekennzeichnet ist. Die heftige Distanzierung der für ihre Generation tonangebenden „68er" von einer Elterngeneration, die das NS-Regime miterlebt und vielfach mitgetragen hat, wich der Einsicht, dass aus dieser Vergangenheit der Älteren eine gemeinsame Geschichte geworden war, aus der man sich nicht davonstehlen kann. Das ist eines der zentralen Motive von Schlinks Roman: „Ich habe ein Buch über meine Generation im Verhältnis zur Elterngeneration und zu dem, was die Elterngeneration gemacht hat, geschrieben."[60] Aber er hat als Repräsentantin dieser Generation eben eine Täterin der Shoah gewählt, und nicht nur das, er hat auch – ob bewusst oder unbewusst – eine klare Position in der Frage der Tätermotivation bezogen. Der Generationendiskurs ist daher vom Täterdiskurs nicht zu trennen, und die Glaubwürdigkeit des einen bemisst sich an der des anderen.

Wenn wir zu den eingangs erwähnten Referenzwerken des Täterdiskurses zurückkehren, ist festzustellen, dass „Der Vorleser" sich jenseits des von Browning und Goldhagen markierten Spannungsfeldes bewegt. Er ist kein ins Literarische übersetzter Browning, denn wo dieser es bei der Schilderung der Taten an Klarheit nicht missen lässt, setzt bei Schlink die Vernebelung ein. Er ist auch kein überzeugendes Gegenmodell zu dem zugespitzten Anklagegestus, wie ihn die „erste Wehrmachtsausstellung" repräsentiert. Denn das Erschrecken über die Verbrechen weicht allzu schnell einer Betäubung, die nicht – wie Schlink insinuiert – naturwüchsig, sondern vielmehr handgemacht ist und in einer moralischen Immunitätserklärung für die Täterin Hanna Schmitz mündet. Schlink etabliert ein

---

[58] Heyl/Schöllhorn, Zur Auseinandersetzung mit Täterschaft, S. 351.
[59] Herr Schlink, ist „Der Vorleser" Geschichte? Interview mit Andreas Kilb, in: Frankfurter Allgemeine Zeitung, 20. 2. 2009.
[60] Ebenda.

eigenes Täter(innen)modell. Harald Welzer hat sein Narrativ als „Rekonstruktion des schuldlos Schuldigwerdens" bezeichnet[61]. Das trifft die Tendenz ziemlich genau, müsste aber exakter als „Konstruktion des schuldlos Schuldigwerdens" benannt werden, denn es handelt sich, wie gezeigt wurde, um eine Art Retouchierungsprozess auf Kosten der Opfer-perspektive. Damit soll nicht behauptet werden, dass der Autor die Retouchen trotz besse-rer Kenntnis bewusst vergenommen hat. Hier schlägt wohl eher ein überindividuelles Wahrnehmungsmuster durch, in dem sich grundsätzliche Anerkennung der NS-Verbre-chen, semipräzise Wissensbestände darüber und ein mehr oder weniger subtiles Rechtfer-tigungsbedürfnis mischen – im Fall des „Vorlesers" zugestandenermaßen in einem sehr hohen Verfeinerungsgrad, für den die passendste Bezeichnung eine englische ohne wirk-liches deutsches Äquivalent ist: *sophisticated.*

Es bleibt indes der Befund, dass in dem Roman die von der SS und ihrem Gefolge aus-gehende unmittelbare Gewalt, die für den Opferalltag in KZs und im Kontext der Shoah charakteristisch war, durchgängig ausgeblendet wird. Erst dadurch kann Hanna Schmitz als „schuldlos schuldiges" Rädchen in einem fatalen Getriebe dargestellt werden. Erst die-se Ausblendung der Alltagsgewalt und -gemeinheit ermöglicht es, den Zusammenhang zwischen Intention, Handlung und moralischer Verantwortung in Frage zu stellen, ja weit-gehend aufzulösen und Opfer und Täter als beziehungslos darzustellen. Beispielhaft dafür steht der Mercedesfahrer, und auch Hanna Schmitz' Hybris, mit der sie erklärt, nur die Toten könnten von ihr Rechenschaft verlangen.

Dem entspricht die emotionale Landkarte des Romans. Die Ströme der Empathie flie-ßen hier keineswegs in alle Richtungen. Intensiv, wenn auch nicht gleichmäßig, sondern stets asymmetrisch verbinden sie Michael und Hanna, und beide Figuren sind durchweg von der Empathie ihres Autors getragen. Nicht nur die Empfindungswelt des Ich-Erzäh-lers, sondern darüber hinaus die ganze Konstruktion der Handlung erzeugt Empörung über den Mangel an Empathie, den die einsame und verlassene Hanna vor Gericht erle-ben muss. Und es gibt einen Moment der Empathie zwischen der jüngeren Überlebenden und Michael, als sie ihn als Missbrauchsopfer erkennt (nebenbei bemerkt, eine Perspek-tive, die für Oprah Winfrey der zentrale Aspekt des Romans war). Aber das ist eine Ein-bahnstraße. Kein Strom, nicht einmal ein Rinnsal der Empathie fließt in Richtung der Opfer. Abgesehen von ihrem spontanen Mitgefühl für Michael erscheint die Tochter kühl, distanziert und überlegen – eine Siegerin, die selbst des Mitgefühls nicht bedarf. Die un-abdingbare Voraussetzung hierfür ist die Vernebelung der Verfolgungserfahrung. Erschre-cken und Empörung über die NS-Verbrechen und ihre Grausamkeit werden so ebenfalls betäubt. Mangel an Präzision und Mangel an Empathie sind hier zwei Seiten derselben Medaille.

---

[61] Harald Welzer, Schön unscharf. Über die Konjunktur der Familien- und Generationenromane, in: Mittelweg 36, Heft 1, Februar/März 2004, S. 53–64, hier S. 55.

*Hans-Peter Schwarz*

# The Killer Artist – ein israelischer Thriller-Held in den Anfängen des 21. Jahrhunderts

## Die Gabriel-Allon-Romane Daniel Silvas[1]

> „Ich glaube, ich lese, weil man zu ergründen verpflichtet
> ist, wie die Menschen sind."
> (Königin Elisabeth II. in: Alan Bennett, Die souveräne
> Leserin <2007>)[2]

Vor kurzem habe ich eine für manche meiner Leser überraschende Studie geschrieben, betitelt: „Phantastische Wirklichkeit. Das 20. Jahrhundert im Spiegel des Polit-Thrillers"[3]. Die Zeitgeschichte des vergangenen Jahrhunderts und die Polit-Thriller, so eine meiner Thesen, haben dieselben Themen. Letztere gehören zwar dem Genre des Unterhaltungsromans an, zugleich kommen aber in ihnen viele Beobachtungen, Befürchtungen und Überzeugungen zum Ausdruck, die dem 20. Jahrhundert sein unverwechselbares Gepräge gegeben haben und im 21. Jahrhundert ihre Fortsetzung finden. Das wird im Folgenden am Beispiel der Polit-Thriller Daniel Silvas zu illustrieren sein, der seine Themen jeweils der neuesten Zeitgeschichte entnimmt.

Zuerst aber einige Bemerkungen zu Wesensmerkmalen des Genres Polit-Thriller. Es findet erwiesenermaßen eine viele Millionen umfassende Leserschaft, aber nicht unbedingt bei bierernsten Historikern oder bei abgehobenen Literaturwissenschaftlern, die auf stilistische Leckereien abonniert sind[4]. Mein Buch beginnt mit einem Zitat: „Wir leben in haar-

---

[1] Die meisten Gabriel-Allon-Romane sind in guten deutschen Übersetzungen beim Piper Verlag, München, erschienen: Der Auftraggeber (= The Kill Artist <2000>), 2001; Der Engländer (= The English Assassin <2002>), 2003; Die Loge (= The Confessor <2003>), 2005; Der Zeuge (= A Death in Vienna <2004>), 2006; Der Schläfer (= The Prince of Fire <2005>), 2007; Das Terrornetz (= The Messenger <2006>), 2008. Zu den neuesten Romanen siehe folgende amerikanische Originalausgaben: Secret Servant, New York 2007; Moscow Rules, New York 2008; The Defector, New York 2009. Im Folgenden zitieren wir nur die Kurztitel mit in Klammer < > dahinter gesetztem Erscheinungsjahr der Originalausgabe, um den aktuellen Bezug zu verdeutlichen. Da Daniel Silva zu den vergleichsweise neuen Bestseller-Autoren gehört, liegen anders als im Fall seiner zeitgenössischen Konkurrenten John Le Carré, Frederick Forsyth oder Tom Clancy zu diesen für den Zeitgeist des ersten Jahrzehnts im 21. Jahrhundert durchaus aufschlussreichen Romanen noch keine kritischen Aufsätze oder Bücher vor. Auch die Verfilmung lässt noch auf sich warten.

[2] Alan Bennett, Die souveräne Leserin, Berlin 2009 <2007>, S. 30.

[3] Hans-Peter Schwarz, Phantastische Wirklichkeit. Das 20. Jahrhundert im Spiegel des Polit-Thrillers, München 2006.

[4] In der englischen und amerikanischen Literaturwissenschaft findet das Genre seit langem die gebotene Beachtung. Am aufschlussreichsten sind die biographisch angelegten Darstellungen in den vielbändigen lexikalischen Werken des Dictionary of Literary Biography (DLB), Detroit 1978ff., sowie in dem laufend aktualisierten Lexikon Contemporary Authors. New Revision Series (CANR), Vol. 58 ff, Detroit 1982ff. Auch seriöse britische Historiker schenken den für den jeweiligen Zeitgeist aufschlussreichen Polit-Thrillern in ihren Epochenübersichten die gebührende Beachtung. Siehe beispielsweise David Cannadine, John Buchan, in: Ders., History in Our Time, New Haven 1998, S. 233–242; und „Fantasy: Ian Fleming and the Realities of Escapism", in: David Cannadine, Churchill's Shadow. Confronting the Past in Modern Britain, London 2002, S. 279–311; sowie Dominic Sandbrook, Never Had It So Good. A History of Britain from Suez to the Beatles, London 2006, S. 594–637 (zu John Fleming und Len Deighton). Von den zahlreichen britischen und amerikanischen Büchern über die beliebten Spionageromane sei nur ein neuerer Titel genannt: Frederick P. Hitz, The Great Game. The Myth and Reality of Espionage, New York 2004.

sträubenden Zeiten … Neben der enormen Zunahme konventioneller Verbrechen haben wir jetzt außerdem noch das politische Verbrechen." Politische Verbrechen, politische Verbrecher – dieses düstere Leitmotiv des 20. Jahrhunderts ist ein Hauptthema der Polit-Thriller. Nicht nur die bestens bekannten sowjetischen oder deutschen Polit-Kriminellen des 20. Jahrhunderts sowie deren Spießgesellen, die sich bisher den Richtern entziehen konnten, bevölkern diese Romane. Die kritischen Thriller-Schreiber haben auch die Präsidenten, Präsidentenberater, Generale, CIA-Häuptlinge und Großindustriellen der USA im Visier. Dass neben den schon oft gegeißelten großen Schurken aus der Jahrhundertmitte und den Jahrzehnten des Kalten Krieges auch die Tyrannen größerer und kleinerer Länder im Nahen Osten, im pazifischen Raum, in Lateinamerika oder in Schwarzafrika in den Polit-Thrillern von Eric Ambler bis Graham Greene figurieren, weiß jeder Kenner des Genres. Seit den siebziger Jahren müssen zudem machtgierige, perfide Kardinäle für Spannungsfutter sorgen. Die Beobachtung, dass in vielen Ländern Verbrecher zu Spitzenpolitikern geworden sind oder zumindest die Geheimdienste dirigieren, weitet sich bei manchen dieser Thriller-Autoren zum generellen Verdacht gegen alle Inhaber von Machtpositionen aus.

Ein anderes Haupt-Thema der Polit-Thriller ist die Angst. Der heute schon ziemlich vergessene britische Schriftsteller W. H. Auden, so lehren uns die Literaturwissenschaftler, hatte schon in den dreißiger Jahren eine Art „climate of opinion" heraufgeführt[5]. Kurz nach dem Zweiten Weltkrieg, im Jahr 1947, gelang es ihm mit dem Stichwort „Zeitalter der Angst" eine ganze Epoche auf den Begriff zu bringen. Die vielgelesenen Thriller-Schreiber jenes Jahrzehnts hatten das schon vor ihm entdeckt – Angst als Grundstimmung des Zeitalters, somit auch als ein ganz unverzichtbarer Rohstoff aller Spannungsromane. Die Helden und Anti-Helden der Polit-Thriller sind unablässig auf der Flucht, beginnend mit Richard Hannay in dem zu Recht berühmten Polit-Thriller „Die 39 Stufen", der John Buchan 1915 berühmt machte, über die zahlreichen Alltagshelden Eric Amblers, die während der dreißiger Jahre unversehens in Geheimdiensteoperationen geraten, bis hin zu den Helden der kraftvoll-wirren Romane Richard Ludlums aus den siebziger und achtziger Jahren des vorigen Jahrhunderts, die von Bösewichtern ganz an der Spitze der amerikanischen Machtpyramide durch die Vereinigten Staaten um den ganzen Erdball gejagt werden. Selbst in der Figur des unablässig saufenden und hurenden James Bond, des Thriller-Helden der fünfziger und der sechziger Jahre, kommt, genau besehen, die Angst des snobistischen Rambo Ian Fleming zum Ausdruck – Angst vor unerträglicher Folter, xenophobische Angst[6]. Angst also, wohin man in den Papierwüsten der Thriller-Produzenten den Blick auch richtet – Angst vor der Atombombe, Angst vor dem Dritten Weltkrieg, Angst vor Mikroben, Angst vor Spionen und Terroristen, Angst vor kriminellen Wissenschaftlern – die Latte ist lang. Und häufig steht bei den Plots das Überleben der Menschheit oder wenigstens des eigenen Landes auf dem Spiel.

Die beispiellosen Verkaufserfolge von Polit-Thrillern auf den Massenmärkten lassen vermuten, dass sie noch einem weiteren Bedürfnis entsprechen: der Sehnsucht, sich in Helden hineinzudenken, ohne jedoch in eigener Person Heldentaten ausführen zu können

[5] Grey Gowrie, The Age of Auden, in: Wm. Roger Louis (Hrsg.), Penultimate Adventures with Britannia. Personalities, Politics and Culture in Britain, London <2007>, S. 70–76, hier S. 73.
[6] Nach verschiedenen Vorgängern, die ihrem Sujet nicht ganz gewachsen waren, hat der legendäre Erfinder von James Bond, Ian Fleming, in Andreas Lycett (Ian Fleming, London <1996>) einen kundigen Biographen gefunden.

oder zu müssen. So gesehen sind die Polit-Thriller auch ein Lieblingsfutter jener allem Heldischen völlig entwöhnten Spießbürger, von denen es auch in den modernen Gesellschaften wimmelt. Die Thriller-Autoren, die dieses Bedürfnis bedienen, haben das ganze Jahrhundert zwei Haupttypen von Helden erfunden: einerseits beispiellose Super-Männer (seit längerem auch schon von Heroinen, die zugleich hochintelligent, sexy und zu allem entschlossen sind), andererseits gutbürgerliche Anti-Helden, die aber ungeachtet ihrer Angst zu guter Letzt meistens obsiegen. Längst hat sich eine postheroische Mentalität wie ein Schimmelpilz über das alte Europa gelegt, aber die Helden und Heldinnen der Polit-Thriller finden nach wie vor Millionen von Lesern. Offenbar sind hier tief verborgene kompensatorische Bedürfnisse im Spiel, die möglicherweise phylogenetisch weit in die Naturgeschichte des Pithecanthropus erectus zurückreichen.

Von Anbeginn an zum heutigen Tag begreifen sich aber auch viele Polit-Thriller-Schreiber als freudige Propagandisten für die Überzeugungen, die sie für die allein richtigen halten. Im Hochgefühl ihrer Überzeugungen entwerfen sie dann ein Schreckbild aller Klassen, Völker, Ideologien und Gegner, denen sie Misstrauen oder offenen Hass entgegenbringen. Je nach Standpunkt identifizieren sie dabei sehr unterschiedliche Feinde – Kapitalisten, Faschisten, Kommunisten, Nationalsozialisten, Kolonialisten und Anti-Kolonialisten, Deutsche, Japaner, Russen, Chinesen, Amerikaner, Muslime oder wer sonst immer ihre xenophobischen Emotionen wachruft.

Das 20. Jahrhundert war noch keine vier Jahre alt, da veröffentlichte Erskine Childers „Das Rätsel der Sandbank", Untertitel: „Ein Bericht des Geheimdienstes"[7]. Das war nicht nur ein frisches, bis heute lesbares Segelbuch, sondern zugleich eine geschickt verpackte Warnung vor einem Überfall des Wilhelminischen Deutschland, die ihre Wirkung nicht verfehlte. Der schon erwähnte John Buchan (mit seinem vollen Titel: First Baron of Tweedsmuir, GCMG, GCVO, CH, PC[8]) erhielt 1917, im Ersten Weltkrieg, eine leitende Position im sogenannten Informationsministerium, dem die Kriegspropaganda oblag, und wurde 1918 von Premierminister Lloyd George zum Director of Intelligence ernannt. Der Polit-Thriller als verkapptes Propagandainstrument für politische Überzeugungen – so ging es das ganze Jahrhundert hindurch weiter. Schiebt man einmal den ganzen Klamauk von Verfolgungsjagden, Cliffhanger-Szenen, krönendem Shootout und anschließender Ruhestellung des Helden in einem karibischen oder mittelmeerischen Wellness-Paradies beiseite, so bleibt ein Stück Trivialliteratur, in dem die jeweiligen Thriller-Autoren ihre Überzeugungen popularisieren. Dabei sind die berühmtesten auch die größten Propagandisten der Sache, der sie sich verpflichtet fühlen. Graham Greene, der junge Eric Ambler, Robert Ludlum oder John Le Carré waren oder sind bekennende Propagandisten ihrer mehr oder weniger differenziert artikulierten linken Überzeugungen, während man es bei John Buchan, Ian Fleming, Frederick Forsyth oder Tom Clancy mit bekennenden Konservativen, auch dies gleichfalls mehr oder weniger differenziert, zu tun hat. Gegen das imperialistische Deutschland im Ersten und Zweiten Weltkrieg oder das faschistische Italien war sich die Garde renommierter britischer und amerikanischer Thriller-Schreiber noch einigermaßen einig, doch als der Kalte Krieg mit der Sowjetunion ausbrach, teilten sich die Wege: Die einen schrieben von nun an anti-kommunistische Polit-Thriller, rückten die

---

[7] Erskine Childers, Das Rätsel der Sandbank. Ein Bericht des Geheimdienstes, Zürich 1975 (englische Erstausgabe 1903).
[8] GCMG: Grand Cross Order of St. Michael and St. George; GCVO: Grand Cross Royal Victorian Order; CH: Order of the Companions of Honour; PC: Privy Council.

Kreml-Größen als eine Horde von Gangstern ins Bild und rühmten die im Dunkel operierenden Helden von MI6 oder der CIA, die anderen – etwa Graham Greene und John Le
Carré, um nur die Bekanntesten zu nennen – taten ihr Bestes, die Männer und Frauen der
eigenen Dienste als lächerliche oder traumatisierte Existenzen anzuschwärzen, oft auch als
Doppelagenten mit unwiderstehlicher Neigung zur Verräterei am eigenen Land.

Der Polit-Thriller, auch dies zeigt sich bei genauerem Zusehen, ist bis heute ein fast
durchweg angelsächsisches Genre. Nur wenige nicht-angelsächsische Polit-Thriller-Autoren haben es auf die internationalen Bestseller-Listen geschafft – einer dieser wenigen ist
der schwedische Enthüllungsjournalist und Polit-Thriller-Autor Jan Guillou, ein Mann von
ausgeprägt linker Orientierung, KGB-Kontaktmann zwischen 1967 und 1972, der einen im
innersten Kern gleichfalls ziemlich roten Agenten, schließlich Chef des schwedischen
Militärgeheimdienstes zum Supermann aufgebaut hat und dessen Verhöhnung der Sicher-
heitsdienste des eigenen Landes viel witziger, somit lesbarer ist als die ziemlich bierernsten
Anti-Establishment-Thriller von Graham Greene oder John Le Carré[9]. Aber Guillou ist
eine Ausnahme von der Regel, dass beim Polit-Thriller die Angelsachsen genauso Markt-
führer sind wie bei der Konstruktion von Atom-U-Booten und Wasserstoffbomben, die der
Abschreckung dienen, im Kriegsfall aber Millionen töten könnten.

Mag sein, dass die Weltgeltung der englischen Sprache zum Welterfolg dieses Genres
beigetragen hat. Tatsächlich war der Aufstieg, die Gefährdung, die innere Fragwürdigkeit
und der Niedergang des britischen Empire das gesamte 20. Jahrhundert hindurch ein
Hauptthema. John Buchan bangte um den Bestand des Empire, Graham Greene, Ian Fleming, John Le Carré, John Forsyth – sie alle setzten sich nostalgisch oder extrem kritisch
mit dem „imperial decline" auseinander, dies manchmal in Bewunderung der erfolgrei-
cheren, stärkeren und bedenkenloseren „cousins" jenseits des Atlantik und manchmal heftig Amerika-kritisch. Dabei haben die verächtlichen Unwert-Urteile an die Adresse der
Amerikaner das eigene Ressentiment aufgrund verlorener imperialer Größe nur mühsam
verdeckt. Dass die amerikanischen Thriller-Autoren ihrerseits aus den Triumphen und
Ängsten der USA den Honig ihrer Bestseller saugen, versteht sich von selbst.

Da man in Amerika und im Vereinigten Königreich aber auch nicht der Empathie er-
mangelt, haben sich manche der fast durchweg britischen oder amerikanischen Autoren
von Polit-Thrillern durchaus auch bereitgefunden, die weltpolitischen Dramen des
20. Jahrhunderts aus dem Blickwinkel von Völkern zu schildern, die im 20. Jahrhundert
beim Versuch, ihre Imperien mit krimineller Energie und im Schnellverfahren zusammen-

---

[9] Die Polit-Thriller Jan Guillous aus der sogenannten „Coq-Rouge"-Serie sind in deutscher Übersetzung bei Piper erschienen. Die Reihe beginnt mit „Coq Rouge" (1986) und „Der demokratische Ter-
rorist" (1987) und umfasst an die zehn Bücher bis hin zum neuesten dieser Romane „Madame Terror" (2006; dt. 2009). Guillou reaktiviert dort seinen Helden, den ehemaligen schwedischen Admiral
Carl Hamilton, der sich – aus dem schwedischen Gefängnis entflohen – mit Hilfe des FBI in Kalifor-
 nien eine neue Tarn-Existenz aufgebaut hatte. Hamilton lässt sich von der aus alten Zeiten wohlbekann-
ten „Madame Terror", jetzt PLO-Geheimdienstchefin, bestimmen, als Admiral an die Spitze der palästinensischen Flotte zu treten, die allerdings nur über ein supermodernes Atom-U-Boot verfügt, das
die PLO von Russland gekauft hat. In dieser Funktion zerstört Hamilton mit seiner *mixed crew* von
Palästinensern und Russen in einem meisterlichen Überfall die gesamte israelische Marine unter
strikter Beachtung des Völkerrechts und gibt den als täppischen Schlagetod karikierten Donald Rums-
feld der Lächerlichkeit preis. Jan Guillou ist genauso pro-palästinensisch wie der im Folgenden zu
schildernde Daniel Silva pro-israelisch ist – beide verfertigen sehr gut gemachte Propaganda-Thriller.
Zum persönlichen Hintergrund Guillous siehe Siegfried Thielbeer, „Freier Autor für den KGB", in:
Frankfurter Allgemeine Zeitung, 27. 10. 2009.

zurauben, unter die Räder geraten sind, also die Deutschen, die Japaner, die Italiener, die Russen oder kleinere Unruhestifter auf dem Balkan, im Nahen Osten oder im Fernen Osten. Dass deren Imperialismen kritischer bewertet werden als die eigenen, versteht sich auch im Polit-Thriller von selbst. Am meisten positive Aufmerksamkeit fand und findet immer noch das Schicksal der Juden und des Staates Israel, der heute zusehends auf die schiefe Ebene geraten ist – geostrategisch, innenpolitisch und auch moralisch. Damit sind wir beim Sujet unseres Essays.

Es ist ein Amerikaner, der im ersten Jahrzehnt des 21. Jahrhunderts große Themen der israelischen Zeitgeschichte gestaltet: das Trauma des Holocaust, die nie endende Bedrohung Israels durch unversöhnliche arabische Feinde und die moralische Ambivalenz, die darin beschlossen ist, dass sich Israel seit frühesten Anfängen auch mit terroristischen Mitteln gegen arabischen und muslimischen Terrorismus zu behaupten sucht und wohl auch muss. Die Rede ist von Daniel Silva, Jahrgang 1960, heute der erfolgreichste, literarisch ambitionierteste unter den jüngeren Polit-Thriller-Autoren (seine Bücher erscheinen in fast zwei Dutzend Sprachen). Er hat Mitte der achtziger Jahre des vorigen Jahrhunderts seine Karriere als Journalist begonnen, anfangs als Nahost-Korrespondent der UPI in Kairo und in der Golfregion, dann in maßgeblicher Position im Washingtoner Büro von CNN. Wie so manche rasch erfolgreiche Journalisten hatte auch er sein Studium der Internationalen Beziehungen zugunsten einer zügigen Karriere abgebrochen, was für ihn aber heute ein Anreiz ist, historisch umso gründlicher zu recherchieren. 1994 schrieb er seinen ersten Thriller unter dem Titel „The Unlikely Spy"[10]. Die Spionagegeschichte aus dem Zweiten Weltkrieg wurde auf Anhieb zum Bestseller, so dass er seit 1997 gut als freier Schriftsteller leben kann. Schon als Hauptstadtjournalist war er ein „Washingtonian" und ist das auch als Verfasser von Polit-Thrillern geblieben.

Die Loge, von der aus Silva das Washingtoner Polit-Theater beobachtet und wo er den Schreibcomputer füttert, befindet sich im fashionablen Georgetown. Von dort aus bricht er nach Art gut gesettelter Thriller-Autoren regelmäßig auf, um jeweils vor Ort für seine im Planungsstadium befindlichen Romane zu recherchieren – in Tel Aviv und am See Genezareth, in Zürich und am Genfer See, in Cornwall und Portugal (wo er seine ethnischen Wurzeln hat), in Umbrien, in Südfrankreich und neuerdings in Moskau. Die Vertrautheit mit der jeweiligen Landschaft oder dem Milieu der Städte verleiht seinen Büchern regionales Flavour. Bezüglich seiner religiösen Orientierung wird er im Internet unter „Converts to Judaism" geführt. Seit 2009 ist er Mitglied im Memorial Council für die Holocaust-Museen der USA. Unnötig zu sagen, dass sich diese Supernova in den nach amerikanischer Art üppigen „Acknowledgements" seiner Bücher der Informationen rühmt, die er von verschiedensten Diensten erhalten hat, und einer wahren Myriade von Helfern seine tiefe Dankbarkeit zu Füßen legt – Freunden, Verlagsmanagern, Lektoren, nicht zu vergessen der Gattin Jamie Gangel, auch sie Journalistin, und den beiden hoffnungsvollen Sprösslingen Lily und Nicholas.

In der Tat erfordert die globale Vermarktung von Polit-Thrillern und nicht nur von diesen heute eine lange, bestens organisierte Produktionskette. Doch der dauerhafte Erfolg gelingt nur, wenn der Autor einen eigenen Sound hat und wenn es ihm gelingt, einen unverwechselbaren und unvergesslichen Helden zu kreieren nach Art der berühmten Vorbilder – die Ikone James Bond von Ian Fleming, der traurig-zerrissene George Smiley von John Le Carré oder der zum Präsidenten aufsteigende Jack Ryan aus der mittelständischen

---

[10] Daniel Silva, Double Cross. Falsches Spiel (= The Unlikely Spy, New York <1997>), München 1997.

Thriller-Fabrik Tom Clancys lassen grüßen! Silvas Held, der nun in bereits neun zwischen 2000 und 2009 erschienenen Romanen die Feinde Israels jagt und zwischendurch periodisch in Melancholie versinkt, ist ein Israeli namens Gabriel Allon, von Beruf Killer und Agent für Sondereinsätze im Dienst des Mossad, zugleich aber einer der begabtesten Restauratoren von Gemälden aus dem 16. Jahrhundert. „The Kill Artist", der Titel des ersten der Gabriel-Allon-Polit-Thriller, bringt dieses an und für sich unvereinbare Doppelleben auf eine knappe Formel[11].

Gabriel Allons Eltern, so schildert ihn sein Erfinder, haben das Schicksal vieler europäischer Juden erlitten. Seine Mutter, Irene Allon, ehemals Irene Fränkel, eine begabte Malerin und deutschsprachige Jüdin aus Prag, wurde erst im Frauenlager von Birkenau gequält und hat danach den Todesmarsch nach Ravensbrück überlebt, wenngleich mit schrecklichen seelischen und physischen Narben[12]. Sein Vater sei Essayist und Historiker in München gewesen. In dem staubigen Kibbuz im Jesreeltal, wohin „das bizarre Roulett des Schicksals" sie verschlagen hat[13], finden sie sich nicht zurecht. Sie verabscheuen das Hebräische und unterhalten sich untereinander in den Sprachen, die sie in Europa gesprochen hatten – Deutsch, Französisch, Tschechisch, Russisch und Jiddisch. Sie verabscheuen auch den Kollektivismus der damaligen Zionisten, scheuen sich auch, über ihre Leiden bei der Verfolgung zu sprechen. So wird auch aus dem sprachbegabten, in Israel geborenen Sohn Gabriel, dem mit den Genen der Mutter auch die malerische Begabung in die Wiege gelegt wurde, ein wurzelloser eigenbrötlerischer Individualist, der sich in den Städten des „alten Europa" am wohlsten fühlt, ohne aber Israel und das Schicksal der Juden abschütteln zu können.

1957 ist die Mutter am Krebs gestorben, eine Spätfolge ihrer Leiden im Vernichtungslager der „sogenannten Herrenrasse". Der Vater, auch er hatte Auschwitz überlebt, wusste in der neuen Heimat Israel mit den Waffen genauso gut umzugehen wie als Kunstmaler mit den Pinseln und wurde auf dem Sinai von einer ägyptischen Panzergranate zerfetzt. Das begabte, begreiflicherweise depressive Waisenkind Gabriel Allon wächst in einem Kibbuz auf, lernt dort das Landleben hassen, leistet seinen Militärdienst und wird in der Jerusalemer Kunstakademie Betsal'el aufgenommen. Dort wirbt ihn 1972, nach dem Anschlag im Olympischen Dorf in München, Ari Schamron, Direktor des Mossad, mit dem Auftrag an, die Terroristen des Schwarzen September zur Strecke zu bringen. Allon führt diese Aufträge aus, bezahlt dafür aber mit seelischer Traumatisierung und der Vernichtung seiner Familie. Denn der Anführer eines Terrornetzes der Palästinenser, die er zu Tode gejagt hat, rächt sich, indem er Allons Familie in Wien durch einen Autobombenanschlag vernichtet. Der Sohn hat noch Glück und verstirbt sofort, die Ehefrau erleidet schlimmste Verbrennungen, verliert das Gedächtnis und vegetiert fortan in einer englischen Klinik. Allon verlässt den Mossad und vergräbt sich lange Jahre als Restaurator in versteckten Winkeln Europas – in einem alten Lotsenhäuschen am Ende der Welt, im verregneten Port Navon, Wales, in einer Wohnung am Campo di Ghetto Nuovo, dem früheren jüdischen Ghetto in Venedig, oder in der bukolischen Einsamkeit der stilvollen Villa dei Fiori in Umbrien. (Daniel Silva liebt ganz offenkundig Italien und die Italiener.) Aber periodisch, wenngleich widerwillig, lässt er sich von Ari Schamron zu Geheimdienst-Einsätzen gegen die Feinde Israels überreden.

---

[11] Silva, Der Auftraggeber, 2001 <2000>.
[12] Silva, Der Zeuge, 2006 <2004>, S. 155–172.
[13] Silva, Der Auftraggeber, 2001 <2000>, S. 281.

In Gabriel Allons kompliziertem Seelenhaushalt ist dabei das Motiv der Rache an dem Zerstörer seiner Familie ebenso maßgeblich wie eine zwanghafte Verflechtung ins säkulare jüdische Schicksal und die illusionäre Erwartung, sich durch ein hohes Honorar, das er als freischaffender Killer erwarten darf, vom Mossad freikaufen und seiner Berufung als feinfühliger Restaurator alter Meister des 16. und 17. Jahrhunderts folgen zu können. Lebenslang ist und bleibt er ein von Schuldgefühlen wegen seiner Mordtaten traumatisierter Zerstörer, der jetzt Bilder heilt, bis er zur nächsten grausigen Aufgabe eingesetzt wird.

Daniel Silva hat mit dieser widersprüchlichen und schwermütigen Figur einen unvergesslichen Thriller-Helden erfunden, dessen Schicksale er in bisher neun Folgen auswalzte. Gabriel Allon verspürt genau, so wird dem Leser nahegebracht, dass die raffinierten Techniken monatelanger, geduldiger Restaurierung von Bildern eines Vecellio oder van Dyck auf sehr widersprüchliche Art und Weise in manchem der monatelangen, geduldigen Arbeit einer gleichfalls raffinierten Erspähung und Liquidierung palästinensischer, saudischer, russischer Feinde Israels gleicht oder auch dem Bemühen, deutsche und österreichische Scheusale aufzuspüren, die im Zweiten Weltkrieg die Juden vernichtet haben, sich bis heute aber dem rächenden Arm Israels entziehen konnten. Mag sein, dass Silva in dieser seelisch gebrochenen Figur auch das Schicksal eines Volkes gestaltet, das dem Abendland einerseits bewundernswürdige kulturelle Leistungen schenkte, andererseits aber seine spirituelle Heimat und seinen eigenen Staat im Orient hat und sich den dort verbreiteten Geboten archaischer Blutrache nicht entziehen kann. In der literarischen Geschichte der Polit-Thriller ist „The Killer Artist" eine einzigartige Figur: einerseits ein von subtilem Kunstverstand gesteuerter Heiler von Kunstwerken, andererseits ein in allen Künsten des Geheimdienstmilieus exzellierender Killer. In anderer Hinsicht gleicht er Israel, einem Land „voller beschädigter Menschen" – Überlebende des Holocaust, deren Angehörige ermordet wurden, „Mütter, die in Kriegen gefallene Söhne begraben hatten; Kinder, die von Terroristen ermordete Geschwister begraben hatten …"[14].

Eindrucksvoll ist auch Ari Schamron, „der Alte", zeitweiliger Leiter der Operationsabteilung des Mossad, dann dessen Chef, doch auch nach Ende seiner Amtszeit immer wieder vom Ministerpräsidenten Israels mit Abwehrmaßnahmen und Rachefeldzügen beauftragt. Schamrons bullige Physis und manche seiner Wesenszüge erinnern an den General und zeitweiligen Ministerpräsidenten Ariel Scharon. Schamron ist ein völlig skrupelloser, zugleich beispiellos durchsetzungsfähiger und erfolgreicher Verteidiger Israels, aber auch ein fürchterlicher Rächer. Seitdem es ihm gelungen ist, Eichmann in Argentinien aufzuspüren und in Israel vor Gericht zu bringen, ist er nicht nur im Mossad eine Legende. Nach dem Gebot „Auge um Auge, Zahn um Zahn, Leben um Leben" rechnet er mit allen Feinden des jüdischen Volkes erbarmungslos ab, sei dies im offenen Krieg, sei dies im Kalten Krieg der Geheimdienste oder in Perioden, in denen jedermann vom „Friedensprozess" spricht, während „der Alte" von der Überzeugung beseelt wird, dass der von europäischen oder amerikanischen Weicheiern hoch gepriesene „Friedensprozess" nur eine Zwischenetappe im Überlebenskampf gegen unerbittliche Feinde bildet, der nie enden wird.

Zwischen dem eisenharten Schamron und dem einstigen Waisenkind und Thriller-Helden Gabriel Allon hat sich eine Art Vater-Sohn-Beziehung entwickelt. Gabriel hasst den unerbittlichen Über-Vater, sucht sich dessen zähem Willen immer wieder zu entziehen, gibt aber schließlich stets nach, während Schamron seinerseits völlig unbewegt Allon wie

---

[14] Ebenda, S. 228.

ein Instrument einsetzt, zugleich aber doch um dessen Leben bangt, ohne aber die eigenen Emotionen jemals zu zeigen.

Auch der Ministerpräsident Israels ist übrigens nach dem Leben gezeichnet – ein Regierungschef, wie er im Buche steht. Er hat „friedfertige, braune Augen", und der Geheimdienstchef hatte bei jeder Begegnung das Gefühl, „von einem Schaf betrachtet zu werden"[15]. Doch auch dieses Schafsgesicht gehört einem ausgekochten Profi: „Er war von Natur aus ein Intrigant. Er hatte seine Karriere in der mörderischen Atmosphäre von Forschung und Lehre begonnen und war dann ins Hornissennest des Außenministeriums übergewechselt. Als er später die politische Arena betrat, beherrschte er die schwarze Kunst des bürokratischen Verrats perfekt. Sein kometenhafter Aufstieg innerhalb der eigenen Partei war nicht nur auf seine überragende Intelligenz, sondern auch auf seine Bereitschaft zurückzuführen, mit Tricks, Desinformation und unverhüllter Erpressung zu arbeiten, um zu bekommen, was er wollte. In Schamron sah er eine verwandte Seele – einen Mann, der vor nichts zurückschreckte, wenn er glaubte, eine Sache sei gerecht … ‚Bringt mir Lösungen, keine Probleme', war eine seiner beliebtesten Redensarten."[16]

Die bislang neun Gabriel-Allon-Romane sind stets nach demselben Handlungsmuster gestrickt. „Der Alte", Gabriels Quälgeist und väterlicher Freund, weiß den begabtesten aller israelischen Agenten überall aufzuspüren, wo immer sich dieser unter einer fingierten Identität versteckt hat, um seiner eigentlichen Berufung als Restaurator zu folgen. Wieder und wieder überzeugt ihn Scharon, dass nur er allein dazu in der Lage ist, ruchlose Übeltäter ihrer gerechten Strafe zuzuführen – einen monströsen SS-Offizier, der einstmals auch Allons Mutter gequält hat und jetzt in Österreich eine politische Größe ist, oder die palästinensischen Mörder von Allons eigener Familie oder einen schwerreichen saudischen Juden-Hasser. Die Saudis, erfahren wir von Daniel Silva in einem seiner geschickt formulierten Begleit-Interviews zu den eigenen Büchern, sind „perfekte Bösewichte", die sich als Freunde des Westens aufspielen. Tatsächlich müsse man in ihnen aber vielfach Ideologen und Financiers des globalen islamischen Extremismus erkennen[17]. Manchmal lässt sich Allon auch von dem Hinweis überzeugen, dass die Feinde Israels wieder einmal Furchtbares planen, und des Öfteren folgt er sehr persönlichen Motiven – Errettung der eigenen Frau aus den Händen erbarmungsloser Entführer oder Rache für die Ermordung von Freunden.

Dass sich in der politischen Schlangengrube, aus der Israel nicht herauskommt, regelmäßig krypto-religiöse und nationalistische Beweggründe mit den uralten Geboten der Blutrache verbinden, kommt deutlich zum Ausdruck. So hetzt Gabriel Allon von Flughafen zu Flughafen und von Kontinent zu Kontinent wie der ewige Jude, immer auf der Jagd nach Feinden, immer auf der Flucht, nicht vor den Feinden, wohl aber vor dem eigenen schlechten Gewissen, das ihm periodisch die Schreckbilder von Mordtaten ins Gedächtnis ruft, die er im Dienst an seinem Land, aber auch als Racheengel für eigene Verletzungen begangen hat. Das Hauptmotiv ist und bleibt aber doch das Wissen, einem Volk anzugehören, dem seine vielen Feinde Vernichtung geschworen haben und das wie die Juden in dem von Deutschland besetzten Europa ohne die rächende und präventive Gegenwehr der Streitkräfte Israels und vor allem des erbarmungslosen Geheimdienstes Mossad zum Untergang verurteilt wäre.

---

[15] Ebenda, S. 46.
[16] Ebenda, S. 129f.
[17] Author Talk, July 2006, The Messenger, http://www.bookreporter.com.

Silva wäre aber – dies sei unterstrichen – kein erwähnenswerter Schriftsteller, würde er nicht herausarbeiten, dass jede Seite in der unendlichen Geschichte des Palästina-Konflikts auf ihre Weise im Recht ist. Zwar nimmt er unerschütterlich für die vom Schicksal besonders hart geprüften Juden Partei. Doch dass die verletzte Würde, das verletzte Heimatrecht der mit ihren Kindern und Kindeskindern in Flüchtlingslagern zusammengepferchten und dort schlimmstenfalls massakrierten Palästinenser nachvollziehbare Motive ihrer Todfeindschaft sind, weiß er genau und macht es zum Gegenstand seiner Thriller-Dramen. Wie unauslöschlich in der arabischen Stammesgesellschaft das Gebot der Blutrache wirkt und den judenfeindlichen Terrorismus mit erklärt, wird wieder und wieder geschildert. Zugleich macht Silva aber deutlich, welche emotionale Schubkraft das Verlangen nach Rache auch auf Seiten der Israelis spielt, gleich, ob die Blutrache in der zivilisierten Sublimation von Strafprozessen vor israelischen Gerichten vollzogen wird oder indem der Staat Israel grausame Judenmörder durch staatlich lizensierte Killerkommandos des Mossad aufspüren und hinrichten lässt. Jedenfalls zeigt sich Silva davon überzeugt, dass jede Schwarz-Weiß-Färbung die Dialektik dieser ethnischen Konflikte verfälschen würde. So vermeidet er jene Einseitigkeiten und jene Clichés, die bei primitiveren Thriller-Autoren nur allzu häufig auftreten.

Der Leser gewinnt den Eindruck, dass sich Silvas Einschätzung des Palästina-Konflikts von anfänglichem Optimismus zu hoffnungslos-stoischem Pessimismus fortbewegt hat. Im ersten der Gabriel-Allon-Romane, der im Jahr 2000 erschienen ist, zeigte sich der Held noch veranlasst, den nicht ganz unsympathisch porträtierten Yassir Arafat vor dem Anschlag eines fanatisierten Palästinensers zu retten, der den seinerzeitigen Oslo-Friedensprozess torpedieren wollte. Seither hat sich allerdings auch Silvas Urteil über die Person Arafats wieder eingedunkelt. Er hält ihn jetzt wieder für einen lebenslänglichen Terroristen, der den Friedensprozess im entscheidenden Moment entgleisen ließ und mit Auslösung der zweiten Intifada zum Unheilstifter geworden ist. Inzwischen glaubt dieser uneingeschränkt für das Lebensrecht der Juden eintretende Silva nur noch an einen letztlich perspektivlosen Abwehrkampf der Israelis gegen religiös und tribalistisch fanatisierte Feinde, die unversöhnlich auf Vernichtung sinnen[18]. Die Gabriel-Allon-Romane sind von Mal zu Mal düsterer eingefärbt.

Aber Silva bekundet nicht nur in der moralischen Bewertung des jüdisch-arabischen Konflikts die Fähigkeit zur Differenzierung. Er versteht es zugleich überzeugend, die Mentalität der Politik Israels zu beschreiben, deren Handeln stets vom Geschehen auf zwei Ebenen bedingt wird: einerseits von den Vorgängen auf der Ebene der Gegenwart mit den jeweils angemessenen realpolitischen Lagebeurteilungen, andererseits von der Ebene der Vergangenheit mit ihren traumatischen Erfahrungen. Natürlich lehrt jedes tiefere Nachdenken, dass das Ineinander von Gegenwart und Vergangenheit in der Geschichte eines jedes Staates oder Volkes genauso wirksam ist wie in dem jedes einzelnen Individuums. Karl Dietrich Bracher beispielsweise hat verschiedentlich von einem „doppelten Bezugsrahmen" deutscher und europäischer Zeitgeschichte geschrieben, die sich gleichzeitig mit den Erfahrungen der Jahre 1917 bis 1945 und der Epoche des Kalten Krieges seit 1945 auseinandersetzen müsse[19]. Damit war nur ein allgemeines Merkmal jeder Zeitgeschichte angesprochen: Die Zeitgenossen einer Epoche sind mit den Problemen ihrer jeweils aktu-

---

[18] Author Talk, February 2005, Prince of Fire, http://www.bookreporter.com.
[19] Siehe dazu Karl Dietrich Bracher, Die doppelte Herausforderung der Nachkriegszeit, in: Ders.,Wendezeiten der Geschichte. Historisch-politische Essays 1987–1992, Stuttgart 1992, S. 231–256.

ellen Zeitgeschichte befasst, müssen sich aber zugleich mit den Spätfolgen länger zurückliegender Zeitgeschichte herumschlagen, von denen die objektive Wirklichkeit vielfach ebenso bestimmt wird wie die subjektiv motivierten Handlungen der jeweiligen Akteure. Daniel Silva ist gewiss nicht der Einzige, der diese Grundbedingung kollektiver und individueller Existenz in Romanform gestaltet. Doch dass er das durchgehend als eine Art Bewegungsgesetz seiner zeitgeschichtlichen Thriller versteht, macht einen wesentlichen Reiz dieser Bücher aus. Wenn irgendein Volk mit Vergangenheit geschlagen ist, dann sind das die Juden im heutigen Israel. Die Erinnerung an die Katastrophen und Leiden von Jahrzehnten, Jahrhunderten und Jahrtausenden jüdischer Geschichte mahnt – so die durchgehende Botschaft dieser Romane – zu ruheloser Wachsamkeit und zu einem Misstrauen, das sich nie einschläfern lässt.

Selbstverständlich darf man in solche Spannungsromane nicht zu viel hineingeheimnissen.

Nach Art jedes unternehmerisch begabten Schriftstellers greift Silva natürlich jeweils Themen auf, die momentan die Zielgruppen seiner Bücher besonders bewegen und überhaupt in der öffentlichen Diskussion hohe Wellen schlagen. Neben dem stets präsenten, in den neunziger Jahren bis zur Gegenwart zusehends verstärkten Trauma des Holocaust waren dies weitere Themen, die allesamt zum Schicksal der Juden und Israels in Beziehung stehen.

Eines dieser Themen ist die „Nazi-Gold"-Problematik und der Kunstraub deutscher Regierungsstellen im Dritten Reich, von der die Schweiz, besonders die Schweizer Bankwelt, in den neunziger Jahren umgetrieben wurde. Es lieferte den Stoff zu dem Roman „Der Engländer". Silva stellte dem ein Zitat aus einem der Bücher Jean Zieglers voraus: „Die Vergangenheit zu verdrängen, hat in der Schweiz Tradition."[20] Das Buch dreht sich um eine Gruppe hochgestellter Personen aus dem schweizerischen Finanz-Establishment, die mit allen Mitteln zu verhindern suchen, dass die Wahrheit aus der Kriegszeit ans Licht kommt. Allerdings vollzieht er kein ganz hemmungsloses „Swiss bashing". Eine Hauptperson dieses Thrillers ist ein schuldbeladener Zürcher Bankier, der sich am Kunstraub beteiligt hatte und ganz am Ende seines Lebens Wiedergutmachung leisten will, ebenso wie seine lange Zeit mit ihm zerfallene Tochter.

In einem weiteren Roman – A Death in Vienna[21] – nahm Silva Österreich aufs Korn. Im Jahr 2004, als das Buch erschien, war Haiders FPÖ noch im Aufstieg, und seit einer Reihe von Jahren schlug die ungesühnte Nazi-Vergangenheit in Österreich selbst wie im Ausland hohe Wellen. „Österreich", so wurde in dem Roman die aktuelle Lage beschrieben, „stand offenbar im Begriff, das Undenkbare zu tun und einen rechtsradikalen Bundeskanzler zu wählen."[22] Das wird durch vereinten Einsatz des Mossad und des CIA verhindert. Man mag darüber nachdenken, weshalb Silva sich so ausschließlich auf die kleine Schweiz und das kleine Österreich einschießt. Sind es Märkte, die ein Thriller-Autor vernachlässigen kann? Ist es vor allem die Heuchelei, die ihn empört? Oder stellt er sich schlicht und einfach in den Dienst politischer Kampagnen?

Die heutigen Deutschen werden von Silva auffällig geschont. Beeindruckt ihn tatsächlich die forcierte deutsche Gedenkkultur? Wie bei einem auf das jüdische Schicksal abonnierten Schriftsteller nicht anders zu erwarten, ergibt sich aus vielen sparsam eingestreu-

---

[20] Silva, Der Engländer, 2003 <2002>.
[21] Silva, Der Zeuge, 2006 <2004>.
[22] Ebenda, S. 323.

ten Bemerkungen oder Porträts ein ambivalentes Bild. Deutsch, so lesen wir in einem dieser Romane, ist seine Muttersprache – „und die Sprache, in der er träumte"[23]. Wird damit auf die Albträume des „Killer Artist" angespielt? Ein Hauptreiz dieser Romane besteht darin, dass Silva vieles nur andeutet und in der Schwebe zu lassen versteht. Bisweilen, so hat man den Eindruck, blitzt bei ihm tiefsitzende Abneigung auf. Wen kann das wundern! Tatsache ist jedoch, dass er das zeitgenössische Deutschland nicht zum Ziel seiner Angriffe macht, während er den von Arabern und französischen Rechtsradikalen genährten Antisemitismus im heutigen Frankreich sorgenvoll schildert.

Doch auch so fehlt es nicht an Gegnern, an denen sich seine Romanfiguren abarbeiten. Anfangs ist es vor allem die katholische Kirche, genauer gesagt: der Vatikan, an dem sich Silva festbeißt. Schon bei der eben erwähnten, schließlich erfolgreichen Jagd auf einen besonders widerwärtigen österreichischen SS-Offizier, der seine Identität verändert hat und nun auf bestem Weg ins österreichische Bundeskanzleramt ist, kommt der Vorwurf zum Tragen, interessierte Größen der katholischen Kirche hätten nach dem Krieg Hunderten von Waffen-SS- und SD-Männern zur Flucht nach Lateinamerika verholfen.

Silva hatte dieses periodisch aufgekochte, heiße Thema der Zeitgeschichte zuvor schon in dem Polit-Thriller „Die Loge" aufgegriffen[24]. Aus Gründen, deren geistesgeschichtliche Analyse hier unterbleiben muss, ist der Vatikan bekanntlich schon seit den siebziger Jahren zum Ziel von Verdächtigungen und Verunglimpfungen in Form von Polit-Thrillern geworden[25]. Seit den ersten Jahren des 21. Jahrhunderts verstärkt sich das. Polit-Thriller-Autoren sind mit stets wachsamem Blick auf die Konkurrenz unablässig auf der Suche nach Themen, die momentan ziehen. Dan Browns weltweit erfolgreicher Thriller „The Da Vinci Code" und Daniel Silvas „The Confessor" erschienen beide im Jahr 2003. Ein Zufall? Anders als bei Dan Brown steht bei Silva jedoch eine politische Frage im Vordergrund: ein neuer Papst (Benedikt XVI. war noch nicht gewählt) will angeblich für die Sünden der Kirche an den Juden im Zweiten Weltkrieg öffentlich um Vergebung bitten und alles offenlegen, während eine Clique reaktionärer Kardinäle das zu verhindern sucht und auf den Papst einen Auftragskiller ansetzt – Grund genug für den Mossad, mit Gabriel Allon als widerwillig reaktiviertem Werkzeug, dies zu verhindern und damit den neuen Heiligen Vater zu dauernder Dankbarkeit zu veranlassen. Es ist unschwer zu erkennen, wie die Bemühungen des bedrängten Israel um Entkrampfung des Verhältnisses zur katholischen Kirche ebenso in diese Romane eingeflossen sind wie umgekehrt die Erkenntnis der heutigen Päpste, es sei hoch an der Zeit, den Juden vieles abzubitten.

Nach Aufarbeitung der Vergangenheit und im Gefolge von 9/11 nahm Silva verstärkt die Bösewichte des frühen 21. Jahrhunderts ins Visier. Es sind gerade vier Jahre seit den Anschlägen auf das World Trade Center vergangen, da erscheint Silvas „Prince of Fire", ein anti-arabischer Polit-Thriller über muslimische Selbstmord-Attentäter, die an der Pariser Gare de Lyon ein fürchterliches Blutbad anrichten möchten[26]. Dem folgt ein Jahr später ein weiterer Roman, deutscher Titel: „Das Terrornetz"[27]. Zwei dem Buch vorangestellte

---

[23] Silva, Der Schläfer, 2007 <2005>.
[24] Silva, Die Loge, 2005 <2003>.
[25] Genannt seien nur beispielhaft Robert Ludlum, Das Jesus-Papier, München 1989 <1977>; Thomas Gifford, Assassini, Bergisch-Gladbach 1991 <1990>. Dan Browns Bestseller „The Da Vinci Code"(<2003>; dt. Sakrileg, Bergisch-Gladbach 2006) ist ein Ausläufer dieser aus angelsächsischer Wurzel stammenden Anti-Vatikan-Propaganda.
[26] Silva, Der Schläfer, 2007 <2005>.
[27] Silva, Das Terrornetz, 2008 <2006>.

Mottos verraten, gegen wen sich Silvas Polit-Propaganda diesmal richtet. Zuerst lässt er eine Anti-Terror-Autorität von der RAND Corporation sprechen: „Die Saudis sind auf allen Arbeitsebenen des Terrorismus tätig: von Planern bis zu Geldgebern, von Kadern bis zu Fußsoldaten, von Ideologen bis zu Cheerleadern." Auf derselben Seite gibt er dann einem prominenten Saudi das Wort: „Wir werden das Land des Vatikans beherrschen. Wir werden Rom kontrollieren und dort den Islam einführen" (Scheich Muhammed Ben al-Rahmen al-Arifi, Iman der Moschee der Militärakademie „König Fahd").

In diesem und in einem folgenden Roman, betitelt „The Secret Servant"[28], zeichnet Silva ein Westeuropa, in dem hasserfüllte junge Araber abgeschottete Parallelgesellschaften bevölkern, sich dort auf Terrorakte vorbereiten oder wenigstens eine Sympathisantenszene für den muslimischen Terrorismus bilden – in London, Amsterdam, Hamburg und Kopenhagen. Beim Blick auf die Satellitenschüsseln über den Dächern Londons stellt einer der israelischen Geheimdienstexperten fest: „Sie sind Monumente europäischer Naivität. Die Europäer haben geglaubt, sie könnten Millionen von Einwanderern aus den ärmsten Regionen der muslimischen Welt aufnehmen und aus ihnen im Verlauf einer einzigen Generation gute kleine Sozialdemokraten machen. Hier ist das Resultat. Die europäischen Muslime sind größtenteils ghettoisiert und zornerfüllt."[29] Allein in England, so referiert er geschätzte Zahlen der britischen Dienste, befänden sich an die 16 000 Terroristen, davon seien 3000 in Trainingslagern von Al Kaida ausgebildet[30]. Und an anderer Stelle lesen wir: „Europa zieht sich ruhig in die Geschichte zurück. Es ist alt und müde. Seine jungen Leute sind so pessimistisch bezüglich der Zukunft, daß sie sich weigern, Kinder in die Welt zu setzen, um das eigene Überleben zu sichern. Sie glauben an nichts mehr als an die 35-Stunden-Woche und ihre Ferien im August."[31] Im Nachwort zu einem dieser alarmistischen Romane erwähnt Silva die Prognose von Bernard Lewis, zum Ende des 21. Jahrhunderts werde Europa eine Mehrheit von Muslimen haben[32]. Offen räumt er ein, dass ihn die Ermordung des Filmproduzenten Theo van Gogh in Amsterdam im November 2004 besonders nachdenklich gemacht habe[33]. Selbst der Vatikan wird als infiltrierte Institution geschildert. Im Thriller wird ein Teil des Petersdoms in die Luft gesprengt, mehr als 700 Menschen werden getötet, Pilger, Soldaten der Schweizergarde, Kardinäle, der Papst entgehen nur mit knapper Not dem Attentat der Dschihadisten – es ist der größte Anschlag seit dem 11. September 2001. Doch es hätte noch schlimmer kommen können, wären nicht Gabriel Allon und sein Mossad-Team wachsam. Auch London ist jetzt tödlich bedroht. England, so zeigt sich Silva überzeugt, hat die USA als Hauptziel von Al Kaida abgelöst[34].

Neuerdings hat Daniel Silva einen weiteren Todfeind Israels und der westlichen Welt identifiziert. Es ist das wieder zur Großmacht emporwachsende altbekannte „evil empire". Im heutigen Russland sieht er zwei Gruppen am Werk: einerseits die „siloviki", frühere KGB-Angehörige, die nun als Politiker, Bürokraten und FSB-Offiziere den Staatsapparat unter Putin dirigieren, andererseits schwerreiche, skrupellose Oligarchen, von denen einer der schlimmsten, angeblich der Welt größter Waffenhändler, mit dem sich Gabriel

---

[28] Silva, The Secret Servant <2007>.
[29] Ebenda, S. 57.
[30] Ebenda, S. 64.
[31] Ebenda, S. 57f.
[32] Ebenda, S. 482.
[33] Author Talk, July 27, 2007, The Secret Servant, http://www.bookreporter.com.
[34] Ebenda, S. 482.

Allon über zwei Fortsetzungsromane hinweg[35] erbittert bekriegt, gleichfalls direkt aus dem KGB stammt. Der Mossad sieht sich diesmal zum Eingreifen veranlasst, weil mit stillschweigender Duldung, wenn nicht gar Ermutigung der russischen Regierung Umweg-Lieferungen moderner Angriffswaffen an die Hizbollah gehen sollen, was Israel tödlich bedrohen würde. Erneut wird Gabriel Allon von dem pensionierten Geheimdienstchef Ari Schamron reaktiviert, und es gelingt ihm zu guter Letzt – wie könnte es im Thriller auch anders ausgehen!? –, den Unhold zu erlegen.

Der Stoff der hier knapp skizzierten Gabriel-Allon-Romane ist also durchgehend hochpolitisch. Viel Neues erfährt man natürlich nicht. Selbstverständlich sind selbst oberflächliche Leser der Tageszeitungen mit den hier aufgewärmten Horror-Themen hinlänglich vertraut. Die Lesbarkeit dieser Bücher hängt also ganz von dem schriftstellerischen Geschick Silvas ab, mit dem er aus den Verschwörungen, Drohungen und Psychodramen eine spannende Handlung konstruiert. Tatsächlich beherrscht er alle Kniffe des Genres. Er weiß, dass Polit-Thriller dann eine Aussicht auf Welterfolg haben, wenn sie verschiedene Faktoren bündeln, die sich mit Stichworten wie Bedrohungsängste, Zweikampf, Tempo, rasche Ortswechsel, modernste Technologie, Super-Verbrechen, Auftritte von Spitzenpolitikern und Psychologie erfassen lassen.

Inwiefern diese Thriller von aktuellen Bedrohungsängsten grundiert sind, ist bereits hinlänglich angedeutet worden. Unablässig umgerührt werden: die seit Jahrzehnten nicht abreißende Serie von Attentaten gegen Israel, die Drohkulisse im Gefolge von 9/11 und die Aktivitäten der Al Kaida, die nicht zu bremsende Ausbreitung gefährlichster Offensivwaffen, die großen muslimischen Ghettos in Europa, das Wiederaufleben der russischen Gefahr. Desgleichen beherrscht Silva die Technik des manichäischen Zweikampfs zwischen einem Thriller-Helden und einem terroristischen Widersacher. Dabei kommen die üblichen Ingredienzien des klassischen Thrillers zum Einsatz: Rekrutierung des Helden, langsamer Spannungsaufbau, Planung komplizierter Anschläge und Gegenschläge, Geiselnahmen, Folterszenen und Lebensgefahren, aus denen sich der Held und seine Gefährtinnen nur um Haaresbreite befreien. Wenn es ganz kritisch wird, dröhnt bisweilen, so wie im Western einstmals die rettende Kavallerie auftauchte, nunmehr ein Helikopter heran und bringt Rettung. Nie fehlt selbstverständlich das abschließende Shootout, meist gefolgt – auch dies ein klassischer Lieblingsschluss wild bewegter Thriller – von der Rückkehr ins Idyll, vorzugsweise in Gesellschaft einer schönen Heroine, die im Falle Gabriel Allons gleichfalls für den Mossad arbeitet, gelegentlich auch für die CIA.

Natürlich lebt ein Thriller vom Tempo. Konsequent nutzt Silva dabei die Technik des permanenten Szenenwechsels. Übergangsloser Wechsel der Schauplätze konstituiert die Gliederung aller dieser Thriller. So haben die vielen Kurzkapitel des Romans „Die Loge" beispielsweise die folgenden Kapitelüberschriften: München – Vatikanstadt – Venedig – München – Vatikanstadt – München – Bei Rieto, Lazio – Lago di Garda – Grindelwald – Venedig – Rom – London – Rom – Normandie ... und so weiter und so weiter bis zum bluttriefenden, guten Ende in der Vatikanstadt und in Grindelwald.

Silva hat dabei ein gutes Händchen für knappe Schilderungen der spezifischen Atmosphäre bestimmter Wohnviertel. Das Kapitel „München" beginnt mit den Worten: „Das Wohnhaus Adalbertstraße 68 gehörte zu den wenigen im Stadtteil Schwabing, das Münchens laute und wachsende akademische Elite noch nicht in Beschlag genommen hatte. Das zwischen zwei rote Klinkergebäude mit dem Charme der Vorkriegsjahre eingeklemm-

---

[35] Silva, Moscow Rules <2008>, The Defector <2009>.

te Haus 68 wirkte eher wie ihre hässliche jüngere Stiefschwester. Seine Fassade trug rissigen beigen Verputz, seine Form war gedrungen und unelegant. Das führte dazu, dass seine Bewohner eine lockere Gemeinschaft aus Studenten, Künstlern, Anarchisten und unbußfertigen Punkrockern waren, die alle unter der Fuchtel der autoritären Hausmeisterin Frau Ratzinger standen, die angeblich schon in dem ursprünglichen Haus Nummer 68 gewohnt hatte, als es von einer alliierten Bombe dem Erdboden gleichgemacht worden war. Aktivisten aus der Nachbarschaft verhöhnten das Gebäude als Schandfleck, der unbedingt saniert werden müsse. Seine Verteidiger sagten, es verkörpere genau jene künstlerische Arroganz, die Schwabing einst zum Montmartre Deutschlands gemacht habe, das Schwabing von Hesse, Mann und Lenin. Und von Adolf Hitler, wäre der hinter einem Fenster im ersten Stock arbeitende Professor vielleicht versucht gewesen hinzuzufügen. Aber in diesem alten Viertel wollten nur wenige an die Tatsache erinnert werden, dass auch der junge österreichische Sonderling sich einst von diesen stillen, von Bäumen gesäumten Straßen hatte inspirieren lassen ...".[36]

Über die Bücher Silvas sind buchstäblich Hunderte solcher Skizzen bestimmter Städte, Dörfchen oder einsamer Landschaften verstreut. Er versteht es, das Flair von Orten oder Landschaften mit historischen Konnotationen zu verbinden und zugleich in die schreckliche Handlung einleiten zu lassen. So handelt es sich bei dem Professor, auf den eben angespielt wurde, um Benjamin Stern von der Hebräischen Universität in Jerusalem, der seit vier Jahren als Gastprofessor für Europäische Studien an der angesehenen Münchner Ludwig-Maximilians-Universität lehrt („durch eine Ironie der Geschichte lebte man als Jude heutzutage in Deutschland behaglicher als in Jerusalem oder in Tel Aviv"). Sterns Mutter hat die Schrecken des Rigaer Ghettos überlebt. Er selbst fungiert in der Adalbertstraße 68 als Lebensberater und Weiser, dem die dort wohnenden Studenten vertrauen, auch wenn sie ihn immer wieder mit Vorwürfen wegen der Notlage der Palästinenser überhäufen. Doch ab und zu erhält er auch antisemitische Drohungen im Internet, und da er als Experte der Zeitgeschichte auf antijüdische Untaten katholischer Geistlicher im Zweiten Weltkrieg gestoßen ist und entsprechendes Material im Safe verwahrt, muss er nach dem Willen der finsteren vatikanischen Loge „Crux Vera" sterben. Ein Auftragskiller bereitet ihm ein entsetzliches Ende.

Das Tempo und die impressionistischen Schilderungen zahlloser Orte machen einen Hauptreiz der Romane Silvas aus: Tel Aviv, wo sich das alte, ziemlich schäbige Bürogebäudes des Mossad am King Saul Boulevard befindet, oder das Haus von Ari Schamron mit seiner schlichten Wohnküche in Tiberias hoch über dem See Genezareth, wo der „Menumeh" nächtlich ruhelos herumtigert, in alle Welt telefoniert und neue Einsätze plant, oder die in der Sonnenglut liegenden, aber gut klimatisierten Villen von Saint Tropez, in denen sich jetzt die unermesslich reichen Oligarchen dem *dolce vita à la russe* hingeben, oder die Macchia im Westen Korsikas, in der Banditen und Mörder seit Jahrhunderten Zuflucht gefunden hatten, wo die warme Luft nach Rosmarin duftet und abgeschiedene Dörfer in hellem Sonnenschein liegen[37], oder, oder ...

Seit langem haben Thriller-Autoren entdeckt, wie sehr es ihre mehr oder weniger weitgereisten Leser zu schätzen wissen, in Gedanken an Orte geführt zu werden, die sie kennen und denen sie nun im Zwielicht des Thrillers wieder begegnen. Die inzwischen vergessene „Thriller-Queen" Helen MacInnes hatte von den vierziger bis in die achtziger Jahre

---

[36] Silva, Die Loge, 2005 <2003>, S. 9.
[37] Silva, Der Engländer, 2003 <2002>.

des vorigen Jahrhunderts eine Art Tourismus-Thriller geschrieben, indem sie ihre Handlungen jeweils in eine Stadt oder Landschaft verlegte, die von den Strategen amerikanischer Reisebüros zu Zielpunkten gemacht worden waren[38]. Freilich stellte sich dabei auch Langeweile ein. Der rasche Ortswechsel wie bei Daniel Silva entspricht dem Geist des Thriller-Genres besser, doch ebenso dem Lebensgefühl moderner Europäer und Amerikaner, die nicht stillsitzen können und wollen.

Und genauso wie die Thriller-Autoren der vergangenen Jahrzehnte hat auch Silva die Fortschritte der Kommunikationstechnologie genau studiert. Er schildert sie präzis, doch ohne Pedanterie. Die Bewegungen der Beobachtungsteams sind global vernetzt und lassen sich auf den Bildschirmen am King Saul Boulevard (oder jetzt in der neuen Zentrale des Mossad), des CIA in Langley oder von MI6 in London beobachten, es sei denn, einer der bei solchen Operationen immer wieder auftretenden Zufälle oder Aktionen der ihrerseits gut vernetzten Todfeinde stürzen die perfekteste Planung ins Chaos.

Silva hat auch klar erkannt, dass Lesermassen am sichersten in Atem zu halten sind, wenn sie gebannt erfahren, wie ein Super-Mann Super-Verbrechen von Super-Verbrechern verhindert (ein Attentat auf Arafat, der den Kriegspfad scheinbar verlassen hat, oder auf den Papst, oder auf den Petersdom). Doch selbst wenn bei ihm nicht ganz spektakuläre Anschläge drohen, dreht sich die Handlung doch immer darum, sehr gefährliche Entwicklungen zu unterbinden (den Aufstieg eines SS-Verbrechers zum österreichischen Bundeskanzler; die Lieferung gefährlichster Waffen an die Todfeinde Israels). Auch die Beschwörung weit zurückliegender, aber bis heute erschütternder Verbrechen fesselt nach wie vor Phantasie und Empathie von Millionen von Lesern. Anders als zahlreiche seiner Konkurrenten auf dem Polit-Thrillermarkt verzichtet Silva jedoch auf jene unablässig variierten Plots, in denen polit-kriminelle sowjetische oder chinesische Präsidenten, verrückte nahöstliche Diktatoren oder psychopathische amerikanische oder japanische Großindustrielle die gesamte Menschheit oder jedenfalls viele Millionen mit ABC-Waffen, durch Auslösung von Tsunamis und durch weitere Katastrophenwerkzeuge auslöschen möchten. Er hält sich ans Naheliegende, was schon furchtbar genug ist.

Auch Silvas Romane wären keine echten Polit-Thriller, würde er nicht politische oder geistliche Größen, die man kennt oder deren Funktionen zumindest jedermann geläufig sind, namentlich oder verfremdet mit ins Spiel bringen: Yassir Arafat, der inzwischen zur Ruhe gebettet ist, oder den Ministerpräsidenten Israels oder Wladimir Putin oder einen frei erfundenen amerikanischen Präsidenten oder einen ebensolchen Papst unter dem Namen Paul VII. Nach dem Vorbild vieler Romanschriftsteller sind naturgemäß viele Akteure, die Silvas Romane bevölkern, nach dem Vorbild lebender Personen gestaltet – die hohen und niederen Chargen des israelischen Geheimdienstes, CIA-Beamte, die in engster Abstimmung mit dem Mossad zusammenarbeiten, Priester, Professoren, Terroristen und – nicht zu vergessen – die durchweg lebenstüchtigen Heroinen.

Nicht nur die Figur Gabriel Allons hat psychologischen Tiefgang. Silva sind auch Nebenrollen gelungen, die man nicht vergisst. Da ist zum Beispiel die schöne Schweizer Geigen-Virtuosin Anna Rolfe, seelisch verletzte und verletzbare Tochter des bereits erwähnten Zürcher Bankiers, der sich in den ferngerückten Jahren des Zweiten Weltkrieges mit Hitler, Göring und Himmler kompromittiert hat und nun vor seinem Tod Wiedergutmachung leisten möchte, was ihn letztlich das Leben kostet. Oder da ist die Falstaff-Figur des periodisch unter Cash-flow-Problemen leidenden Londoner Kunsthändlers Julian Isherwood,

---

[38] Siehe dazu mein entsprechendes Kapitel in Phantastische Wirklichkeit, S. 120–131.

der sich in einem leicht baufälligen viktorianischen Lagerhaus im Mason's Yard von St. James niedergelassen hat, des Öfteren immer noch einen Treffer mit einem restaurierten Rubens landet, gut isst, noch lieber gut trinkt und gerne seine periodisch wechselnden Sekretärinnen vernascht, als Nebentätigkeit aber dem Mossad als ein „Sajanim", ein Helfer (auf DDR-Deutsch: als IM) zu Diensten steht, wenngleich oft nur unwillig, doch er stammt aus einer im Holocaust vernichteten Familie und zieht außerdem aus dem Talent des Bild-Restaurators Gabriel Allon großen Nutzen. Genauso wirklichkeitsnah ist der alle Rahmen sprengende Londoner Groß-Verleger Benjamin Stone persifliert, auch er ein „Sajanim", der dem Chef des Mossad seit Urzeiten schon mit seinen Millionen, seinen Bankapparaten und seinem Medienimperium zu Diensten steht, sich aber jetzt kurz vor dem Ruin befindet und, so erfahren wir schließlich, wohl nachts von seiner Luxusjacht über Bord gegangen ist.

Solche und andere Figuren bevölkern diese Polit-Thriller. Silva skizziert nicht wie viele aus seinem Gewerbe bloße Schattenfiguren aus dem Thriller-Reich. Er versteht es, Menschen aus Fleisch und Blut zu gestalten, und dies nicht nur im Lager der Israelis, sondern ebenso auf Seiten ihrer Feinde. Selbst die Killer, die Gabriel Allon nach dem Leben trachten, sind keine bloßen Gruselpuppen.

Eingangs wurde festgestellt, dass viele Polit-Thriller im 20. Jahrhundert kaum verhüllte Propagandaschriften für die Geheimdienste des eigenen Landes sind. So wie Erskine Childers, John Buchan, Ian Fleming, Frederick Forsyth oder Colin Forbes die heimlichen Heldentaten der britischen Dienste verherrlicht haben oder Helen MacInnes und Tom Clancy die des CIA, wirbt Daniel Silva um Anerkennung und Verständnis für den Mossad. Silva ist zwar Amerikaner, doch dass er sich selbst und seine Helden mit dem Mossad identifiziert, ist mit Händen zu greifen. „The Killer Artist" ist ein Plädoyer für die Unbarmherzigkeit, mit der Israel in einer Welt von Feinden und lauen Freunden ums Überleben kämpfen muss. Zu den lauen Freunden gehören auch die Europäer, über die Silva den alten Ari Schamron bitter und verächtlich zugleich sagen lässt: „Die Palästinenser haben keine besseren Freunde als die Europäer. Die zivilisierte Welt hat uns unserem Schicksal überlassen. Wir wären nie in dieses Land zurückgekehrt, hätte uns nicht der Haß der europäischen Christen hergetrieben, und nachdem wir nun einmal hier sind, sollen wir nicht kämpfen, damit wir die Araber in unserer Mitte nicht gegen uns aufbringen."[39]

Wie so oft bei Serien-Autoren, sind auch bei Silva die frühen seiner Gabriel-Allon-Romane die besten. Eine Lesergemeinde schätzt es zwar, wenn eine vertraute Gestalt mit allen ihren Eigenheiten, zusammen mit ebenso bekannten Nebenfiguren von Buch zu Buch immer wieder auftritt, um neue Abenteuer zu bestehen und neue Gegner zu erlegen. Aber nach fünf oder sechs Büchern der Reihe nutzt sich selbst der schönste Thrillerheld ab. Auch die Komposition wird flüchtiger. Ein Roman jedes Jahr ist selbst für einen begabten Schriftsteller etwas viel. Die beiden letzten Thriller, die sich um einen mafiösen russischen Groß-Waffenhändler drehen, sind anscheinend aus dem Leim gegangen, so dass der Stoff auf zwei Bücher verteilt werden musste. Zusehends störend wirken auch die bemühten Nachworte Silvas, in denen er unter Verweis auf verschiedenste wissenschaftliche und andere Autoritäten leicht pedantisch ausführt, dass der Alarmismus seiner Romane wirklich nicht übertrieben sei[40]. Andere Autoren von Polit-Thrillern, die genauso hemmungslos

---

[39] Silva, Der Schläfer, 2007 <2005>, S. 132.
[40] Wer nach dem ausgedehnten politologischen und zeitgeschichtlichen Schrifttum sucht, aus dem Silva seine Anregungen und Bewertungen bezieht, wird in diesen leicht geschwätzigen „Anmerkun-

wie Silva für ihre politischen Überzeugungen Propaganda machen – John Le Carré, Frederick Forsyth, Graham Greene – sind in diesem Punkt etwas sparsamer und verlassen sich stärker darauf, allein durch die Handlung aufrüttelnd zu wirken.

Wer sich nach den Meistern des zeitgenössischen Polit-Thrillers in den Anfängen des 21. Jahrhunderts umsieht, findet jedoch in Silva den derzeit eindrucksvollsten Autor einer Generation, die auf die Thriller-Größen der Jahrzehnte des Kalten Krieges nachgefolgt ist. Seine Bücher weisen die durchgehende Kontinuität des Genres auf. Wenig Neues unter der Sonne, nur die Kommunikationsmittel zur Ausspähung, zum Angriff und zur Abwehr von Angriffen haben sich verbessert! Aber die Schurken sind immer noch sehr böse, und die Überlebensfähigkeit der Helden ist weiterhin staunenerregend. Das Genre hat sich nicht erwähnenswert weiterentwickelt. Wie die Polit-Thriller der berühmten und weniger berühmten Vorgänger Daniel Silvas seit Beginn des 20. Jahrhunderts, als noch Queen Victoria im britischen Empire residierte, bis hin zu denen der heutigen Konkurrenz sind auch die Gabriel-Allon-Romane Silvas alarmistisch. Alarmismus ist ihre eigentliche Botschaft – Alarmismus vor inneren oder äußeren Feinden sowie Alarmismus vor großen Katastrophen. Gewiss sind Silvas Romane nicht so schamlos xenophob wie die Polit-Thriller Ian Flemings oder von Colin Forbes, auch nicht ideologisch so einseitig wie die des doch etwas überschätzten Graham Greene oder die des schwer zu überschätzenden David John Moore Cornwell, besser bekannt unter dem Pseudonym John Le Carré. Aber Alarmismus und eine durch Gescheitheit gedämpfte Parteilichkeit geben auch Silvas Büchern das Gepräge. Dem ist viel Melancholie beigemischt – Melancholie über die Tragödien der Juden im 20. Jahrhundert und Melancholie beim Blick auf die Zukunft, die Israel wohl erwartet.

---

gen des Verfassers" gut bedient, so dass wir uns weitere Hinweise auf die vieldiskutierten und umstrittenen Komplexe Oslo-Abkommen, zweite Intifada, „Schweizer-Gold" und geraubte Bilder aus jüdischem Eigentum, ungesühnte NS-Vergangenheit in Österreich, muslimischer Terrorismus, muslimische Parallelgesellschaften in Europa oder Russland in der Ära Putin sparen können.

*Jürgen Zarusky*

# 100 Bände, 50 Jahre: Die Schriftenreihe der Vierteljahrshefte für Zeitgeschichte[*]

## Die Gründung

Die Vierteljahrshefte hatten sich bereits als führendes Organ der Zeitgeschichtsforschung und als publizistisches Flaggschiff des Instituts für Zeitgeschichte (IfZ) etabliert[1], als 1960 recht unspektakulär, geradezu *en passant*, mit der Schriftenreihe, die zweimal im Jahr erschien und im Abonnement zu erwerben war, ein Ableger dieses Erfolgsunternehmens ins Leben gerufen wurde. Als „Gründungsurkunde" könnte man ein hektographiertes Rundschreiben des Herausgebers Hans Rothfels[2] an die Mitglieder des Kuratoriums und des Wissenschaftlichen Beirats des Instituts für Zeitgeschichte vom 12. Mai 1960 bezeichnen. Nachdem er das Thema in einem anderen Rundbrief Anfang Februar schon einmal berührt hatte, ging es jetzt darum, Nägel mit Köpfen zu machen. Der Plan, den Vierteljahrsheften Beihefte oder eine Schriftenreihe beizugesellen, war, so kann man dem Schreiben entnehmen, aus dem Institut gekommen und auf positive Resonanz gestoßen. Rothfels und Theodor Eschenburg erklärten sich bereit, auch hierfür die Herausgeberschaft zu übernehmen. „Auch haben einige Herren schon zustimmend sich geäußert"[3], teilte Rothfels den Empfängern seines Rundschreibens mit. Gedacht war an die Publikation „von Untersuchungen und Quellen, die zu umfangreich für die Zeitschrift, aber nicht umfangreich genug für eine Buchveröffentlichung im Rahmen der ‚Quellen und Darstellungen' sind (etwa 80–160 Seiten)"[4]. Da eine fällige Beiratssitzung aufgeschoben werden musste, die Deutsche Verlags-Anstalt (DVA), die bereits für das Vorhaben gewonnen worden war[5], andererseits schon im Juliheft der VfZ mit einem Prospekt werben wollte, bat Rothfels um eine Entscheidung im Umlaufverfahren bis Ende Mai. Dieser Mischung aus milden Sachzwängen und freundlicher Überredung mochte sich wohl niemand widersetzen, zumal dahinter eine für das IfZ sehr wesentliche Überlegung stand: „Es erscheint denen, die bis-

---

[*] Überarbeitete und aktualisierte Fassung des Aufsatzes „Die Schriftenreihe der Vierteljahrshefte für Zeitgeschichte. Nur ein Beiboot oder mehr?" aus den Vierteljahrsheften für Zeitgeschichte (VfZ) 51 (2003), S. 89–106.
[1] Hermann Graml/Hans Woller, Fünfzig Jahre Vierteljahrshefte für Zeitgeschichte 1953–2003, in: VfZ 51 (2003), S. 51–87.
[2] Rothfels ist inzwischen selbst zum – umstrittenen – Gegenstand der Zeitgeschichtsforschung geworden; vgl. (mit weiteren Verweisen) Johannes Hürter/Hans Woller (Hrsg.), Hans Rothfels und die deutsche Zeitgeschichte, München 2005.
[3] Rundschreiben Rothfels' an die Mitglieder des Kuratoriums und des Wissenschaftlichen Beirats des Instituts für Zeitgeschichte, 12. 5. 1960, in: Archiv des Instituts für Zeitgeschichte München (künftig: IfZ-Archiv), Altregistratur, Bestand Martin Broszat [ID 104]. Bei den in Klammern gesetzten Signaturen handelt es sich um die künftigen Bezeichnungen der Bestände des Hausarchivs. Der vorliegende Aufsatz erhebt nicht den Anspruch einer erschöpfenden Darstellung. Die Einschränkungen ergeben sich zum einen aus der Quellenlage – die Unterlagen des Instituts für Zeitgeschichte sind noch nicht zur Gänze verzeichnet – und zum anderen aus der Konzentration auf die Entstehungs- und Frühphase der Schriftenreihe.
[4] Ebenda.
[5] Schon Ende 1959 arbeitete die DVA an den Umschlägen für die geplanten Beihefte; vgl. Gottfried Müller (DVA) an Broszat, 16. 12. 1959, in: Ebenda.

her mit diesem Plan befaßt gewesen sind", schrieb Rothfels, „sehr erwünscht, auf solche Weise das Tempo der Veröffentlichungen des Instituts zu steigern, von dem zwar einige größere Veröffentlichungen in naher Frist zu erwarten sind, das andererseits aber doch immer wieder durch die Masse amtlicher Aufträge in seinem Vorhaben verlangsamt wird."[6] Es ging also um die publizistische Wirkung der Arbeit des Instituts, aus dem bis dahin erst etwas mehr als ein Dutzend Buchveröffentlichungen hervorgegangen war[7]. Die jährliche Produktion von zwei, wenn auch im Umfang eher schmalen Büchern war somit gewiss eine wesentliche Steigerung des Ausstoßes und ein nicht unerheblicher Beitrag zur Etablierung der Zeitgeschichtsforschung als wissenschaftlicher Disziplin.

Allerdings bestand über die halbjährliche Erscheinungsweise zunächst noch kein Konsens. Rothfels hatte große Bedenken; er befürchtete nachteilige Folgen des Zeitdrucks, der mit der Periodizität einherging. Martin Broszat, offenkundig Motor des Gründungsprozesses und dann erster Redakteur der Schriftenreihe, argumentierte in genau entgegengesetztem Sinne. Er verwies darauf, dass das geplante Abonnement nur bei einer festen Folge möglich sei, und hob die disziplinierende Wirkung eines solchen Rhythmus' hervor: „Ich glaube, daß ohne gewissen Terminzwang vieles nicht geschieht, was durchaus geschehen könnte. Die Gefahr, daß eine ‚lockere Folge' der Schriftenreihe bald allzu locker wird, weil natürlich jeder unter Druck steht, scheint mir sehr groß. Ich zweifle ernstlich, ob die Schriftenreihe wirklich eine Ankurbelung der Publikationstätigkeit des Instituts bringt, wenn der Zwang fester Erscheinungstermine fallengelassen wird."[8]

Die Broszat'sche Argumentation erwies sich als weitsichtig, wenngleich ihm dieses Arrangement als Redakteur (und, nicht zu vergessen, auch seinen Nachfolgern) erhebliche Anstrengungen abverlangen sollte. Konfrontiert mit einem problematischen Manuskript erlaubte sich Broszat nach knapp zehn Jahren in einem Brief an Rothfels einen Stoßseufzer darüber, „welcher Arbeitsaufwand mit den nicht im Hause selbst entstandenen Manuskripten für die Schriftenreihe fast jedesmal verbunden ist. Aber das ist ja nun mein Schicksal, mit dem ich nicht hadern will. Ich erinnere mich sehr gut daran, daß Sie mich vor nunmehr einem Jahrzehnt warnend darauf aufmerksam machten, zu welchen Schwierigkeiten es führen könne, wenn man sich von vornherein selbst verpflichtet, jedes Jahr zwei Hefte einer Reihe herauszugeben."[9] Doch als die DVA im Zusammenhang mit dem Ausfall einer bereits angekündigten und beworbenen Studie den Vorschlag machte, das Abonnement der Schriftenreihe in einer Weise zu gestalten, die es erlauben würde, „einfach einmal einen Band ausfallen zu lassen und die nächste Nummer erst im Frühjahr herauszubringen"[10], zeigte sich nun auch Rothfels als Befürworter der Periodizität: „Aber ich würde eigentlich doch recht betrübt sein, wenn wir auf diese Verringerung des Aus-

---

[6] Ebenda. Zu den „amtlichen Tätigkeiten" schrieb Helmut Krausnick im Vorwort zum zweiten Band der veröffentlichten Gutachten des Instituts für Zeitgeschichte: „Hatte jedoch bis 1958 das Institut im Durchschnitt jährlich etwa 150 Gutachten und kürzere Auskünfte zu erteilen, so ist die Zahl entsprechender Anfragen, namentlich von Behörden und Gerichten in den letzten fünf Jahren auf je etwa 600 gestiegen. Der Hauptgrund hierfür liegt in den großen Prozessen, die seit 1958 insbesondere gegen das Personal der nationalsozialistischen Konzentrationslager und Einsatzgruppen durchgeführt oder vorbereitet wurden." Gutachten des Instituts für Zeitgeschichte, Bd. II, Stuttgart 1966, S. 9. Vgl. auch Hans Buchheim/Hermann Graml, Die fünfziger Jahre: Zwei Erfahrungsberichte, in: Horst Möller/Udo Wengst (Hrsg.), 50 Jahre Institut für Zeitgeschichte. Eine Bilanz, München 1999, S. 69–83.
[7] Vgl. die Auflistung der Publikationen in: Möller/Wengst (Hrsg.), 50 Jahre, S. 551–580.
[8] Broszat an Rothfels, 7. 6. 1960, in: IfZ-Altregistratur, Bestand Martin Broszat [ID 104].
[9] Broszat an Rothfels, 23. 6. 1969, in: Ebenda.
[10] Felix Berner (DVA) an Broszat, 9. 7. 1969, in: Ebenda.

stoßes und die Aufgabe der Regelmäßigkeit eingehen müßten."[11] Dazu sollte es nicht kommen. Von zwei Doppelnummern abgesehen, erschien und erscheint die Schriftenreihe weiterhin stetig im Halbjahrestakt[12].

Im Institut war bei der Gründung der Reihe erwogen worden, das Beiboot aufs engste an den Vierteljahrsheften zu vertäuen. Unter anderem war daran gedacht, den Beziehern der VfZ die Schriftenreihebände automatisch zuzusenden und ihnen ein Rückgaberecht einzuräumen. Rothfels indes wandte sich entschieden dagegen, den Lesern der Zeitschrift solchermaßen auf den Leib zu rücken – zum Bedauern Broszats, der befürchtete, dass „die Aussichten eines sehr guten Starts der Schriftenreihe dadurch herabgemindert" würden[13]. Diese Angst war jedoch unbegründet. Mit dem von Helmut Heiber edierten Tagebuch von Joseph Goebbels aus den Jahren 1925/26[14] als Nummer 1 gelang ein mehr als respektabler Auftakt – bis zum Sommer 1962 waren 3700 Exemplare dieses Werkes verkauft, das im Übrigen den Grundstein der jahrzehntelangen Editionsarbeit des IfZ in Sachen Goebbels-Tagebücher bildete[15]. Für Martin Broszats „Nationalsozialistische Polenpolitik"[16] (Heft 2) waren zu diesem Zeitpunkt 2330, für die Aufzeichnungen des Staatssekretärs in der Reichskanzlei, Hermann Pünder, aus den Jahren 1929–1932[17] 1840 und für die gerade erschienene Studie von Lothar Gruchmann „Nationalsozialistische Großraum Ordnung"[18] 1330 verkaufte Exemplare zu verzeichnen. Nahezu tausend Abonnenten hatte man bis dahin gewinnen können[19], ein durchaus solider Sockel für den Vertrieb.

## Herausgeber und Redakteur

„Gemacht" wurde die Schriftenreihe in den ersten zwölf Jahren im Wesentlichen von Rothfels und Broszat; der Mitherausgeber Eschenburg war zwar stets auf dem Laufenden, hielt sich aber ebenso im Hintergrund wie der Leiter des Instituts, Helmut Krausnick. Broszat war als Redakteur in seinem Metier. Er war zupackend und höchst initiativfreudig, zuweilen etwas mehr, als Rothfels angemessen erschien. Am 12. Juli 1960 sandte der bis Ende der

---

[11] Rothfels an Broszat, 10. 7. 1969, in: Ebenda.

[12] Die Doppelnummern waren: Babette Gross, Willi Münzenberg. Eine politische Biographie. Mit einem Vorwort von Arthur Koestler, Stuttgart 1967 (Schriftenreihe, Bd. 14/15); Wolfgang Benz (Hrsg.), Politik in Bayern 1919–1933. Berichte des württembergischen Gesandten Carl Moser von Filseck, Stuttgart 1971 (Schriftenreihe, Bd. 22/23). Eine Gesamtübericht der erschienenen Ausgaben findet sich am Ende dieses Bandes sowie auf der Homepage des Instituts für Zeitgeschichte: http://www.ifz-muenchen.de/publikation/gesamtverzeichnis.html#schriftenreihe.

[13] Broszat an Rothfels, 7. 6. 1960, in: IfZ-Altregistratur, Bestand Martin Broszat [ID 104].

[14] Helmut Heiber (Hrsg.), Das Tagebuch von Joseph Goebbels 1925–1926, Stuttgart 1960, ²1961.

[15] Einen Überblick über die verschlungene und nicht konfliktarme Geschichte dieses wichtigen Tätigkeitsfelds des IfZ gibt Horst Möller, Die Tagebücher von Joseph Goebbels. Quelle, Überlieferung, Edition, in: Klaus Oldenhage/Hermann Schreyer/Wolfram Werner (Hrsg.), Archiv und Geschichte. Festschrift für Friedrich P. Kahlenberg, Düsseldorf 2000, S. 673–683. Vgl. auch Hans Günter Hockerts, Edition der Goebbels-Tagebücher, in: Möller/Wengst (Hrsg.), 50 Jahre, S. 249–264.

[16] Martin Broszat, Nationalsozialistische Polenpolitik 1939–1945, Stuttgart 1961.

[17] Thilo Vogelsang (Hrsg.), Hermann Pünder. Politik in der Reichskanzlei. Aufzeichnungen aus den Jahren 1929–1932, Stuttgart 1961.

[18] Lothar Gruchmann, Nationalsozialistische Großraumordnung. Die Konstruktion einer „deutschen Monroe-Doktrin", Stuttgart 1962.

[19] Protokoll der Sitzung des Wissenschaftlichen Beirats des Instituts für Zeitgeschichte vom 30. 7. 1962, in: IfZ-Archiv, Bestand Hausarchiv, ID 8/13.

sechziger Jahre stets mit „Ihr sehr ergebener" zeichnende Broszat Rothfels den Entwurf des Prospekts für die Schriftenreihe zu und teilte ihm mit, das Manuskript der Heiber'schen Edition des Goebbels-Tagebuches von 1925/26 sei bereits in Druck gegangen. Da „allenfalls bei der 17 Seiten umfassenden Einleitung noch kleine Korrekturen anzubringen sind, würde es m. E. noch rechtzeitig sein, wenn Sie an Hand der ersten Korrekturfahnen sich das Manuskript durchsähen"[20], schrieb er an den Herausgeber. Rothfels reagierte darauf umgehend und indigniert. „Ich fühle mich in der Angelegenheit des Prospekts stark überfahren", antwortete er dem Redakteur und ließ es sich nicht nehmen, eine ganze Reihe von Änderungsvorschlägen vorzubringen. „Schließlich bin ich auch beim Heiberschen Manuskript doch sehr gegen ein Überfahrenwerden", heißt es weiter in seinem Brief, der mit dem Hinweis endet: „[…] es zeigt sich schon hier die Gefahr des Zeitdrucks durch die Periodizität, auf die ich von Anfang an hingewiesen habe und die mich erneut besorgt macht."[21]

Trotz gelobter Besserung gab Broszat auch das Manuskript des zweiten Schriftenreihebandes den Herausgebern erst in „allerletzter Minute" zur Kenntnis. Es handelte sich um seine eigene Studie über die nationalsozialistische Polenpolitik, an der er bis zuletzt gefeilt hatte[22]. Diesmal blieb der Tadel aus. Rothfels teilte mit, er finde das Manuskript vorzüglich. Aus seinen Anmerkungen zu einer Reihe von Details ist zu erkennen, dass dieses Urteil durchaus auf eingehender Lektüre beruhte[23].

Das Verhältnis zwischen Rothfels und Broszat als Herausgeber und Redakteur spielte sich in der Folgezeit sehr schnell ein. Die insgesamt zwölf Jahre umfassende Korrespondenz zwischen beiden in Sachen „Schriftenreihe" ist vom Geist einer freundlichen Routine geprägt. Sehr deutlich wird, dass die Schriftenreihe in ihrer ersten Phase eindeutig die Handschrift Broszats trägt. Er hat nicht nur die meisten Manuskriptvorschläge eingebracht, sondern auch eine eigene Monographie beigesteuert und ein Manuskript des ungarischen Wirtschaftsjournalisten und Mitarbeiters der Verbindungsgruppe des ungarischen Generalstabs im deutsch besetzten Jugoslawien, Ladislaus Hory, über den kroatischen Ustascha-Staat[24] durch die Heranziehung der deutschen Akten zu einer wissenschaftlichen Monographie ausgebaut, die noch heute lesenswert ist.

Sowohl Rothfels als auch Broszat wussten, wenn es darauf ankam, die Autonomie und Beweglichkeit zu nutzen, die ihnen die Schriftenreihe gewährte. Den ersten Testfall bildete das Manuskript des amerikanischen Historikers Conrad F. Latour über die Südtirol-Politik zu Zeiten der Achse Berlin – Rom[25]. Das Thema „Südtirol" war Anfang der sechziger Jahre ein äußerst heißes Eisen, eine Problematik, mit der sich auf österreichische Initiative die UNO in New York zu beschäftigen hatte, während in Südtirol selbst seit 1956 die Bombenanschläge nicht abrissen, die im Sommer 1961 in der „Feuernacht" vom 11./12. Juni ihren vorläufigen Höhepunkt erreichten: die Sprengung von 37 Hochspannungsmasten beeinträchtigte die Stromversorgung der Region schwer; die Reaktion des italienischen Staates glich der einer Besatzungsmacht[26]. Auch in München, beim Institut für Zeitge-

---

[20] Broszat an Rothfels, 12.7.1960, in: IfZ-Altregistratur, Bestand Martin Broszat [ID 104].

[21] Rothfels an Broszat, 13.7.1960, in: Ebenda.

[22] Broszat an Rothfels, 10.3.1961, in: Ebenda.

[23] Rothfels an Broszat, 15.3.1961, in: Ebenda.

[24] Ladislaus Hory/Martin Broszat, Der kroatische Ustascha-Staat 1941–1945, Stuttgart 1964.

[25] Conrad F. Latour, Südtirol und die Achse Berlin – Rom 1938–1945, Stuttgart 1962.

[26] Rolf Steininger, Südtirol im 20. Jahrhundert. Vom Leben und Überleben einer Minderheit, Innsbruck u. a. 1997, S. 484–501; ders., Südtirol zwischen Diplomatie und Terror 1947–1969. Darstellung in drei Bänden, Bd. 2, Bozen 1999.

schichte, machte sich die angespannte Atmosphäre bemerkbar. Obwohl Latours Manuskript vom Beirat bereits positiv begutachtet worden war, beschloss man in der gemeinsamen Sitzung von Beirat und Kuratorium am 9. Mai 1959, die endgültige Beschlussfassung über die Drucklegung wegen politischer Bedenken zurückzustellen, zumal man sich gerade politischer Angriffe wegen eines anderen Buches zu erwehren gehabt hatte. Es wurde die Befürchtung geäußert „die Arbeit von Latour könne erneut eine politisch-polemische Campagne gegen das Institut, wie im Falle Celovsky, hervorrufen"[27]. Dabei ging es um die Dissertation des tschechischen Historikers Boris Celovsky über das Münchner Abkommen von 1938, die 1958 in den „Quellen und Darstellungen zur Zeitgeschichte" erschienen war. Die daraufhin von der Sudetendeutschen Landsmannschaft entfachte Polemik gegen Buch und Institut hatte den Beirat dazu veranlasst, in einer Erklärung „Versuche, ernste Bemühungen um historische Wahrheitsfindung, ja die Arbeit des Instituts für Zeitgeschichte selbst, der Zensur außerwissenschaftlicher Organisationen zu unterwerfen", entschieden zurückzuweisen[28].

Nun allerdings war man vorsichtig geworden. Wegen „erheblicher Einwände von österreichischer Seite" unterbleibe die geplante Veröffentlichung, teilte Helmut Krausnick in der Sitzung des Kuratoriums im Januar 1960 mit[29], und noch im Herbst des folgenden Jahres war man nicht recht weitergekommen. Allerdings sprachen sich bei der gemeinsamen Sitzung von Kuratorium und Wissenschaftlichem Beirat am 4. November 1961 die Wissenschaftler recht einhellig für die Veröffentlichung aus. Bedenken hatte weiterhin vor allem der Vertreter des Bundes im Kuratorium des Instituts, Staatssekretär Walter Strauß. Auch er betonte, dass es sich um eine wertvolle und veröffentlichungswürdige Arbeit handelte; aus politischen Gründen sollte aber eine Veröffentlichung unter der Flagge des Instituts unterbleiben. „Bei der Empfindlichkeit der Italiener müsse damit gerechnet werden, daß jede mit amtlicher Unterstützung herausgebrachte Südtirol-Publikation zu außenpolitischen Komplikationen führe und auch den Südtirolern selbst Nachteile bringe."[30] Das Institut sei keine amtliche Stelle, warf Helmut Krausnick ein; es könne gerade durch die Veröffentlichung der Studie seine Autonomie deutlich machen. Auch Rothfels hatte als Vorsitzender des Wissenschaftlichen Beirats bereits Zweifel angemeldet, ob die politischen Bedenken wirklich so gravierend seien. Für den Staatssekretär blieben sie es. „Da Staatssekretär Strauß seine Bedenken gegen eine Publikation in der Institutsreihe aufrechterhielt, erklärte Prof. Rothfels, daß er sich vorbehalte, die Arbeit evtl. in der Schriftenreihe der Vierteljahrshefte zu publizieren", heißt es im Protokoll über den weiteren Fortgang[31]. Rothfels hatte das bereits zu Beginn der Beratung angekündigt und ausdrücklich von der „von ihm und von Prof. Eschenburg autonom herausgegebenen Schriftenreihe der ‚Vierteljahrshefte'" gesprochen[32]. Tatsächlich erschien Latours Südtirol-Studie 1962 als Nummer 5 der Schriftenreihe. Ein kleiner Reflex der Diskussion in den Institutsgremien findet sich im Klappentext wieder, wo es heißt: „Die Episode deutsch-italienischer Südtirolpolitik unter Hitler und Mussolini hat mit der gegenwärtigen Südtirolfrage nur insofern zu tun,

---

[27] Ergebnisprotokoll der gemeinsamen Sitzung von Wissenschaftlichem Beirat und Kuratorium des Instituts für Zeitgeschichte vom 8./9.5.1959, in: IfZ-Archiv, Bestand Hausarchiv, ID 8/11.
[28] Ebenda.
[29] Sitzungsprotokoll Kuratorium vom 22.1.1960, in: IfZ-Archiv, Bestand Hausarchiv, ID 3/3.
[30] Sitzungsprotokoll Wissenschaftlicher Beirat vom 4.11.1961, S.8f., in: IfZ-Archiv, Bestand Hausarchiv, ID 8/13.
[31] Protokoll Beirat und Kuratorium vom 4.11.1961, S.9, in: IfZ-Archiv, Bestand Hausarchiv, ID 8/13.
[32] Ebenda, S.8.

als sie exemplarisch aufzeigt, wie wenig radikale Maßnahmen geeignet sind, eine befriedigende Lösung zu schaffen."

Nutzte Rothfels die Schriftenreihe in diesem Falle dazu, politische Bedenken zugunsten der wissenschaftlichen Autonomie zu umschiffen, so setzte Broszat einige Jahre später mit den Mitteln der Wissenschaft bewusst einen politischen Akzent. Im September 1968 war er auf die bei Hans Maier entstandene Dissertation von Hermann Bott aufmerksam geworden, die Methoden, Techniken und ideologische Grundlagen rechtsradikaler Propaganda analysierte[33], wobei der Autor vor allem die Presse der NPD auswertete. Der Münchner Politologe Maier und sein Schüler hatten zuvor bereits gemeinsam eine Studie über die NPD verfasst[34] – eine Arbeit, zu der aller Grund bestand, hatte doch diese 1964 gegründete rechtsextremistische Partei seit Ende 1966 ausgehend von Hessen und Bayern in einen Landtag nach dem anderen Einzug gehalten. Von der Basis der Vertretung in sieben Länderparlamenten aus, so stand zu befürchten, war der Sprung der Rechtsradikalen in den Bundestag bei den Wahlen im Herbst 1969 durchaus im Bereich des Möglichen, ja er wurde in der politischen Öffentlichkeit als nahezu sicher erwartet[35]. Diese Zusammenhänge vor Augen sandte Broszat am 24. September 1968 an Rothfels, der sich in einem Höhensanatorium im Schwarzwald aufhielt, einen eiligen Brief, in dem er ihn davon in Kenntnis setzte, dass man im Institut auf eine Dissertation „über den verschleierten Antisemitismus und Rassenhass rechtsradikaler Gruppen in der Bundesrepublik" aufmerksam geworden sei. Diese gehöre „zu dem Besten, was bisher über Ideologie und Propagandamethoden des Rechtsradikalismus zusammengetragen und geschrieben worden ist". Vorbehaltlich der Genehmigung Rothfels' sei bereits eine Übernahme in die Schriftenreihe vereinbart worden, „weil wir, wie Sie wissen, seit längerem wünschen, einmal mit einer überzeugenden und methodisch sauberen Arbeit über den neuen Rechtsradikalismus aufwarten zu können. Da es außerdem möglich ist, diese Arbeit noch gegen Ende des Jahres druckfertig zu machen und also schon im ersten Halbjahr nächsten Jahres zu veröffentlichen, meinten wir hiervon unbedingt Gebrauch machen zu müssen. Denn wenn wir schon eine solche Arbeit herausbringen, dann ist es sicher günstiger, das noch vor den Bundestagswahlen 1969 zu tun. Es wirkten also, wie Sie sehen, einige Zwänge mit, die zu diesem überstürzten Entschluß führten."[36]

Rothfels bekundete umgehend auf einer Postkarte sein grundsätzliches Einverständnis, nicht ohne zu betonen, dass er die Arbeit vor der Drucklegung gern lesen und dann auch Eschenburgs Zustimmung einholen würde[37]. Die Lektüre des weiteren Schriftwechsels legt den Eindruck nahe, dass Broszat das Manuskript mittels der Konstruktion eines Sach- und Terminzwangs „durchgedrückt" hat und dass Rothfels dieses Vorgehen nicht verborgen geblieben ist, denn auch in einem Schreiben vom 15. Oktober kam er darauf zurück, dass er das Manuskript lesen wolle[38]. Aber erst nach Weihnachten erhielt er einen Bescheid, der ihm nicht zusagen konnte. Denn während Broszat in seiner Antwort auf die Postkarte noch erklärt hatte: „Selbstverständlich werde ich ihnen das Manuskript vor Drucklegung

[33] Hermann Bott, Die Volksfeind-Ideologie. Zur Kritik rechtsradikaler Propaganda, Stuttgart 1969.
[34] Hans Maier/Hermann Bott, Die NPD. Struktur und Ideologie einer „nationalen Rechtspartei", München 1968.
[35] Uwe Hoffmann, Die NPD. Entwicklung, Ideologie und Struktur, Frankfurt a.M. u.a. 1999, S. 109–133.
[36] Broszat an Rothfels, 24. 9. 1968, in: IfZ-Altregistratur, Bestand Martin Broszat [ID 104].
[37] Rothfels an Broszat, 26. 9. 1968, in: Ebenda.
[38] Rothfels an Broszat, 15. 10. 1968, in: Ebenda.

zur Einsichtnahme übersenden"[39], schlug er jetzt ein anderes Verfahren vor: Da das Manuskript noch schwer überarbeitet werde – „da es in diesem Falle besonders auch um publizistische Wirkung geht", jedoch im Hinblick auf den Bundestagswahlkampf und einen möglichen NPD-Verbotsantrag[40] spätestens im April/Mai erscheinen solle, habe er mit der DVA in Erwägung gezogen, die erste Hälfte des Manuskripts bereits setzen zu lassen, während an der zweiten noch gearbeitet werde. Dieses ungewöhnliche Verfahren setze allerdings voraus, dass Rothfels den ersten Teil passieren lasse, bevor er den zweiten gesehen habe[41]. Dieser erklärte sich trotz eines gewissen Unbehagens einverstanden[42] und erteilte dann auch das Imprimatur, allerdings, wie er anmerkte, „mit sehr unguten Gefühlen", weil er trotz einiger Passagen, denen er hohes Niveau attestierte, von dem Manuskript insgesamt nicht sehr angetan war. „Ich stimme jetzt nur zu – nach Verständigung im Prinzip mit Eschenburg – wegen der Terminfrage, aber ich möchte nicht gerne noch mal vor einer Situation stehen, die keine Wahl läßt."[43] Ein ausdrückliches Kompliment erhielt Broszat für den Bott-Band hingegen von einer Seite, von der er sie vermutlich nicht erwartet hatte. Der Holocaust-Überlebende und Historiker Josef Wulf, der Broszat Jahre zuvor wegen der allzu positiven Einschätzung des im besetzten Warschau als Amtsarzt tätigen Wilhelm Hagen in seiner „Polenpolitik" schwer zugesetzt hatte[44], wandte sich am 21. Juni 1969 an ihn als den verantwortlichen Redakteur der Schriftenreihe: „Meine große Anerkennung für dieses Buch! Es ist eine absolut wissenschaftlich fundierte Studie mit einer hervorragenden Analyse – und andererseits nicht in dem ‚Wissenschafts-Chinesisch' geschrieben, das Nichtwissenschaftler vom Lesen abhält."[45]

Verlag und Redaktion unternahmen erhebliche Anstrengungen, um für die Verbreitung des Buches zu sorgen. Rezensions- und Freiexemplare wurden breit gestreut. So sollten die Spitzenpolitiker des Bundes und der Länder, die Bundesminister der Justiz und des Inneren, der Präsident des Bundesverfassungsgerichts sowie, wie es in einem Schreiben der Verkaufsleitung der DVA etwas rätselhaft heißt, der „Gewerkschaftspräsident" mit dem Buch bedacht werden, außerdem bekannte Publizisten wie Golo Mann, Rudolf Augstein, Eugen Kogon und Werner Höfer[46].

Den Ausschlag dafür, dass die NPD bei der Bundestagswahl 1969 schließlich knapp an der Fünf-Prozent-Hürde scheiterte, werden all diese Bemühungen wohl kaum gegeben haben. Nichtsdestoweniger wurde die Chance genutzt, einen Beitrag zur Bekämpfung neonazistischer Tendenzen zu leisten. Botts Analyse rechtsextremistischer Propaganda-Techniken ist, auch wenn sich diese mittlerweile verändert haben, in vielen Passagen immer noch lesenswert, etwa wenn er das Ausspielen von Juden gegen Juden oder die Drapierung antisemitischer Einstellungen als „Israel-Kritik" analysiert. Botts Buch war im

---

[39] Broszat an Rothfels, 9.10.1968, in: Ebenda.
[40] Im Herbst und Winter 1968 wurde in der Bundesregierung wiederholt über einen Verbotsantrag gegen die NPD beraten, für den Innenminister Benda bereits eine Materialsammlung durchführte. Dazu kam es letzten Endes jedoch nicht. Vgl. Hoffmann, NPD, S. 96–98.
[41] Broszat an Rothfels, 27.12.1968, in: IfZ-Altregistratur, Bestand Martin Broszat [ID 104].
[42] Rothfels an Broszat, 30.12.1968, in: Ebenda.
[43] Rothfels an Broszat, 7.1.1969, in: Ebenda.
[44] Vgl. Schriftwechsel Broszat-Wulf, in: Ebenda. Zu dieser Auseinandersetzung vgl. Nicolas Berg, Der Holocaust und die westdeutschen Historiker. Erforschung und Erinnerung, Göttingen 2003, S. 594–615.
[45] Wulf an Broszat, 21.6.1969, in: IfZ-Altregistratur, Bestand Martin Broszat [ID 104].
[46] Verkaufsleitung DVA an Broszat, 5.5.1969, in: Ebenda.

Übrigen das erste, mit dem in der Schriftenreihe der Sprung über die Epochenzäsur 1945 gewagt wurde. Allerdings stand es in unmittelbarem Zusammenhang zur NS-Thematik. Die erste Arbeit, die sich ausschließlich der bundesrepublikanischen Geschichte widmete, war Klaus von Schuberts Untersuchung über die Wiederbewaffnung und Westintegration der Bundesrepublik[47], die 1970 erschien und kurz darauf eine zweite Auflage erlebte.

## Beirat und Herausgeber

Mittlerweile konnte die Schriftenreihe als etabliert gelten. Im Wissenschaftlichen Beirat wurde ihr im Frühjahr 1972 – inzwischen waren 24 Hefte erschienen – attestiert, sie sei in ihrer Bedeutung über einen Annex zu den Vierteljahrsheften hinausgewachsen. Darin sah man im Beirat allerdings auch ein Problem, denn, so die Argumentation einer ganzen Reihe seiner Mitglieder, da die Schriftenreihe mit dem Institut und damit auch mit seinem Wissenschaftlichen Beirat identifiziert werde, müsse sie auch dessen Begutachtungskompetenz unterliegen. Den Ausgangspunkt zu dieser Erörterung hatte eine Diskussion über die im Auftrag des Instituts und der West-Berliner Akademie der Künste von Hildegard Brenner erarbeitete Dokumentation über die Gleichschaltung der Preußischen Akademie der Künste gebildet, die gerade unter dem Titel „Das Ende einer bürgerlichen Kunst-Institution" erschienen war[48], der einigen Beiratsmitgliedern unglücklich gewählt schien. Broszat fiel es in Abwesenheit von Rothfels und Eschenburg zu, die Autonomie der Schriftenreihe zu verteidigen. Er tat dies mit dem Hinweis, dass der Beirat im Tätigkeitsbericht des Instituts über die Planungen für die Schriftenreihe regelmäßig informiert werde, um ihm Gelegenheit zur Erörterung dieses Programms zu geben, und mit dem Argument, man habe bei der Gründung der Schriftenreihe den Herausgebern der Vierteljahrshefte die Begutachtung wegen der periodischen Erscheinungsweise überlassen. Diese erlaube keine langwierige Begutachtungsprozedur, „zumal – wie die Erfahrung gezeigt habe – häufig schnelle Umdispositionen getroffen werden müßten, wenn ein Manuskript nicht rechtzeitig fertig werde"[49]. Unterstützung erhielt Broszat damit nur von einer Minderheit, aber auch Staatssekretär Strauß äußerte Zweifel, „ob eine Einengung der Bewegungsfreiheit des Instituts der Sache zugute komme"[50].

Man einigte sich schließlich darauf, nach Rücksprache mit den Herausgebern die Frage „einer angemessenen und rechtzeitigen Information und gegebenenfalls einer geeigneten Form der Begutachtung durch den Beirat" auf der nächsten Sitzung nochmals zu verhandeln[51]. Wenig später reagierten die Herausgeber mit einem Rundschreiben an die Beiratsmitglieder, das offenkundig dazu dienen sollte, den Vorstoß abzufangen. „Wie wir aus dem Protokoll entnehmen, ging es den Mitgliedern des Beirates vor allem darum, rechtzeitig die Möglichkeit zu erhalten, begründete Bedenken gegen beabsichtigte Veröffentlichun-

---

[47] Klaus von Schubert, Wiederbewaffnung und Westintegration. Die innere Auseinandersetzung um die militärische und außenpolitische Orientierung der Bundesrepublik 1950–1952, Stuttgart 1970, ²1972.

[48] Hildegard Brenner, Ende einer bürgerlichen Kunst-Institution. Die politische Formierung der Preußischen Akademie der Künste ab 1933. Eine Dokumentation, Stuttgart 1972.

[49] Ergebnisprotokoll der Sitzung des Wissenschaftlichen Beirats des Instituts für Zeitgeschichte in München am 4.3.1972, in: IfZ-Archiv, Bestand Hausarchiv, ID 7/5.

[50] Ebenda.

[51] Ebenda.

gen in dieser Reihe vorbringen zu können", stellten die Herausgeber fest, womit sie allerdings die tatsächlichen Ansprüche des Beirats bereits abschwächten. Um dem so verstandenen Wunsch Rechnung zu tragen, schlugen Rothfels und Eschenburg vor, künftig den Beirat jeweils ein Jahr im Voraus über Autoren, Themen und Inhalte der geplanten Schriftenreihebände zu informieren und jedem Beiratsmitglied, das dies wünsche, soweit irgend möglich Einblick in die entsprechenden Manuskripte zu gewähren. Etwaige Bedenken sollten den Herausgebern dann binnen eines Vierteljahres mitgeteilt werden. Ansonsten aber sollte alles beim Alten bleiben: „Wir gehen im übrigen davon aus, daß die Begutachtung von Manuskripten, die bei den Buchveröffentlichungen des Instituts von Fall zu Fall wechselnden Mitgliedern des Beirats übertragen wird, im Falle der Schriftenreihe bei den dem Beirat angehörenden, für die Schriftenreihe verantwortlichen Herausgebern verbleiben sollte. Die Periodizität der Schriftenreihe mit ihren festen, an das Abonnement gebundenen Erscheinungsterminen, die eine relativ rasche Entscheidungsbildung und oft auch eine kurzfristige Umdisposition nötig macht, läßt dies schon aus praktischen Gründen geraten erscheinen."[52] An diese Stellungnahme schloss sich eine knappe Information über die nächsten drei geplanten Nummern der Schriftenreihe an.

Diese Übung wurde bei der folgenden Beiratssitzung im März 1973 in mündlicher Form fortgesetzt[53], ohne dass damit aber die Ansprüche aller Beiratsmitglieder befriedigt gewesen wären. Als 1974 Grundsätze für das Gutachtenverfahren des Beirats beschlossen wurden, betonte Rothfels, der mit dieser Sitzung aus dem Beirat ausschied, noch einmal nachdrücklich die Entscheidungsbefugnis der beiden Herausgeber bei der Schriftenreihe. Mit seinem Hinweis, eine andere Regelung würde er als Entzug des Vertrauens ansehen müssen, machte er hinreichend deutlich, dass eine Schmälerung der Herausgeberrechte seinen Rücktritt zur Folge haben würde, was selbstverständlich auch die Vierteljahrshefte betroffen hätte. Broszat erinnerte in dieser Situation an das Rundschreiben der Herausgeber vom Sommer 1972, auf das keine schriftlichen Reaktionen erfolgt seien. Als schweigende Zustimmung zum damals vorgeschlagenen Verfahren mochte die Beiratsmehrheit das trotz Rothfels' Warnsignal nicht gelten lassen. Auf Antrag Hans Buchheims stellte sie ausdrücklich fest, dass in dieser Angelegenheit bisher kein Beschluss gefasst worden sei[54].

Bei der endgültigen Beschlussfassung über die Gutachtenrichtlinien ein Jahr später erweckte die Klausel, die die Schriftenreihe von der Beiratszuständigkeit ausnahm, erneut Widerspruch, dem Broszat ein weiteres Mal mit dem Hinweis auf Zweckmäßigkeitsgründe, die sich aus der Periodizität ergaben, entgegentrat[55]. Der Beirat nahm schließlich die Grundsätze für die Begutachtung an „mit dem zusätzlichen Bemerken, dass die Frage der Revisionsbedürftigkeit des Punktes 8 (Schriftenreihe) damit nicht entschieden, sondern nur vertagt worden sei"[56]. Dabei blieb es denn auch. Karl Dietrich Bracher und Hans-Peter Schwarz konnten, als sie nach dem Tode Rothfels' 1976 seine und Eschenburgs Nachfolge übernahmen, in die von diesen begründeten Rechte eintreten. Ab 1980, als auch Hans-

---

[52] Rothfels und Eschenburg an die Herren Mitglieder des Wissenschaftlichen Beirats des Instituts für Zeitgeschichte, undatierter Entwurf (1972), in: IfZ-Altregistratur, Bestand Martin Broszat [ID 104].
[53] Ergebnisprotokoll der Sitzung des Wissenschaftlichen Beirats des IfZ vom 15.3.1973, S.26, in: IfZ-Archiv, Bestand Hausarchiv, ID 7/5.
[54] Ergebnisprotokoll der Sitzung des Wissenschaftlichen Beirats des IfZ vom 7.3.1974, S.6, in: Ebenda.
[55] Ergebnisprotokoll der Sitzung des Wissenschaftlichen Beirats des IfZ vom 7.3.1975, S.24ff., in: Ebenda.
[56] Ebenda, S.26.

Peter Schwarz Mitglied des Wissenschaftlichen Beirats wurde, dem er in der Nachfolge von Karl Dietrich Bracher von 1988 bis 2004 vorstand, waren Vierteljahrshefte und Schriftenreihe auch wieder aufs engste personell mit dem Beirat verbunden. Durch den 1992 erfolgten Eintritt von Horst Möller als Direktor des Instituts in das Herausgebergremium wurde die Bindung an das Institut unterstrichen. Wie dieses, war auch das nächste Revirement im Jahre 2008 von großer Kontinuität geprägt. Während Karl Dietrich Bracher sich aus Altersgründen zurückzog, traten mit Helmut Altrichter der seit 2004 amtierende Vorsitzende des Wissenschaftlichen Beirats und mit Andreas Wirsching ein ehemaliges Redaktionsmitglied der Vierteljahrshefte (1992–1997) und Mitglied des Wissenschaftlichen Beirats in den Herausgeberkreis ein.

## Kontinuität und Entwicklung

Weder die Veränderungen bei den Herausgebern noch die bereits 1972, als Broszat zum Direktor des IfZ berufen wurde, erfolgte Übergabe der Redaktion an Wolfgang Benz und Hermann Graml brachten einen grundsätzlichen Bruch mit dem in den zwölf Jahren der Zusammenarbeit von Rothfels und Broszat begründeten Stil der Reihe mit sich, ebenso wenig der Verlagswechsel von der DVA zu Oldenbourg 1986. Zwar erweiterte sich der thematische Focus, aber solche Entwicklungen, wie etwa die stärkere Berücksichtigung der Nachkriegszeit in den 17 Jahren der Redaktion Benz/Graml waren vor allem auf generelle – allerdings vom Institut für Zeitgeschichte nicht ganz unbeeinflusste – Forschungstendenzen zurückzuführen, die die „Zeitgeschichte" auch jenseits der 1945er-Schwelle weiter vorantrieben. Daran die Vorstellung zu knüpfen, die Zeitgeschichte würde sich gleichsam „auswachsen", wäre indes irrig. Wenn man der genialen und daher oft zitierten Metapher von Barbara Tuchman folgt, wonach Zeitgeschichte Geschichte ist, die noch qualmt[57], dann wird man die Beobachtung machen, dass der Rauch auch und gerade immer wieder von *hot spots* aufsteigt, die in der schon nicht mehr ganz so jungen Zeitgeschichte liegen. Auch die Angst, sich daran die Finger zu verbrennen, ist erstaunlich beständig und verbreitet.

Hans Robinsohns Studie über die in Hamburg 1935 bis 1943 durchgeführten sogenannten „Rassenschande"-Verfahren und die beteiligten Richter und Staatsanwälte[58], die 1977 als Nummer 35 der Schriftenreihe erschien, war ein Beispiel dafür. Das Manuskript kam Anfang 1975 über den hannoverschen Rechtssoziologen Wolfgang Kaupen an das Institut, der mitteilte, er habe sich zwei Jahre lang bemüht, „einen Verleger für diese Arbeit im Rahmen rechtssoziologischer Verlagsprogramme zu finden, weil mir die Untersuchung auch in dieser Hinsicht sehr wichtig scheint" – allerdings ohne Erfolg: „Die einschlägigen Verleger glaubten entweder ‚man solle diese Dinge endlich ruhen lassen', oder sie hielten den Markt nicht für groß genug."[59] Robinsohn, ein Hamburger Geschäftsmann und Jurist jüdischer Herkunft, Mitglied in der liberalen Widerstandsgruppe um Ernst Strassmann und dann im dänischen und schwedischen Exil, war von 1959 bis 1965 einer der beiden Leiter der Forschungsstelle für die Geschichte des Nationalsozialismus in Hamburg gewe-

---

[57] Barbara Tuchman, In Geschichte denken. Essays, Düsseldorf 1982, S. 31.
[58] Hans Robinsohn, Justiz als politische Verfolgung. Die Rechtsprechung in „Rassenschandefällen" beim Landgericht Hamburg 1936–1943, Stuttgart 1977.
[59] Wolfgang Kaupen an das IfZ, 24. 2. 1975, in: IfZ-Altregistratur, Bestand Wolfgang Benz.

sen; er hatte die Arbeit schon in den sechziger Jahren geschrieben. Die Tatsache, dass sie so lange unveröffentlicht blieb, veranlasste selbst den Gerichtsreporter des „Spiegels", Gerhard Mauz, zu einem bitteren Kommentar in einer seiner kritischen Justizreportagen: „Es besteht kein Bedürfnis danach, unter Juristen schon gar nicht, die Willfährigkeit der Justiz zu analysieren."[60] Allerdings entschloss man sich auch im Institut für Zeitgeschichte wegen des nötigen Überarbeitungsaufwandes nicht leichten Herzens zur Veröffentlichung dieser Arbeit. Schließlich gab dann doch die Bedeutung der Thematik den – positiven – Ausschlag.

Stärkeres Gewicht in der Schriftenreihe gewann auch die Publikation autobiographischer Quellen, so Curt Geyers selbstkritische Erinnerungen über seine Rolle als Exponent des linken Flügels der USPD, der den Anschluss an die Kommunistische Internationale propagierte[61], die Aufzeichnungen von Hitlers Heeresadjutanten Gerhard Engel über die Jahre 1938 bis 1943[62] und das Tagebuch der jüdischen Ärztin Hertha Nathorff über das Leben unter nationalsozialistischer Diktatur und die Schwierigkeiten, im Exil Fuß zu fassen[63]. Die Bedeutung solcher autobiographischer Texte erschließt sich vor allem dann, wenn man sie im wechselseitigen Kontext liest. So notiert etwa Engel über einen der sattsam bekannten Führer-Monologe im August 1938, Hitler habe erklärt, die Nürnberger Rassengesetze seien „eigentlich noch viel zu human" gewesen. „Er werde sich jetzt überlegen, durch Zusatzgesetze die Einschränkung des jüdischen Lebens in Deutschland so zu provozieren, daß die Masse der jüdischen Bevölkerung in Deutschland einfach nicht mehr bleiben wolle." Der einzige Eintrag für den August 1938 im Tagebuch von Hertha Nathorff beginnt mit den Worten: „Ich konnte nicht schreiben, ich bin noch immer wie gelähmt, der erste Silberfaden glänzt in meinem Haar, das hat der Kummer der letzten Tage gemacht." Er berichtet über die Aberkennung der Approbation jüdischer Ärzte und weitere Diskriminierungen und Nathorffs verzweifelte Bemühung um die Auswanderung. Diese Veröffentlichung, die schon sehr bald eine Taschenbuchausgabe nach sich zog[64], wurde ein großer Erfolg, nicht zuletzt wohl deshalb, weil sie in die Phase einer verstärkten Rezeption der Erfahrung der vom NS-Regime verfolgten Juden fiel, die durch die Fernsehserie „Holocaust" 1979 einen starken Anstoß bekommen hatte. Das Buch war ein erstes Resultat des Instituts-Projektes zur Geschichte der Juden in Deutschland 1933-1945[65].

Auch das vom Institut für Zeitgeschichte initiierte, mit dem Bundesarchiv, den Staatsarchiven der Länder der ehemaligen amerikanischen Besatzungszone sowie dem Zentralinstitut für sozialwissenschaftliche Forschungen der FU Berlin und dem Arbeitskreis Ruhr gemeinsam durchgeführte OMGUS-Projekt – die Sichtung, Verzeichnung und Verfilmung

---

[60] Gerhard Mauz, „Unaufgefordert vollkommen entkleidet", in: Der Spiegel, Nr. 32, 4. 8. 1975.
[61] Wolfgang Benz/Hermann Graml (Hrsg.), Die revolutionäre Illusion. Zur Geschichte des linken Flügels der USPD. Erinnerungen von Curt Geyer, mit einem Vorwort von Robert F. Wheeler, Stuttgart 1976.
[62] Hildegard von Kotze (Hrsg.), Heeresadjutant bei Hitler 1938–1943. Aufzeichnungen des Majors Engel, Stuttgart 1974.
[63] Wolfgang Benz (Hrsg.), Das Tagebuch der Hertha Nathorff. Berlin – New York. Aufzeichnungen 1933 bis 1945, München 1987.
[64] Fischer Taschenbuch, Frankfurt a. M. 1988.
[65] Als weitere zentrale Ergebnisse sind die Bände zu nennen: Wolfgang Benz (Hrsg.), Die Juden in Deutschland 1933–1945. Leben unter nationalsozialistischer Herrschaft, unter Mitarbeit von Volker Dahm, Konrad Kwiet, Günter Plum, Clemens Vollnhals und Juliane Wetzel, München 1988, [4]1996; und Wolfgang Benz (Hrsg.), Dimension des Völkermords. Die Zahl der jüdischen Opfer des Nationalsozialismus, München 1991, [2]1996.

der Aktenhinterlassenschaft der amerikanischen Militärregierung in Deutschland – schlug sich in der Schriftenreihe nieder. Lutz Niethammer hatte 1967 die Leitung des Instituts für Zeitgeschichte in einem ausführlichen Bericht erstmals auf diese Bestände hingewiesen[66]. Niethammer war bei seinen Untersuchungen über die amerikanische Entnazifizierungspolitik auch auf den Nachlass des hochrangigen OMGUS-Beraters Walter L. Dorn gestoßen und hatte mit Broszat die Möglichkeit einer aus diesem schöpfenden Edition erörtert. Als dieser Rothfels den Vorschlag unterbreitete, hob er hervor, „daß mir eine Publikation zu diesem Thema auch schon zur Unterstreichung unseres Anspruchs, die Nachkriegsgeschichte in unser[en] Arbeitsbereich einzubeziehen, besonders wichtig erscheint"[67]. Das war nicht nur hinsichtlich des Images des Instituts als einer – trotz von Beginn an weitergehender Ambitionen – zunächst ausschließlich auf den Nationalsozialismus bezogenen Forschungseinrichtung, sondern auch hinsichtlich einer bei manchen Geldgebern bestehenden und noch lange nicht überwundenen Skepsis durchaus von Bedeutung[68]. Niethammers Dokumentation erschien erst nach Abschluss seiner grundlegenden Studie zur Entnazifizierung in Bayern[69] im Jahre 1973[70]; den ersten Anlass, den *claim* auf dem Gebiet jenseits des Jahres 1945 abzustecken, bot die Schriftenreihe schon mit der bereits erwähnten Wiederbewaffnungs- und Westorientierungsstudie von Klaus von Schubert 1970, was Broszat dementsprechend herausgestellt wissen wollte. Er versuchte nicht zuletzt deshalb bei der *Zeit* eine Rezension anzuregen, „weil uns daran liegt, der interessierten Öffentlichkeit deutlicher als bisher geschehen ins Bewußtsein zu heben, daß das Institut für Zeitgeschichte und seine Veröffentlichungsorgane sich jetzt und in der Zukunft der Geschichte nach 1945 in besonderem Maße zuwenden"[71].

Schuberts Arbeit blieb in der Schriftenreihe allerdings zunächst ein Solitär. Erst im Zusammenhang mit der seit Mitte der siebziger Jahre in Angriff genommenen systematischen Erschließung und Verfilmung der OMGUS-Akten nahm die Zahl der Arbeiten zur Nachkriegsgeschichte deutlich zu. Mit dem Mitte der siebziger Jahre begonnenen Verfilmungsprojekt des IfZ entstanden zugleich auch gute Kontakte zu amerikanischen Historikern.

---

[66] Vgl. Hermann Weiß, Das OMGUS-Projekt. Ein Erfahrungsbericht über die Verfilmung der Akten der amerikanischen Militärregierung in Deutschland, in: Möller/Wengst (Hrsg.), 50 Jahre, S. 397–408, hier S. 397f.

[67] Broszat an Rothfels, 6. 6. 1967, in: IfZ-Altregistratur, Bestand Martin Broszat [ID 104].

[68] So provozierte 1962 eine Diskussion im Wissenschaftlichen Beirat über das „historische Mandat" des IfZ, bei der u. a. Helmut Krausnick feststellte, dass eine Einschränkung der Tätigkeit des Instituts auf die Zeit vor 1945 schon „mit Begriff und Wesen wissenschaftlicher Historiographie nicht vereinbar" sei, den entschiedenen Widerspruch von Walter Strauß. Er pochte darauf, dass Darstellungen der Zeit nach 1945 der Universitäts- und sonstigen freien Forschung überlassen bleiben sollten. „Wir können nicht auf persönliche Interessen einzelner Mitarbeiter insofern Rücksicht nehmen. In 20 Jahren mögen die Dinge vielleicht anders aussehen." Strauß' Stellungnahme zum Protokoll der Beiratssitzung wurde dem IfZ durch ein Schreiben des Stiftungsratsvorsitzenden Ministerialdirektor Walter Keim vom 21. 11. 1962 übermittelt; siehe IfZ-Archiv, Bestand Hausarchiv, ID 8/13. Schon weniger als zwei Jahre später übernahm das IfZ unter der Federführung von Thilo Vogelsang jedoch die Betreuung und Koordinierung eines von der Stiftung Volkswagenwerk finanzierten Projekts zur deutschen Geschichte der Jahre 1945–1949. Vgl. Möller/Wengst (Hrsg.), 50 Jahre, S. 513.

[69] Lutz Niethammer, Entnazifizierung in Bayern. Säuberung und Rehabilitierung unter amerikanischer Besatzung, Frankfurt a. M. 1972.

[70] Lutz Niethammer (Hrsg.), Walter L. Dorn. Inspektionsreisen in der US-Zone. Notizen, Denkschriften und Erinnerungen aus dem Nachlaß, Stuttgart 1973.

[71] Broszat an Die Zeit (Karl-Heinz Janßen), 2. 9. 1970, in: IfZ-Altregistratur, Bestand Martin Broszat [ID 104].

Eine Frucht dieser Beziehungen war der Band „Kultur auf Trümmern", eine Dokumentation der Berliner Berichte der amerikanischen Information Control Section vom Juli bis Dezember 1945, die von Brewster Chamberlin ediert wurde[72] und 1979 als Band 39 der Schriftenreihe erschienen war. Thematisch eng verwandt und teilweise ebenfalls auf der allerdings großteils noch in Washington eingesehenen OMGUS-Überlieferung basierend, war die drei Jahre zuvor als Nummer 32 erschienene Studie „Amerikanische Literaturpolitik in Deutschland 1945-1953" von Hansjörg Gehring[73]. Mit einer ganzen Reihe weiterer Untersuchungen bildeten diese Bände eine Staffel von Arbeiten zur Geschichte der westlichen Besatzungszonen, die in den siebziger und achtziger Jahren Gegenstand eines besonders florierenden Forschungszweiges war.

Das Redaktionsteam Benz/Graml amtierte offiziell von 1972 bis 1988 also 16 Jahre, jedoch hatte in den letzten Jahren, als Hermann Graml zunehmend durch andere Verpflichtungen gebunden war, Wolfgang Benz die Geschäfte weitgehend alleine geführt. Ende 1988 bat er um seine Entpflichtung, um, wie aus der Hausmitteilung vom 18. September 1988 hervorgeht, sich auf sein Forschungsprojekt zu konzentrieren[74]. Neben einer gewissen, nach anderthalb Dekaden durchaus legitimen Amtsmüdigkeit war dabei im Hintergrund auch ein mehr oder weniger sanfter Druck Broszats im Spiel gewesen, der den nach vorne drängenden Nachwuchskräften eine Bewährungschance eröffnen wollte. Die Schriftenreihe sollte daher künftig, so die Hausmitteilung, „arbeitsteilig von den Herren Frei, Henke und Woller betreut werden"[75]. Henke trat dann jedoch wegen anderer Aufgaben gar nicht an. Von 1989 bis 1997 besorgten Norbert Frei und Hans Woller die Redaktionsgeschäfte, wobei die Geschäftsführung vor allem bei Ersterem lag, insbesondere nachdem Woller 1994 in die Position des Chefredakteurs der Vierteljahrshefte aufgerückt war. Der Ehrgeiz, die Reihe stärker an die neueste Zeitgeschichte heranzuführen und sie zugleich zu internationalisieren, schlug sich vor allem in den Sammelbänden „Spanien nach Franco. Der Übergang von der Diktatur zur Demokratie 1975–1982"[76] und „Vom Ständestaat zur Demokratie. Portugal im 20. Jahrhundert"[77] nieder. Ende der achtziger Jahre war auch die Erforschung der deutschen Nachkriegsgeschichte so weit entwickelt, dass ihr Profil zum Gegenstand historischer Reflexion gemacht werden konnte. Dies war das Thema des von Martin Broszat herausgegebenen Bandes „Zäsuren nach 1945. Essays zur Periodisierung der deutschen Nachkriegsgeschichte"[78]. Es war Broszats letzter Beitrag für die von ihm mitbegründete und geprägte Schriftenreihe. Er verstarb im Oktober 1989 und erlebte das Erscheinen des Bandes nicht mehr, das genau in die Zeit der Wiederherstellung der deutschen Einheit fiel.

Die Geschichte des Nationalsozialismus und seine dauerhafte politische Virulenz blieben weiterhin für das Profil der Schriftenreihe bestimmend, zum Beispiel mit der Untersuchung

---

[72] Brewster S. Chamberlin, Kultur auf Trümmern. Berliner Berichte der amerikanischen Information Control Section Juli–Dezember 1945, Stuttgart 1979.
[73] Hansjörg Gehring, Amerikanische Literaturpolitik in Deutschland 1945–1953. Ein Aspekt des Re-Education-Programms, Stuttgart 1976.
[74] Hausmitteilung vom 18. 9. 1988, in: IfZ-Archiv, Bestand Hausarchiv, ID 41/1.
[75] Ebenda.
[76] Walther L. Bernecker/Carlos Collado Seidel (Hrsg.), Spanien nach Franco. Der Übergang von der Diktatur zur Demokratie 1975–1982, München 1993.
[77] Fernando Rosas (Hrsg.), Vom Ständestaat zur Demokratie. Portugal im zwanzigsten Jahrhundert, München 1997.
[78] Martin Broszat (Hrsg.), Zäsuren nach 1945. Essays zur Periodisierung der deutschen Nachkriegsgeschichte, München 1990.

über den „Volksdeutschen Selbstschutz" in Polen 1939/40 von Christian Jansen und Arno Weckbecker[79] oder Elisabeth Chowaniecs Arbeit über das Schicksal des Widerstandskämpfers Hans von Dohnanyi[80], übrigens der ersten Studie zur Geschichte des deutschen Widerstandes gegen die NS-Herrschaft, die in der Schriftenreihe herauskam. Arthur L. Smiths 1992 erschienenes Buch „Die ‚vermißte Million'"[81] war eine von der Redaktion angeregte direkte Reaktion auf das vor allem in rechtsextremen Kreisen mit Beifall aufgenommene Buch „Der geplante Tod" (1989) des kanadischen Journalisten James Bacque, der die These aufgestellt hatte, bis zu einer Million deutsche Kriegsgefangene, deren Verbleib unbekannt geblieben war, seien aufgrund gezielter Vernachlässigung und Unterernährung in den amerikanischen Rheinwiesenlagern ums Leben gekommen. Smith, der an den Verhältnissen in den Lagern nichts beschönigte, legte nichtsdestoweniger in aller nur wünschenswerten Klarheit dar, dass von einem „geplanten Tod" nicht die Rede sein konnte und dass die Spuren der „vermißten Million" sich an der Ostfront verloren hatten. Das hinderte allerdings Bacque nicht, in seinem Buch „Die verschwiegene Schuld" (1995) seine Thesen zu wiederholen. Die Arbeit von Smith, die im Literaturverzeichnis dieser Publikation nicht einmal auftaucht, tat er mit einem, noch dazu entstellenden, Halbsatz ab. Beide erwähnten Bücher Bacques wurden als Taschenbücher neu aufgelegt[82]. Das ist indes nur ein Beispiel von vielen für die betrübliche Erfahrung, dass im Bereich der Zeitgeschichte Sensations- und Legendenschrifttum, das Entlastungswünsche und liebgewonnene Klischees bedient, nicht selten eine erheblich größere Resonanz findet als seriöse Forschung.

Als Norbert Frei 1997 einen Ruf an die Ruhr-Universität Bochum annahm und dort in die Nachfolge Hans Mommsens eintrat, ging die Redaktion der Schriftenreihe auf Jürgen Zarusky über, der zuvor zusammen mit Christian Hartmann einige Jahre Redaktionserfahrung bei der Betreuung der 1970 ins Leben gerufenen Institutsreihe „Studien zur Zeitgeschichte" gesammelt hatte. Seit im Jahre 2004 Johannes Hürter in die Redaktion eingetreten ist, steht die Schriftenreihe wieder unter der redaktionellen Leitung eines Duumvirats. Sucht man nach Charakteristika in der jüngeren Entwicklung der Schriftenreihe, so ist ein wesentliches sicherlich die stärkere Blickrichtung nach Osten, die wiederum einen bedeutsamen Forschungstrend aufnimmt, welcher durch die massive Förderung der DDR-Forschung, aber vielleicht sogar mehr noch durch die Öffnung der ehemaligen sowjetischen, heute russischen und anderer osteuropäischer Archive induziert ist. Das betrifft die Epoche von Nationalsozialismus und Weltkrieg[83] ebenso wie die unmittelbare und spätere

[79] Christian Jansen/Arno Weckbecker, Der „Volksdeutsche Selbstschutz" in Polen 1939/40, München 1992.
[80] Elisabeth Chowaniec, Der „Fall Dohnanyi" 1943–1945. Widerstand, Militärjustiz, SS-Willkür, München 1991.
[81] Arthur L. Smith, Die „vermißte Million". Zum Schicksal deutscher Kriegsgefangener nach dem Zweiten Weltkrieg, München 1992.
[82] Das erste 1996 bei Ullstein, das zweite 2002 in dem rechtsgerichteten Verlag Pour le Mérite (der mit dem gleichnamigen Traditionsorden nichts zu tun hat).
[83] Reinhard Otto, Wehrmacht, Gestapo und sowjetische Kriegsgefangene im deutschen Reichsgebiet 1941/42, München 1998; Yfaat Weiss, Deutsche und polnische Juden vor dem Holocaust. Jüdische Identität zwischen Staatsbürgerschaft und Ethnizität 1933–1940, München 2000; Jörg Morré, Hinter den Kulissen des Nationalkomitees. Das Institut 99 in Moskau und die Deutschlandpolitik der UdSSR 1943–1946, München 2001; Bogdan Musial (Hrsg.), Sowjetische Partisanen in Weißrußland. Innenansichten aus dem Gebiet Baranoviči. Eine Dokumentation, München 2004; sowie mehrere Beiträge des von Johannes Hürter und Jürgen Zarusky herausgegebenen Sammelbandes Besatzung, Kollaboration, Holocaust. Neue Studien zur Verfolgung und Ermordung der europäischen Juden, München 2008.

Nachkriegszeit[84]. Die welthistorische Zäsur des Untergangs der realsozialistischen Systeme 1989/91 hat den Blick auf die internationale und deutsche Zeitgeschichte aber nicht nur durch neu zugängliche Archivmaterialien verändert. Es scheint auch, dass nun die Teilepochen in mancher Hinsicht näher zusammenrücken und stärker unter gemeinsamen Perspektiven betrachtet werden können. Auf anregende Weise ist dies in dem von Hans Günter Hockerts herausgegebenen Sammelband „Drei Wege deutscher Sozialstaatlichkeit"[85] anhand deren zentraler Strukturelemente und ihrer Modifikationen in der NS-Diktatur, der Bundesrepublik und der DDR vorgeführt worden.

## Konturen

Die Zeitgeschichtsforschung ist eine internationale Disziplin. Das prägt selbstverständlich auch die Schriftenreihe. Der Anteil, der aus Fremdsprachen übersetzten Bände bzw. Beiträge beträgt gut 15 Prozent mit steigender Tendenz. Insgesamt gibt es eine, zwar nicht gerade babylonisch zu nennende, jedoch recht bunte Sprachenvielfalt: Englisch, Finnisch, Französisch, Italienisch, Spanisch, Portugiesisch, Hebräisch und Russisch sind zu verzeichnen. Die internationalen Autoren stammen nicht nur aus den großen europäischen Nachbarländern, sondern etwa auch aus Ungarn, Finnland, Spanien, Portugal. Mit Beiträgen von Historikern aus Deutschland, Frankreich, Großbritannien, Indien, Israel, Russland und den USA hält der von Andreas Hilger herausgegebene Band 99 „Die Sowjetunion und die Dritte Welt" den Rekord, was Internationalität angeht[86].

Den epochenmäßigen Hauptschwerpunkt der Reihe bilden über die gesamte Erscheinungszeit hinweg der Nationalsozialismus und der Zweite Weltkrieg mit rund 37 Prozent der erschienenen Bände. Die Geschichte der westlichen Besatzungszonen und der Bundesrepublik Deutschland stellt mit 28 Prozent den zweiten großen Schwerpunkt dar. Darunter sind gerade aus der jüngeren Zeit einige Bände, die den Umgang mit der NS-Vergangenheit thematisieren – und so auch einen starken Forschungstrend widerspiegeln – wie etwa Sven Kellers Studie über Günzburg und den Fall Josef Mengele[87] oder Stefanie Michaela Baumanns Arbeit über Menschenversuche und Wiedergutmachung[88]. Auch die DDR-Geschichte, die ja archivgestützt erst seit 1990 betrieben werden kann, ist gerade in jüngerer Zeit stärker im Kommen und mit sechs Prozent der erschienenen Bände repräsentiert[89]. Einen weiteren Schwerpunkt bildet mit rund zehn Prozent nach wie vor die

---

[84] Bert Hoppe, Auf den Trümmern von Königsberg. Kaliningrad 1946–1970, München 2000; Matthias Uhl/Armin Wagner (Hrsg.), Ulbricht, Chruschtschow und die Mauer. Eine Dokumentation, München 2003; Andreas Hilger (Hrsg.), Die Sowjetunion und die Dritte Welt. UdSSR, Staatssozialismus und Antikolonialismus im Kalten Krieg 1945–1991, München 2009. Zu den Beiträgen zur Stalin-Note siehe Anm. 92.
[85] Hans Günter Hockerts (Hrsg.), Drei Wege deutscher Sozialstaatlichkeit. NS-Diktatur, Bundesrepublik und DDR im Vergleich, München 1998.
[86] Siehe Anm. 84.
[87] Sven Keller, Günzburg und der Fall Josef Mengele. Die Heimatstadt und die Jagd nach dem NS-Verbrecher, München 2003.
[88] Stefanie Michaela Baumann, Menschenversuche und Wiedergutmachung. Der lange Streit um Entschädigung und Anerkennung der Opfer nationalsozialistischer Humanexperimente, München 2009.
[89] Allerdings findet sich unter den Sondernummern der Schriftenreihe eine ganze Reihe von Bänden, die sich auf die SBZ/DDR beziehen und in der Regel aus der Arbeit der Abteilung Berlin-Lichterfelde (ehemals Außenstelle Potsdam) des IfZ herrühren: Hartmut Mehringer (Hrsg.), Von der SBZ

Geschichte der Weimarer Republik, ein Bereich, in dem allerdings seit einer ganzen Reihe von Jahren nur noch wenig wissenschaftliche Dynamik erkennbar ist. Dagegen ist die Europäisierung und generell die Internationalisierung der Zeitgeschichtsforschung deutlich spürbar. Während bis 2003 die Weimarer Republik bei 12 Prozent der Titel lag und die internationale Zeitgeschichte bei sieben, sind diese Bereiche inzwischen auf demselben quantitativen Stand von zehn Prozent der Titel angelangt. Für einen weiteren jüngeren Trend, nämlich den, dass die Zeitgeschichtsforschung sich selbst zum Gegenstand der Analyse macht, steht der von Johannes Hürter und Hans Woller herausgegebene Band „Hans Rothfels und die deutsche Zeitgeschichtsforschung", der die Beiträge der gleichnamigen Tagung im Institut für Zeitgeschichte vom Sommer 2003 dokumentiert[90]. Tagung und Sammelband waren die Fortführung einer Debatte um Rothfels, die zuvor in verschiedenen Organen stattgefunden hatte, unter anderem mit Beiträgen von Heinrich August Winkler und Ingo Haar in den Vierteljahrsheften für Zeitgeschichte[91]. Das Zusammenspiel von Schriftenreihe und Zeitschrift bewährte sich auch, als Archivstudien in Russland neues Material zur Stalin-Note vom 10. März 1952 zutage förderten und eine jahrzehntelange Diskussion neu befeuerten, die ihren Austragungsort vor allem in diesen Organen (und wiederum in einer Veranstaltung im Institut für Zeitgeschichte) fand[92].

Hinter all diesen Zahlen und Fakten stehen nunmehr 50 Jahre kontinuierliche Redaktionsarbeit, in der es stets darum ging und geht, aus interessanten Manuskripten Bücher zu machen, die sich sehen lassen können und Resonanz finden. Begutachtung, Auswahl, Redaktion, Korrektur, Kürzung der Manuskripte gehören ebenso zu dieser Arbeit wie die Formulierung eingängiger und präziser Titelvorschläge und Klappentexte, die Organisation von Übersetzungen, die Bearbeitung von Karten- und Bildmaterial (seit 2006 bzw. der

---

zur DDR. Studien zum Herrschaftssystem in der Sowjetischen Besatzungszone und in der Deutschen Demokratischen Republik, München 1995; Hartmut Mehringer/Michael Schwartz/Hermann Wentker (Hrsg.), Erobert oder befreit? Deutschland im internationalen Kräftefeld und die sowjetische Besatzungszone (1945/46), München 1998; Dierk Hoffmann/Michael Schwartz (Hrsg.), Geglückte Integration? Spezifika und Vergleichbarkeiten der Vertriebenen-Eingliederung in der SBZ/DDR, München 1999; Dierk Hoffmann/Hermann Wentker (Hrsg.), Das letzte Jahr der SBZ. Politische Weichenstellungen und Kontinuitäten im Prozeß der Gründung der DDR, München 2000; Dierk Hoffmann/Michael Schwartz/Hermann Wentker (Hrsg.), Vor dem Mauerbau. Politik und Gesellschaft in der DDR der fünfziger Jahre, München 2003; Dierk Hoffmann/Michael Schwartz (Hrsg.), Sozialstaatlichkeit in der DDR. München 2005; Damian van Melis/Henrik Bispinck (Hrsg.), „Republikflucht". Flucht und Abwanderung aus der SBZ/DDR 1945 bis 1961, München 2006; Heike Amos, Die Vertriebenenpolitik der SED 1949 bis 1990, München 2009.
[90] Hürter/Woller (Hrsg.), Rothfels.
[91] Heinrich August Winkler, Hans Rothfels – ein Lobredner Hitlers? Quellenkritische Bemerkungen zu Ingo Haars Buch „Historiker im Nationalsozialismus", in: VfZ 49 (2001), S. 643–652; ders., Geschichtswissenschaft oder Geschichtsklitterung? Ingo Haar und Hans Rothfels. Eine Erwiderung, in: VfZ 50 (2002), S. 635–652; Ingo Haar, Quellenkritik oder Kritik der Quellen? Replik auf Heinrich August Winkler, in: VfZ 50 (2002), S. 497–505.
[92] Jürgen Zarusky (Hrsg.), Die Stalin-Note vom 10. März 1952. Neue Quellen und Analysen. Mit Beiträgen von Wilfried Loth, Hermann Graml und Gerhard Wettig, München 2002; Wilfried Loth, Das Ende der Legende. Hermann Graml und die Stalin-Note. Eine Entgegnung, in: VfZ 50 (2002), S. 653–664; Jochen Laufer, Der Friedensvertrag mit Deutschland als Problem der sowjetischen Außenpolitik. Die Stalin-Note vom 10. März 1952 im Lichte neuer Quellen, in: VfZ 52 (2004), S. 99–118; Aleksej Filitov, Die Note vom 10. März 1952: Eine Diskussion, die nicht endet, in: Jürgen Zarusky (Hrsg.), Stalin und die Deutschen. Neue Beiträge der Forschung, München 2006, S. 159–172 (Sonderband der Schriftenreihe); Peter Ruggenthaler (Hrsg.), Stalins großer Bluff. Die Geschichte der Stalin-Note in Dokumenten der sowjetischen Führung, München 2007.

Nummer 92 werden die Bände auch mit Titelbildern ausgestattet, die natürlich sprechend sein sollen) und nicht zuletzt die Aufgabe, die Autoren mit all diesen Eingriffen zu versöhnen, ferner die Anregung von Rezensionen und dazu noch Hunderttausend Kleinigkeiten.

Die Resonanz der Schriftenreihe zu bestimmen, ist nicht ganz einfach. Ähnlich wie die Vierteljahrshefte wendet sie sich nicht nur an das engere Fachpublikum. Seriöse Forschung lässt sich allerdings selten in Kassenschlager ummünzen. Immerhin sind einige Schriftenreihe-Publikationen später auch noch als Taschenbücher aufgelegt worden, so etwa Broszats „Nationalsozialistische Polenpolitik", das von Wolfgang Benz herausgegebene „Tagebuch der Hertha Nathorff", Martin Sabrows „Rathenaumord" und Michael F. Scholz' „Herbert Wehner in Schweden"[93]. Vieles hängt natürlich von Themen und Umständen ab. Die Präsentation von Sven Kellers Buch über Günzburg und Mengele am 13. November 2003 musste in den größten Saal der schwäbischen Kreisstadt verlegt werden und zog rund 500 Interessierte an[94]. Der rechtzeitig zum 50. Jahrestag erschienene Band über die Stalin-Note vom 10. März 1952 fand ein herausragendes Echo in den Medien. Aber spektakuläre Themen, bedeutende Jahrestage, berührende persönliche Zeugnisse und umfassende Darstellungen sind nicht das tägliche Brot der Wissenschaft, die nun einmal von einer Vielzahl detaillierter Untersuchungen in der Regel eng umrissener Fragestellungen lebt.

Das schlägt sich natürlich auch im Manuskriptangebot für die Schriftenreihe nieder, die letzten Endes auf eine Leserschaft angewiesen ist, welche sich in handlichen Studien laufend über den Fortgang und aktuellen Stand der Zeitgeschichtsforschung informieren will. Diese Leserschaft bildet zweifellos kein dominantes Käufersegment auf dem Buchmarkt, und sie scheint im Abnehmen begriffen zu sein. Wenn man beim Verlag 1965 ein Problem darin sah, dass die Schriftenreihe wegen angeblich zu spezieller Themen über 2000 abgesetzte Exemplare (Abonnement plus Einzelverkauf) nicht hinausgekommen war[95], lagen dem von vornherein allzu positive Erwartungen zugrunde, die vielleicht durch den sensationellen Anfangserfolg mit dem Goebbels-Tagebuch genährt worden waren. Wie die meisten deutschsprachigen wissenschaftlichen Organe hat heute auch die Schriftenreihe einen Rückgang von Abonnenten zu verzeichnen. Bei den Ursachen für diese Entwicklung spielen wohl viele Gründe eine Rolle: Sparzwänge, das enorm gestiegene Angebot und die Diversifizierung des zeitgeschichtlichen Buchmarktes mit wachsender Bedeutung von Populärwissenschaft und „Histotainment", die abnehmende Bereitschaft, sich durch ein Abonnement zu binden, das Vordringen neuer Medien, Entpolitisierungstendenzen, Nachwuchsmangel beim lesenden Publikum und anderes mehr. Dennoch erreichen die Publikationen der Schriftenreihe immer wieder auch vierstellige Verkaufszahlen, allerdings nur solche, die mit einer Eins beginnen. Beispiele für Bände, die offenkundig den Nerv vieler Leser getroffen haben, sind etwa Reinhard Ottos Studie „Wehrmacht,

---

[93] Martin Sabrow, Der Rathenaumord. Politische Attentate gegen die Weimarer Republik 1921/22, München 1994; Michael F. Scholz, Herbert Wehner in Schweden 1941–1946, München 1995.
[94] „Auch die Stadt war Opfer der Täuschung". Buchautor Sven Keller stellt vor großem Publikum im Forum am Hofgarten sein Buch „Günzburg und der Fall Josef Mengele" vor, in: Günzburger Zeitung, 15. 11. 2003, S. 25.
[95] Broszat an Rothfels, 24. 6. 1965, in: IfZ-Altregistratur, Bestand Martin Broszat [ID 104]. Die ersten beiden Bände, insbesondere die Heiber'sche Edition des Goebbels-Tagebuches, hatten allerdings tatsächlich diese Schwelle überschritten.

Gestapo und sowjetische Kriegsgefangene" oder Bert Hoppes Darstellung der Entstehung Kaliningrads „Auf den Trümmern von Königsberg".

Doch nicht nur die „Renner" der Reihe finden mit ziemlicher Regelmäßigkeit ihren Widerhall in Besprechungen der großen Tages- und Wochenzeitungen. Autoren und Rezensenten, Verlage und Käufer sind die Säulen, auf denen der Buchmarkt ruht. Bei der Schriftenreihe kommt noch ein Spezifikum hinzu: Herausgeber und Redaktion – in der auch die Redaktionsassistentinnen eine wenig sichtbare, aber vollkommen unverzichtbare Rolle spielen[96] – einerseits und die Stammleserschaft andererseits bilden seit nunmehr fünf Jahrzehnten ein „Bündnis für zeithistorische Bildung", das der Schriftenreihe der Vierteljahrshefte für Zeitgeschichte eine solide Statik verleiht und damit ihre Dynamik erst ermöglicht. Immerhin hat diese Dynamik für 50 Jahre und 100 Bände gereicht. Und ungeachtet aller Diskussionen über Online-Publikationen und E-Books oder gar apokalyptischer Prophezeiungen über eine angebliche Agonie der Printmedien geht das Bemühen weiter, den vor 50 Jahren vorgegebenen Takt, das Niveau und den Aktualitätsgrad der Schriftenreihe zu halten, angetrieben von der Freude, jedes Halbjahr nach einem langen komplexen Entscheidungs-, Redaktions- und Produktionsprozess einen frischen Band, ein neues Individuum in einer jetzt schon langen Reihe, in die Hand zu bekommen, einer Freude, von der die Beteiligten dann jedesmal hoffen, dass sie auch auf die Leser überspringt.

---

[96] In den letzten zweieinhalb Jahrzehnten: Maximiliane Rieder, Renate Bihl, Veronika Stroh, Petra Mörtl und Angelika Reizle.

# Gesamtverzeichnis der Schriftenreihe

Band 1: Helmut Heiber (Hrsg.), Das Tagebuch von Joseph Goebbels 1925/26, Stuttgart 1960, [2]1961.

Band 2: Martin Broszat, Nationalsozialistische Polenpolitik 1939–1945, Stuttgart 1961.

Band 3: Thilo Vogelsang (Hrsg.), Hermann Pünder. Politik in der Reichskanzlei. Aufzeichnungen aus den Jahren 1929–1932, Stuttgart 1961.

Band 4: Lothar Gruchmann, Nationalsozialistische Großraumordnung. Die Konstruktion einer „deutschen Monroe-Doktrin", Stuttgart 1962.

Band 5: Conrad F. Latour, Südtirol und die Achse Berlin – Rom 1938–1945, Stuttgart 1962.

Band 6: Rudolf Heberle, Landbevölkerung und Nationalsozialismus. Eine soziologische Untersuchung der politischen Willensbildung in Schleswig-Holstein 1918–1932, Stuttgart 1963.

Band 7: Enno Georg, Die wirtschaftlichen Unternehmungen der SS, Stuttgart 1963.

Band 8: Ladislaus Hory/Martin Broszat, Der kroatische Ustascha-Staat 1941–1945, Stuttgart 1964.

Band 9: Rolf Geißler, Dekadenz und Heroismus. Zeitroman und völkisch-nationalistische Literaturkritik, Stuttgart 1964.

Band 10: Theo Pirker, Komintern und Faschismus 1920–1940, Stuttgart 1966.

Band 11: José Antonio Primo de Rivera. Der Troubadour der spanischen Falange. Auswahl und Kommentar seiner Reden und Schriften von Bernd Nellessen, Stuttgart 1965.

Band 12: Alan S. Milward, Die deutsche Kriegswirtschaft 1939–1945, Stuttgart 1966.

Band 13: Hans Mommsen, Beamtentum im Dritten Reich. Mit ausgewählten Quellen zur nationalsozialistischen Beamtenpolitik, Stuttgart 1966.

Band 14/15: Babette Gross, Willi Münzenberg. Eine politische Biographie. Mit einem Vorwort von Arthur Koestler, Stuttgart 1968.

Band 16: Dieter Petzina, Autarkiepolitik im Dritten Reich. Der nationalsozialistische Vierjahresplan, Stuttgart 1968.

Band 17: Konrad Kwiet, Reichskommissariat Niederlande. Versuch und Scheitern nationalsozialistischer Neuordnung, Stuttgart 1968.

Band 18: Hermann Bott, Die Volksfeindideologie. Zur Kritik rechtsradikaler Propaganda, Stuttgart 1969.

Band 19: Peter Hüttenberger, Die Gauleiter. Studie zum Wandel des Machtgefüges in der NSDAP, Stuttgart 1969.

Band 20: Klaus von Schubert, Wiederbewaffnung und Westintegration. Die innere Auseinandersetzung um die militärische und außenpolitische Orientierung der Bundesrepublik 1950-1952, Stuttgart 1970, [2]1972.

Band 21: Hans Rothfels/Theodor Eschenburg (Hrsg.), Studien zur Geschichte der Konzentrationslager, Stuttgart 1970.

Band 22/23: Wolfgang Benz (Hrsg.), Politik in Bayern 1919–1933. Berichte des württembergischen Gesandten Carl Moser von Filseck, Stuttgart 1971.

Band 24: Hildegard Brenner, Ende einer bürgerlichen Kunst-Institution. Die politische Formierung der Preußischen Akademie der Künste ab 1933. Eine Dokumentation, Stuttgart 1972.

Band 25: Peter Krüger, Deutschland und die Reparationen 1918/19, Stuttgart 1973.

Band 26: Lutz Niethammer (Hrsg.), Walter L. Dorn. Inspektionsreisen in der US-Zone. Notizen, Denkschriften und Erinnerungen aus dem Nachlaß, Stuttgart 1973.

Band 27: Norbert Krekeler, Revisionsanspruch und geheime Ostpolitik der Weimarer Republik. Die Subventionierung der deutschen Minderheit in Polen 1919–1933, Stuttgart 1973.

Band 28: Zwei Legenden aus dem Dritten Reich. Die Prognosen der Abteilung Fremde Heere Ost 1942-1945. Felix Kersten und die Niederlande. Quellenkritische Studien von Hans-Heinrich Wilhelm und Louis de Jong, Stuttgart 1974.

Band 29: Hildegard von Kotze (Hrsg.), Heeresadjutant bei Hitler 1938–1943. Aufzeichnungen des Majors Engel, Stuttgart 1974.

Band 30: Werner Abelshauser, Wirtschaft in Westdeutschland 1945–1948. Rekonstruktion und Wachstumsbedingungen in der amerikanischen und britischen Zone, Stuttgart 1975.

Band 31: Günter J. Trittel, Die Bodenreform in der Britischen Zone 1945–1949, Stuttgart 1975.

Band 32: Hansjörg Gehring, Amerikanische Literaturpolitik in Deutschland 1945–1953. Ein Aspekt des Re-Education-Programms, Stuttgart 1976.

Band 33: Wolfgang Benz/Hermann Graml (Hrsg.), Die revolutionäre Illusion. Zur Geschichte des linken Flügels der USPD. Erinnerungen von Curt Geyer, Stuttgart 1976.

Band 34: Reinhard Frommelt, Paneuropa oder Mitteleuropa. Einigungsbestrebungen im Kalkül deutscher Wirtschaft und Politik 1925–1933, Stuttgart 1977.

Band 35: Hans Robinsohn, Justiz als politische Verfolgung. Die Rechtsprechung in „Rassenschandefällen" beim Landgericht Hamburg 1936–1943, Stuttgart 1977.

Band 36: Fritz Blaich, Grenzlandpolitik im Westen 1926-1936. Die „Westhilfe" zwischen Reichspolitik und Länderinteressen, Stuttgart 1978.

Band 37: Udo Kissenkoetter, Gregor Straßer und die NSDAP, Stuttgart 1978.

Band 38: Seppo Myllyniemi, Die baltische Krise 1938–1941, Stuttgart 1979.

Band 39: Brewster S. Chamberlin, Kultur auf Trümmern. Berliner Berichte der amerikanischen Information Control Section Juli-Dezember 1945, Stuttgart 1979.

Band 40: Kai von Jena, Polnische Ostpolitik nach dem Ersten Weltkrieg. Das Problem der Beziehungen zu Sowjetrußland nach dem Rigaer Frieden von 1921, Stuttgart 1980.

Band 41: Ian Kershaw, Der Hitler-Mythos. Volksmeinung und Propaganda im Dritten Reich, Stuttgart 1980.

Band 42: Klaus-Dietmar Henke, Politische Säuberung unter französischer Besatzung. Die Entnazifizierung in Württemberg-Hohenzollern, Stuttgart 1981.

Band 43: Rudolf Uertz, Christentum und Sozialismus in der frühen CDU. Grundlagen und Wirkungen der christlich-sozialen Ideen in der Union 1945–1949, Stuttgart 1981.

Band 44: Dorothee Klinksiek, Die Frau im NS-Staat, Stuttgart 1982.

Band 45: Horst Thum, Mitbestimmung in der Montanindustrie. Der Mythos vom Sieg der Gewerkschaften, Stuttgart 1982.

Band 46: Ingeborg Fleischhauer, Das Dritte Reich und die Deutschen in der Sowjetunion, Stuttgart 1983.

Band 47: Andreas Kranig, Lockung und Zwang. Zur Arbeitsverfassung im Dritten Reich, Stuttgart 1983.

Band 48: Klaus-Dietmar Henke/Hans Woller, Lehrjahre der CSU. Eine Nachkriegspartei im Spiegel vertraulicher Berichte an die amerikanische Militärregierung, Stuttgart 1984.

Band 49: Hans Buchheim, Deutschlandpolitik 1949-1972. Der politisch-diplomatische Prozeß, Stuttgart 1984.

Band 50: Gerald D. Feldman/Irmgard Steinisch, Industrie und Gewerkschaften 1918-1924. Die überforderte Zentralarbeitsgemeinschaft, Stuttgart 1985.

Band 51: Arthur L. Smith, Heimkehr aus dem Zweiten Weltkrieg. Die Entlassung der deutschen Kriegsgefangenen, Stuttgart 1985.

Band 52: Norbert Frei, Amerikanische Lizenzpolitik und deutsche Pressetradition. Die Geschichte der Nachkriegszeitung Südost-Kurier, München 1986.

Band 53: Werner Bührer, Ruhrstahl und Europa. Die Wirtschaftsvereinigung Eisen- und Stahlindustrie und die Anfänge der europäischen Integration 1945–1952, München 1986.

Band 54: Wolfgang Benz (Hrsg.), Das Tagebuch der Hertha Nathorff. Berlin – New York. Aufzeichnungen 1933 bis 1945, München 1987.

Band 55: Manfred Todt (Hrsg.), Anfangsjahre der Bundesrepublik Deutschland. Berichte der Schweizer Gesandtschaft in Bonn 1949-1955, München 1987.

Band 56: Nikolaus Meyer-Landrut, Frankreich und die deutsche Einheit. Die Haltung der französischen Regierung und Öffentlichkeit zu den Stalin-Noten 1952, München 1988.

Band 57: Hans Woller (Hrsg.), Italien und die Großmächte 1943–1949, München 1988.

Band 58: Helga A. Welsh, Revolutionärer Wandel auf Befehl? Entnazifizierungs- und Personalpolitik in Thüringen und Sachsen (1945–1948), München 1989.

Band 59: Hermann Weiß/Paul Hoser (Hrsg.), Die Deutschnationalen und die Zerstörung der Weimarer Republik. Aus dem Tagebuch von Reinhold Quaatz 1928-1933, München 1989.

Band 60: Andreas Wilkens, Der unstete Nachbar. Frankreich und die deutsche Ostpolitik 1969–1974, München 1990.

Band 61: Martin Broszat (Hrsg.), Zäsuren nach 1945. Essays zur Periodisierung der deutschen Nachkriegsgeschichte, München 1990.

Band 62: Elisabeth Chowaniec, Der „Fall Dohnanyi" 1943–1945. Widerstand, Militärjustiz, SS-Willkür, München 1991.

Band 63: Wolfgang Buschfort, Das Ostbüro der SPD. Von der Gründung bis zur Berlin-Krise, München 1991.

Band 64: Christian Jansen/Arno Weckbecker, Der „Volksdeutsche Selbstschutz" in Polen 1939/40, München 1992.

Band 65: Arthur L. Smith, Die „vermißte Million". Zum Schicksal deutscher Kriegsgefangener nach dem Zweiten Weltkrieg, München 1992.

Band 66: Roger Engelmann/Paul Erker, Annäherung und Abgrenzung. Aspekte deutsch-deutscher Beziehungen 1956–1969, München 1993.

Band 67: Walther L. Bernecker/Carlos Collado Seidel (Hrsg.), Spanien nach Franco. Der Übergang von der Diktatur zur Demokratie 1975–1982, München 1993.

Band 68: Rainer A. Blasius (Hrsg.), Von Adenauer zu Erhard. Studien zur Auswärtigen Politik der Bundesrepublik Deutschland 1963, München 1994.

Band 69: Martin Sabrow, Der Rathenaumord. Rekonstruktion einer Verschwörung gegen die Republik von Weimar, München 1994.

Band 70: Michael F. Scholz, Herbert Wehner in Schweden 1941–1946, München 1995.

Band 71: Michael Wildt (Hrsg.), Die Judenpolitik des SD 1935 bis 1938, München 1995.

Band 72: Monika Dickhaus, Die Bundesbank im westeuropäischen Wiederaufbau. Die internationale Währungspolitik der Bundesrepublik Deutschland 1948 bis 1958, München 1996.

Band 73: Uwe Gerrens, Medizinisches Ethos und theologische Ethik. Karl und Dietrich Bonhoeffer in der Auseinandersetzung um Zwangssterilisation und „Euthanasie" im Nationalsozialismus, München 1996.

Band 74: Hermann Wentker (Hrsg.), Volksrichter in der SBZ/DDR 1945 bis 1952, München 1997.

Band 75: Fernando Rosas (Hrsg.), Vom Ständestaat zur Demokratie. Portugal im zwanzigsten Jahrhundert, München 1997.

Band 76: Hans Günter Hockerts (Hrsg.), Drei Wege deutscher Sozialstaatlichkeit. NS-Diktatur, Bundesrepublik und DDR im Vergleich, München 1998.

Band 77: Reinhard Otto, Wehrmacht, Gestapo und sowjetische Kriegsgefangene im deutschen Reichsgebiet 1941/42, München 1998.

Band 78: Katja Klee, Im „Luftschutzkeller des Reiches". Evakuierte in Bayern 1939–1953: Politik, soziale Lage, Erfahrungen, München 1999.

Band 79: Susanna Schrafstetter, Die dritte Atommacht. Britische Nichtverbreitungspolitik im Dienst von Statussicherung und Deutschlandpolitik 1952–1968, München 1999.

Band 80: Bert Hoppe, Auf den Trümmern von Königsberg. Kaliningrad 1946–1970, München 2000.

Band 81: Yfaat Weiss, Deutsche und polnische Juden vor dem Holocaust. Jüdische Identität zwischen Staatsbürgerschaft und Ethnizität 1933–1940, München 2000.

Band 82: Jörg Morré, Hinter den Kulissen des Nationalkomitees: das Institut 99 in Moskau und die Deutschlandpolitik der UdSSR 1943–1946, München 2001.

Band 83: Hermann Graml, Zwischen Stresemann und Hitler. Die Außenpolitik der Präsidialkabinette Brüning, Papen und Schleicher, München 2001.

Band 84: Jürgen Zarusky (Hrsg.), Die Stalin-Note vom 10. März 1952. Neue Quellen und Analysen. Mit Beiträgen von Wilfried Loth, Hermann Graml und Gerhard Wettig, München 2002.

Band 85: Daniel Giese, Die SED und ihre Armee. Die NVA zwischen Politisierung und Professionalismus 1956–1965, München 2002.

Band 86: Matthias Uhl/Armin Wagner (Hrsg.), Ulbricht, Chruschtschow und die Mauer. Eine Dokumentation, München 2003.

Band 87: Sven Keller, Günzburg und der Fall Josef Mengele. Die Heimatstadt und die Jagd nach dem NS-Verbrecher, München 2003.

Band 88: Bogdan Musial (Hrsg.), Sowjetische Partisanen in Weißrußland. Innenansichten aus dem Gebiet Baranovici 1941–1944. Eine Dokumentation, München 2004.

Band 89: Manfred Kittel, Nach Nürnberg und Tokio. „Vergangenheitsbewältigung" in Japan und Westdeutschland 1945 bis 1968, München 2004.

Band 90: Johannes Hürter/Hans Woller (Hrsg.), Hans Rothfels und die deutsche Zeitgeschichte, München 2005.

Band 91: Thomas Schlemmer (Hrsg.), Die Italiener an der Ostfront 1942/43. Dokumente zu Mussolinis Krieg gegen die Sowjetunion, München 2005.

Band 92: Walter Lehmann, Die Bundesrepublik und Franco-Spanien in den 50er Jahren. NS-Vergangenheit als Bürde?, München 2006.

Band 93: Henning Türk, Die Europapolitik der Großen Koalition 1966–1969, München 2006.

Band 94: Max Bonacker, Goebbels' Mann beim Radio. Der NS-Propagandist Hans Fritzsche (1900–1953), München 2007.

Band 95: Peter Ruggenthaler (Hrsg.), Stalins großer Bluff. Die Geschichte der Stalin-Note in Dokumenten der sowjetischen Führung, München 2007.

Band 96: Elke Scherstjanoi (Hrsg.), Zwei Staaten, zwei Literaturen? Das internationale Kolloquium des Schriftstellerverbandes in der DDR, Dezember 1964. Eine Dokumentation, München 2008.

Band 97: Johannes Hürter/Jürgen Zarusky (Hrsg.), Besatzung, Kollaboration, Holocaust. Neue Studien zur Verfolgung und Ermordung der europäischen Juden. Mit einer Reportage von Wassili Grossman, München 2008.

Band 98: Stefanie Michaela Baumann, Menschenversuche und Wiedergutmachung. Der lange Streit um Entschädigung und Anerkennung der Opfer nationalsozialistischer Humanexperimente, München 2009.

Band 99: Andreas Hilger (Hrsg.), Die Sowjetunion und die Dritte Welt. UdSSR, Staatssozialismus und Antikolonialismus im Kalten Krieg 1945–1991, München 2009.

Band 100: Johannes Hürter/Jürgen Zarusky (Hrsg.), Epos Zeitgeschichte. Romane des 20. Jahrhunderts in zeithistorischer Sicht. 10 Essays für den 100. Band, München 2010.


## Sondernummern

Wolfgang Benz/Hermann Graml (Hrsg.), Aspekte deutscher Außenpolitik im 20. Jahrhundert. Aufsätze. Hans Rothfels zum Gedächtnis, Stuttgart 1976.

Wolfgang Benz/Hermann Graml (Hrsg.), Sommer 1939. Die Großmächte und der Europäische Krieg, Stuttgart 1979.

Ludolf Herbst (Hrsg.), Westdeutschland 1945–1955. Unterwerfung, Kontrolle, Integration, München 1986.

Ludolf Herbst/Constantin Goschler (Hrsg.), Wiedergutmachung in der Bundesrepublik Deutschland, München 1989.

Norbert Frei (Hrsg.), Medizin und Gesundheitspolitik in der NS-Zeit, München 1991.

Hartmut Mehringer (Hrsg.), Von der SBZ zur DDR. Studien zum Herrschaftssystem in der Sowjetischen Besatzungszone und in der Deutschen Demokratischen Republik, München 1995.

Horst Möller/Andreas Wirsching (Hrsg.), Nationalsozialismus in der Region. Beiträge zur regionalen und lokalen Forschung und zum internationalen Vergleich, München 1996.

Karl Otmar Freiherr von Aretin/Jacques Bariéty/Horst Möller (Hrsg.), Das deutsche Problem in der neueren Geschichte, München 1997.

Hartmut Mehringer/Michael Schwartz/Hermann Wentker (Hrsg.), Erobert oder befreit? Deutschland im internationalen Kräftefeld und die Sowjetische Besatzungszone (1945/46), München 1999.

Dierk Hoffmann/Michael Schwartz (Hrsg.), Geglückte Integration? Spezifika und Vergleichbarkeiten der Vertriebenen-Eingliederung in der SBZ/DDR, München 1999.

Dierk Hoffmann/Hermann Wentker, Das letzte Jahr der SBZ. Politische Weichenstellungen und Kontinuitäten im Prozeß der Gründung der DDR, München 2000.

Dierk Hoffmann/Marita Krauss/Michael Schwartz (Hrsg.), Vertriebene in Deutschland: interdisziplinäre Ergebnisse und Forschungsperspektiven, München 2000.

Dierk Hoffmann/Michael Schwartz/Hermann Wentker (Hrsg.), Vor dem Mauerbau. Politik und Gesellschaft in der DDR der fünfziger Jahre, München 2003.

Antoine Fleury/Horst Möller/Hans-Peter Schwarz (Hrsg.), Die Schweiz und Deutschland: 1945–1961, München 2004.

Matthias Uhl/Dimitrij N. Filippovych (Hrsg.), Vor dem Abgrund. Die Streitkräfte der USA und der UdSSR sowie ihrer deutschen Bündnispartner in der Kubakrise, München 2005.

Horst Möller/Maurice Vaïsse (Hrsg.), Willy Brandt und Frankreich, München 2005.

Dierk Hoffmann/Michael Schwartz (Hrsg.), Sozialstaatlichkeit in der DDR, München 2005.

Damian van Melis/Henrik Bispinck (Hrsg.), „Republikflucht". Flucht und Abwanderung aus der SBZ/DDR 1945 bis 1961, München 2006.

Jürgen Zarusky (Hrsg.), Stalin und die Deutschen. Neue Beiträge der Forschung, München 2006.

Manfred Kittel, Vertreibung der Vertriebenen? Der historische deutsche Osten in der Erinnerungskultur der Bundesrepublik (1961–1982), München 2007.

Johannes Hürter/Gian Enrico Rusconi (Hrsg.), Der Kriegseintritt Italiens im Mai 1915, München 2007.

Jürgen John/Horst Möller/Thomas Schaarschmidt (Hrsg.), Die NS-Gaue. Regionale Mittelinstanzen im zentralistischen „Führerstaat"?, München 2007.

Thomas Raithel/Andreas Rödder/Andreas Wirsching (Hrsg.), Auf dem Weg in eine neue Moderne? Die Bundesrepublik Deutschland in den siebziger und achtziger Jahren, München 2009.

Heike Amos, Die Vertriebenenpolitik der SED 1949 bis 1990, München 2009.

# Angaben zu den Autoren

Prof. Dr. **Helmut Altrichter**, Ordinarius für Osteuropäische Geschichte an der Universität Erlangen-Nürnberg; veröffentlichte u. a.: „Konstitutionalismus und Imperialismus. Der Reichstag und die deutsch-russischen Beziehungen 1890–1914" (Frankfurt a. M. 1977); „Staat und Revolution in Sowjetrußland 1917–1922/23" (Darmstadt 1981, ²1996); „Die Bauern von Tver. Vom Leben auf dem russischen Dorfe zwischen Revolution und Kollektivierung" (München 1984); „Kleine Geschichte der Sowjetunion 1917–1991" (München 1993, ³2007); „Rußland 1917. Ein Land auf der Suche nach sich selbst" (Paderborn u. a. 1997); mit Walther L. Bernecker „Geschichte Europas im 20. Jahrhundert" (Stuttgart 2004); als Hrsg. „GegenErinnerung. Geschichte als politisches Argument" (München 2006); als Hrsg. „Adenauers Moskaubesuch 1955. Ein Reise im internationalen Kontext" (Bonn 2007); „Russland 1989. Der Untergang des sowjetischen Imperiums" (München 2009).

Dr. h. c. **Hermann Graml**, ehem. wissenschaftlicher Mitarbeiter am Institut für Zeitgeschichte München; veröffentlichte u. a.: „Europa zwischen den Kriegen" (München 1969, ²1982); „Die Alliierten und die Teilung Deutschlands: Konflikte und Entscheidungen 1941–1948" (Frankfurt a. M. 1985); „Die Märznote von 1952. Legende und Wirklichkeit" (Melle 1988); „Reichskristallnacht. Antisemitismus und Judenverfolgung im Dritten Reich" (München 1988, ³1998); „Europas Weg in den Krieg. Hitler und die Mächte 1939" (München 1990); „Zwischen Stresemann und Hitler. Die Außenpolitik der Präsidialkabinette Brüning, Papen und Schleicher" (München 2001); „Hitler und England. Ein Essay zur nationalsozialistischen Außenpolitik 1920 bis 1940" (München 2010).

PD Dr. **Johannes Hürter**, wissenschaftlicher Mitarbeiter am Institut für Zeitgeschichte München-Berlin und Privatdozent an der Johannes Gutenberg-Universität Mainz; veröffentlichte u. a.: „Wilhelm Groener. Reichswehrminister am Ende der Weimarer Republik (1928–1932)" (München 1993); als Hrsg. „Paul von Hintze. Marineoffizier, Diplomat, Staatssekretär. Dokumente einer Karriere zwischen Militär und Politik, 1903–1918" (München 1998); „Hitlers Heerführer. Die deutschen Oberbefehlshaber im Krieg gegen die Sowjetunion 1941/42" (München 2006, ²2007); mit Christian Hartmann, Peter Lieb und Dieter Pohl „Der deutsche Krieg im Osten 1941–1944. Facetten einer Grenzüberschreitung" (München 2009); als Hrsg. zusammen mit Gian Enrico Rusconi „Die bleiernen Jahre. Staat und Terrorismus in der Bundesrepublik Deutschland und Italien 1969–1982" (München 2010).

Prof. Dr. **Manfred Kittel**, Direktor der Stiftung „Flucht, Vertreibung, Versöhnung" und Professor für Neuere und Neueste Geschichte an der Universität Regensburg; veröffentlichte u. a.: „Provinz zwischen Reich und Republik. Politische Mentalitäten in Deutschland und Frankreich 1918–1933/36" (München 2000); „,Weimar' im evangelischen Bayern. Politische Mentalität und Parteiwesen 1918–1933" (München 2001); als Hrsg. zusammen mit Horst Möller „Demokratie in Deutschland und Frankreich 1918–1933/40. Beiträge zu einem historischen Vergleich" (München 2001); „Nach Nürnberg und Tokio. ,Vergangenheitsbewältigung' in Japan und Westdeutschland 1945 bis 1968" (München 2004); „Vertreibung der Vertriebenen? Der historische deutsche Osten in der Erinnerungskultur der Bundesrepublik (1961–1982)" (München 2007).

Prof. Dr. Dr. h. c. mult. **Horst Möller**, Direktor des Instituts für Zeitgeschichte München-Berlin und Ordinarius für Neuere und Neueste Geschichte an der Ludwig-Maximilians-Universität München; veröffentlichte u. a.: „Aufklärung in Preußen. Der Verleger, Publizist und Geschichtsschreiber Friedrich Nicolai" (Berlin 1974); „Exodus der Kultur. Schriftsteller, Wissenschaftler und Künstler in der Emigration nach 1933" (München 1984); „Parlamentarismus in Preußen 1919–1932" (Düsseldorf 1985); „Die Weimarer Republik. Eine unvollendete Demokratie" (München 1985, $^9$2008); „Vernunft und Kritik. Deutsche Aufklärung im 17. und 18. Jahrhundert" (Frankfurt a. M. 1986, $^4$1997); „Fürstenstaat oder Bürgernation? Deutschland 1763–1815" (Berlin 1989, $^4$1998); „Theodor Heuss. Staatsmann und Schriftsteller" (Bonn 1990); „Europa zwischen den Weltkriegen" (München 1998, $^2$2000); „Saint-Gobain in Deutschland. Von 1853 bis zur Gegenwart. Geschichte eines europäischen Unternehmens" (München 2001); „Preußen von 1918 bis 1947: Weimarer Republik, Preußen und der Nationalsozialismus", in: Handbuch der preußischen Geschichte, Bd. 3 (Berlin 2001); „Aufklärung und Demokratie. Historische Studien zur politischen Vernunft", hrsg. von Andreas Wirsching (München 2003); mit Udo Wengst „60 Jahre Institut für Zeitgeschichte München-Berlin" (München 2009).

Prof. Dr. Dr. h. c. **Hans-Peter Schwarz**, em. Ordinarius für Wissenschaft von der Politik und Zeitgeschichte an der Universität Bonn; veröffentlichte u. a.: „Der konservative Anarchist. Politik und Zeitkritik Ernst Jüngers" (Freiburg i. Br. 1962); „Vom Reich zur Bundesrepublik. Deutschland im Widerstreit der außenpolitischen Konzeptionen in den Jahren der Besatzungsherrschaft 1945–1949" (Neuwied 1966, Stuttgart 1980); „Die Ära Adenauer. Gründerjahre der Republik 1949–1957" (Stuttgart 1981); „Die Ära Adenauer. Epochenwechsel 1957–1963" (Stuttgart 1983); „Adenauer. Der Aufstieg. 1876–1952" (Stuttgart 1986); „Adenauer. Der Staatsmann. 1952–1967" (Stuttgart 1991); „Die Zentralmacht Europas. Deutschlands Rückkehr auf die Weltbühne" (Berlin 1994); „Das Gesicht des Jahrhunderts. Monster, Retter und Mediokritäten" (Berlin 1998); „Anmerkungen zu Adenauer" (München 2004); „Phantastische Wirklichkeit. Das 20. Jahrhundert im Spiegel des Polit-Thrillers" (München 2006); „Axel Springer. Die Biografie" (Berlin 2008); als Hrsg. „Die Bundesrepublik Deutschland. Eine Bilanz nach 60 Jahren" (München 2008); „Die Fraktion als Machtfaktor. CDU/CSU im Deutschen Bundestag 1949 bis heute" (München 2009).

Prof. Dr. **Udo Wengst**, Stellvertretender Direktor des Instituts für Zeitgeschichte München-Berlin und Honorarprofessor für Zeitgeschichte an der Universität Regensburg; veröffentlichte u. a.: „Graf Brockdorff-Rantzau und die außenpolitischen Anfänge der Weimarer Republik" (Bern u. a. 1973, $^2$1986); „Staatsaufbau und Regierungspraxis 1948–1953. Zur Geschichte der Verfassungsorgane der Bundesrepublik Deutschland" (Düsseldorf 1984); „Beamtentum zwischen Reform und Tradition. Beamtengesetzgebung in der Gründungsphase der Bundesrepublik Deutschland 1948–1953" (Düsseldorf 1988); als Bearbeiter „FDP-Bundesvorstand. Sitzungsprotokolle 1949–1960", 3 Bde. (Düsseldorf 1990/91); „Thomas Dehler. 1897–1967. Eine politische Biographie" (München 1997); als Hrsg. zusammen mit Hermann Wentker „Das doppelte Deutschland. 40 Jahre Systemkonkurrenz" (Berlin 2008); als Hrsg. „Gerhard Schulz: Mitteldeutsches Tagebuch. Aufzeichnungen aus den Anfangsjahren der SED-Diktatur 1945–1950" (München 2009).

Prof. Dr. **Andreas Wirsching**, Ordinarius für Neuere und Neueste Geschichte an der Universität Augsburg; veröffentlichte u. a.: „Parlament und Volkes Stimme. Unterhaus und Öffentlichkeit im England des frühen 19. Jahrhunderts" (Göttingen 1990); „Vom Weltkrieg zum Bürgerkrieg? Politischer Extremismus in Deutschland und Frankreich 1918-1933/39. Berlin und Paris im Vergleich" (München 1999); „Die Weimarer Republik. Politik und Gesellschaft" (München 2000, ²2008); „Abschied vom Provisorium. Geschichte der Bundesrepublik Deutschland 1982–1990" (München 2006); als Hrsg. „Oldenbourg Geschichte Lehrbuch. Neueste Zeit" (München 2006); als Hrsg. zusammen mit Sabine Mecking „Stadtverwaltung im Nationalsozialismus. Systemstabilisierende Dimensionen kommunaler Herrschaft" (Paderborn 2006); als Hrsg. zusammen mit Thomas Raithel und Andreas Rödder „Auf dem Weg in eine neue Moderne? Die Bundesrepublik Deutschland in den siebziger und achtziger Jahren" (München 2009); als Hrsg. zusammen mit Jürgen Finger und Sven Keller „Vom Recht zur Geschichte. Akten aus NS-Prozessen als Quellen der Zeitgeschichte" (Göttingen 2009).

Dr. **Hans Woller**, wissenschaftlicher Mitarbeiter am Institut für Zeitgeschichte München-Berlin; veröffentlichte u. a.: „Gesellschaft und Politik in der amerikanischen Besatzungszone. Die Region Ansbach und Fürth" (München 1986); als Hrsg. zusammen mit Martin Broszat und Klaus-Dietmar Henke „Von Stalingrad zur Währungsreform. Zur Sozialgeschichte des Umbruchs in Deutschland" (München 1988, ³1990); „Die Abrechnung mit dem Faschismus in Italien 1943 bis 1948" (München 1996); „Rom, 28. Oktober 1922. Die faschistische Herausforderung" (München 1999); als Hrsg. zusammen mit Thomas Schlemmer „Bayern im Bund, Bd. 1: Die Erschließung des Landes 1949 bis 1973, Bd. 2: Gesellschaft im Wandel 1949 bis 1973, Bd. 3: Politik und Kultur im föderativen Staat 1949 bis 1973" (München 2001–2004); „Geschichte Italiens im 20. Jahrhundert" (München 2010).

Dr. **Jürgen Zarusky**, wissenschaftlicher Mitarbeiter am Institut für Zeitgeschichte München-Berlin; veröffentlichte u. a.: „Die deutschen Sozialdemokraten und das sowjetische Modell. Ideologische Auseinandersetzung und außenpolitische Konzeptionen 1917–1933" (München 1992); als Bearbeiter zusammen mit Hartmut Mehringer „Widerstand als ‚Hochverrat' 1933–1945. Die Verfahren gegen deutsche Reichsangehörige vor dem Reichsgericht, dem Volksgerichtshof und dem Reichskriegsgericht. Mikrofiche-Edition und Erschließungsband" (München 1994–1998); als Hrsg. „Stalin und die Deutschen. Neue Beiträge der Forschung" (München 2006); als Hrsg. zusammen mit Stefanie Hajak „München und der Nationalsozialismus. Menschen. Orte. Strukturen" (Berlin 2008); als Hrsg. zusammen mit Johannes Hürter „Besatzung, Kollaboration, Holocaust. Neue Studien zur Verfolgung und Ermordung der europäischen Juden" (München 2008); als Hrsg. „Ghettorenten: Entschädigungspolitik, Rechtsprechung und historische Forschung" (München 2010).